国家开发银行研究院战略研究系列

加勒比海旅游基础设施发展战略规划

郭　濂　主编

中国社会科学出版社

图书在版编目（CIP）数据

加勒比海旅游基础设施发展战略规划/郭濂主编：—北京：
中国社会科学出版社，2015.6
ISBN 978 - 7 - 5161 - 6425 - 9

Ⅰ.①加…　Ⅱ.①郭…　Ⅲ.①旅游业—国际合作—经济
合作—中国、西印度群岛　Ⅳ.①F592.3 ②F597.503

中国版本图书馆 CIP 数据核字（2015）第 146917 号

出 版 人	赵剑英
责任编辑	卢小生
特约编辑	林　木
责任校对	周晓东
责任印制	王　超
出　　版	中国社会科学出版社
社　　址	北京鼓楼西大街甲 158 号
邮　　编	100720
网　　址	http：//www.csspw.cn
发 行 部	010 - 84083685
门 市 部	010 - 84029450
经　　销	新华书店及其他书店
印刷装订	北京君升印刷有限公司
版　　次	2015 年 6 月第 1 版
印　　次	2015 年 6 月第 1 次印刷
开　　本	710 × 1000　1/16
印　　张	26.75
插　　页	2
字　　数	456 千字
定　　价	80.00 元

凡购买中国社会科学出版社图书，如有质量问题请与本社发行部联系调换
电话：010 - 84083683

课题组成员

主　　编：郭濂
副 主 编：邹力行　曹红辉
执行主编：吴志峰　王英杰
撰　　写：王英杰　吴志峰　董经胜　江时学　牛亚菲
　　　　　钟林生　吴　良　戚均慧　崔　璟　余卓渊
　　　　　韩家福　李代超　陈　露　张佑印　孙　琨
　　　　　宋　涛　苏艳军　田　志　安冰玉　李　嘉
　　　　　王　科　梁璐璐　黄　翔

前　言

　　本规划以贯彻落实国家开发银行关于"全球要素总体配置，正向构造规划模型"的重要思想为基点，以助力地区发展、推动整体合作、加强中国与加勒比海地区关系、实现合作双赢为目标，以旅游基础设施建设为切入点，探索我国与加勒比海地区合作新模式，推动形成"以我为主导"的区域发展新格局。

　　本规划属于大尺度区域性跨国旅游基础设施发展专项规划，规划范围包括加勒比海地区 16 国和部分未独立地区，规划涉及总面积 62.18 万平方公里。在立足于统筹考虑加勒比海地区政治、经济、资源、产业和外交环境，突破以国别为单位推进国际合作业务的局限性，运用正向规划方法，对影响加勒比海地区旅游业基础设施发展的整体地缘政治、资源禀赋、开发基础、产业结构、市场需求以及区域合作等方面进行深入调研和综合分析，结合我国在发展旅游基础设施方面的经验，提出加勒比海地区旅游基础设施发展的战略目标、重点国别、优势领域、重点项目以及旅游基础设施规划的空间布局和中加旅游合作的战略步骤、行动路线与风险对策，为我国政府和企业参与加勒比海地区旅游基础设施开发提供科学依据。

　　本规划文本由《加勒比海地区旅游基础设施发展规划纲要》和《规划综合研究报告》构成，后者是前者的基础。研究报告首先对"规划"目的、性质、指导思想、原则等开展了研究，确定了"规划"的目标、范围、期限、指导思想和技术路线；报告通过宏观与微观、综合与专题、室内与实地调查相结合的研究路径，对规划区内各国别的政治经济、社会文化、资源环境、外交与国际关系、旅游资源开发与旅游业发展、基础设施发展水平、旅游开发条件、旅游业投资方向、重点开发领域和项目、旅游投资与发展的前景和风险开展了研究分析。在此基础上。对区域内旅游基础设施发展的内外部环境、发展条件、现状特征、存在问题、重点领域、重点国别与重点发展方向、重点项目、市场定位、风险对策、切入点与行动计划等进行了系统分析和研究，提出了基于旅游基础设施开发的中加合作新模式，旨在通过旅游基础设施建设，助力地区发展、推动整体合作、实现互利共赢，推动我国与加勒比地区国际合作业务的大发展。

本规划综合研究报告由规划纲要、规划综合研究、规划专题研究三大部分共三十章构成，形成了《加勒比海地区旅游基础设施发展规划纲要》、《加勒比海地区旅游基础设施发展规划综合研究》及包括《规划区国际地位分析》、《美国对中加关系发展的影响分析》和《各国别专题研究》在内的 19 份专项研究报告和 20 多份图件。

本规划是由国家开发银行研究院组织编写，中国科学院地理科学与资源研究所和北京大学拉丁美洲研究中心的专家参与研究。在研究分析过程中，得到了国家开发银行总行相关厅局，尤其是甘肃分行包括时任杨文清行长和现任方笑明行长等领导的大力支持，在此对相关单位及专家表示衷心感谢。

国家开发银行研究院

2015 年 5 月

目　录

第一篇　规划纲要

第二篇　规划综合研究

第三篇　专题研究报告

第一篇

规划纲要

一　条件与机遇

（一）发展条件

加勒比海地区是世界海洋旅游资源最丰富的区域之一，加勒比海地区旅游业不仅是当地国家和地区的重要经济支柱，而且对全球旅游业发展、海洋生态环境保护、改善人类生活品质有重要影响。加勒比海地区以其独特的自然风貌，丰富的海洋旅游资源，宜人的海洋气候，丰富多彩的文化艺术，成为闻名世界的旅游目的地、世界级休闲度假胜地、世界首选邮轮旅游线。根据加勒比海地区旅游组织 2011 年统计，加勒比海地区的入境旅游人次达 2092 万，入境旅游收入 262 亿美元；旅游业的直接 GDP 产值达到 158 亿美元（占 GDP 总量的 4.6%），综合产值达 486 亿美元（占 GDP 总量的 14.2%）。旅游服务业在加勒比海地区经济发展中占据重要地位，巴哈马、巴巴多斯、安提瓜和巴布达、圣卢西亚、牙买加等国家和地区经济以旅游经济占主导地位。

1. 加勒比海地区旅游基础设施存在较大的发展空间

虽然加勒比各国旅游经济发达，旅游业发展历史较长，但加勒比海地区多为岛国，各国陆域面积狭小，人口规模和经济总量小。旅游业发展普遍面临微型经济体自我投资能力不足、人力资源匮乏、旅游休闲产品单一、交通体系仍不完善等问题。主要表现在连接主要旅游目的地的海、陆旅游交通不完善；邮轮旅游配套设施建设和线路建设仍有巨大的发展空间，商务购物旅游发展滞后。邮轮旅游作为加勒比海地区主要旅游产品，邮轮线路主要分为东加勒比海航线、西加勒比海航线和南加勒比海航线，一条线路往往只能涵盖该地区少数几个旅游目的地，大多数邮轮停靠点的旅游观光景点、综合服务设施、购物场所不足。一些加勒比海国家通信设施也比较落后，不少地区尚未开通固定电话，如圭业那、海地等国家更是处于经济发展十分落后的状态，旅游基础设施建设需求巨大。

2. 我国旅游业"走出去"的时机基本成熟

2001 年中国加入世界贸易组织之后，境外资产大举进入我国的旅游酒店、娱乐、购物、餐饮、主题公园等旅游及旅游相关领域。与外资的大量涌入相比，由于我国国内旅游业处于由起步到快速发展阶段，旅游投资主要集中于国内。随着经济全球化和区域经济一体化进程的深化，各国更加重视旅游业的国际合作，加之我国国力的提升，对外投资能力的形成，我国旅游业的国际合作面临难得的发展机遇。旅游投资机遇主要体现在如下方面，一是我国国内旅游消费已经形成巨大的市场容量，旅游业发达国家开拓中国旅游消费市场意愿强烈，迫切希望强化与我国的旅游市场合作力度；二是我国综合国力不断提升，企业的境外旅游投资活跃，开始显现出从单向国内投资到双向国内和国际投资并举的趋势。通过实施旅游业"走出去"战略，将我国出境旅游需求与形成境外旅游产品自我供给能力相结合，将我国巨大的旅游消费潜力通过境外旅游投资释放出来，与目的地国家共享我国出境旅游消费带来的巨大商机。

3. 中加经贸合作基础不断巩固

加勒比海地区大部分国家与美国的地缘政治和经贸关系密切，但金融危机后，美国国内危机不断，已无精力顾及加勒比国家，加勒比国家的经济发展受到显著影响。为支持经济发展，迫使加勒比国家寻求新的合作对象。目前，我国与加勒比海地区11个国家已经建交，各国人员往来频繁，互利经贸合作不断扩大。尤其与古巴、牙买加、多米尼加、特立尼达和多巴哥、巴哈马安提瓜和巴布达，以及维尔京群岛等国家有密切的贸易关系，在贸易、投资、农渔业、金融业、交通运输和人力资源等领域的合作不断深化。以往的合作为我国与加勒比海地区在旅游基础设施方面合作奠定了基础，提供了经验。

（二）面临机遇

1. 欧美旅游市场滞胀，我国出境旅游市场增长强劲，加勒比海地区对我国投资旅游基础设施持欢迎态度

2008年全球金融危机以来，国际旅游市场呈现滞胀态势。长期以来，加勒比海地区游客主要来自北美和欧洲，旅游市场对欧美依赖性很大。但全球经济的持续低迷，使这两个区域的客源输出能力明显减弱，加勒比海地区旅游经济受到重创。面对困境，加勒比国家开发新兴市场，走出困境的意愿十分强烈。与波澜不惊的国际旅游市场相比，我国强劲增长的出境市场成为世界旅游经济持续发展的重要引擎。从20世纪90年代至今，我国出境市场实现了年均增长接近20%的速度。2010年中国出境旅游人数5739万人次，2011年跃升到7700万人次，尤其是我国每年的商务旅行支出仅次于日本。我国已经跃居全球第四大入境游接待国和亚洲第一大出境

游客源国。与游客规模快速增长对应的是我国游客的消费规模呈现更迅速的增长，1982 年至今，我国公民出境消费年均增长率接近 40%。在发达国家居民境外游能力下降及我国居民出游能力上升，我国游客市场基数庞大的背景下，包括加勒比海地区在内的各国均对我国的出境游客市场十分重视，将开拓中国旅游客源市场作为走出困境的途径之一，纷纷制订开发我国客源市场的计划，非常期待在旅行社、旅游航空和旅游酒店等方面与中国建立合作关系。世界各国不断对中国游客敞开大门，旨在开发中国庞大的旅游消费市场，2010 年，我国公民自费旅游目的地国家和地区达到 141 个。2005 年，中国政府给予所有与中国建交的加勒比国家"中国公民组团出国旅游目的地国"地位，并签署了中国旅游团队赴各目的地国家旅游谅解备忘录，先后开展了赴安提瓜和巴布达、巴哈马、巴巴多斯、古巴、牙买加、格林纳达六个国家的组团旅游业务。2007 年 9 月在厦门举行的第二届中国—加勒比经贸合作论坛上，发表了联合声明，中国表示将积极鼓励本国公民赴加勒比海地区国家旅游。为了吸引中国游客，一些加勒比国家还开通了官方的旅游中文网站。鉴于中国在海外的企业具有争取中国旅游客源的优势，加勒比国家对中国企业投资旅游业持欢迎态度。

2. 加勒比海地区独特的环境和文化对我国旅游消费市场吸引力巨大

加勒比海地区自然、文化环境的独特性，尤其是加勒比海的热带海洋气候与东亚地区气候条件具有巨大差异，优良度假气候对我国游客以及日本、韩国等东亚游客具有巨大吸引力，是我国和东亚地区游客冬季休闲度假旅游的理想目的地。将我国和东亚地区作为客源国，参与加勒比海地区的旅游开发将对我国和加勒比海国家都具有巨大的市场价值。

3. 世界金融危机拉低了境外旅游资产价格，为收购旅游资产提供了机遇

在持续不断的世界金融危机与债务危机的影响下，加勒比海地区旅游资产价格呈现下降趋势，处于历史较低水平。对于中国旅游投资和旅游企业而言，增加了低价收购境外成熟的旅游固定资产，吸纳旅游管理人才的机会，降低了"走出去"的成本。近年来，以收购境外旅游项目为主的旅游投资活跃，这充分说明我国企业已经看到目前出现的巨大的境外旅游投资机会。尽管目前世界经济增长遇到了很多挑战和不确定因素的影响，但世界旅游业却一直是增长速度最快的部门之一，而且成为推动经济和就业增长的主要力量，具有良好的发展前景。

国家开发银行研究院联合各方面力量和资源，统筹规划中国和加勒比海地区旅游基础设施合作建设。以旅游基础设施合作建设为切入点，在加勒比海地区构建中加经济社会持续发展的旅游网络、物流网络和文化交流网络，为中加合作服务，为全球经济结构调整服务，为世界经济的可持续发展服务。

二　目标与战略

（一）意义与重要性

1. 战略地位

加勒比海地区处于连接世界各大洲的通道位置，从大西洋通过加勒比海地区经巴拿马运河，可进入太平洋地区。加勒比海是连接欧亚大陆和美洲大陆的交通纽带，是大西洋和太平洋之间交通运输的关键通道；加勒比海地区介于南美洲和北美洲之间，是南美洲和北美洲之间许多航线的必由之路。由于加勒比海地区所处的战略地位十分重要，强化了我国与加勒比国家的外交和经贸往来，应作为我国全球战略的重要组成部分。

2. 重要意义

基于旅游业在加勒比海地区经济发展中的重要地位以及广阔的发展前景，以旅游业为切入点，进行旅游基础设施投资方面的广泛合作，开通我国和加勒比海地区的旅游航空交通，通过开发我国出境旅游市场，不仅对加勒比海地区旅游业的发展起到促进作用，达到合作共赢，还将对促进我国与加勒比海地区的外交和经贸合作关系起到重要的推动作用，可成为中加经贸合作中具有战略意义的重要环节。

（二）发展目标

通过与加勒比海地区在旅游基础设施建设方面的广泛合作，包括在国际机场、旅游支线机场、航空直飞航线、邮轮港口、旅游公路、专线铁路、旅游度假区、旅游景区、娱乐设施、商务购物设施等组合式旅游基础设施建设投资和合作，整合和提升加勒比海地区旅游产品，为打开我国出境旅游市场，扩大我国公民赴加勒比海地区旅游提供条件。改变过去我国在加勒比海地区以单一的工程承包为主的投资模式，向组合投资、产业投资方向转变。

今后 20 年，加勒比海地区旅游基础设施建设投资需求不少于 1000 亿美元。我国通过与加勒比海地区在旅游基础设施方面的广泛合作，特别是通过在重点旅游基础设施和新线路的合作建设，力求成为加勒比海地区旅游基础设施合作投资的重要力量，力求促进中—加农业合作和其他各方面合作上一个新台阶。

（三）发展战略

1. 优势互补，合作共赢

充分利用我国和东亚地区迅速增加的客源市场优势和加勒比海地区的旅游资源优势，通过合作规划、联合开发，建立与加勒比海地区长久的旅游发展合作，使加勒比海地区成为我国出境旅游的重要目的地，为加勒比海地区旅游经济发展带来新客源和新活力。通过旅游合作开发，将我国的客源市场、资金、人力资源、航空、旅游电子营销和景区数字化管理技术引入加勒比海地区旅游业发展中，实现合作共赢。在追求自身利益的同时，致力于为加勒比国家创造切实、长久的经济与社会效益，被当地政府和人民所接受和认可。

2. 优化结构，参与旅游业长期经营

由于加勒比国家体量较小，贸易、合作关系进一步扩展的潜力有限。我国企业在加勒比海地区投资主要是承包劳务和技术咨询、基础设施建设、灾后重建等方面，缺乏持久经营性。而旅游业作为加勒比海地区最具持久经营的产业，应作为我国与加勒比海国家建立长久投资合作的重要方面，实现我国在加勒比海地区的投资结构的优化，围绕旅游业发展建立持久经营和长久合作的模式，应作为我国在加勒比海地区旅游投资的重要目标之一。

3. 合理布局、重点突破

根据加勒比海各国旅游经济发展需求和我国的外交战略，结合加勒比海优势旅游资源布局，立足区域旅游发展优势，对合作的重点国别和区域，以及旅游业的重点领域和方向进行战略布局，重点突破。根据旅游业基础设施建设的合作形式、合作内容和国别情况，充分考虑当地的发展基础、发展条件和发展优势，因地制宜，有计划、分步骤推进。

（四）路径选择

1. 改变单一项目模式，构建旅游产业链

我国在加勒比海长期以来主要集中在道路等基础设施建设方面，以工程建设承包为主，缺乏持久经营性，各项工程之间缺乏关联。旅游业作为一个旅游产业是具有密切关系的要素组合，包括旅游酒店、旅行社、餐饮、旅游景区、旅游交通、旅游购物、娱乐、旅游商品生产。其中，旅游酒店、景区等设施建设和旅游交通等基础设施建设是加勒比海各国鼓励外资投资的领域。从有利于持久经营的目标，优化加勒比海地区投资结构，实施构建旅游产业链战略，将旅游基础设施投资、酒店和度假村投资、旅游综合体投资、旅游景区投资结合，构建具有持久经营性的旅游产业链。立足于加勒比海地区的合作发展，构造重大项目，前瞻性地布局一批重大旅游建设项目，通过直接投资、收购、参股、工程承包等形式，形成旅游产业链。重点扶持具有相对成熟的投资运营基础的旅游项目投资，包括以收购、BOT 等投融资方式进入国际旅游市场。改变我国在加勒比海地区以对外工程承包为主要业务的合作模式，以新的旅游合作方式促进合作方式转变。将构建"旅游酒店（度假村）＋旅游景区＋航线＋公路＋港口（邮轮）＋配套设施"模式，作为构建旅游产业链的重要模式。

2. 优选投资区域，空间集聚投资

以北美为基本市场，以我国国内客源市场和东亚客源市场为主要潜力市场，优选区域，集中投资，形成设施完善、管理先进的旅游区。选定与我国具有良好外交关系，国家经济体量较大，旅游资源条件优良，旅游开发程度较低，旅游基础设施相对较差，具有巨大开发潜力的岛屿、海滨地区，进行集中投资、开发建设，改善基础设施条件，同时配套生态或文化景区建设，形成旅游功能区完善的旅游区。同时，通过收购、参股等形式快速进入加勒比海地区旅游业。

3. 重视"稀缺旅游资源"投资

旅游资源具有长期投资价值和可持续经营特征，同时也具有资源稀缺性和垄断性特征。旅游业的资源依赖特征，使得拥有旅游资源成为形成发展优势的基本条件。尤其是海滨旅游资源、生态旅游资源、历史文化旅游资源，具有稀缺性和唯一性特征。海岸线资源在我国属于稀缺资源，是旅游酒店布局的主要区域。我国海南的三亚是我国冬季旅游的主要目的地，由于气候和岸线资源的稀缺性，岸线资源存在过度开发的倾向，旅游价格超高。加勒比海的旅游资源与我国三亚旅游资源类似，具有发展四季旅游的良好条件和全年经营优势，不存在我国大多数旅游区存在的明显的季节性制约经营效益的问题。注重沙滩岸线资源、生态景区资源、历史文化旅游资源的投资应作为加勒比海旅游投资的重要战略。寻求合法、适当途径，购买加勒比海地区沙滩岸线旅游资源、生态旅游资源、岛屿资源、历史文化遗迹资源，获得旅游业的持久经营优势。

4. 区域差异化投资

加勒比海各国旅游业发展水平具有较大差异，巴哈马等国家旅游业发展较为成熟，牙买加等国家旅游业处于快速发展时期，古巴等国家旅游资源丰富，开发程度相对较低，潜力巨大。不同国家采取差异化投资策略，对于巴哈马等旅游业发展成熟区域，重点进行旅游业的升级，重点发挥商务、会议旅游；对于牙买加等旅游业快速发展地区，重点进行旅游酒店、旅游基础设施投资；对于古巴等旅游发展潜力巨大，但是制约条件较多的国家，借鉴我国改革开放初期设立开发区的模式，争取以旅游开发区或特区的模式参与古巴的旅游资源开发和旅游业发展。

5. 旅游产业与相关产业整合发展

将旅游开发与其他产业发展相结合，包括现代农业园区建设与休闲农业发展相结合。加勒比海地区大多数国家农业在国民经济中占据重要地位，利用我国发展乡村旅游的经验，通过现代农业园区的建设，发展特色农业、休闲农业和乡村旅游。实施加勒比海地区基础设施投资大战略下的旅游投资战略，将现代农业园区建设、水电建设、风电建设、道路交通建设、航线建设、机场、港口建设与旅游投资结合，形成密切关联或区域集聚的投资模式："热带特色农业产业园区＋休闲农业"（观光农业园）模式、"工业制造业＋旅游装备制造业"（酒店设施制造＋酒店消耗性用品生产）模式、"房地产业＋旅游房产业"（产权式酒店）模式和"港口建设＋邮轮旅游"（邮轮母港）模式。

三 重点领域与项目

（一）选择原则

加勒比海地区旅游投资包括旅游基础设施、旅游服务设施和旅游产业管理营销平台建设三个方面，选择原则包括：

（1）目标国家允许、鼓励旅游投资并给予优惠政策的项目。包括旅游交通设施建设、旅游景区建设、旅游酒店业等，这类建设项目是大多数加勒比国家鼓励投资的领域。

（2）我国具有丰富经验的项目。如道路工程等旅游基础设施、水电项目、能源项目、数字化景区、旅游电子商务与信息管理平台等。

（3）具有持续经营能力的项目，市场需求稳定的项目。如旅游酒店业、旅游休闲综合体、旅游地产等。

（4）抗风险性好的项目。如农业观光园等，产业构成为"农业＋旅游"，具有规避旅游业因经济周期产生波动的优势。

（5）我国具有一定优势的行业。如旅游装备制造业（户外服装），酒店设施用品制造业（酒店用纺织品等）等。旅游装备制造业是发展迅速的产业，越来越多的国家或地区把旅游装备制造业作为重要的产业发展。加勒比海地区是海滨休闲、高端酒店汇聚地，游艇、户外用品、酒店用纺织品等需求量巨大。我国作为世界纺织品大国，在发展酒店纺织用品方面具有显著优势。

（6）能够较好地回避建设过程中可能出现的风险，如通过"收购"已经成熟的旅游项目，从而规避工程承包和 BOT 合作模式中遇到的劳工问题等。

（二）重点投资领域与项目

1. 机场与航线

近年来，加勒比海地区航空业迅速扩张，航线不断增加。未来加勒比海地区航空业需求旺盛、极具潜力，应抓住契机，参与机场、航线建设，并推动我国客机打入加勒比市场。欧洲、北美和加勒比海地区旅游航空需求持续旺盛，中远途航线发展潜力较大。如加勒比航空公司 2012 年开通特多至南、北美的中远途直航航线，重新恢复特多至英国的直航航班。

（1）支线机场。加勒比海地区多属小岛屿国家，小型机场是加勒比海地区重要的旅游交通形式，机场规模小，跑道长度普遍较短、等级较低，设施条件较简陋，改造升级的需求较迫切，具有较大的投资建设合作空间。

（2）航线建设。在参与机场改造的同时，以远程客源市场为目标市场，将机场与航线建设作为加勒比海旅游投资的重要组成部分，重点发展巴哈马、牙买加等国家的航空交通。为加勒比海国家带来新的客源应作为加勒比海地区旅游基础设施和服务设施建设的基本前提。支持我国航空公司开通航线，有针对性地开发加勒比航空市场。加勒比海国家远离我国和东亚市场，飞行时间长是制约我国和东南亚游客前往加勒比海地区旅游的主要制约因素。在客源市场不成熟的初期阶段，旅游航线建设以发展包机旅游为主，探索直航包机的可能性，开通我国到古巴、牙买加、特立尼达和多巴哥、巴哈马的直飞包机航线。

在航线开发时序方面，比较加勒比海地区各国的区位条件，牙买加具有建设成为面向东亚国家和我国门户枢纽机场的优势条件，应作为有限开辟航线优先考虑的国家，鼓励和扶持我国航空公司在牙买加等目标国家设立分支航空机构。同时，古巴具有开通我国到古巴的直飞航线的愿望，可优先考虑开通包机航线。在开通包机航线的同时，支持海航等航空公司在巴哈马、牙买加等国家设立航空公司或航空办事处等机构，支持牙买加、特立尼达和多巴哥等国家和地区建设加勒比海地区旅游集散机场。加勒比区域以外首选墨西哥坎昆，直航或包机。

投资的重点领域包括开通我国与牙买加、古巴直飞航线。参与巴哈马支线机场的改造升级。在牙买加或特立尼达和多巴哥设立航空公司分支机构。投资模式采取"机场扩建 + 旅游包机 + 航空公司分支机构"模式，重点区域为牙买加、巴哈马和特立尼达和多巴哥。

首先开通航线：首先采用包机，然后直航的方式，开发北京或上海经过墨西哥到牙买加金斯敦的航线。考虑到目前上海等到墨西哥已有的航线基础，航线计划途经墨西哥城或坎昆到金斯敦，并打造金斯敦区域交通旅游中心并对金斯敦机场、港口进行改扩建，使牙买加金斯敦成为旅游辐射中心。并以牙买加为中心，开通到开曼群岛、巴巴多斯等主要旅游岛的支线飞机。

2. 港口与邮轮母港

我国出境游开始由以往的观光游览逐渐向购物 + 度假 + 休闲转型，很多旅行社已经开通从美国出发到加勒比各个国家邮轮旅游产品。针对我国游客需求特点，以增加邮轮码头停靠点为目标，参与邮轮母港的建设。将景区、景点开发与新的邮轮母港的建设结合，形成新的航线和新的邮轮停靠点。选择自然和人文旅游资源丰富的区域，开发新的旅游吸引物，打造更多样的邮轮度假体验线路。

在港口及相关项目建设方面，立足于形成加勒比海地区的具有持续经营能力的港口建设和经营网络，争取加入加勒比海地区旅游港口运营商行列。通过收购、合作建设、工程承包的方式，参与邮轮母港的新建、扩建、改造，打造多功能的邮轮母港综合体。采取综合开发模式，通过合作经营，形成港口、机场、度假酒店组合、综合服务设施（纪念品商店、艺术馆等）投资和经营体系。

投资合作的重点区域包括巴哈马、牙买加邮轮母港建设。在巴哈马，借助我国投资的大型度假村的建设和运营，配套参与机场、旅游公路、景区（中港湾关注百慕大邮轮码头）以及邮轮码头配套设施的建设。

3. 旅游公路与铁路

将旅游景区开发与旅游交通建设结合，通过开发环岛公路、岛屿之间的连接公路、改善加勒比海旅游区之间的道路交通条件，尤其是岛屿之间的交通联系，形成陆路、航空、海运结合的旅游交通网络。如牙买加南北高速、东西高速、环岛公路，特立尼达和多巴哥、圣卢西亚、大开曼、巴巴多斯、安提瓜与巴布达等环岛公路。

以交通建设为先导，以度假设施建设、航线建设为跟进，形成完善的旅游设施配套。旅游交通建设的重点潜力区域包括古巴、海地等国家。建设的重点包括：机场与主要旅游区之间的连接公路；小型岛屿的环岛游览公路与慢行游览线；城市与景区、海滨旅游区之间的公路；探索建设连接小型岛屿的跨海公路（或海底隧道）。

采取"工程承包 + 经营"模式，重点区域是牙买加、古巴、海地等旅游业发展潜力巨大，但是旅游基础设施条件相对落后，发展需求迫切的国家。近期可考虑推动牙买加环岛旅游公路（景观路），海地到多米尼加国际铁路，苏里南、圭亚那的货运铁路。

4. 旅游酒店业

旅游酒店业是国际上开放度较高的行业，具有持续经营特点，是各国旅游对外投资首选行业。

我国旅游业起步较晚，对国际投资的吸引力巨大。我国旅游业从20世纪70年代末到80年代末的10年间，共利用外商直接投资约50亿美元，占同期全国实际利用外资总额的29.1%。到1996年年底，总体规模达到200亿美元，其中，饭店业约150亿美元，旅游度假区20亿美元，旅游景观建设10亿美元，旅游度假别墅、公寓20亿美元。我国旅游业开放领域主要是饭店和旅行社。我国的旅游饭店业是70年代末和80年代末外商投资的首选行业之一。70年代末第一批中外合资饭店出现，成为我国对外开放的先头部队。到1998年年底，外商投资的旅游涉外饭店数和客房数已分别达 458 座和 8.73 万间，分别占全国总数的 7.9% 和 11.4%，加上我国港、澳、台商投资，饭店数和客房数分别为 694 座和 13.32 万间，分别占全国总数的 12% 和 17.4%。目前，大多数世界顶级酒店集团，以及旗下品牌酒店都已进入中国，并成为我国高端旅游酒店的重要组成部分。

从国际和我国的旅游业投资经验看，投资加勒比海旅游业，旅游酒店业或宾馆业是不可或缺的领域之一。目前，我国已有多个境外投资旅游酒店案例。我国境外旅游酒店投资主要采取收购的方式，包括深圳新世界集团收购洛杉矶万豪酒店等。

在世界金融危机尚未平复的经济形势下，资产价格较低，抓住这一机遇，对我国企业给予融资帮助，支持我国企业择机收购加勒比海地区的优质的旅游酒店资产，应是快速进入加勒比海地区旅游酒店业的理想方式。重点选择旅游业发展趋势好，竞争相对不充分的区域是旅游酒店投资的首选区域。

此外，从加勒比海地区旅游酒店的客房平均出租率分析，加勒比海地区酒店业仍具有扩展空间。例如，2011 年，据巴哈马酒店协会和旅游部初步统计报告显示，尽管经济形势没有明显好转，但巴哈马新普罗维登斯岛和天堂岛 14 家主要酒店 2011 年客房入住率达到 63.9%，属于较好水平。以合作投资的方式投入旅游酒店也可作为旅游投资的重要方向。综合分析，投资加勒比旅游酒店（度假村）主要依据如下：（1）较低的资产价格，由于金融危机，欧美各国面临的经济困难，使得资产价格处于较低状态；（2）较高的客房出租率，加勒比海地区旅游酒店客房出租率高于我国旅游酒店的平均客房出租率；（3）优良的市场与运营环境，旅游旺季时间长，与我国及东亚地区旅游资源互补性强。投资模式主要采用国际酒店业通用的"收购或参股建设"模式，重点地区包括牙买加、特立尼达和多巴哥、古巴三个国家。牙买加蒙特哥贝到八条河之间的旅游度假酒店带、巴哈马拿骚的度假村是开发重点区域。

5. 旅游景区

旅游景区是旅游业的重要组成部分，加勒比海地区的历史文化和自然景观具有独特性和资源垄断性特点，具有很大的景区开发价值。长期以来，由于加勒比海国家旅游业主要面对欧美游客，以休闲度假旅游为主，景区观光旅游处于次要地位，旅游景区发展一直是加勒比海国家旅游项目中的弱项，景区建设相对滞后。而我国和东亚游客偏好景区观光，旅游景区收入是我国很多旅游区收入的主要构成。要开辟我国和东亚赴加勒比海地区旅游市场，必须适应我国和东亚游客的消费特征，强化加勒比海地区的旅游景区建设。还可开展老景区改扩建、博物馆建设、游览步道和观景台建设等工程。

（1）重点进行沿海景观大道、带状公园、公共休闲广场、步行道、自行车道、沙滩运动设施、海洋公园和水上运动等公众度假休闲旅游项目的投资，以及直接为旅游者服务的设施和项目。重点区域包括牙买加等国家。采取"景区建设＋旅游房地产开发"模式，如牙买加环岛公路串联的景区与蓝山咖啡种植园立体景区开发，并通过景观带的建设带动旅游房地产的开发。

（2）生态旅游资源是加勒比海地区突出的优势资源，包括参与生态科普博物馆、生态景区游客中心、游览道路、生态环境保护设施的建设。重点区域包括特立尼达与多巴哥、多米尼加、苏里南、牙买加等自然生态旅游资源丰富的国家。

（3）特色休闲农业园区建设。将旅游景区建设与农业发展结合，通过农业综合开发，将旅游休闲功能融入园区建设，建设具有典型加勒比海热带特色的农业观光园区，发展具有热带观光农业、休闲农业旅游，如开发建设蓝山咖啡休闲农业园等。

景区建设的投资模式采取"合作开发＋工程承包"模式，投资的重点区域为特立尼达和多巴哥、古巴、牙买加。尤其是古巴、牙买加等国家自然和文化旅游资源丰富，但开发程度低，景区开发潜力大，可考虑采取合作开发的方式共同开发。

6. 商贸、会议、娱乐旅游设施

加勒比海地区在商贸、金融方面提供宽松的环境，金融业和商贸业发达，具有举办各类国际会议、商贸活动、会展的有利条件，但是目前旅游产品以休闲度假旅游为主，商贸旅游比重小，未来商贸旅游发展空间巨大。尤其是巴哈马，发展商贸、会议旅游的条件优良。与上述国家合作，可建设大型会展、会议设施，发展商贸旅游，建设世界商贸、会议、会展旅游中心。重点投资项目包括：

（1）都市会展中心。会展旅游产品具有附加值高、盈利能力强的特点，是旅游业高端产品。全世界每年会议收入约为 2200 亿美元，并以每年8%—10%的速度增长。巴哈马等国家城市基础设施完善、商贸发达，具有发展会展旅游的良好条件，应作为未来旅游开发的优选地区。

（2）都市休闲购物综合体。都市休闲购物综合体作为新型的旅游休闲购物场所，在我国北京、上海等城市获得成功发展。巴哈马、多米尼加等旅游业规模较大的国家，每年有数百万游客，旅游购物需求量大。结合都市会展中心的建设和具有加勒比海特色的旅游商品的发展，建设服务于旅游者的多功能休闲购物中心，推动加勒比海地区的商业购物旅游的发展。

（3）山地运动休闲基地。山地运动休闲是一种低碳环保的运动休闲项目，美国作为山地运动（山地自行车）休闲的发源地，拥有大批山地运动休闲的爱好者。加勒比海地区很多国家具有发展山地自行车运动的地形条件和环境条件，牙买加、多巴哥岛、巴巴多斯、格林纳达等国家还具有发展环岛自行车运动的条件。以生态和健康为主题，在加勒比海地区发展山地和环岛运动休闲旅游项目具有广泛的市场基础和良好的发展条件。

投资模式采取"合作开发＋参股"模式，重点建设地区巴哈马、特立尼达和多巴哥两个国家。

7. 旅游房地产

2010年以来，我国房地产企业纷纷将投资目标转向境外，积极参与或研究收购境外旅游房地产项目。加勒比海地区一直是国际高收入人群和知名人士购买房地产的热点区域，很多体育、演艺界知名人士在加勒比海购置房地产。引导我国房地产企业介入加勒比海旅游房地产的开发建设，进行旅游房地产的综合开发，并给予融资支持。结合旅游房地产建设，可推动建设各项配套基础设施。

（1）海滨度假别墅地产。面向我国高收入群体，开发海滨度假别墅，满足我国高收入人群境外购置不动产的需求。

（2）产权式酒店。面向我国和东亚市场，开发产权式度假酒店。

（3）旅游培训中心。加勒比海地区是旅游就业人口集中分布区，旅游就业人数比重大。旅游业作为劳动密集型产业，就业人口职业培训需求大。旅游职业培训是我国和加勒比国家合作的重要方式。

（4）养老型地产。针对世界老龄化时代的到来，发展养老型地产。

巴哈马、牙买加等具有发展旅游地产的资源和环境条件，可作为重点考虑的区域，投资模式采取"直接投资＋合作开发"模式。

8. 旅游数字化运营平台

我国在旅游电子商务和景区数字化管理方面已经取得了较为丰富的经验，积累了大量人才。我国很多大型景区已经实现了数字化管理，建成了综合性的数字化指挥调度中心，开通了门票网路预售系统、信息发布系统、视频监控系统，形成了景区保护、管理、服务、营销等全方位的数字化管理体系，大大提高了经营管理效率和质量。

加勒比海地区旅游业发达，但是在管理的现代化和数字化营销方面仍然具有较大的发展需求，旅游的数字化管理、数字化服务、数字化景区、数字化旅游的信息化应用技术合作的空间巨大。

通过技术合作的方式，将我国的景区数字化管理平台引入巴哈马、多米尼加等旅游业发展成熟、旅游业规模大的国家，并通过系统代管、人员培训等方式，提高旅游管理效率，提升旅游业的现代化程度。重点包括：景区、度假区的数字化管理系统；旅游产品营销平台；旅游产品预订的电子商务系统；监控与预警系统；旅游统计分析系统。

采取"设计＋运营管理"的模式，重点考虑的区域包括旅游业最为发达的巴哈马，旅游业发展迅速的牙买加两个国家。

四　空间布局与重点国别选择

（一）布局原则

1. 投资集聚与均衡布局原则

加勒比海旅游基础设施投资布局要考虑我国在加勒比海地区的国家战略和企业的目标诉求。旅游基础设施投资布局采用大布局均衡与重点区域集聚原则，基本原则包括：交通区位条件优良原则，即优先考虑居于交通枢纽位置的国家；南北均衡布局原则，即重点投资区域布局要能够衔接南美大陆和北美大陆；集中布点原则，即旅游基础设施投资和服务设施投资集中布点，形成规模。

2. 综合性投资环境最优原则

加勒比海各国在资源类型和品质方面具有很大共性，海洋、生态、文化是主要旅游资源。在各国旅游发展背景条件具有很多共性情况下，旅游投资决策主要考虑因素是目标国家的综合投资环境，包括：国家的国土面积较大，重点考虑国土面积大于 1000 平方公里的国家。国家的人口规模较大，重点考虑人口规模较大，劳动力资源较为充足的国家，国家的经济总体规模较大的国家。国家的政治和安全保障，安全状况、地区境外投资导向政策、履行有关国际协定的义务、能保障企业合法权益的国家，以及与我国经贸合作密切的国家。

3. 旅游发展趋势与潜力最优原则

旅游投资在选定目标区域时还要考虑旅游投资容量、旅游资源条件、旅游业发展的现状基础、旅游市场条件、旅游发展潜力等因素，也是决定旅游投资效率的关键要素。由于加勒比海地区自然环境具有一定的雷同性，旅游发展的现状条件和潜力成为决定因素。重点考虑旅游业发展规模：重点考虑旅游业绝对规模较大，市场相对成熟的区域；或旅游业发展的相对规模较大，旅游业在国民经济中的比重较大，属于优先发展的产业。

（二）重点国别选择

1. 航线区位条件最优国家

比较加勒比海地区各国的地理区位条件，牙买加和特立尼达和多巴哥在加勒比海地区占据独特的地理区位条件，具有连接周边区域的交通枢纽功能，区位优势大。

（1）牙买加。牙买加处于加勒比海地区的中心区域，是加勒比海地区的交通枢纽，有金斯顿国际港口。

（2）特立尼达和多巴哥：处于南美大陆的咽喉区域，是加勒比海和南美大陆的交汇区域。是南加勒比海地区除了圭亚那和苏里南以外，国土面积最大，旅游发展条件又较好的国家。

2. 综合投资环境最优国家

加勒比海地区国家数量多，规模小，国土陆域面积小于 1000 平方公里的国家有 8 个，国土面积大于 10 万平方公里的国家只有圭亚那、苏里南和古巴。人口不足 10 万的国家有 4 个，人口超出 100 万的国家只有多米尼加、海地、牙买加、特立尼达和多巴哥 4 个国家，人口超出 1000 万的只有古巴一个国家。下面综合分析有关国家和地区的国土面积，人口、海岸线长度等指标：

（1）古巴。国土面积大、海岸线长、人口众多，是加勒比海地区海岸线最长，人口最多的国家。历史文化内涵丰富，旅游资源质量高，开发潜力大。

（2）多米尼加。国土面积仅次于古巴，人口接近千万，旅游接待量是加勒比海地区最高的国家。

（3）巴哈马。陆域国土面积只有 13880 平方公里，但是岛屿众多，海岸线长度仅次于古巴，在加勒比海地区位居第二，滨海度假旅游资源丰富。

（4）牙买加。国土面积 1.1 万平方公里，人口 287 万，是加勒比海地区人口密度较大的国家。旅游发展的空间容量和人口容量较大。旅游资源丰富，旅游发展潜力巨大。

（5）特立尼达和多巴哥。地区国土面积 5128 平方公里，人口 123 万，具有一定的投资空间和经济容纳量。旅游发展条件较优，与我国经贸关系密切，区位条件理想。

（6）海地。海地是加勒比海地区国土面积大，人口密度高，旅游资源丰富的国家。但是海地经济落后，基础设施条件差，政局动荡大，治安混乱，目前的综合投资环境较差，投资风险巨大。但是海地旅游业发展的资源环境条件较好，发展基础差，发展潜力高，一旦综合投资环境有所改善，可作为未来重点考虑区域。

3. 旅游业发展现状和潜力最优国家

按照世界旅游旅行理事会（WTTC）的研究和预测，加勒比海国家中未来旅游增长潜力最大的前 5 个国家为：格林纳达、海地、古巴、特立尼达和多巴哥、圣基茨和尼维斯。其中格林纳达旅游增长潜力在世界 181 个国家中排名第 42 位，增长潜力最小的圭亚那在世界 181 个国家中排名第 171 位。但是增长潜力较大的 5 个国家中，除古巴外，格林纳达、海地、圣基茨和尼维斯旅游业的相对规模较小。在加勒比海各国中，多米尼加、古巴、牙买加和巴哈马在世界旅游业中所占的份额较大，排在世界前 100 名，是加勒比海地区 4 个旅游发展规模最大的国家。其中旅游业规模最大的是多米尼加，在世界上排名第 58 名。加勒比海各国中，旅游业在国民经济中所占地位最高的是安提瓜和巴布达，其次是巴哈马、巴巴多斯、圣卢西亚、伯利兹。其中安提瓜和巴布达旅游业在国民经济的比重在世界各国中排名第二，巴哈马排名第九。安提瓜和巴布达、巴巴多斯是加勒比海地区著名的旅游胜地，离岸金融服务业和第三产业发达，是世界上保持经济增长、维持低通胀的国家之一，也是南美洲经济最发达的国家。巴巴多斯 1977 年与我国建交，两国关系良好。由于旅游经济发展较为成熟，投资机会相对较少，未来发展空间有限。格林纳达和圣基茨和尼维斯虽然被认为是加勒比海旅游发展潜力较大的国家，但是，格林纳达、圣基茨和尼维斯的国土面积仅分别为 344 平方公里和 261 平方公里，人口分别只有 10.8 万和 5 万，旅游开发容量相对较小。海地旅游发展条件较好，但是存在国家政治制度和国家安定等问题，旅游投资进入的障碍和阻力相对较大。

综合旅游业发展现状和发展潜力，多米尼加、古巴、牙买加和巴哈马未来旅游业发展的前景较好、潜力较高。

综合上述地理区位条件、综合投资环境和旅游业发展潜力与发展容量条件，巴哈马、古巴、牙买加、特立尼达和多巴哥、多米尼加 5 个国家旅游投资环境较好，旅游发展的空间容量较大，对旅游投资的资金容量也较大，应作为优选区域。其中巴哈马、牙买加、特立尼达和多巴哥是投资条件最为成熟的国家，应作为近期重点考虑的国家。从重点目标国家分布看，巴哈马、古巴主要分布在北部区域，牙买加和多米尼加分布在中部区域，特立尼达和多巴哥分布在南部区域。我国到牙买加航线开通后，牙买加可成为连接古巴、巴哈马、多米尼加、特立尼达和多巴哥的枢纽机场和客源集散中心。其中牙买加可作为旅游基础设施建设的首选区域。特多能源资源丰富，旅游投资可与能源矿产投资协同，形成联动。

五　重点国别投资项目遴选

（一）牙买加——宾馆酒店 + 旅游基础设施组合建设模式

1. 旅游基础设施

机场与航线、邮轮母港。金斯敦海港是世界第七大海港，牙买加政府计划将港口建设成为全球船运和物流中心。牙买加作为加勒比的中心地带，具有发展成为加勒比旅游的航空交通集散中心的区位条件。

2. 旅游酒店（度假村）

旅游业是政府鼓励外资投资的领域，鼓励外资进入饭店、度假村和旅游综合体领域投资。许多饭店和度假村都有外国公司投资，外国游客大部分来自美国和加拿大。政府制定了旅馆鼓励法，对有 10 间以上客房、须具备用餐设备和接待暂住旅客及游客设施的，以及会议型旅馆（最少350间客房）减免15年所得税和赋税，普通旅馆减免期限为10年。我国在牙买加旅游领域的投资主要集中在酒店建造方面。按照牙买加新任政府的计划，牙买加计划未来四年有大约600亿元（牙元）投资于旅游业，建造15825套旅游饭店房间，投资的重点区域在西北海岸地区，如位于蒙特哥贝以东30公里，北部沿海中心 Trelawny 的和谐湾（Harmony Cove）度假村。还计划投资7.18亿元，建设五个旅游景点。

3. 生态旅游与环境建设

牙买加重视生态旅游的发展，致力于打造世界级的生态旅游目的地，政府已经制定了相应的规划，开发南部地区，重点发展生态旅游和乡村旅游，并确保生物多样性的保护，实现生态环境和旅游业的和谐发展。牙买加西部地区多为山区，植被茂盛，生物多样性十分丰富，是牙买加植被种类保存最完整和大量珍稀动物的栖息地，具有发展生态旅游的资源环境条件。

4. 滨海景观带（滨海公园）

牙买加海岸线1220公里，沿海拥有优美的景观，但是仍未形成畅通的环岛交通，通过建设滨海景观带、滨海公园和环岛景观公路，将对牙买加旅游的整体开发起到巨大的促进作用。

5. 旅游房地产

牙买加优良的气候条件，具有发展分时度假的良好条件，引导我国房地产开发企业进入牙买加，发展旅游地产。鼓励我国居民购买分时度假旅游产品和旅游房地产。

6. 海洋娱乐设施

发展海洋娱乐旅游，包括游艇、冲浪等。

（二）巴哈马——商务与会议旅游设施＋旅游房地产开发模式

1. 基础设施项目

近年来，中巴两国之间的经贸合作主要是基础设施建设。在基础设施领域，巴哈马在道路、机场、码头、小型桥梁等方面有较大的建设、改造需求。与旅游业发展需求相关的基础设施建设的重点是在机场扩建、旅游公路建设、信息化建设等方面的项目。巴哈马岛屿众多，岛与岛之间的交通主要是商业航班、包机、邮船和渡船，旅游交通服务的完善对巴哈马旅游业发展十分重要。

2. 会展、商贸旅游项目

旅游业是巴哈马国民经济的支柱产业。每年平均接待游客 500 万人次，旅游业收入达 20 多亿美元，占国内生产总值的 50% 以上。年接待外国游客维持在 400 万—500 万人次。游客主要来自美国、加拿大和欧洲。巴哈马商贸繁荣，是国际离岸金融中心，据 2011 年 10 月 "银行家" 排名报告，巴哈马在全球离岸金融中心排名上升两位至第五位。巴哈马旅游以休闲旅游为主，商务旅游为辅，在全部旅游消费中，休闲旅游占 96.9%，商务旅游占 3.1%。巴哈马繁荣的商贸环境和发达的旅游业为发展商贸、会展旅游提供了条件，具有巨大的发展空间。

3. 独立岛屿开发

巴哈马拥有大量海岛，并对具有实力的外国投资者开放。购买岛屿，并进行旅游开发应是巴哈马旅游投资的可行途径。

4. 旅游房地产开发

据房地产网站 "全球不动产指导" 提供的全球房地产数据，巴哈马是全球房地产长期投资最理想的目的地之一，位列前 20 个最值得购买房地产的国家之一，是加勒比地区除开曼群岛以外唯一获得四星评价的国家。众多国际明星都在巴哈马购房置业，长期投资。巴哈马的房地产适合长期投资的优势表现在：稳定的政治和经济环境、有利的土地租用市场、极低的财产税和合适的出租收入等。房租收入年均增长 7.49%，高于开曼群岛的 5.77%。长期投资评价包括以下指标：总出租收入、收入税、资本所得税、可购性、长期 GDP 增长率以及对投资者长期投资回报等。

（三）古巴——旅游基础设施，探索旅游特区发展模式

1. 机场

古巴基础设施和交通工具陈旧老化，具有较大的投资空间。其中航空是古巴远程旅游交通的唯一方式，是支撑旅游业发展最重要的基础设施之一。机场建设对古巴旅游业发展至关重要。

2. 旅游公路

包括高速公路、铁路等建设。重点进行机场、哈瓦那等重要的游客集散中心与海滨度假区之间的旅游公路改造。岛屿之间的连接交通等，连接主要旅游岛之间的跨海桥梁等。

3. 旅游特区项目

由于社会制度原因，古巴旅游社区与其他区域形成典型的二元结构。

采取特区式的产业链投资方式是投资古巴旅游业较为可行的方式。探索岛屿型旅游特区开发模式。

4. 景区开发

包括自然公园、野生动物园、海洋公园开发项目。

5. 休闲农业园区

利用丰富的农业资源和农业合作项目，开发休闲农业园。

（四）特立尼达和多巴哥——综合旅游产品开发

酒店业是特立尼达和多巴哥市场投资的热点，推行加盟酒店政策吸引投资，欢迎民间资本投资特立尼达和多巴哥酒店，但是，投资特立尼达和多巴哥酒店业的门槛较高，需要较强的资金实力。因此，可重点考虑：观光海运和造船业、旅游公路和旅游汽车、旅游食品和饮料、电影娱乐业、海陆空交通运输，以及独立岛屿开发模式。

（五）多米尼加——寻求综合开发模式

多米尼加旅游业发展水平和潜力都较高，但是，由于政治以及与美国的关系，属于较为敏感的区域。根据多米尼加的资源环境特征，重点考虑如下投资领域：

1. 生态旅游

多米尼加生态资源丰富，开发程度相对较低，生态旅游是多米尼加旅游的突出优势和重点发展的方向。参与生态旅游区道路等基础设施建设潜在需求较大，可作为重点关注领域。

2. 健康旅游

多米尼加发展健康旅游的条件较优，我国市场需求也十分巨大，可考虑引入我国传统健康理念，打造健康主题旅游项目。

表1　　　　　　　　旅游投资目标国选择及合作模式

国家	投资方向	合作方式
多米尼加	酒店业、旅游基础设施、旅游数字化管理系统	合作开发
古巴	酒店业、旅游基础设施、景区开发、休闲农业园	旅游特区
牙买加	旅游度假区、酒店业、旅游基础设施	合作开发
巴哈马	商务旅游设施、会议设施、旅游数字化管理系统	合作开发
特立尼达与多巴哥	旅游道路等旅游基础设施、酒店业	岛屿开发

3. 太阳能

充分利用多米尼加丰富的太阳能资源和我国太阳能生产技术和生产能力，发展太阳能等清洁能源。

六 风险与对策

（一）风险认知

1. 国际政治动荡风险

国际政治动荡会对相关区域和国家的旅游业产生重大影响，如2012年年初，马尔代夫的示威游行使众多游客取消去马尔代夫的行程，旅游业损失1亿美元。加勒比海的政治局势总体上比较稳定，但也存在一些不稳定因素，如圭亚那与委内瑞拉之间、圭亚那与苏里南之间、危地马拉与伯利兹之间均存在领土争端。美国同古巴之间存在着很深的矛盾积怨。特别是加勒比海地区的国家为海岛型国家，国际航空运输对其旅游业至关重要，一旦加勒比海周边区域或者加勒比海主要客源地发生政治动荡，将会对加勒比海地区的旅游业产生致命影响。

2. 投资目标国家政策风险

针对我国企业在加勒比海地区的直接投资，有些声音可能会散布"中国威胁论"、"资源掠夺论"，影响一些加勒比海国家对中国投资的政策。尤其是加勒比海国家与欧美大国关系密切，极容易受这些国家的影响而改变利用我国资本及对待我国境外企业的政策。另外，随着我国企业在境外业务的扩大，可能会对本土企业及相关国家的企业构成威胁，出于保护本土企业的考虑或者是为了应对来自其他国家的压力，加勒比海一些国家当局也存在改变对待中国资本态度的可能性。

3. 中外文化冲突与文化隔阂风险

在当今跨国公司全方位多层次向国外拓展其经营空间的形势下，法律文化的交流与碰撞所带来的非经济摩擦已日益加剧和明显。世界银行一项调查也表明，150家开展对外直接投资的中国企业面临的最主要挑战是文化冲突。文化差异是海外投资的一项重要风险。中外文化差异会影响企业经营的思想观念、思维方式、行为方式以及企业规范等，而企业成立、公司治理、经营业务、公司解散等每一环节都与法律有关，因此文化冲突极有可能造成法律方面的差异。

4. 国际金融市场动荡风险

海外投资必然涉及外币资产，由汇率不确定的变化带来的汇兑风险不可避免。由于美元的强势地位，传统上我国海外投资企业的产品及服务出售以美元计价，成本支出以所在国的货币计价，而在国内的融资又主要依靠从国家政策银行取得人民币贷款。在近年来人民币不断升值、外币特别是美元贬值的趋势下，我国企业海外投资面临的汇兑风险越来越突出。特别是2008年以来，传统的对冲工具等套期保值手段更加难以有效应对国际金融危机所带来的高度不确定性风险，中国海外企业屡屡蒙受因汇率剧烈波动而带来的巨大损失。

5. 国际旅游市场波动风险

国际旅游市场极容易受自然灾害、政治动荡、瘟疫疾病等各种因素的影响而出现波动。如"9·11"恐怖袭击事件对美国旅游的影响、2003年"非典"对我国旅游的影响、地震对海地旅游的影响等，其中影响旅游业的事件具有突发性、不可控制性，这就使旅游经营存在不可预料的风险，造成国际旅游市场的波动。

6. 自然灾害的风险

加勒比海许多国家都会受到飓风的袭击，有时会对一些建筑设施造成严重破坏。加勒比海国家均为海岛或半岛，滨海区域是旅游投资的重点区域，但随着全球气候变暖及海平面上升，部分沿海区域可能会被海水淹没；另外，全球气候变暖将会使加勒比海一些区域的气候舒适度下降，影响到其旅游产业。一些国家还隐藏着地震、火山爆发的危险，如圣基茨岛的一部分、尼维斯岛的全部均处在休眠的火山之上，地震或火山爆发甚至会对岛国造成毁灭性的破坏。

7. 没有可借鉴的经验

旅游业对外投资在我国对外投资中属于全新领域，成功经验较少。按照旅游业投资方式，旅游业投资包括直接旅游项目投资和旅游建设工程承包。我国近十年的对外投资领域，主要包括进出口贸易、航运、境外加工贸易、加工制造、资源利用、工程承包、农业合作等。我国与加勒比海地区很多国家有密切的贸易往来，但是主要投资领域是对外承包工程业务。对外工程承包是我国较为成熟的对外投资领域，特别是近年来国家出台了一系列鼓励、扶持对外承包工程业务发展的政策措施，对外承包工程业务的促进体系基本形成，对外承包工程业务发展迅猛，取得了一定的经验。我国在境外工程承包和境外加工贸易方面已经有一定的竞争力，但是，在服务业领域仍处于起步阶段。尤其是在旅游的直接投资领域，基本处于空白阶段，缺乏有效的经验，加之旅游业项目投资大、期限长，无先例可循，所以风险相应也较大。风险的规避和分担也就成为旅游投资项目的重要考量。旅游项目投资大都期限长，又需要政府的协助和特许。但是旅游业作为服务性产业，市场竞争充分，服务质量和水平十分重要，我国在服务方面落后于旅游业发达国家。

总之，由于国际政治局势的变化、世界经济发展的不确定性、中外文化的隔阂、思维及管理模式的差异、旅游业自身的脆弱性、自然灾害的破坏，以及加勒比海各国出于对自身利益或外部影响的考虑而可能发生的政策变动，我国在加勒比海地区所进行的旅游投资可能会存在许多难以预料的风险。为了增强风险防御能力，需要在投资之前以及投资运营之中，对加勒比海地区各国的历史传承、文化脉络、政治走势、自然环境等各个方面进行深入全面的预测和分析，并提前制定相关风险防范预案。

（二）对策措施

1. 提供我国对加勒比海地区旅游基础设施建设的政策性融资扶持

国家针对加勒比海地区的政策性优惠贷款不应仅仅局限于境外资源开发项目，应将旅游基础设施建设和旅游服务业投资纳入政策性优惠贷款的对象。在提供加勒比海地区基础设施建设项目的融资扶持基础上，优先提供针对加勒比海地区的旅游基础设施建设项目的优惠贷款和贷款贴息。

2. 拓宽加勒比海地区投资企业的融资渠道

放宽贷款担保限制，支持有条件的企业在国内外资本市场上市、发行债券。重视发挥商业银行的作用，扩大对商业银行外汇储备转贷款的额度，鼓励银企合作。对于大型项目，由国家出面促成银团贷款，并通过向商业银行的海外贷款项目提供完善的保险制度，解除其后顾之忧，充分调动银行参与走出去项目融资的积极性。应把银行和非银行的金融机构结合起来，特别注重私募基金的利用，扩大融资的渠道。

3. 建立专门针对加勒比海地区的对外投资支持体系

在国家层面设立专门针对加勒比海地区的海外投资发展基金、中小企业海外产业投资基金、对国家利益有重大意义的产业投资基金等，建立与完善对外投资的支持体系。这些基金可以由财政部、地区政府、商业银行、非银行金融机构以及海外投资企业共同出资组成,根据企业申请,通过一定审核标准,向相关海外投资提供资金支持。

4. 实施多元化的海外融资策略

包括吸引外商直接投资融资、在海外上市融资、海外发行债券融资、海外投资基金融资、项目融资、境外贷款贸易融资、收购海外上市公司股权扩展海外融资平台等,同时也可尝试其他一些细分融资方式如另类公开募股、特别并购上市、互联网直接公开发行等。

七　切入点与行动计划

(一) 重点环节路线

加勒比海地区国家数量众多,各国国家体量、经济发展水平、旅游业发展条件以及与我国的外交关系存在巨大差异,中国在实行与加勒比海地区的旅游基础设施投资合作中,找准切入点,选择重点国家的重点项目进行合作,并快速启动我国赴加勒比的出境旅游市场,是使得合作得以顺利推动,并快速见效的关键,具体路线及各方合作内容如图1所示。

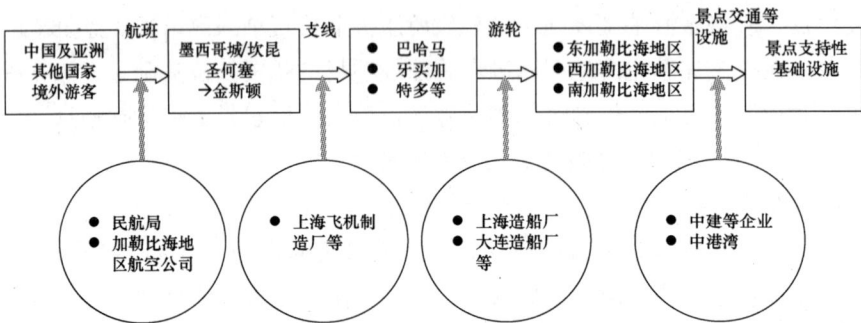

图1　中加旅游基础设施合作建设路径

根据开通航线的可能性、途经国家与我国的外交关系,所经地区的旅游区位与资源禀赋等综合考虑,我国进入加勒比海地区可设计以下两条路径:

1. 由上海/北京直航或包机至墨西哥城—坎昆—金斯顿

目前，我国已经开通到墨西哥北部的直航班机，具有成熟的航线基础；坎昆特殊的地理区位（濒临加勒比海地区）和作为著名的国际旅游胜地，是进入加勒比海地区的桥头堡。本线路的开通，可带动墨西哥及周边地区的旅游市场。

2. 由上海/北京直航或包机至圣何塞—金斯顿

其中圣何塞是国际著名生态旅游胜地哥斯达黎加的首都，具有较高的旅游开发价值，但缺乏直航相关经验。本线路的开通，可带动加勒比海南部地区和南美大陆北部的旅游市场。

（二）首选国家——牙买加

坚持"重点国家、务实推进"的原则。实施重点国家重点突破战略，选择进入难度较小，风险也较小，效果相对较大的国家。对比加勒比各国，牙买加综合条件最佳。主要理由如下：

牙买加位于加勒比核心地带，在加勒比国家中，国家体量较大，与我国外交关系相对较为密切，与巴哈马等国家相比，受美国的影响相对较小。牙买加旅游业处于上升发展阶段，对旅游投资给予鼓励，提供相应的优惠政策。牙买加南北公路的建设将极大地改善牙买加的交通条件，旅游投资环境将得到改善。

（三）合作内容

旅游基础设施落后依然是制约牙买加旅游业发展的不利因素，把加强基础设施建设作为优先领域。将旅游基础设施建设作为与牙买加旅游开发合作的重点领域，采取多种合作形式形成互利共赢的局面。合作目标是围绕大加勒比海地区的旅游发展，构建一个以牙买加为中心，以中国和东亚游客为目标客源市场的区域集散旅游中心，具体内容如下：

——成立加勒比旅游投资基金，对投资牙买加旅游基础设施的项目给予特别的金融支持。

——开通我国与牙买加的旅游包机航线。缺乏直飞航线是我国出境旅游市场赴牙买加旅游的主要制约因素，也是影响我国与牙买加旅游基础设施投资合作深度和广度的一个重要制约因素。所以开通北京—坎昆/圣何塞—牙买加金斯顿包机旅游航线，以牙买加作为旅游辐射中心，建议与牙买加政府合作建立加勒比支线航空网，进而开通牙买加与周边加勒比海地区国家的航线，如蒙特哥贝—拿骚等，是我国游客进入牙买加旅游，并通过牙买加进入其他加勒比海地区的基本前提条件。首先要推动我国航空公司研究开通牙买加直飞航线的外交和技术可行性，并付诸实施。

——在开通包机航线的基础上，与牙买加政府合作，参与蒙特哥贝城市规划。蒙特哥贝作为牙买加重要的旅游中心城市，城市的各项旅游基础设施配套十分不完善，缺乏商业购物、娱乐、观光景区等配套设施，海滨资源没有得到很好的利用，与其旅游中心城市的地位不匹配。应通过蒙特哥贝城市规划，确立蒙特哥贝的城市旅游服务设施建设方向和内容，包括旅游集散中心、旅游购物中心、娱乐设施中心、购物街区、商务街区的建设。应积极参与蒙特哥贝城市旅游服务设施的建设，包括旅游集散和咨询服务中心、商业购物街区、都市娱乐休闲设施、城市滨海景观带的建设。

——开发建设旅游酒店（度假村）。在蒙特哥贝以东 30 公里，北部沿海中心 Trelawny，开发建设和谐湾（Harmony Cove）度假村，该项目建成后将为加勒比海地区最大的度假娱乐综合项目之一。一期开发面积约 400 公顷，修建 1000 个房间的四星级酒店、锦标赛级高尔夫球场、娱乐和体育设施、餐饮、购物、海滩、探险乐园和道路等。

——与牙买加政府合作推动牙买加邮轮停靠港商业配套区的建设项目。完善的游览、购物设施是吸引邮轮游客的重要因素，是邮轮停靠港建设的重要内容。牙买加邮轮停靠港设施较为简陋，不能满足邮轮游客游览、购物需求，影响了邮轮游客消费和停留时间。推动邮轮停靠港的商业服务、景区建设将对促进牙买加邮轮旅游的吸引力具有重要作用。

——建设蓝山咖啡农业休闲园。蓝山咖啡是牙买加特产，是世界最为著名的咖啡。蓝山咖啡产地对游客具有强烈的吸引力，具有发展农业观光和农业休闲的良好资源基础，结合我国与牙买加农业开发方面的合作，推动蓝山农业休闲园区的建设。

综上所述，牙买加因为其优越的地理区位、资源禀赋、投资环境，是我国投资加勒比海地区的首选国家，应尽快开通通过墨西哥坎昆或通过哥斯达黎加圣何塞到牙买加首都金斯顿的直航包机，并考虑今后直航的可能。

八 总 结

优势互补，合作共赢，优化结构，合理布局。本规划基于旅游业在加勒比海地区经济发展中的重要地位以其广阔的发展前景，以旅游业为切入点，进行旅游基础设施投资方面的广泛合作，包括在国际机场、旅游支线机场、航空直飞航线、邮轮港口、旅游公路、专线铁路、旅游度假区、旅游景区、娱乐设施、商务购物设施等组合式旅游基础设施建设投资和合作，整合和提升加勒比海地区旅游产品，为打开我国出境旅游市场，扩大我国公民赴加勒比海地区旅游提供条件，改变我国在加勒比海地区以单一的工程承包为主的传统投资模式，向组合投资、产业投资方向转变。

规划综合考虑加勒比海地区各国地理区位条件、投资环境和旅游业发展潜力与发展容量条件，初步选定巴哈马、古巴、牙买加、特立尼达和多巴哥、多米尼加五个国家作为优选区域，并针对各优选区域国家的区域资源禀赋，遴选了各国适宜的组合投资建设的合作开发项目。规划本着重点国家重点突破原则，选择牙买加作为我国投资加勒比海地区的首选国，围绕大加勒比海地区的旅游发展，构建一个以牙买加为中心，以中国和东亚游客为目标客源市场的区域集散旅游中心。

规划不仅对加勒比海地区旅游业的发展起到促进作用，达到合作共赢，还将对促进我国与加勒比海地区的外交和经贸合作关系起到重要的推动作用，成为中加经贸合作中具有战略意义的重要环节。我国通过与加勒比海地区在旅游基础设施方面的广泛合作，特别是通过在重点旅游基础设施和新线路的合作建设，力求成为加勒比海地区旅游基础设施合作投资的重要力量，力求促进中—加农业合作和其他各方面合作上一个新台阶。

本规划是阶段性研究成果，还需要进一步深化、修订和完善。

第二篇

规划综合研究

第一章 规划总论

一 规划范围

本规划研究的范围主要包括加勒比海地区 16 国和部分未独立的地区，有古巴、牙买加、苏里南、圭亚那、巴巴多斯、格林纳达、海地、巴哈马、特立尼达和多巴哥、多米尼克、多米尼加、圣基茨和尼维斯、圣卢西亚、伯利兹、圣文森特和格林纳丁斯、安提瓜和巴布达以及开曼群岛（英属）12 个未独立地区。

二 规划期限

本规划期限为 2012—2020 年，属中长期规划，且跨越较大地域范围，涉及多方面问题，必须遵照旅游发展的规律，有先有后，选择重点，分阶段进行。为提高规划的可实施性，本规划分为两个阶段：

近期（2012—2015）：重点突破阶段；

中远期（2016—2020）：全面发展阶段。

三 规划性质

本规划属于大尺度区域性跨国专项规划，是服务于国家开发银行和我国企业的加勒比海地区旅游基础设施投资建设的指导性文件，旨在为加勒比海地区旅游业发展提供科学纲领，通过加强同加勒比海地区国家或地区的经济技术合作，促进共同发展并提升我国影响。

四 规划指导思想

贯彻落实国家开发银行党委关于"全球要素总体配置，正向构造规划模型"的重要思想，统筹考虑加勒比海地区政经、资源、产业和外交大局，突破以国别为单位推进业务的局限性，运用正向规划的方法对加勒比海地区整体地缘政治、资源禀赋、产业结构、市场需求等方面进行深入调研和综合分析，着眼于助力地区发展、推动整体合作、加强中加关系、实现互利双赢的大视野，以旅游基础设施为切入点，探索我国与加勒比海地区合作新模式，积极配合我国"走出去"战略的顺利实施，推动我国国际合作业务取得更大发展。

五 规划文件依据

《中国对拉丁美洲和加勒比政策文件》

世界旅游组织（UNWTO）年度报告

世界旅游及旅行理事会（WTTC）年度报告

加勒比海地区旅游组织（CTO）相关统计

美国中央情报局（CIA）《世界各国概况》（The World Factbook）

六　规划技术路线

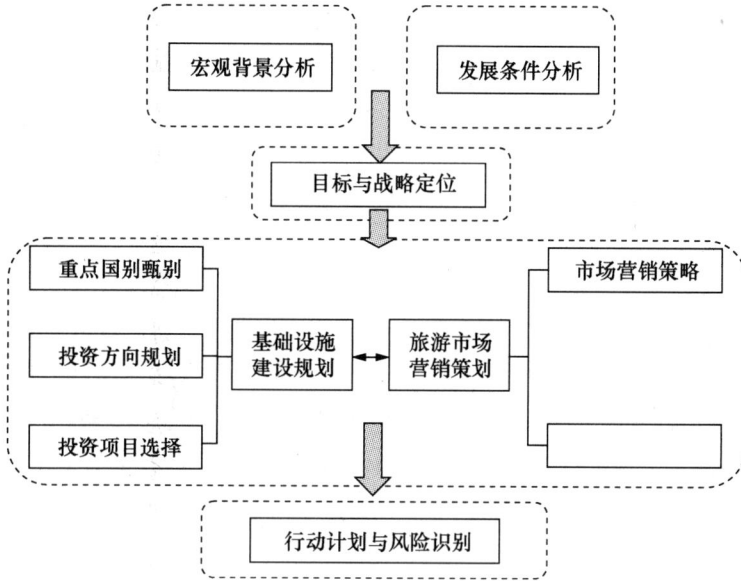

图 1-1　规划技术路线

第二章　发展环境分析

一　自然环境分析

（一）地理区位特征

加勒比海是位于南美大陆、安的列斯群岛、中美地峡之间的陆间海，为大西洋的附属海，处于北纬9°—22°，西经60°—89°。加勒比海东西长约2735公里，南北宽在805—1287公里，面积275.4万平方公里，容积686万立方公里，平均水深2491米。加勒比海南接委内瑞拉、哥伦比亚和巴拿马海岸，西接哥斯达黎加、尼加拉瓜、洪都拉斯、危地马拉、伯利兹和犹加敦半岛，北接大安的列斯群岛，东接小安的列斯群岛。

加勒比海与地中海同为世界上重要的陆间海水道，从大西洋通过加勒比海经巴拿马运河，可通太平洋地区，也是南、北美洲之间许多航线必由之路，有"美洲地中海"之称，战略位置十分重要。开通我国和加勒比海地区的交通是连接欧亚大陆和美洲大陆、大西洋和太平洋之间运输的关键通道，也是扩大中国与加勒比海地区经贸合作的重要通道。

加勒比海地区的国家和地区有的在大、小安的列斯群岛，有的在中、南美洲，大部分位于海岛上。本次规划包括其中16国和部分未独立地区。

（二）自然地理特征

1. 海区自然地理特征

加勒比海地区的地质条件主要表现为地壳很不稳定，四周多深海沟和火山地震带。

海底被宽阔的牙买加海岭分为东西两部分。西部有尤卡坦海盆和开曼海沟，其间被从古巴岛马埃斯特腊山向西延伸的海底山脉分开，海底山脉露出海面的山峰构成大、小开曼等岛屿。尤卡坦海盆深度在4000米左右，开曼海沟平均深度 5000—6000 米，最深点达 7680 米。加勒比海海底是新生代沉积物，较深海盆和海沟大部是红黏土，海台上是抱球虫软泥，而海底山脉和大陆坡上是翼足类动物软泥。加勒比海底可分成 5 个椭圆形海盆，彼此之间为海脊和海隆所分隔，自西往东依次为犹加敦、开曼、哥伦比亚、委内瑞拉和格瑞纳达海盆。

中、南美洲的锯齿形弯曲岸线，把加勒比海海区分成几个主要水域：危地马拉和洪都拉斯沿岸外方的洪都拉斯湾、巴拿马近岸的莫斯基托湾、巴拿马科隆附近的巴拿马运河、巴拿马和哥伦比亚边境的达连湾、委内瑞拉北部马拉开波湖口外的委内瑞拉湾以及委内瑞拉和特立尼达岛之间的帕里亚湾。

2. 岛屿自然地理特征

加勒比海地区由 1000 多个岛屿及无数环礁和暗礁组成，分属三个群岛，即大安的列斯群岛、小安的列斯群岛和巴哈马群岛。加勒比海地区分布有处于休眠状态的火山、有峻峭的山脉、稠密的热带雨林。加勒比海地区植被一般为热带植物，环绕泻湖和海湾有浓密的红树林，沿海地带有椰树林，各岛普遍生长仙人掌和雨林，珍禽异兽种类繁多。加勒比海的各个群岛，自然特点有较大差别，可分为以下石灰岩岛屿、火山岛和断块非火山群岛三类。

石灰岩岛屿：石灰岩岛屿地势低平，由珊瑚岩质碎屑和石灰岩砂构成。它们主要分布在岛弧的外侧，包括巴哈马群岛的特克斯和凯科斯群岛、安圭拉岛、巴布达岛、安提瓜岛、瓜德罗普岛的东部、巴巴多斯岛、阿鲁巴岛、库拉索岛和博奈尔岛，另外古巴的部分地区也是非常低平的平原。这些岛屿一般都有极优良的沙滩，这些岛屿很少下雨，年降水量一般在 1200 毫米以下，冬天晴朗干燥。但同时，所有这些岛屿都缺少淡水，特别是在旅游旺季游客大量涌入的时候，问题更加严重。这些低平的岛屿除沙滩外，自然景观比较单调，普遍生长着有刺灌木和仙人掌等植物，缺乏盎然生气。去这些岛屿访问的旅游者主要集中于海滩地带，参加各种水上运动。

火山岛：在背风群岛和向风群岛的西侧，有一系列火山岛，从北部的萨巴岛一直延伸到南部的格林纳达岛。火山岛多山，自然景观十分壮丽。火山有死火山和休眠火山两类。许多火山，如多米尼加、蒙特塞拉特、瓜德罗普等岛上的火山，仍然有温泉、火山口和间歇泉。有些岛的向风一侧有巨大的风浪，不利于开展海滩旅游，另外，这些群岛的向风一侧降水也较多，过分潮湿，也是不利于旅游的因素。在群岛的西侧，即背风侧，一般总相当干燥，因为它们地处雨影区。大多数的旅游胜地和居住区都位于这样的雨影地区。这些岛屿上的植物比低平石灰岩岛要繁茂得多。其最潮湿的部分甚至分布有热带丛林。

断块非火山群岛：断块非火山群岛位于加勒比海内侧，包括古巴岛南部、牙买加岛、伊斯帕尼奥拉岛、波多黎各岛和维尔京群岛等。这些岛屿由上升的平坦断层岩块形成。在地形上，主要由海拔较高的高原组成，但也有东西延伸的山脉。这些岛屿的许多地方，高原被河流深切，形成气势雄浑的峡谷和有巨大吸引力的景观。其雨量也相当多，但是方位不同，雨量多少也不同。例如，牙买加向风一侧降雨量为每年3328毫米（安东尼奥港），而山地背风坡的金斯敦只有870毫米。

（三）气候特征

加勒比海地区一般属热带海洋性气候，全年盛行东北风，高温、潮湿，大气处于不稳定状态，但受高山、海流和信风影响，各地的气候有所不同。多米尼克部分地区年平均雨量高达8890毫米，而委内瑞拉沿海博奈尔（Bonaile）岛的年平均降雨量只有250毫米。每年6—9月，时速达120公里的热带风暴（飓风）在北部和墨西哥湾比较常见，南部则极为罕见。中美地峡地区加勒比海沿岸平原属热带雨林气候，年平均气温23—26℃。山地属亚热带森林气候，年平均气温16—19℃。降水充沛，年平均降水量均约为2000毫米，一般山地的降水量多于平原。大、小安的列斯群岛地区，各岛北部和东部属热带雨林气候，南部和西部属热带草原气候，年平均气温25—26℃，年均降水量一般为1000—2000毫米，向风坡降水丰富，背风坡不到1000毫米。5—10月大安的列斯群岛附近经常遭热带飓风侵袭。南美洲北部地区除山地外，大部分为热带草原气候，山地气候温和，低地气候炎热。

加勒比海地区具有独特的度假气候优势，拥有丰富多变气候和美丽风景，在地球上的其他区域并不多见。常年稳定的气温和非洲吹来的风使加勒比的气候接近完美，温差总是在32—25℃之间变化，空气湿度通常在70%以上。部分群岛冬季干燥而晴朗，对开展旅游比较有利。加勒比海地区的旅游资源以气候和海岸资源相结合为特点，该区域碧海蓝天，阳光明媚，海面清澈，适于休闲度假。

由于海区纬度低和暖流影响，海水表层水温高，常达27—28℃，冬夏季变化幅度小，介于25.6—28.9℃。高温利于浅滩和火山岛基座上繁殖珊瑚虫，因而海区分布着众多的珊瑚礁和珊瑚岛。加勒比海尤其是南美大陆西北部沿海受离岸风影响形成上升流，把海中营养物质带到表层，适宜浮游生物和鱼类繁育，成为拉丁美洲重要渔场。

二　社会、文化与经济背景分析

（一）面积与人口

加勒比海16国总面积62.18万平方公里，总人口3659万（见表2－1）。加勒比海各国面积和人口差异很大：圭亚那拥有21.5万平方公里，圣基茨和尼维斯仅为261平方公里；多米尼加共和国人口为996万，圣基茨和尼维斯的人口仅为5万。

表2－1　　　　加勒比海16国面积、人口及GDP概况

国家（2009年数据）	面积（平方公里）	人口（万）	GDP（亿美元）	人均GDP（美元）
伯利兹	22966.00	32.20	14.04	4212
巴哈马	13898.00	33.30	73.77	22000
古巴	110860.00	1124.30	1446.00	12700
牙买加	10991.00	269.88	125.72	4658
海地	27797.00	920.00	67.25	614
多米尼加	48730.00	965.00	456.90	4045
安提瓜和巴布达	442.60	8.60	11.94	18100
圣基茨和尼维斯	267.00	5.25	5.57	10315
多米尼克	751.00	7.00	3.00	3900
圣卢西亚	616.00	17.60	9.73	5671
圣文森特和格林纳丁斯	389.00	10.40	6.32	6076
格林纳达	344.00	9.03	6.91	10800
巴巴多斯	431.00	27.50	35.95	13003
特立尼达和多巴哥	5128.00	122.90	232.70	18934
苏里南	163270.00	51.70	29.62	5676
圭亚那	214970.00	77.00	17.71	2308

资料来源：根据美国中情局《世界各国概况》（2010）整理。

　　加勒比人是拉丁美洲印第安人的一支。主要分布在亚马孙盆地、圭亚那高原、加勒比海地区以及中美东部低地，属蒙古人种印第安类型，分为海岛和大陆两支，现在海岛上的加勒比人已所剩无几，使用阿拉瓦克语，大陆上的加勒比人现散居圭亚那、委内瑞拉和巴西等国，使用加勒比语。加勒比人无文字，多数信精灵和巫术，少数信天主教，有丰富的神话传说。加勒比人社会组织的基本形式是毗邻公社，尚保存相当浓厚的母系氏族残余，一般住在小村落里，各村均有一名实权不大的酋长。

　　加勒比海各国的高素质人才大量外流，形成"脑流"现象，导致加勒比国家缺乏高端人才，制约了该地区的经济和社会发展。根据国际货币基金组织（IMF）信息（2006 年 1 月），加勒比是世界上向外移民最多的地区，约 12% 的劳动力流向经济合作与发展组织（OCED）成员国。在受过高等教育（受教育 12 年以上）的劳动力中，向 OECD 成员国移民的约为 50%，其中牙买加和圭亚那分别高达 85% 和 89%。几乎所有加勒比国家都跻身于世界上高学历劳动力向外移民最多的国家。

（二）社会文化

　　在哥伦布从巴哈马登上加勒比海岛屿之前，岛上居民为阿拉瓦人和加勒比人，哥伦布登陆之后，继西班牙人和葡萄牙人后，英国、荷兰、法国，甚至丹麦、爱尔兰等都在这里建立过殖民地。当前，各个岛屿的语言文化、建筑风格等都在不同程度上反映了其作为殖民地和其他政治历史发展的背景。

　　16 世纪，加勒比海成为海盗的天堂，这也与加勒比海地区曾经作为殖民地历史有关。许多海盗是由英国等国国王授权的，目的是阻止西班牙在殖民加勒比海地区后的日益发展强大。加勒比海上的众多小岛为海盗提供了良好的躲藏地。

　　由于在殖民地时期加勒比海各岛屿分别属于不同国家，因而形成了丰富多彩、各具特色的文化。加勒比海地区的居民说各种语言，包括西班牙语、英语、荷语、法语、葡萄牙语，甚至是各地混合方言。官方语言主要有英语、西班牙语、法语、荷兰语（见表 2 - 2）。英语在许多国家及岛屿的民间也较为通用，此外，许多国家及岛屿的民间通用克里奥尔语（一种非洲语和法语的混合语）。

　　整个加勒比海地区以黑人居多，其次是混血人、白人，以及其他一些国家的后裔。表 2 - 3 反映出加勒比海地区的种族构成比较复杂。

表 2－2　　　　　　　加勒比海地区各国、各岛屿的语言使用情况

国家或岛屿名称	官方语言	民间使用较多的语言	国家或岛屿名称	官方语言	民间使用较多的语言
库拉索岛	荷兰语	帕皮阿门托语（葡萄牙语、西班牙语、荷兰语、法语的混杂语言）	巴巴多斯	英语	英语
波多黎各	西班牙语	英语	圭亚那	英语	英语
多米尼加	西班牙语	西班牙语、法语的一种方言	格林纳达	英语	英语
特立尼达和多巴哥	英语	英语	多米尼克	英语	克里奥尔方言
牙买加	英语	帕托阿语（克里奥尔语）	圣基茨和尼维斯	英语	英语
古巴	西班牙语	西班牙语、英语	圣卢西亚	英语	英语、克里奥尔语
海地	法语	克里奥尔语（非洲语和法语的混合语）	伯利兹	英语	西班牙语、克里奥尔语
巴哈马	英语	英语	安提瓜和巴布达	英语	英语、西班牙语
苏里南	荷兰语	苏里南语、各民族自己的语言	开曼群岛	英语	英语、西班牙语

资料来源：根据网络资料整理。

表 2－3　　　　　　　加勒比海地区各国、各岛屿的种族构成

国家或岛屿名称	主要种族	其他种族（按人口多少排序）	国家或岛屿名称	主要种族	其他种族（按人口多少排序）
库拉索岛	黑种人后裔		巴巴多斯	黑人	混血人、白人
波多黎各	西班牙人和葡萄牙人的后裔		圭亚那	印度人、黑人	混血种人、印第安人、华人、白人
多米尼加	黑白混血种人和印欧混血种人	白人、黑人	格林纳达	黑人	混血人、白人
特立尼达和多巴哥	印度后裔、黑人	混血种人、欧洲人、华人、阿拉伯人后裔	多米尼克	黑人、黑白混血人	加勒比族人、白人、中东人

续表

国家或岛屿名称	主要种族	其他种族（按人口多少排序）	国家或岛屿名称	主要种族	其他种族（按人口多少排序）
牙买加	黑人、黑白混血种人	印度人、白人、华人	圣基茨和尼维斯	黑人	白人、混血人
古巴	白人	混血人、黑人、亚裔	圣卢西亚	黑人	黑白混血人、白人、印度人
海地	黑人	黑白混血人、白人	伯利兹	混血人、克里奥尔人	印第安人、玛雅人、印度人、华人、白人
巴哈马	黑人	白人、亚裔、西班牙裔	安提瓜和巴布达	非洲黑人后裔	
苏里南	印度斯坦人、克里奥尔人	印度尼西亚人、丛林黑人、印第安人、华人	开曼群岛	混血人	黑人、白人、其他各国人

资料来源：根据网络资料整理。

　　加勒比海地区国家和岛屿的居民的宗教信仰比较复杂，但多信仰天主教和基督教，也有一些居民信仰印度教、伊斯兰教、伏都教、犹太教、英国圣公会教等宗教（见表2-4）。加勒比海地区国家众多，殖民地时期，来自不同国家或教派的种植园主及统治者的宗教背景深深影响所在区域黑人的信仰，最终使宗教在加勒比海地区形成百花齐放的局面。基督教、天主教及各种教派之间在这块土地上和平相处。

表2-4　　　　　　加勒比海地区各国、各岛屿的宗教信仰

国家或岛屿名称	主要宗教	其他宗教（按信徒多少排序）	国家或岛屿名称	主要宗教	其他宗教（按信徒多少排序）
库拉索岛	天主教	新教、安息日会、卫理宗、萨泰里阿教、伏都教	巴巴多斯	基督教	天主教
波多黎各	天主教		圭亚那	基督教	印度教、伊斯兰教
多米尼加	天主教	基督教新教、犹太教	格林纳达	天主教	
特立尼达和多巴哥	天主教	英国圣公会教、印度教、伊斯兰教	多米尼克	罗马天主教	基督教

续表

国家或 岛屿名称	主要 宗教	其他宗教（按信徒多少排序）	国家或 岛屿名称	主要 宗教	其他宗教（按 信徒多少排序）
牙买加	基督教	印度教、犹太教	圣基茨和 尼维斯	英国圣 公会教	新教、天主教
古巴	天主教		圣卢西亚	天主教	
海地	罗马 天主教	新教、耶稣教、伏都教	伯利兹	天主教	基督教、新教、 伊斯兰教
巴哈马	基督教		安提瓜和 巴布达	基督教	
苏里南	基督教	印度教、伊斯兰教	开曼群岛	基督教	

资料来源：根据网络资料整理。

三 经济发展与区域差异

（一）大多数国家以农业为主

加勒比海地区大多数国家的经济以农业为主，多为大种植园经营，主要出产甘蔗、咖啡、烟草等。甘蔗种植范围较广，以大安的列斯群岛最集中。此外，还盛产热带水果，以香蕉最重要，洪都拉斯的香蕉产量最大，有"香蕉国"之称；其他农作物有棉花、可可、剑麻等。部分国家如苏里南，居民多从事农业，并为粮食净出口国。在海地，农业人口占全国就业人口的80%；在多米尼加，半数人口从事农业；在圣卢西亚，1/3的就业人口从事农业劳动；在圣基茨和尼维斯，从事农业人口占所有劳动力的13.4%。在一些国家，如圣卢西亚，虽然农业是重要的经济部门，但粮食、食品却不能自给。安提瓜和巴布达10%的劳动力从事农业劳动，但粮食不能自给。但是，也有些较富有的国家，如特立尼达和多巴哥，其农业产值仅占国内生产总值2%，75%的食品依靠进口；再如巴哈马也不以农业为主，其80%的食品靠进口；开曼群岛的居民极少务农，食物多依赖进口。

（二）大多数国家经济上依赖旅游业

加勒比海地区的岛国除了特立尼达和多巴哥外，大多数在经济上强烈地依赖旅游业。但是，加勒比海岛屿众多、分布范围广，旅游业发展不平衡。有的岛屿旅游者每年达 100 多万人次，而其他一些岛屿的旅游者每年不到 1 万人次，差别极大。如巴哈马气候宜人，岛屿上有大片沙滩和海滨浴场，海水清澈，海洋风光美丽，很适于旅游，同时其地理位置也接近美国人口稠密的东岸地区，因而旅游业发展状况较好，旅游业收入占国内生产总值的 50% 以上。在巴巴多斯，全国就业人员中有 16% 从事旅游业。在安提瓜和巴布达，旅游业收入占其外汇收入的 80%。但是，对于阿鲁巴岛、博奈尔这些岛屿来说，由于交通条件欠佳，游客量相对少一些。

（三）各国发展水平差距大

加勒比海地区各国的经济发展水平差距较大，如巴哈马的人均国内生产总值在西半球仅次于美国和加拿大，而海地却为世界上最不发达的国家之一，75% 的人生活在赤贫状态下，多米尼克有 29% 的家庭和 39% 的人口生活在贫困线以下。表 2-5 反映了加勒比海地区各国的经济发展水平。

表 2-5　　　　加勒比海地区各国、各岛屿经济发展水平

国家或岛屿名称	经济发展程度	重要产业部门	旅游业发展情况	特色资源
库拉索岛	经济以石油工业为主，经济发展状况较好	炼油业（从委内瑞拉进口原油）、金融、旅游业、贸易	旅游业发达	
波多黎各	人民生活水平在拉丁美洲居于首位	制造业、旅游业	旅游业发达，近年来旅游业发展迅速	
多米尼加	经济发展水平较高，人均 GDP 较高（全世界排名第 85 位）	旅游业、农业、制糖业、矿业	旅客量占加勒比海地区的 40% 以上	镍、铝矾土、金、银
特立尼达和多巴哥	人均国民生产总值居拉美国家首位	石油业、建筑业、制造业	近年来，大力发展旅游，旅游业已成为第三大外汇来源	石油、天然气、森林
牙买加	整体经济脆弱，贫困率在 18% 左右，失业率在 15% 左右	旅游业、矿业、农业、信息技术服务业	近年来旅游业发展迅速。牙买加是世界上旅游业人均收入最高的国家之一，以旅游业为核心的服务业收入占牙 GDP 的 60% 以上	铝土

续表

国家或岛屿名称	经济发展程度	重要产业部门	旅游业发展情况	特色资源
古巴	古巴经济长期维持以蔗糖生产为主的单一经济发展模式，被誉为"世界糖罐"。经营机构都是国营	农业、制糖业、旅游业	旅游资源丰富、旅游业发展速度较快	沸石、烟草、钴、镍、铬、铜、木材、硅、石油
海地	世界最不发达国家之一，75% 的人生活在赤贫状态下，工业基础十分薄弱	农业、旅游	旅游业发展状况一般	铝矾土、铜、碳酸钙、金、大理石
巴哈马	加勒比海地区最富裕的国家之一，人均国内生产总值为加勒比之冠	旅游业、服务业、金融业	旅游业是国民经济的支柱产业，占国内生产总值的 50% 以上	石油、天然气、盐、渔业
苏里南	经济基础相对薄弱，经济发展不平衡	铝矿业、加工制造业、农业	旅游业不发达	木材、高岭土、铝矾土、黄金、镍、铜、铂、铁矿石和石油
巴巴多斯	为当今世界上少数几个既保持经济增长又维持低通胀的国家之一	旅游业、制造业、农业、离岸金融服务业	旅游业已成为经济的主要支柱之一，是加勒比海地区著名的旅游胜地	
圭亚那	圭经济较落后，以初级产品生产为主	采矿业（铝土）、制糖业、农业	发展生态旅游潜力巨大，但基础设施落后，旅游业受到很大限制	森林（覆盖率高达 97%）、铝土、黄金、钻石
格林纳达	工业不发达	农业、旅游业	旅游业发展较快，成为外汇主要来源	肉豆蔻
多米尼克	属中低收入国家，工业基础薄弱，29% 的家庭和 39% 的人口生活在贫困线以下	农业、旅游业	旅游收入超过国内生产总值的一半	

续表

国家或岛屿名称	经济发展程度	重要产业部门	旅游业发展情况	特色资源
圣基茨和尼维斯	人均收入中等偏上	旅游业、农业、正在发展离岸金融业	旅游业是国民经济主要支柱产业，且每年以18%的速度增长，已成为最具希望的发展领域	
圣卢西亚	圣卢西亚经济运行良好，一直呈增长趋势	农业、旅游业	近年来旅游业发展迅速，是圣卢西亚国民经济的支柱产业，主要外汇来源，但旅游业效益却有限	
伯利兹	工业不发达，人民生活用品绝大部分靠进口	农业、林业、渔业	旅游业起步晚，但发展潜力大	石油、重晶石、锡石、黄金、渔业
安提瓜和巴布达	上中等收入的国家，无完整的国民经济生产体系	旅游、农业、离岸金融	旅游收入现已占GDP的60%，外汇收入的80%	
开曼群岛	是世界上仅次于纽约、伦敦、东京和香港的第五大金融中心，政府提供完善的福利措施，几乎没有人失业	金融业、旅游业	是著名的潜水胜地	

资料来源：规划组根据网络资料整理。

四　地缘政治环境分析

（一）国家政治体制

由于曾作为多个国家殖民地的因素，加勒比海地区各国、各地区的政治体制也表现出多元化的特征。

1. 非独立地区

加勒比海地区的非独立地区有：开曼群岛、蒙特塞拉特岛、安圭拉岛、英属维尔京群岛、特克斯和凯科斯群岛；美属维尔京群岛、圣托马斯群岛、波多黎各；阿鲁巴、博奈尔岛、库拉索岛、荷属安的列斯群岛（圣马丁岛南部）；瓜德罗普（圣马丁岛北部）、马提尼克；海地与多米尼加；玛格丽塔岛；圣安德列斯岛及其附属。这些岛屿分属于英国、美国、荷兰、法国、海地、多米尼加、委内瑞拉、哥伦比亚（见表2-6）。

表2-6　　　　　　　　加勒比海地区非独立岛屿及其所属国家

岛屿名称	所属国家	岛屿名称	所属国家
开曼群岛	英国	马提尼克	法国
蒙特塞拉特岛	英国	伊斯帕尼奥拉岛	分属海地、多米尼加
安圭拉岛	英国	玛格丽塔岛	委内瑞拉
英属维尔京群岛	英国	圣安德列斯岛及其附属	哥伦比亚
特克斯和凯科斯群岛	英国	阿鲁巴	荷兰
美属维尔京群岛	美国	博奈尔岛	荷兰
圣托马斯群岛	美国	库拉索岛	荷兰
波多黎各	美国	荷属安的列斯群岛（圣马丁岛南部）	荷兰
瓜德罗普	法国		

资料来源：根据网络资料整理。

这些非独立岛屿均是不同国家在加勒比海地区的属地，但岛屿在政治体制上略有区别。如美属维尔京群岛上的居民虽然是美国公民，但是无权参加美国总统选举。美属维尔京群岛选派到美国的一名议会议员有权参加委员会投票，但是无权参加议会投票；美属维尔京群岛每四年选一名总督；设地区法院、高级法院和最高法院，地区法院法官由美国总统任命，高级法院和最高法院法官由总督任命。但马提尼克岛的情况则有所不同，作为法国的一个海外地区，马提尼克居民均拥有法国公民身份，并具有充分的政治权利和法律权利；马提尼克在法国参议院中拥有两个议席，在国民议会中拥有四个议席。英属岛屿的总督由英国女王任命，如英属维尔京群岛，英属维尔京群岛的总督任行政委员会主席，其议会为立法会议；英属维尔京群岛是自治管理、通过独立立法会议立法的、政治稳定的英属殖民地。

2. 英联邦独立成员国

加勒比海地区的相当一部分国家为英联邦独立成员国,如特立尼达和多巴哥、牙买加、巴哈马、巴巴多斯、格林纳达、圣基茨和尼维斯、圣卢西亚、伯利兹、安提瓜和巴布达。大部分英联邦成员国的政治体制框架大体相同。如作为英联邦成员国,圣卢西亚《宪法》规定:国家元首为英国女王,女王任命总督执掌行政权;总督有权任命总理和各部部长、参议员和反对党领袖;议会为立法机构,分参众两院,每届任期5年;议会有权修改宪法;参议院11席,由总督任命,其中6席由总理提名,3席由反对党领袖提名,2席为独立人士;众议院17席,由选举产生。但其中个别英联邦成员国的政治体制与其他英联邦成员国有一定差异,如在特立尼达和多巴哥,总统是国家元首,由参、众两院议员组成的选举团选举产生;议会是国家立法机构,由参、众两院组成;总统有权随时解散议会。

3. 总统制国家

在加勒比海地区,实行总统制政治体制的国家有多米尼加、海地、苏里南、圭亚那、多米尼克。

多米尼加设总统和副总统,总统是国家元首和政府首脑,由选民直接选举产生,国民议会由参、众两院组成,享有立法权。

海地宪法规定:行政权由总统、总理和两院制议会分享,议会分参、众两院。

苏里南宪法规定:立法权由国民议会和总统共同行使,议会经由全民选举产生;总统行使行政权,任命内阁;政府由总统、副总统及各部部长组成;国民议会为一院制,设51个席位。

圭亚那宪法规定:总统为国家元首兼武装部队总司令,拥有最高行政权。总统由选举产生,负责任命副总统、总理和各部部长,有权否决议会通过的立法议案和解散议会;一院制国民议会为立法机构;内阁是政府执行机构,总理是政府首脑。

多米尼克:根据宪法,实行英国宪政模式,即议会民主制;议会和总统组成国会;总统为国家元首,由总理和反对党领袖提名,经议会选举产生;总理为政府首脑;议会实行一院制,由众议员和参议员组成。

4. 社会主义国家

古巴为独立的社会主义国家,古巴共产党是古唯一的合法政党;马蒂思想与马列主义是古巴共产党的指导思想；全国人民政权代表大会为国家最高权力机构，享有修宪和立法权；国务委员会是大会休会期间的常设机构；部长会议是国家最高行政机构；国务委员会主席是国家元首、政府首脑、革命武装部队总司令。

（二）经济发展水平

1. 各国经济发展水平差异明显

加勒比海地区年国民生产总值达 5000 亿美元，对外贸易额 1800 亿美元。但各国经济规模的差异比较悬殊，如多米尼加共和国的 GDP 为 516 亿美元，而多米尼克仅为 3.8 亿美元；按购买力平价计算，巴哈马的人均 GDP 高达 28700 美元，海地仅为 1200 美元。有些加勒比海国家的制造业几乎是一个空白。各国的外资流量差异也很明显，2010 年，流入加勒比海地区的 FDI 为 39.2 亿美元，其中多米尼加共和国为 16.3 亿美元，多米尼克仅为 3100 万美元。

2. 地缘经济不利因素

加勒比海许多国家经常遭受飓风侵袭（多发于 6—11 月，9 月为高发期），对旅游设施及农业造成的破坏尤为严重，影响飞机起飞和邮轮航行。只有加勒比海南部的巴巴多斯、格林纳达、特立尼达和多巴哥等岛屿较少受飓风打击。除特立尼达和多巴哥、牙买加等国以外，所有加勒比国家都面临着自然资源匮乏的困境。加勒比海各国的交通运输主要依赖空运和海运，大部分国家无铁路运输。

3. 经济体系脆弱

对美国经济的高度依赖，造成了"美国经济'打喷嚏'，加勒比必定'感冒'"的现象。较高的外向度、较小的经济规模以及产业结构的单一化，加大了加勒比经济的脆弱性。

（三）对外政策

1. 重视同拉美国家、加勒比海地区国家的关系

加勒比海地区的所有国家都十分重视同加勒比海地区其他国家的密切关系，重视同加勒比其他国家的友好合作；许多国家积极参加加勒比共同体和加勒比国家联盟等地区性组织，大力促进地区一体化进程；还有些国家参加了美洲国家组织，有些国家属于加勒比共同市场成员国的成员；许多国家主张和重视加勒比海地区的一体化。

1968 年成立加勒比自由贸易协会（CARIFTA）；1973 年成立加勒比

共同体和共同市场（CARICOM），取代 CARIFTA，加勒比共同体的宗旨是实现地区经济一体化，通过加勒比共同市场进行经济合作，协调成员国外交政策，在卫生、教育、文化、通信和工业等领域提供服务和进行合作，目前加共体有正式成员 15 个，准成员 5 个；1994 年成立加勒比国家联盟（ACS）；加勒比开发银行总部设在巴巴多斯，对本地区成员提供贷款援助，促进本地区成员国经济协调发展，推动本地区成员间经济合作和地区一体化进程，现有成员 25 个，其中本地区成员 20 个。加勒比海国家一体化进展顺利，但步伐不快，区域内贸易增长缓慢，20 世纪 90 年代中期约为 10%，2009 年为 13%。

在加勒比海国家中，苏里南重视发展同邻国圭亚那、巴西和法属圭亚那的关系；推进加勒比海地区一体化进程是巴巴多斯外交政策的核心内容；圣卢西亚主张所有加勒比国家紧密团结，加强联合，超越语言、面积、贸易、政治传统、外交等方面的差异，通过双边和多边协定深化地区和次地区一体化；伯利兹主张同邻国及其他国家保持良好关系，努力促进中美洲的和平与稳定；加强与加勒比海地区各国的友好合作关系，是安提瓜和巴布达外交政策的核心。另外，多米尼加、特立尼达和多巴哥、牙买加、巴哈马、圣基茨和尼维斯等国均十分重视同加勒比海地区其他国家之间的关系。

2. 许多国家奉行独立自主和不结盟外交政策

奉行独立自主和不结盟外交政策的国家有特立尼达和多巴哥、牙买加、巴哈马、苏里南、伯利兹、安提瓜和巴布达、巴巴多斯等。其中有些国家如巴哈马等为不结盟运动成员国；有些国家如安提瓜和巴布达为不结盟运动观察员国。

3. 部分国家优先发展与美国等西方主要发达国家的关系

部分国家明确将优先发展同美国等西方主要发达国家的关系作为其外交策略，如牙买加优先发展与美国等西方主要发达国家的关系；圭亚那把发展对美、欧关系作为外交政策重点；伯利兹优先发展同美国的关系。另外，苏里南保持与美国、荷兰以及其他欧盟国家的务实关系；海地的主要贸易对象为美国，其次是加拿大、欧盟等国家，因此同这些国家的关系对其比较重要。其他一些国家，像多米尼加、巴哈马等，与美国的关系较为密切。

1983 年，美国制定《加勒比海地区经济复苏法》（CBERA），1990 年改名为《加勒比海地区经济发展法》，使加勒比国家能永远获得美国的贸易优惠（原产地标准为35%）。2000年美国制定《美国—加勒比海地区贸易伙伴法》（CBTPA），其有效期至2020年。2004年8月，美国与5个中美洲国家（哥斯达黎加、萨尔瓦多、危地马拉、洪都拉斯和尼加拉瓜）及多米尼加共和国签署了《多米尼加—中美洲—美国自由贸易协定》。对美国经济的过度依赖加重了加勒比经济的脆弱性。欧盟也长期给予加勒比海地区贸易优惠。

4. 大部分国家同中国建交

同中国建交的国家有特立尼达和多巴哥、牙买加、古巴、海地、巴哈马、苏里南、圭亚那、巴巴多斯、多米尼克、安提瓜和巴布达、格林纳达等。

1989年10月23日，伯利兹与台湾当局建立所谓的"外交关系"，中华人民共和国宣布中止与伯利兹的外交关系，中国目前在伯无投资。2007年5月5日，由于圣卢西亚同中国台湾地区恢复所谓"外交关系"，中国政府宣布自即日起中止同圣卢西亚的外交关系。

另外，圣基茨和尼维斯目前与我国无外交关系；多米尼加与中国台湾建立有"外交关系"，与中国无外交关系。

（四）与周边区域的关系

1. 大部分国家与北美关系紧密

由于美国是许多国家的重要旅游客源国及重要的贸易伙伴，因而这些国家同美国的关系比较紧密。如美国是巴哈马游客及消费品的主要来源地；苏里南、格林纳达、圣卢西亚的主要贸易对象为美国；圭亚那、巴巴多斯的主要贸易对象为美国、加拿大，巴巴多斯政府十分重视同美国保持友好关系，美国也同样是巴巴多斯的主要游客来源地，另外，加拿大是近年来向巴巴多斯提供援助最多的国家之一；加拿大与多米尼克关系良好，也是多米尼克的主要援助国；伯利兹与美国关系十分密切，美在伯利兹的进出口贸易中占有十分重要的位置，同时美政府还在军事上向伯利兹提供技术和训练援助。另外，伯利兹同墨西哥的关系一直很好；安提瓜和巴布达在经济上对美国依赖较深，美国的援助和游客是其外汇收入的重要来源。加勒比海地区的其他国家也同样与北美地区联系紧密。

2. 许多国家与欧洲关系密切

许多国家同英国及其他英联邦成员有着政治、文化、经济上的渊源，因而关系比较密切，如英国每年给巴哈马一定的经济援助等；再如欧盟是圭亚那的主要贸易对象，英国是巴巴多斯、格林纳达、圣卢西亚等国的主要贸易对象，同时，英国也是巴巴多斯在国外移民最多的国家；欧盟也是多米尼克最大的援助方；英每年向安提瓜和巴布达提供相当数量的援助。

3. 部分国家与南美邻国关系密切

由于和南美相邻，历史渊源深厚，经济往来频繁，这些国家与南美邻国联系较多，重视同南美邻国的关系发展，如近年来，圭亚那十分重视发展同巴西等南美邻国的关系；圭亚那与古巴关系一直较密切，签有经济、科技、文教合作等协议。近年来，委内瑞拉加强同多米尼克的关系，对多米尼克的贸易投资增加。除此之外，圣卢西亚也与委内瑞拉的关系密切。安提瓜和巴布达积极主张实现加勒比共同体经济一体化和更广泛的地区性合作，包括与南美邻国的合作。

4. 部分国家与周边部分国家之间存在领土争端

部分国家之间有领土争端，如圭亚那与委内瑞拉对埃塞奎博地区的归属问题一直有争议，涉及 2/3 的圭亚那领土（15 万多平方公里）；圭亚那与苏里南之间的领土纠纷，主要在科兰太因河上游地区的新河三角洲，涉及面积 1.7 万平方公里（现在圭实际控制范围内）。危地马拉与伯利兹存在领土争端，危地马拉宣布伯是其领土的一部分，因此，伯利兹独立时，危地马拉宣布不予承认。

第三章 旅游发展条件分析

一 旅游资源类型与特征

（一）旅游资源类型与丰度

对旅游资源调查并进行分类可以为规划区的可持续发展提供科学依据。国际上目前没有通用的评价标准，我国国家标准《旅游资源分类、调查与评价（GB/T18972—2003）》规定了一套详细而具体的旅游资源分类与评价办法，并在各种类型和尺度的旅游规划中受到广泛的应用，对客观而正确地认识和评价规划区旅游资源有很好的借鉴作用。因此，本规划也借用我国国家标准来分析和评价规划区旅游资源。

规划组在各类文献与网站资料整理的基础上，对加勒比海规划区旅游资源进行了分析研究。经整理与筛选，提取具有代表性旅游资源单体（见附录），并参考国标的分类体系，将其进行分类，主类构成如表 3 - 1 所示，其中建筑与设施、水域风光等主类数量较多。

表 3 - 1　　　　　　　　旅游资源主类构成

主类	数目	比例（%）	主类	数目	比例（%）
地文景观	33	19.08	遗址遗迹	6	3.47
水域风光	40	23.12	建筑与设施	74	42.77
生物景观	19	10.99	旅游商品	—	—
天象与气候景观	1	0.57	人文活动	—	—

注：因旅游商品和人文活动难以统计，此处未作精确统计。

（二）旅游资源特征分析

总体而言，加勒比海地区旅游资源非常丰富，八大主类旅游资源齐备，各类资源的组合良好，地域空间上配置较好，又各具特色，主要呈现以下几个特点：

1. 各类资源组合好，空间分布均匀

加勒比海地区的自然资源特别是地文景观、水域风光和生物景观均较为丰富，建筑与设施等人文资源也数量丰厚，各类旅游资源组合较好，适于开发多种类型的旅游产品，开拓更为广阔的旅游市场。同时，资源的空间分布较为均匀。东加勒比海地区北起巴哈马群岛，南至特立尼达和多巴哥，蜿蜒十余个国家和地区，数千个不同规模的岛礁，均有十分优质的水体旅游资源分布；而伯利兹、圭亚那及苏里南等几个位于美洲大陆的陆地国家则大量分布有独特的人文资源和生物资源；古巴、牙买加、多米尼加等国土面积较大的岛国则在各类旅游资源上均十分丰富。良好的资源组合和均匀的时空分布，便于旅游资源的开发，也有利于旅游基础设施的建设。

2. 自然资源特色鲜明，禀赋较高

加勒比海地区自然资源特色鲜明，以水域风光为主，拥有海滨、河段、湖泊、瀑布等多种类型的水体景观。其中，海滨旅游资源普遍禀赋较高，沙质、水质均十分优异，更有世界独一无二的粉色沙滩等资源。目前已有大量海滨旅游地成为世界级度假胜地，是树立加勒比海地区旅游形象的重要资源。此外，得益于加勒比海地区良好的生态环境，自然保护区、动物园、植物园等资源也较为丰富，以热带雨林为主的国家公园最为普遍。这些生态旅游资源均十分具有原生性，成为加勒比海地区自然旅游资源的又一亮点，有效改善了单一水域风光的发展局面。

3. 人文资源丰富多彩，独具特色

由于历史原因，加勒比海地区文化呈现多元化特点，成为独具特色的人文旅游资源。自1492年哥伦布首次在巴哈马群岛登上美洲起，加勒比海地区就开始了殖民地化。因为劳动力不足，从非洲运来大批黑人作为奴隶。经历了殖民地时代的统治后，欧洲文化和加勒比海地区土著文化融合在一起，形成了独具特色的加勒比海地区文化。欧式建筑物、非洲歌舞、加勒比土著文化等，使得加勒比海地区的文化千姿百态，其人文旅游资源也极富吸引力。

二 旅游市场现状分析

（一）加勒比海地区是全球重要旅游目的地之一

根据世界旅游组织（UNWTO）和世界旅行旅游理事会（WTTC）相关统计，加勒比海地区已经成为全球重要旅游目的地之一。世界旅行旅游理事会根据国际旅游市场格局，将全球划分为 12 个地区，加勒比海地区为其中之一，其余分别为南亚、东南亚、东北亚、欧盟、欧洲国家（除欧盟外）、北美、拉美、北非、中东、次撒哈拉非洲地区、大洋洲。

在全球旅游市场蓬勃发展的同时，加勒比海地区的市场也保持良好势头，且涨幅高于全球平均水平。根据世界旅游组织和加勒比旅游组织的统计数据，自 1970 年以来，全球的过夜游客数量增长了近 5 倍，从 1.66 亿增长到 9.35 亿人次；而加勒比海地区的数量则从 400 万增长至 2300 万人次，其中尤以邮轮游客数量的增长最为明显，数量从 130 万人次增长至 2000 万人次。

作为全球重要旅游目的地之一，加勒比海地区入境旅游收入占旅游业总产值的 71.0%，远高于国内旅游收入，其主要客源市场为欧洲、北美和东南亚。规划区内多数国家入境旅游收入比均高达 80% 以上，特立尼达和多巴哥、圭亚那两国则呈现出不同特性。其中，特立尼达和多巴哥的入境旅游收入比仅占旅游业 GDP 总产值的 38.9%，圭亚那仅占 52.8%。

（二）目前欧美仍为主要客源市场

从表 3-2 可以看出，2010 年，到加勒比海地区的游客总人数为 2306.7 万人次，其中美国 1171.6 万人次，加拿大 261.8 万人次，欧洲 491.3 万人次，三者之和占总人次的 83.44%。

表 3-2 　　2007—2010 年加勒比海地区旅游客源市场和收入统计

单位：万人、%

细分市场	2007 年	2008 年	2009 年	2010 年	2009—2010 年增幅
总计	2288.98	2294.17	2212.69	2306.71	4.2
美国	1179.09	1153.16	1108.89	1171.63	5.7
加拿大	208.47	239.85	254.47	261.77	4.0

细分市场	2007 年	2008 年	2009 年	2010 年	2009—2010 年增幅
欧洲	554.95	543.43	498.88	491.31	-1.5
其他	346.47	357.68	354.05	379.00	8.1
邮轮旅游游客	1936.31	1888.11	1901.57	2015.66	6.0

资料来源：加勒比海地区旅游组织（CTO），2010 年。

（三）分地区市场分析：存在一定区域差异

加勒比海地区根据地缘政治等因素分成东加勒比国家组织（Organization of Eastern Caribbean States，OECS）、加勒比共同市场（Caribbean Community and Common Market，CARICOM）、英联邦国家（Commonwealth Countries）及其他地区。其中，东加勒比海地区主要为加勒比海东岸的一些小国家，旅游业普遍比较发达，但其依赖性也较强。根据加勒比海地区旅游组织的相关统计，受到金融危机的影响，东加勒比国家组织的国家旅游人次在 2009 年下降了 12.3%，2010 年则缓慢回升，提高了 2.9%。而加勒比共同市场包含国家较多，产业类型更为多样，对旅游业的依赖程度相对较小，受到金融危机的影响不如前者大，并在 2010 年稳步增长，达到 3.8%，见表 3 - 3。

表 3 - 3　2009—2020 年加勒比海地区各次区域国际旅游人次及增幅差异

单位：万人、%

次区域	2010 年	2009 年	增幅
东加勒比国家组织成员国	99.00	96.19	2.9
加勒比共同市场成员国	485.77	468.16	3.8
其他联邦国家	102.66	98.46	4.3
荷属国家和地区	170.85	1701.05	-0.1
法属国家和地区	123.39	117.71	4.8
其他国家和地区	1325.04	1261.13	5.1
总计	2306.71	2212.69	4.2

资料来源：加勒比海地区旅游组织（CTO），2010 年。

（四）邮轮旅游市场分析：世界首选邮轮旅游目的地

得益于良好的区位优势和成熟的港口发展现状，加勒比海地区邮轮旅游也取得了很好发展，基本每个国家都有通往世界主要港口的航线，大多数国家的邮轮数量丰富、类型多样，且有一半以上国家拥有航道。目前，全球五大邮轮公司均开通了多条加勒比海地区的航线，该航线也成为全球最重要的邮轮航线之一（见专栏3－1）。有关学者称，未来几年，环加勒比海地区将继续保持世界首选邮轮旅游目的地的地位。

专栏3－1：国际6大邮轮线路介绍

线路1：阿拉斯加冰河线路。各家邮轮公司根据不同地段的冰川开发出了许多条线路，其中途经科奇坎、朱诺、史凯威、维多利亚、崔茜冰湾的"西雅图内湾航线"是第一选择。另一条为"温哥华·安克雷奇的冰河湾航线"。上船港口：西雅图、温哥华、安克雷奇（线路天数：7—13天）。

线路2：墨西哥线路。这是被美国西、南部人钟爱的线路。

上船港口：洛杉矶、圣地亚哥、莫拜尔（阿拉班马州）、盖维斯顿（德州）（线路天数：3—14天）。

线路3：加拿大、新英格兰。抵达加拿大两大海洋省份是这条线路最大亮点。

上船港口：纽约、魁北克城（加拿大）、蒙特利尔、波士顿、费城（线路天数：7—12天）。

线路4：加勒比海。总体上分为：东加勒比、西加勒比、南加勒比线路。

上船港口：迈阿密等佛州城市或者波多黎各的圣胡安（线路天数：4—13天）。

线路5：西地中海航路线。MSC是专业的地中海航线邮轮公司。

上船港口：西班牙、法国、意大利西部、葡萄牙、摩纳哥、突尼斯和摩洛哥（线路天数：7—14天）。

线路6：东地中海航线。建议亚德里亚海的杜布罗夫尼克值得一去。

上船港口：威尼斯、巴里、奥林匹亚、圣托里尼、米克诺斯、杜布罗夫尼克（克罗地亚）、威尼斯（线路天数：7—14天）。

（五）中国市场潜力巨大

随着中国经济的高速发展，旅游业蓬勃发展，出境旅游市场也日益繁荣。世界旅游组织报告指出，中国已经成为世界上发展最快的出境旅游市场，促进了亚太区域内的旅游流动，也改变了旅游格局。而拥有沙滩（Sand）、大海（Sea）和阳光（Sun）的 3S 的旅游广受青睐，东南亚的巴厘岛、马尔代夫等以滨海旅游著称的旅游目的地近年来成为中国主要出境旅游目的地。据印尼旅游部门的官方统计，2011 年到访巴厘岛的中国游客上升了 20.32%，达到 236868 人次，成为巴厘岛旅游的第二大客源国。访问巴厘岛的游客中，中国仅次于澳大利亚，占据 8.59% 的市场份额。马尔代夫方面，2011 年，中国游客总量超过 19.8 万人次，比上一年增长 67%，占马接待的外国游客总数的 21.3%。中国连续第二年成为马尔代夫最大客源国，位居第二的是英国（10.5 万人次），然后依次是德国（9万人次）、意大利（8.3 万人次）、俄罗斯（6.4 万人次）。此外，邮轮市场越来越多地成为中国年轻人蜜月度假的选择，各大旅行社均推出了邮轮旅游产品，成为广受关注的新兴旅游产品。

加勒比海地区资源禀赋优良，是世界级的休闲度假胜地，通过航线开发等基础设施建设和针对性的旅游市场营销，中国市场势必发挥出巨大的潜力。

三　旅游投资环境分析

（一）加勒比海各国很重视对外资的利用

早期的殖民者在加勒比海地区投资农业生产并取得巨大成功，使该地区认识到外来投资力量的重要性。在 20 世纪五六十年代加勒比海地区一些国家相继取得独立之后，一些吸引外国投资的政策相继出台并实施，这些政策包括减免税收、贴息贷款及关税保护等。长期以来，加勒比海地区都始终如一地为国外投资者提供良好的、具有吸引力的投资环境，降低在加勒比海地区做生意的成本，这也是其能够吸引外国投资的原因之一。

（二）加勒比海地区投资环境优越

加勒比海地区投资政策的一个基本特点就是保证本地区的投资者不仅能进入加共同体市场，而且能够进入北美、中美和南美市场，欧盟市场，甚至是由非洲、加勒比海地区、太平洋岛国和欧盟共同组成的 ACP/EU

大市场；不仅保证本地的投资者能够获得优惠的进入市场条件，而且保证选择到本地区投资的所有外国投资者都能获得优惠的进入市场条件。该地区各国都在改善地区基础设施，规范行政管理程序，利用信息技术为投资者提供更佳服务。加勒比海地区投资基础设施的一个独特之处就在于双边和多边条约网络不断发展，"双边投资条约"是促进和保护投资互利互惠的一系列协定，我国同加勒比海许多国家都签订了双边协议，这些双边协议涵盖了农业、体育基础设施、文化领域、教育和科技领域。为了在吸引外国投资方面提高加勒比海地区的竞争力，各国协商制定了加共体投资政策，旨在为加勒比海地区创造一个协调一致的投资环境。

在规定和监督市场商业经营方面，有严格遵循国际最佳惯例的传统，表现出来的特点就是既促进又管理。加共体成员国同时也是许多区域性和国际性监管和标准制定机构的成员。加勒比海行动小组是一个加勒比海地区的区域性组织，主要解决有关国际商业实体监管的问题。在科技研发方面，加勒比海一些国家也已经立法为研发方面的投资提供特殊优惠。

（三） 加勒比海正在成为世界旅游热点地区

世界旅游交易会发布的《2007年全球旅游趋势报告》中，将加勒比海地区列为未来一段时期全球最热门的旅游目的地。对于加勒比海地区的许多国家而言，旅游业都具有非常重要的地位，全球金融危机以来，加勒比海国家在想办法刺激旅游业的发展，这有利于我国在加勒比海地区的旅游投资。作为世界上的旅游度假胜地，加勒比海是国际游客集中的地区之一。同时，加勒比海一些国家如多米尼加对全世界开放，所有国家公民只要携带有效旅行证件均不需要签证便可直接到达。由于以上原因，在加勒比海进行旅游投资的获利前景较好，资本增值空间较大。

（四） 中国在加勒比海地区的影响力正在增强

全球经济危机严重影响下的欧洲和美国在减少其在海外的发展援助，当然也包括加勒比海地区，而中国凭借较好的经济发展态势以及充足的外汇储备，将增加对加勒比海地区的援助，为加勒比海地区的发展提供10亿美元的贷款支持，这笔资金将帮助改善该地区基础设施。拉美经委会有关数据显示，中国在2014年超越欧洲成为拉美与加勒比地区第二大贸易伙伴。这充分说明中国在加勒比海地区的影响力正在增强，随着影响力的增强，加勒比海国家对我国的认同度也将大幅度提升，为中国资本进入加勒比海旅游业创造出理想的环境。

第四章 旅游业发展现状与问题

一 旅游业发展现状

（一）旅游产业极具规模，带动作用明显

作为全球十二大旅游目的地之一，加勒比海地区的旅游发展规模大。近十年来，加勒比海地区的旅游业基本保持增长趋势，但因受 2008 年金融危机影响，近年来增幅趋缓。根据加勒比海地区旅游组织 2011 年统计，加勒比海地区的入境旅游人次达 2092 万，入境旅游收入 262 亿美元；旅游业的直接 GDP 产值达到 158 亿美元，占 GDP 总量的 4.6%；综合产值达 486 亿美元，占 GDP 总量的 14.2%；增长率分别达到 3.8% 和 3.7%，并直接提供就业岗位 687000 个，占 4.0%；吸收投资 57 亿美元，分别见图 4-1、图 4-2、图 4-3 和图 4-4。

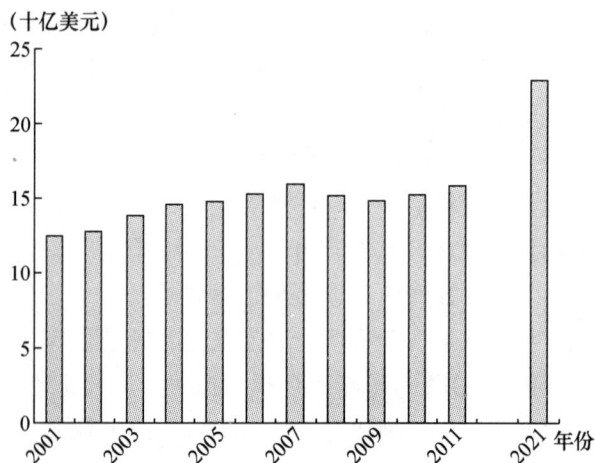

图 4-1 2001—2011 年旅游业直接产值（2021 年为预测值）

（十亿美元）

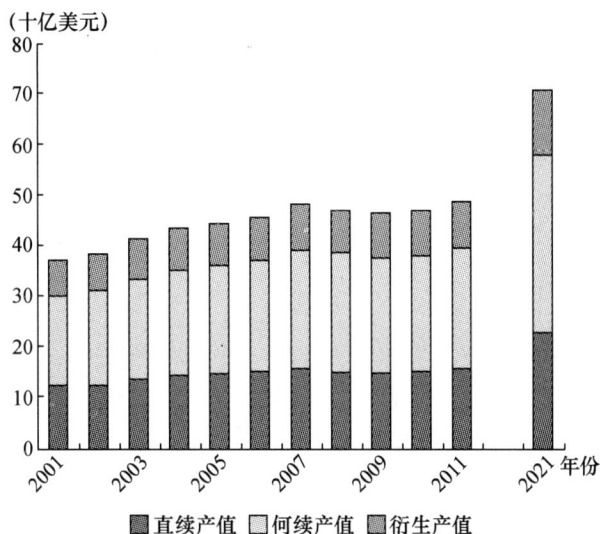

图 4-2 2001—2011 年旅游业产值构成（2021 年为预测值）

（人）

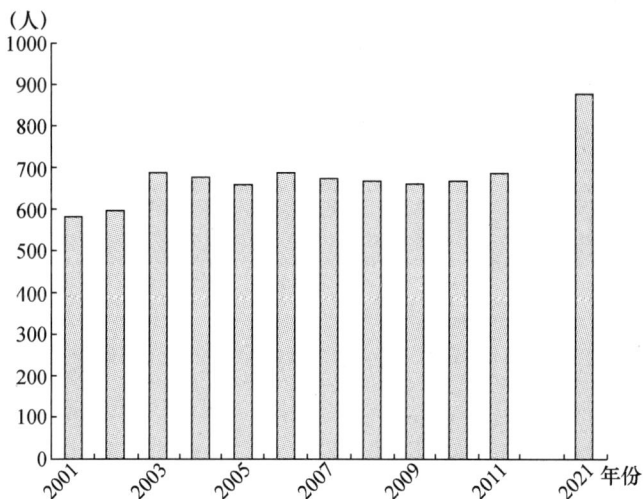

图 4-3 2001—2011 年旅游业提供就业岗位数（2021 年为预测值）

世界旅行旅游理事会将全球旅游市场划分为 12 个地区，分别为南亚、东南亚、东北亚、欧盟、欧洲国家（除欧盟外）、北美、拉美、北非、中东、次撒哈拉非洲地区、大洋洲和加勒比海地区。根据世界旅游旅行理事会的最新统计，各项发展指标均表明，加勒比海地区的旅游业发展水平处

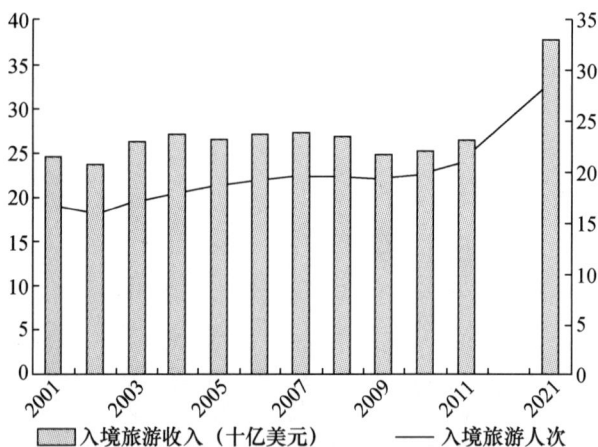

图 4 - 4 2001—2011 年入境旅游人次及旅游收入（2021 年为预测值）

于世界领先地位。

随着旅游业产业的日益成熟，产业链的日益扩大，旅游业对其他产业的带动作用持续增强，表现为衍生贡献比率的增长。

（二）旅游产品多元化及世界级度假旅游地

作为较为成熟的世界级度假旅游地，加勒比海地区的旅游产品呈现出多元化的特征，体现在以下几点：

1. 以休闲度假旅游为主打

丰富的海滨旅游资源、宜人的海洋气候使加勒比海地区成为休闲度假胜地。据统计，加勒比海地区的休闲度假旅游的 GDP 产值占旅游业总产值的 91.5%，占据绝对优势。规划区内的绝大多数国家均呈现该特征，且比例高达 90% 以上，仅有位于南美大陆北部的苏里南和圭亚那的休闲度假旅游 GDP 产值分别为 37.8% 和 52.7%。

2. 以邮轮旅游为品牌

得益于禀赋较高的滨海旅游资源、良好的区位优势和成熟的港口发展，加勒比海地区邮轮旅游取得了很好发展，成为世界首选的邮轮旅游目的地，是全球六大主要邮轮航线之一。规划区内基本每个国家都有通往世界主要港口的航线，大多数国家的邮轮数量丰富、类型多样，且有一半以上国家拥有航道。但是，由于旅游资源的同质化现象，邮轮旅游的发展较不平衡，目前的路线主要分为东加勒比海航线、西加勒比海航线和南加勒比海航线，一条路线往往只能涵盖少数几个该地区的旅游目的地。

3. 以特殊兴趣旅游为特色

依托加勒比海地区的海洋资源和极佳生态环境，高尔夫旅游、潜水旅游等面向高端市场的特殊兴趣旅游也是该地区的重要旅游产品之一，成为其特色所在。如圣文森特和格林纳丁斯已经成为全球最为著名的潜水旅游目的地。

4. 以生态旅游为新亮点

得益于广袤的热带雨林和生物多样性，加勒比海地区的生态旅游悄然兴起，圭亚那、苏里南等国致力于发展观鸟旅游、徒步旅游等生态旅游，已经成为加勒比海地区的新兴旅游业态。

（三）旅游服务设施档次总体较高，地区差异明显

作为世界级的旅游目的地，加勒比海地区主要面对高端休闲度假市场，旅游饭店和度假村等接待设施的规格普遍较高。在巴哈马、巴巴多斯等旅游业发达的国家和地区，住宿设施多为含 SPA、潜水、高尔夫等休闲康体设施的度假村，希尔顿、万豪等大型国际酒店集团纷纷入驻；此外，旅游发展较成熟的城市还有规模相当大的免税店和购物市场，以满足旅游者的购物需求。

旅游接待设施的发展水平与经济发展水平和旅游业发展水平息息相关，加勒比海地区的旅游接待设施呈现明显的地区差异。规划区内牙买加、巴巴多斯、巴哈马、安提瓜和巴布达、多米尼加、开曼群岛等重要旅游目的地的住宿、餐饮和购物场所均较为充足。其中，住宿和购物主要面对高端度假市场，现代化设施完备；餐饮呈现出多元化的特点。而伯利兹、海地、圭亚那和苏里南等国的接待设施在数量上尚不充足。

（四）旅游投资是吸引外资的重要方面，需求较大

旅游及其相关投资一直是加勒比海地区吸引外资的重要方面，根据世界旅游旅行理事会相关统计，2011 年旅游投资占投资总量的 11.6%，远高于美洲的 5.4% 和全球的 4.5%。2005—2011 年，旅游投资因金融危机影响出现了较大波动，金融危机之前势头强劲，增长率一度达到 31%，但之后则出现了负增长，2011 年有所回升。

长期以来，美国是加勒比海地区重要的投资方，西班牙、荷兰、英国等国因为历史原因也一直保持对该地区的投资。近些年，中国开始在加勒比海地区投资旅游相关项目，见表 4-2。

表 4 - 1 加勒比海地区 2005—2011 年旅游投资情况

单位：亿美元

年份	旅游投资总量	增幅（%）
2005	29	18.6
2006	41	31.0
2007	51	19.2
2008	59	6.5
2009	52	−13.0
2010	52	−2.2
2011	57	5.7

资料来源：世界旅游旅行理事会（WTTC）。

表 4 - 2 中国在加勒比海地区旅游投资项目

序号	所在国家	项目名称	项目概况	开业预期时间
1	巴哈马	"Baha Mar" 度假村开发项目	占地1000英亩，投资34亿美元，融合了度假村、赌场和多种娱乐设施于一体	2014 年后期
2	多米尼加	篷塔卡纳（Punta Cana）的珍珠角（Punta Perla）观光区	中国银行和中国进出口银行提供了4.62亿美元贷款，是大型旅游开发项目	
3	特立尼达和多巴哥	宇通客车	共85辆，将作为旅游观光车辆投入当地市场	2011 年开始投入使用
4	巴巴多斯	哈里森溶洞景区改扩建项目	中国建筑工程总公司承建。此次改建后的溶洞景区，在电力能源、给排水系统及景区附属基建项目等方面进行了全新的现代化设计和改造，达到了巴绿色能源型项目的建设要求	2010 年 2 月 13 日竣工
5	圭亚那	圭亚那国际会议中心	中国政府无偿援助项目，成为中圭友谊的重要见证	已投入使用
6	多米尼加	温莎体育场	无息贷款和部分无偿援助建成	已经完成
7	多米尼加	罗索至朴茨茅斯公路修复项目		正在进行
8	牙买加	牙买加南北高速公路	由中国港湾公司承担，从牙买加的西班牙城到奥乔里奥斯，路线全长65.192公里	正在进行

资料来源：根据网络资料整理。

根据世界旅游旅行理事会的预计，2011—2021 年的年平均增长率为 3.9%，至 2021 年，旅游投资总量将达到 110 亿美元。所以，目前的进入时间适当，投资趋势也较为乐观。根据大量的信息搜索，对规划区国家和地区的投资政策和投资环境等进行了初步分析，得到以下结果：

圣文森特和格林纳丁斯：专门的中文投资网站；在轻工业、农产品加工业、信息产业、电影业、国际金融服务业、旅游业等提供一系列的投资优惠政策。包括免税期、返还利润、免税特许和免除消费税等。

圭亚那：政府鼓励外国投资者来圭投资，设立了投资局为投资者来圭投资兴办实业提供各种便利条件，以及政策信息方面的咨询和服务。特别希望在生态旅游、交通及能源等基础设施项目；投资者可参与大型水电站、高速公路、桥梁和港口等基础设施项目的建设；投资建设热带雨林休闲度假村、旅游宾馆和娱乐公园等。

苏里南：召开投资推介会；希望在铝土开采、黄金开采、石油开发、农业（棕榈油生产、水稻种植）、畜牧业、木材加工、生态旅游等领域进行投资，有多项优惠措施。

巴哈马：鼓励旅游酒店设施建设和博彩业发展，有多项优惠措施。

特立尼达和多巴哥：经济总体目标是吸引投资，有一系列鼓励和优惠措施。

安提瓜和巴布达：营造良好环境，减免税等优惠措施。

牙买加：鼓励在采矿业，农产品加工业，服装和轻工产品制造业，港口和航运业，信息技术产业，旅游、娱乐和体育业等方面投资。牙政府对上述领域的投资给予诸如税收、土地使用和培训等方面程度不同的优惠政策。

海地：建有保税区。

其他国家，因古巴的社会体制问题，其贸易、税收等政策均与其他国家有很大差别，投资风险较大；巴巴多斯的相关设施已经十分完备，且因建立加加共同体，大量加拿大资金涌入，进入难度较大；而多米尼加、圣卢西亚等国尚未与我国建交，投资环境不佳。

二　旅游业发展存在的问题

（一）旅游发展总体处于巩固期，亟须创新提高

任何一个旅游地的发展过程一般都包括探查、参与、发展、巩固、停

滞和衰落或复苏六个阶段。在旅游地发展不同生命周期阶段表现出不同的特点和规律，在探查阶段，只有零散的游客而没有特别的设施，其自然和社会环境未因旅游而发展变化；在参与阶段，旅游者人数增多，旅游活动变得有组织、有规律，本地居民为旅游者提供一些简陋的膳宿设施，地方政府被迫改善设施与交通状况；在发展阶段，旅游广告加大旅游市场，开始形成外来投资骤增，简陋膳宿设施逐渐被规模大、现代化的设施取代，旅游地自然面貌改变较大；在巩固阶段，游客量持续增加但增长率下降。旅游地功能分区明显，地方经济活动与旅游业紧密相连。常住居民中开始对旅游产生反感和不满；在停滞阶段，旅游地自然和文化的吸引力被"人造设施"代替，旅游地良好形象不再，市场量维持艰难，旅游环境容量超载相关问题随之而至；在衰落或复苏阶段，旅游市场衰落进而房地产转卖率很高，旅游设施也大量消失，最终旅游地将变成名副其实的"旅游贫民窟"。另外，旅游地也可能采取增加人造景观、开发新的旅游资源等措施，增强旅游地的吸引力，从而进入复苏阶段。

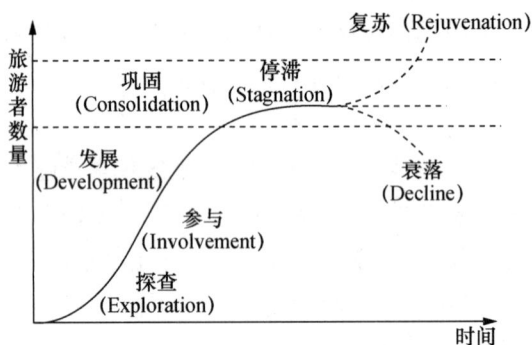

图 4-5 旅游地生命周期

根据旅游地生命周期曲线及各阶段特征判断，加勒比海地区现在所处的阶段总体是巩固期，其中多数国家和地区处于巩固期，圭亚那、苏里南、特立尼达和多巴哥等旅游业落后地区及巴哈马、巴巴多斯等旅游业发达地区分别处于发展期或停滞期。主要体现在近十年游客人数与旅游收入增幅不大，新增就业岗位数量较少，对就业的促进作用日趋减弱。这就需要采取措施，创新产品与发展模式，促进旅游地的复苏，保障旅游业的可持续发展，避免进入衰落阶段。

（二）各国发展水平有差异，应提出针对性模式

由于区位条件、资源禀赋、政策导向等因素的差异，加勒比海地区各个国家和地区的旅游业发展水平悬殊较大，形成了发展不均的区域特征。

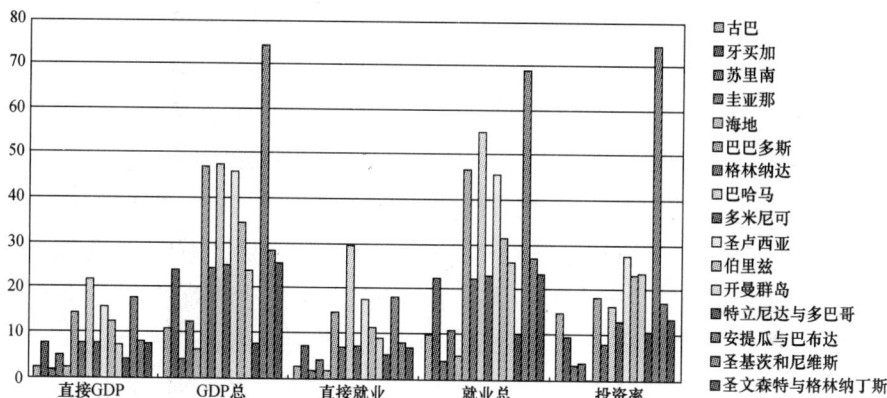

图中图例（右侧，自上而下）：
- 古巴
- 牙买加
- 苏里南
- 圭亚那
- 海地
- 巴巴多斯
- 格林纳达
- 巴哈马
- 多米尼可
- 圣卢西亚
- 伯里兹
- 开曼群岛
- 特立尼达与多巴哥
- 安提瓜与巴布达
- 圣基茨和尼维斯
- 圣文森特与格格林纳丁斯

横轴类别：直接GDP　GDP总　直接就业　就业总　投资率

图4-6 规划区十六国各项指标百分比

资料来源：根据世界旅游旅行理事会（WTTC）数据整理所得（2011年）。

通过对规划区16国旅游业对GDP的直接和总贡献率、旅游业对就业的直接和总贡献率、旅游投资比等综合考量旅游业发展水平的指标的统计和比较，旅游业发展水平不一致，有的甚至占GDP的70%以上，如巴哈马、安提瓜与巴布达等；古巴、海地、苏里南则相对较低，小于5%。东加勒比海地区普遍较为发达，位于美洲大陆的伯利兹、圭亚那、苏里南以及经济发展水平很低的海地等则相对落后。

规划区旅游基础设施也存在较大的地区差异。巴巴多斯、巴哈马、特立尼达和多巴哥等国的各项基础设施均较为充足完备，但海地、圭亚那等国则相对较差，通讯等设备甚至十分欠缺，在一定程度上制约了其旅游业的发展。

（三）旅游产品有同质化现象，应加强合作和特色开发

由于旅游资源的相似性和旅游产品模仿性强的特点，加勒比海地区旅游产品与线路存在同质化现象。应当建议签订相关协议，建立合作机制，整合各类资源，针对个性化游客的需求，尽可能走差异化路线，找准各自的旅游开发模式，实现特色开发，避免短兵相接。

（四）各类基础设施不够完备，尚有不少提升空间

加勒比海地区各国陆域面积普遍较小，多为岛国，使得其航空和水路运输起步较早，发展较快，目前已经较为完备。但陆路交通尚待完善。本规划区 16 个国家中，仅古巴、多米尼加和圣基茨和尼维斯三国拥有铁路，多数铁路以货运为主，且年代久远。公路里程基本能满足需求，但仅有一半左右为沥青路面，其余路况均较差。在城市公共交通（公交车、地铁和的士等）方面，亦尚不充足，不能很好地满足游客需求。

同时，加勒比海地区的通信设施较为落后。根据规划区内各个国家和地区的主要电话线路、上网主机数量的统计，认识其通信设施的普遍水平是"基本充足"，个别国家已经达到"十分充足"和"较为先进"。其中，圭亚那、海地等国则处于十分落后状态，不少地区尚未开通固定电话，亟待完善。总体来看，无线通信设施较为落后，需要进一步普及。另外，该地区的输油管道数量过少，牙买加、海地、圭亚那等陆域面积较大的国家也未铺设，需进一步建设和完善。

（五）旅游环境受到威胁，应特别重视可持续性

加勒比海地区有数目众多的国家和地区，其中大多数为发展中国家和小岛屿发展中国家，生态系统脆弱，原因是全球气候变化和地域气候多变，及由此产生诸如海平面上升、厄尔尼诺等现象，飓风、水灾和旱灾造成的自然灾害日益频繁和严重，而且还受到诸如火山、海啸和地震造成的自然灾害的影响。同时旅游业的快速发展也使其生态环境受到威胁，旅游业发展引发了海水侵蚀、污水排放、油泄漏以及过度捕捞，这对海洋生态系统产生了负面影响。比如世界资源研究所在其《加勒比珊瑚礁遭受危险》2004 年度报告中说，约有 2/3 的加勒比珊瑚礁都遭受来自海岸开发的威胁，特别是沿大小安的列斯群岛海岸线的开发，那里 1/3 的珊瑚礁遭到沉积物和污染物的威胁。在牙买加、海地和多米尼加共和国，有 80% 的珊瑚礁被确定正在遭到人类活动的威胁，其中 1/3 情况严重，主要是过量捕鱼、污染以及欠规划的旅游业导致泥沙流入和有机物污染所致。

因此要使用综合性、多学科手段进行土地规划和使用，对加勒比海地区旅游业进行积极管理，实施低碳发展战略，最大限度地实现社会和经济利益，保持或提高环境质量和生态系统平衡力，使对社会、经济、环境的危害最小化。

第五章 旅游基础设施规划分析

一 意义与目的

（一）实施我国旅游业"走出去"战略

我国旅游业从 1978 年起步，经历 30 多年的发展，开始步入成熟发展期，成为国民经济的重要组成部分及第三产业发展的重要推动力。随着我国居民收入水平的提高发展，我国旅游需求的快速增长，引发旅游投资热潮，旅游业已经成为吸纳投资的重要方面。随着我国旅游资源开发领域的大量资本涌入，国内旅游资源开发潜力已经得到充分挖掘，旅游投资所依赖的旅游资源品质不断下降，旅游投资从资源依赖型发展转向资本依赖型，人造景区大量出现，旅游投资的资金门槛不断提高，投资风险快速积聚。

旅游业国际合作是我国旅游业转变发展方式，疏导旅游投资方向，实现旅游业对外开放，推动旅游经济发展的重要组成部分，统筹国际国内旅游市场，推动旅游业"走出去"，加强旅游领域的民间外交，是我国旅游业国际化发展的重要方向。

专栏 5-1

2012 年年初，北京中坤投资集团计划投资 1 亿美元在冰岛东北部购买 300 平方公里的未开发土地，建造一个规模 2 万平方米的生态旅游度假地。虽然由于种种原因，中坤集团的这次海外投资没有成功，但是这次投资预示了中国旅游投资从单向引入外资到双向投资的转变。

加勒比海地区是世界休闲度假旅游资源最为丰富的区域之一，对世界旅游市场具有强大的吸引力，旅游开发价值与潜力巨大，是吸纳旅游投资，获得旅游持续经营效益的理想区域。要充分认识加勒比海地区旅游业在世界旅游业中的重要地位和巨大的发展潜力，抓住面临的发展机遇，从战略高度和长远发展角度出发，从旅游资源重组和旅游产业转移，提高旅游业参与国际分工的能力和竞争水平的高度认识我国旅游业"走出去"战略的重要性。利用我国旅游业30年发展积累的开发、管理经验，寻求国际上旅游资源丰富，发展潜力大的区域。投资旅游业，应该成为我国旅游业实施战略转型的重要举措。将我国旅游投资资金与加勒比海丰富的旅游资源相结合，参与加勒比海地区旅游资源开发，为我国旅游业进入国际旅游投资领域提供路径。以旅游业的国际化发展为目标，将旅游业的跨国经营战略与我国走出去发展战略相协调，把旅游业的国际化发展与旅游业海外投资和跨国经营相结合，以投资的经济效益为核心，建立合理的跨国旅游产业链条。

（二）抓住我国出境旅游迅速增长机遇，拓展国际旅游合作

近年来国际旅游市场呈现缓慢增长态势，从2008年金融危机以来，欧美等出境旅游市场持续受创，目前仍未恢复到历史最好水平。与国际旅游市场相比，我国强劲增长的出境市场成为世界旅游经济持续发展的重要引擎。从20世纪90年代至今，我国出境市场实现了接近20%的年均增长。2010年出境旅游人数5739万人次，2011年中国出境旅游人数跃升到7700万人次，尤其是我国每年的商务旅行支出仅次于日本，已经跃居全球第四大入境游接待国和亚洲第一大出境游客源国。与游客规模同样快速增长的是我国游客的消费规模，1982年至今，我国公民出境消费的年均增长率接近40%。根据世界旅游组织最新数据，2011年，中国出境旅游消费仍然延续高位增长态势，增长约30%，消费规模已经位居世界第三。据世界旅游组织估算，到2020年，中国出境旅游人数将超过1亿人次。世界金融危机期间，正是中国出境旅游的强劲增长，为世界旅游业做出了贡献。

随着旅游消费结构的升级，我国出境旅游消费日趋成熟，已经发生结构性转变，休闲度假旅游需求增长迅速，以休闲度假产品为主的出境游市场发展前景广阔，去海外休闲度假、体验异地文化将成为我国游客主流出游方式。同时我国商务旅游市场也成为世界商务旅游市场增长最为迅速的区域。

世界旅游业发达地区对中国迅速增长的旅游市场十分重视，都把中国市场作为重点开发的目标市场，对中国游客敞开大门。2010 年，我国公民自费旅游目的地国家和地区达到 141 个。

世界各国与中国旅游业合作更看重的是中国庞大的旅游消费市场，合作目的和动机更多的是看好中国的旅游消费市场。加勒比各国也十分看重中国潜在的巨大出境游市场和商务旅行市场，多次到我国推介本国的旅游产品。为加勒比海各国带来庞大的市场应作为我国投资加勒比海的优势条件之一，也是消除我国旅游投资进入加勒比旅游开发领域障碍的前提条件之一。

（三）推动我国旅游业"服务贸易平衡"

旅游业服务贸易是现代服务业贸易的重要组成部分，与其他类型贸易不同，旅游业服务贸易具有产品和服务就地出口，产品和服务异地进口的特点。随着我国出境旅游的快速增长，出境旅游必然成为我国服务业贸易进口增加的重要组成部分，并将呈现迅速增长的态势。

通过实施旅游业"走出去"战略，将我国出境旅游需求与境外旅游产品自我供给结合，将我国巨大的旅游消费潜力通过境外旅游投资自我消化，与目的地国家共享的我国出境旅游消费带来的巨大商机，平衡我国服务业贸易。

从内部旅游发展环境分析，推动我国对外旅游投资的核心动因是我国出境旅游的持续高速发展。近年来，中国出境旅游保持了快速增长的步伐，同期旅游服务贸易进口总量更是达到了近 40% 的增幅，而欧美市场处于滞胀阶段。从这个角度来看，中国旅游企业境外投资的驱动力之一是我国出境旅游人数的增加及消费能力的提升，在未来很长一段时间内将为我国企业境外旅游投资提供广阔的市场需求。顺应我国出境旅游市场的高速增长，服务与我国出境旅游需求的同时，实现旅游业外汇收入的平衡。

加勒比海地区自然、文化环境的独特性，尤其是加勒比海的热带海洋气候与东亚地区的气候条件具有巨大差异，优良度假气候对我国游客以及日本、韩国等东亚游客具有巨大的吸引力，是我国和东亚地区游客冬季休闲度假旅游的理想目的地。将我国和东亚地区作为客源国，参与加勒比海地区的旅游开发对我国和加勒比海国家都具有巨大的市场价值。

（四）以旅游为媒介，加强民间外交，密切经贸合作

在贸易自由化与区域一体化并存的全球化发展趋势下，旅游业作为一个开放性产业，对促进不同国家、不同地区更为广泛的交流与合作具有十分积极的作用。

利用我国旅游业高速发展积累的经验，以及我国自身巨大的市场潜力，通过广泛的旅游合作，建立我国与加勒比海旅游业各领域的交流与合作，推动中国与加勒比海各国长久旅游合作关系的形成和发展，为加勒比海旅游业发展做出贡献，与加勒比海国家实现共赢发展，应是我国与加勒比海地区旅游业合作的基本目标。

二　现状与机遇

（一）旅游业走向国际化的时机基本成熟

1980 年，中国旅游业开始引进外资，2001 年中国加入世界贸易组织之后，境外资产更是大举进入我国的旅游酒店、娱乐、购物、餐饮、主题公园等旅游及旅游相关领域。与外资的大量涌入相比，对外旅游投资远远滞后。

随着经济全球化和区域经济一体化进程的深化，我国旅游业发展与世界旅游业的关联度进一步提高，旅游业的国际合作面临难得的发展机遇。从发展机遇看，目前是旅游业国际合作发展的重要机遇期。一是外部环境总体有利。后金融危机时代，各国更加重视旅游业的国际合作，我国国内旅游消费市场空间巨大，旅游业发达国家开拓中国旅游消费市场意愿强烈，迫切希望强化与我国的旅游市场合作力度。二是我国综合国力不断提升，重视旅游业的对外开放，制定鼓励政策，加大旅游业的国际合作力度。旅游消费市场将成为我国旅游合作的优势资源。近年来，我国境外旅游投资开始活跃，旅游投资显现出从单向到双向过渡的趋势。

（二）多层面的合作广泛展开

近年来，我国高度重视旅游业的区域与国际合作，开展了中国、日本、韩国三国旅游部长会议、中美省州旅游局长对话以及中国与东盟的泛北部湾和大湄公河次区域旅游合作、中俄人文合作委员会旅游分委会、中欧旅游目的地执行情况会晤等合作。

近年来，我国与加勒比国家的旅游合作也广泛开展，政府层面的交往日趋频繁，尤其在旅游合作方面。在旅游投资方面，规模最大的投资是巴哈马群岛在建的度假村项目，这一项目总投资 35 亿美元，是加勒比海地区最大的酒店和娱乐场开发项目，其中包括总房间数为 2250 间的四座酒店、加勒比海地区最大的娱乐场、高尔夫球场，以及面积为 5 英亩的会议中心。

但是，总体上来看，旅游对外合作大多数局限在与周边国家建立旅游对话、双边、多边互访机制，合作形式停留在政府间的务虚交流，务实的、实质性的开发合作仍然较少。在旅游基础设施建设、旅游产品开发、导游人员培训、管理人员技术交流等方面实质性的合作仍处于起步阶段。同时，由于多个加勒比国家与台湾地区保持外交关系，包括伯利兹、多米尼加共和国、海地、圣卢西亚、圣基茨和尼维斯，以及圣文森特，为我国与加勒比海地区的旅游基础设施投资与广泛合作构成一定障碍。

专栏 5 - 2

2011 年 6 月 28 日，我驻牙买加大使郑清典拜会牙买加旅游部长埃德蒙·巴特利特，双方进行了友好交谈。巴特利特部长欢迎郑大使赴牙履新，希望与其共同努力，尽快与中国国家旅游局、中国民航等有关单位建立合作交流机制，更好地开发牙中旅游市场。

2011 年 9 月 12 日，中国国家旅游局局长邵琪伟和中国旅游代表团一行会见了牙买加旅游部长巴特利特。关于旅游合作，邵琪伟表示，目前已经有很多国家为中国游客提供了便利的签证政策，而类似的政策在加勒比各国还没有实现。牙买加在地理位置上处于加勒比国家中心，希望牙买加在开发中国与加勒比国家间联程产品、拓展旅游合作等方面发挥重要作用。

（三）中国潜在的旅游客源市场对加勒比海地区具有巨大吸引力

面对中国迅速增长的旅游消费市场，旅游业发达国家非常期待在旅行社、旅游（航空）运输和酒店等方面与中国旅游企业合资、合作，或者通过连锁方式与中国建立合作关系，意在开发中国庞大的旅游消费市场。

专栏5－3

2010年4月9日,特立尼达和多巴哥旅游局在北京首都大饭店举办旅游、商贸投资推介会及招待晚宴,旨在促进中特两国旅游、文化、自然和商务投资方面的合作,吸引更多中国人到特立尼达和多巴哥旅游和投资,并意向在中国设立旅游推广处。

与加勒比海地区的旅游合作从2005年进入实质性合作阶段。2005年,中国政府给予所有与中国建交的加勒比国家中国公民组团出国旅游目的地国地位,并与上述各国签署了中国旅游团队赴各目的地国家旅游实施谅解备忘录,启动了赴安提瓜和巴布达、巴哈马、巴巴多斯、古巴、牙买加、格林纳达六个国家的组团旅游业务。2006年,中国公民首站访问加勒比海地区十国的人数接近1万人次,加勒比海地区十国访华人数2.1万人次。

加勒比各国十分重视中国巨大的潜在旅游市场,巴巴多斯等国家的旅游管理机构提出巴巴多斯要成为中国高端游客目的地,为提高巴巴多斯在中国的知名度,巴巴多斯在上海世博会修建了展馆,并且启动了中文网站。牙买加旅游局也在网上打中文广告,提供中文的旅游推介资料。

(四) 世界金融危机为中国旅游业实施走出去战略提供了重大机遇

在金融危机与债务危机影响下,对于中国旅游投资和旅游企业而言,增加了低价收购境外旅游资产和吸纳旅游管理人才的机会,降低了"走出去"的成本。

专栏5－4

2010年旅游收购与投资案例:锦江国际酒店集团收购美国独立酒店管理公司洲际集团;深圳新世界集团收购洛杉矶万豪酒店和洛杉矶喜来登环球酒店资产;复星集团作为战略投资者收购法国地中海俱乐部7.1%股权;中国企业参与日本北海道新雪谷町、富士箱根的酒店、滑雪场、高尔夫等旅游投资。

（五）加勒比海地区优良的旅游发展条件为旅游合作提供了条件

加勒比海地区是国际著名的滨海旅游区，旅游资源丰富，是北美地区重要的滨海度假地。我国出境旅游发展迅速，加勒比海地区对国内旅游市场具有巨大的潜在吸引力。

旅游服务业在加勒比海地区经济发展中占据重要地位，是重点发展的产业。加勒比海地区旅游基础设施、接待服务设施仍不完善，存在较大的发展空间。

三　目标与原则

（一）意义与重要性

1. 战略地位

加勒比海地区处于连接世界各大洲的通道位置，从大西洋通过加勒比海地区经巴拿马运河，可进入太平洋地区。加勒比海地区是连接欧亚大陆和美洲大陆的交通纽带，是大西洋和太平洋之间交通运输的关键通道；加勒比海地区介于南美洲和北美洲之间，是南美洲和北美洲之间许多航线的必由之路。由于加勒比海地区所处的战略地位十分重要，强化我国与加勒比国家的外交和经贸往来应作为我国全球战略的重要组成部分。

2. 重要意义

基于旅游业在加勒比海地区经济发展中的重要地位以及广阔发展前景，以旅游基础设施业为切入点，进行旅游基础设施投资方面的广泛合作，开通我国和加勒比海地区的旅游航空交通，通过开发我国出境旅游市场，不仅对加勒比海地区旅游业的发展起到促进作用，形成合作共赢，还将对促进我国与加勒比海地区的外交和经贸合作关系起到重要推动作用，可成为中加经贸合作中的一个具有战略意义的重要环节。

（二）指导思想

坚持科学发展观，树立世界眼光和战略思维，统筹旅游业发展的国内和国际两个市场，将合作发展和互利共赢作为根本原则，把加强加勒比海国家旅游基础设施合作建设作为根本任务，科学合理布局，实施旅游业"走出去"战略，为我国与加勒比海国家的总体外交做出贡献。

（三）发展目标

通过与加勒比海地区在旅游基础设施建设方面的广泛合作，包括在国际机场、旅游支线机场、航空直飞航线、邮轮港口、旅游公路、专线铁路、旅游度假区、旅游景区、娱乐设施、商务购物设施等组合式旅游基础设施建设的投资和合作，整合和提升加勒比海地区旅游产品，为打开我国出境旅游市场，扩大我国公民赴加勒比海地区旅游提供条件。改变过去我国在加勒比海地区以单一的工程承包为主的投资模式，向组合投资、产业投资方向转变。

通过重点旅游基础设施和接待服务设施的国际合作建设，整合加勒比海地区旅游资源，形成航空、邮轮港口、旅游公路、休闲度假设施、旅游景区一体化、市场营销一体化组合式开发模式，促进我国与加勒比海地区在旅游业方面的广泛合作。

今后 20 年，加勒比海地区旅游基础设施投资需求不少于 1000 亿美元。我国通过与加勒比海地区在基础设施方面的广泛合作，特别是通过在重点旅游基础设施和便利东方游客的新旅游线路合作建设，力求成为加勒比海地区旅游基础设施投资合作建设的重要力量，并力求促进中加农业合作和其他合作上一个新台阶。

（四）发展战略

1. 优势互补，合作共赢

充分利用我国和东亚地区迅速增加的客源市场优势和加勒比海地区的旅游资源优势，通过合作开发，建立与加勒比海地区长久的旅游发展合作，使加勒比海地区成为我国出境旅游的重要目的地，为加勒比海地区旅游经济发展带来新客源和新活力。通过旅游合作开发，将我国的客源市场、资金、人力资源、航空、旅游电子营销和景区数字化管理技术引入加勒比海地区旅游业发展中，实现合作共赢。在追求自身利益的同时，致力于为加勒比国家创造切实、长久的经济与社会效益，并被当地政府和人民认可。

2. 优化结构，参与旅游业长期经营

由于加勒比国家体量较小，贸易、合作关系进一步扩展的潜力有限。我国企业在加勒比海地区投资主要是承包劳务和技术咨询、基础设施建设、灾后重建等方面，缺乏持久经营性。而旅游业作为加勒比海地区最具持久经营的产业，应作为我国与加勒比海国家建立长久投资合作的重要方

面，以实现我国在加勒比海地区投资结构的优化，建立持久经营和长久合作的模式，应作为我国在加勒比海地区旅游投资的重要目标之一。

3. 合理布局、重点突破

根据加勒比海各国旅游经济发展需求和我国的外交战略，结合加勒比海优势旅游资源布局，立足区域旅游发展优势，对我国国际合作的重点区域和旅游业的重点领域和方向进行战略布局，重点突破。根据旅游业基础设施建设国际合作的形式、内容和国别情况，因地制宜，充分考虑基础条件和优势，有计划、分步骤地推进。

四 路径选择

根据加勒比海地区旅游合作、投资目的和目标，实施如下五大战略：（1）构建旅游产业链；（2）空间集聚投资；（3）稀缺旅游资源投资；（4）区域差异化投资；（5）旅游相关产业整合发展。

（一）改变单一项目模式，构建旅游产业链

我国在加勒比海长期以来主要集中在道路等基础设施建设方面，以工程建设承包为主，缺乏持久经营，各项工程之间缺乏关联。旅游业作为一个产业具有密切关系的要素组合，包括旅游酒店、旅行社、餐饮、旅游景区、旅游交通、旅游购物、娱乐、旅游商品生产。其中旅游酒店、景区等设施建设和旅游交通等基础设施建设是加勒比海各国鼓励外资投资的领域。

应从有利于持久经营的目标，优化加勒比海地区投资结构，实施构建旅游产业链战略，将旅游基础设施投资、酒店和度假村投资、旅游综合体投资、旅游景区投资结合，构建具有持久经营性的旅游产业链。

立足于加勒比海地区的合作发展，构造重大项目，前瞻性地布局一批重大旅游建设项目，通过直接投资、收购、参股、工程承包等形式，形成旅游产业链。重点扶持具有投资运营模式的旅游项目投资，包括以收购、BOT 等投融资方式进入国际旅游市场。改变我国在加勒比海地区以对外工程承包为主要业务的合作模式，以新的旅游合作方式，促进合作方式的转变。

将构建"旅游酒店（度假村）＋旅游景区＋航线＋旅游基础设施"

作为构建旅游产业链的重要模式。

（二）优选投资区域，空间集聚投资

以北美市场为基本市场，以开发我国国内市场和东亚市场为主要潜力市场，优选区域，集中投资，形成设施完善、管理先进的旅游区。

选定与我国具有良好外交关系，国家经济体量较大、旅游资源条件优良，旅游开发程度较低，旅游基础设施相对较差，具有巨大开发潜力的岛屿、海滨地区，进行集中投资、开发建设，改善基础设施条件，同时配套生态或文化景区建设，形成旅游功能区完善的旅游区。同时，通过收购、参股等形式快速进入加勒比海地区旅游业。

（三）重视"稀缺旅游资源"投资

旅游资源具有长期投资价值和可持续经营特征，同时也具有资源稀缺性和垄断性特征。旅游业的资源依赖特征，将使旅游资源成为发展优势的基本条件。尤其是具有稀缺性和唯一性特征的海滨旅游资源、生态旅游资源、历史文化旅游资源。

海岸线资源在我国属于稀缺资源，是旅游酒店布局的主要区域。我国海南的三亚是我国冬季旅游的主要目的地，由于气候和岸线资源的稀缺性，岸线资源存在过度开发倾向，旅游价格超高。加勒比海的旅游资源与我国三亚旅游资源类似，具有发展四季旅游全年经营优势的良好条件，不存在我国大多数旅游区存在的明显的季节性制约经营效益的问题。注重沙滩岸线资源、生态景区资源、历史文化旅游资源的投资应作为加勒比海旅游投资的重要战略。寻求合法、适当途径，购买加勒比海地区沙滩岸线旅游资源、生态旅游资源、岛屿资源、历史文化遗迹资源，获得旅游业的持久经营优势。

（四）差异化投资

加勒比海各国旅游业发展水平具有较大差异，巴哈马等国家旅游业发展较为成熟，牙买加等国家旅游业处于快速发展时期，古巴等国家旅游资源丰富，开发程度相对较低，潜力巨大。根据不同国家情况，可采取差异化投资策略。对于巴哈马等旅游业发展成熟区域，重点进行旅游业的升级、重点发展商务、会议旅游；对于牙买加等旅游业快速发展地区，重点进行旅游酒店、旅游基础设施投资；对于古巴等旅游发展潜力巨大，但是，制约条件较多的国家，借鉴我国改革开放初期设立开发区的模式，争取以旅游开发区或特区模式参与古巴的旅游资源开发和旅游业发展。

（五）旅游产业与相关产业整合发展

将旅游开发与其他产业发展结合，包括现代农业园区建设与休闲农业发展结合。加勒比海大多数国家的农业在国民经济中占据重要地位，利用我国发展乡村旅游的经验，通过现代农业园区的建设，发展特色农业、休闲农业和乡村旅游。

实施加勒比海地区基础设施投资大战略下的旅游投资战略，将现代农业园区建设、水电建设、风电建设、道路交通建设、航线建设、机场、港口建设与旅游投资结合，形成密切关联或区域集聚的投资模式。包括"热带特色农业产业园区＋休闲农业"（观光农业园）模式、"工业制造业＋旅游装备制造业"（酒店设施制造＋酒店消耗性用品生产）模式、"房地产业＋旅游房产业"（产权式酒店）模式和"港口建设＋邮轮旅游"（邮轮母港）模式。

第六章 重点旅游投资领域与项目

一 旅游建设领域划分

旅游业作为综合性服务业，是一个包含多要素的界限模糊的行业，分散在交通运输业、住宿和餐饮业、商业服务业等行业大类中，自身没有明确的行业界限。

在对外合作方面，旅游投资包含在对外承包工程、劳务合作和设计咨询业务及对外直接投资方面。

从旅游产品特征进行旅游投资划分，旅游投资包括旅游基础设施投资和旅游接待服务设施投资两大类：

一类是旅游基础设施。主要包括交通设施、供水和供电设施、网络与通信设施、环保设施等。

另一类是旅游接待服务设施。划分为旅游饭店（餐饮）、公共休闲娱乐设施、旅行社、旅游景区景点、旅游车队和旅游购物六个领域。

在基础设施方面，旅游交通是旅游发展的基本条件，旅游交通设施是旅游基础设施投资的主要构成，工程承包是主要方式。

在接待服务设施方面，旅游景区和旅游酒店是旅游投资的主要构成。在跨境旅游投资方面，由于旅游资源的稀缺性特点，投资机会较少，公开对外的旅游招商项目大多是度假酒店项目、度假村项目和公共休闲娱乐设施项目，投资方式大多是直接投资、收购、参股方式。

二 重点领域选择原则

加勒比海地区旅游投资包括旅游基础设施、旅游服务设施、旅游产业管理营销平台建设三个方面。选择原则包括：

（1）属于投资的目标国家允许、鼓励、给予优惠政策的旅游投资的行业，如旅游交通设施建设、旅游景区建设、旅游酒店业等是大多数加勒比国家鼓励投资的领域。

（2）我国具有丰富经验的项目，如道路工程等旅游基础设施、水电项目、能源项目、数字化景区、旅游电子商务与信息管理平台等。

（3）具有持续经营能力的项目，市场需求稳定的项目，如旅游酒店业、旅游休闲综合体、旅游地产等。

（4）抗风险性好的项目，如农业观光园等，产业构成为"农业＋旅游"，具有规避旅游业随经济周期而产生波动的优势。

（5）我国具有一定优势的行业，如旅游装备制造业（户外服装）、酒店设施用品制造业（酒店用纺织品等）等。旅游装备制造业是发展迅速的产业，越来越多的国家或地区把旅游装备制造业作为重要的产业发展。加勒比海地区是海滨休闲、高端酒店汇聚地，游艇、户外用品、酒店用纺织品等需求量巨大。我国作为世界纺织品大国，在发展酒店纺织用品方面具有显著优势。

（6）能够较好地回避建设过程中可能出现的风险，如通过"收购"已经成熟的旅游项目，可以规避工程承包和 BOT 合作模式中遇到的劳工问题等。

三　旅游投资重点领域与项目

（一）机场与航线建设

近年来，加勒比海地区航空业迅速扩张，航线不断增加。未来加勒比海地区航空业需求旺盛、极具潜力，应抓住契机，参与机场、航线建设，并推动我国客机打入加勒比市场。加勒比海地区欧洲、北美和加勒比海沿岸国家前来旅游的航空需求持续旺盛，中远途航线发展潜力较大。如加勒比和航空公司计划 2012 年开通特多至南、北美的中远途直航航线，重新恢复特多至英国的直航航班。

加勒比海地区多数是小岛屿国家，小型机场是加勒比海地区重要的旅游交通形式，机场规模小，跑道长度普遍较短、等级较低，设施条件较简陋，改造升级的需求迫切，具有较大的投资建设合作空间。

在参与机场改造的同时，以远程客源市场为目标市场，将机场与航线建设作为加勒比海旅游投资的重要组成部分，重点发展巴哈马、牙买加等国家的航空交通。为加勒比海国家带来新的客源应作为加勒比海地区旅游基础设施和服务设施建设的基本前提，支持我国航空公司开通航线，有针对性地开发加勒比航空市场。加勒比海国家远离我国和东亚市场，交通时间长是制约加勒比海地区旅游市场扩展的主要制约因素。在客源市场不成熟的初期阶段，旅游航线建设以发展包机旅游为主，探索直航包机的可能性，开通我国到古巴、牙买加、特立尼达和多巴哥、巴哈马的直飞包机航线。

在航线开发时序方面，比较加勒比海地区各国的区位条件，牙买加具有建设成为面向东亚国家和我国的门户枢纽机场的优势条件，应作为有限开辟航线优先考虑的国家，鼓励和扶持我国航空公司在牙买加等目标国家设立分支航空机构。同时，古巴具有开通我国到古巴的直飞航线愿望，可优先考虑开通包机航线。在开通包机航线的同时，支持海航等航空公司在巴哈马、牙买加等国家设立航空公司或航空办事处等机构，支持牙买加、特立尼阿达等国家和地区建设加勒比海地区旅游集散机场。

投资的重点领域包括：

（1）航线与包机：开通我国与牙买加、古巴直飞航线。

（2）支线机场升级改造：参与巴哈马支线机场的改造升级。

（3）设立航空公司分支机构：在牙买加或特立尼达和多巴哥设立航空公司分支机构。

投资模式采取"机场扩建＋旅游包机＋航空公司分支机构"的模式，重点区域为牙买加、巴哈马和特立尼达和多巴哥。

（二）港口与邮轮母港建设

我国出境游开始由以往的观光游览逐渐向购物、度假、休闲转型，很多旅行社已经开通从美国出发到加勒比各个国家邮轮旅游产品。针对我国游客需求特点，以增加邮轮码头停靠点为目标，参与邮轮母港建设。将景区、景点开发与新的邮轮母港建设结合，形成新的航线和新的邮轮停靠点。选择自然和人文旅游资源丰富的区域，开发新的旅游吸引物，打造更多样的邮轮度假体验线路。

在港口及相关项目建设方面，立足于形成加勒比海地区的具有持续经营能力的港口建设和经营网络，争取成为加勒比海地区旅游港口运营商行列。通过收购、合作建设、工程承包的方式，参与邮轮母港的新建、扩建、改造，打造多功能的邮轮母港综合体。

采取综合开发模式，通过合作经营，形成港口、机场、度假酒店组合、综合服务设施（纪念品商店、艺术馆等）投资和经营体系。

投资合作的重点区域包括巴哈马、牙买加等国家。在巴哈马，借助我国投资的大型度假村的建设和运营，配套参与机场、旅游公路、景区的建设。

（三）旅游公路交通建设

将旅游景区开发与旅游交通建设结合，通过开发环岛公路、岛屿之间的连接公路、改善加勒比海旅游区之间的道路交通条件，尤其是岛屿之间的交通联系，形成陆路、航空、海运结合的旅游交通网络。

以交通建设为先导，跟进度假设施建设、航线建设，形成完善的旅游设施配套。旅游交通建设的重点潜力区域包括古巴、海地等国家。建设重点包括：

（1）机场与主要旅游区之间的连接公路。

（2）小型岛屿的环岛游览公路与慢行游览线。

（3）城市与景区、海滨旅游区之间的公路。

（4）探索建设连接小型岛屿的跨海公路（或海底隧道）。

采取"工程承包＋经营"的模式，重点区域是牙买加、古巴、海地等旅游业发展潜力巨大，但是，旅游基础设施条件相对落后，发展需求迫切的国家。近期可考虑推动牙买加环岛旅游公路（景观路）的建设。

（四）旅游酒店业

旅游饭店业是国际上开放度较高的行业，具有持续经营特点，是各国旅游对外投资首选的行业。

我国旅游业起步较晚，对国际投资的吸引力巨大。我国旅游业从20世纪70年代末到80年代末，共利用外商直接投资约50亿美元，占同期全国实际利用外资总额的29.1%。到1996年年底，总体规模达到200亿美元，其中，饭店业约150亿美元，旅游度假区20亿美元，旅游景观建设10亿美元，旅游度假别墅、公寓20亿美元。我国的入世谈判，旅游业开放主要是针对饭店和旅行社领域。我国的旅游饭店业是70年代末和80年代末外商投资的首选行业之一。70年代末第一批中外合资饭店出现，成为我国对外开放的先头部队。到1998年年底，外商投资的旅游涉外饭

店数和客房数已分别达 458 座和 8.73 万间，分别占全国总数的 7.9% 和
11.4%，加上我国港澳台商投资，饭店数和客房数分别为 694 座和 13.32
万间，分别占全国总数的 12% 和 17.4%。世界顶级酒店集团旗下品牌酒
店先后进入中国。

从国际和我国旅游业投资经验看，投资加勒比海旅游业，旅游酒店业
和宾馆业是不可或缺的领域之一。目前，我国已有多个境外投资旅游酒店
案例。我国境外旅游酒店投资主要采取收购的方式，包括深圳新世界集团
收购洛杉矶万豪酒店等。

专栏 6 - 1

案例：2010 年 3 月 22 日，深圳新世界集团就收购洛杉矶市中心万
豪酒店（LA DOWNTOWN MARRIOTT HOTEL）与美方利沃德战略资产
公司（GE Capital 旗下公司）签署收购协议。3 月 24 日下午四点，双方
正式举行酒店交接仪式。酒店由深圳新世界集团全资收购，并得到中国
银行洛杉矶分行独家提供的高达 50% 的贷款支持。酒店坐落于洛杉矶市
中心金融区，拥有 469 个房间，属于城市豪华酒店。此次收购为该集团
成功进入美国市场、拓展酒店管理业务提供重要平台。在当前美国金融
危机尚未平息、经济复苏缓慢的形势下，此次收购还可以为洛杉矶提供
400 多个就业机会，得到洛杉矶郡、市政府支持和重视。

在世界金融危机尚未平复的经济形势下，资产价格较低，抓住这一机
遇，对我国企业给予融资帮助，支持我国企业择机收购加勒比海地区的优
质的旅游酒店资产，应是快速进入加勒比海地区旅游酒店业的理想方式。
重点选择旅游业发展趋势好，竞争相对不充分的区域应是旅游酒店投资的
首选区域。

此外，从加勒比海地区旅游酒店的客房平均出租率分析，加勒比海地
区酒店业仍具有扩展空间。例如，2011 年，据巴哈马酒店协会和旅游部
初步统计报告显示，尽管经济形势没有明显好转，但巴哈马新普罗维登斯
岛和天堂岛 14 家主要酒店 2011 年客房入住率达到 63.9%，属于较好的水
平。以合作投资的方式投入旅游酒店也可作为旅游投资的重要方向。综合
分析，投资加勒比旅游酒店（度假村）主要依据如下：

（1）较低的资产价格。由于金融危机，欧美各国面临的经济困难，使得资产价格处于较低状态。

（2）较高的客房出租率。加勒比海地区旅游酒店客房出租率高于我国旅游酒店的平均客房出租率。

（3）优良的市场与运营环境。旅游旺季时间长，与我国及东亚地区旅游资源互补性强。

投资模式主要采用国际酒店业通用的"收购或参股建设"模式，重点地区包括牙买加、特立尼达和多巴哥、古巴三个国家。

（五）旅游景区建设

旅游景区是旅游业的重要组成部分，自然景区具有资源垄断性、不可再生性特点，具有资源独占性。我国旅游景区收入是很多区域旅游收入的主要构成。目前，加勒比海国家旅游主要是休闲度假旅游，景区观光旅游处于次要地位，但是，我国和东亚客偏好景区观光，开辟我国和东亚市场，将为旅游景区开发提供更多的市场资源。

（1）历史文化旅游景区建设。由于加勒比海国家旅游业主要面对欧美游客，旅游景区发展是加勒比海国家旅游项目中的弱项，具有较大的发展空间。古巴等国家自然和文化旅游资源丰富，开发程度低，可考虑采取合作开发方式，共同开发。

（2）滨海景观带建设。重点进行沿海景观大道、带状公园、公共休闲广场、步行道、自行车道、沙滩运动设施、海洋公园和水上运动等公众度假休闲旅游项目的投资，以及直接为旅游者服务的设施和项目。重点区域包括牙买加、海地等国家。采取"景区建设＋旅游房地产开发"模式，通过景观带的建设带动旅游房地产的开发。

（3）生态旅游景区建设。生态旅游资源是加勒比海地区突出的优势资源，包括参与生态科普博物馆、生态景区游客中心、游览道路、生态环境保护设施的建设。重点区域包括特立尼达与多巴哥、多米尼加等自然生态旅游资源丰富的国家。

（4）特色休闲农业园区建设。将旅游景区建设与农业发展结合，通过农业综合开发，将旅游休闲功能融入园区建设中，建设具有典型加勒比海热带特色的农业观光园区，发展热带观光农业、休闲农业旅游。

景区建设的投资模式采取"合作开发＋工程承包"模式，投资的重点区域为：特立尼达和多巴哥、古巴、牙买加。

（六）商贸、会议、娱乐旅游设施

加勒比海地区在商贸、金融方面可提供宽松的环境，金融业和商贸业发达，具有举办各类国际会议、商贸活动、会展的有利条件，但是目前旅游产品以休闲度假旅游为主，商贸旅游比重小，未来商贸旅游发展空间巨大。尤其是巴哈马、维尔京群岛等国家，发展商贸、会议旅游的条件优良。与上述国家合作，建设大型会展、会议设施，发展商贸旅游，建设世界商贸、会议、会展旅游中心。重点投资项目包括：

（1）都市会展中心。会展旅游产品具有附加值高、盈利能力强的特点，是旅游业高端产品。全世界每年会议收入约为 2200 亿美元，并以每年 8%—10% 的速度增长。巴哈马等国家城市基础设施完善、商贸发达，具有发展会展旅游的良好条件，应作为未来旅游开发的优选方向。

（2）都市休闲购物综合体。都市休闲购物综合体作为新型的旅游休闲购物场所，在我国北京、上海等城市已经获得成功发展。巴哈马、多米尼加等旅游业规模较大的国家，每年有数百万游客，旅游购物需求量大。结合都市会展中心的建设和具有加勒比海特色的旅游商品的发展，建设服务于旅游者的多功能休闲购物中心，推动加勒比海地区的商业购物旅游的发展。

（3）山地运动休闲基地。山地运动休闲是一种低碳环保的运动休闲项目，美国作为山地运动（山地自行车）休闲的发源地，拥有大批山地运动休闲的爱好者。加勒比海地区很多国家具有发展山地自行车运动的地形条件和环境条件，多巴哥岛、巴巴多斯、格林纳达等国家还具有发展环岛自行车运动的条件。以生态和健康为主题，在加勒比海地区发展山地和环岛运动休闲旅游项目具有广泛的市场基础和良好的发展条件。

投资模式采取"合作开发＋参股"模式，重点建设地区巴哈马、特立尼达和多巴哥两个国家。

（七）旅游房地产

2010 年以来，我国房地产企业纷纷将投资目标转向境外，积极参与或研究收购境外的游房地产项目。加勒比海地区一直是国际高收入人群和知名人士购买房地产的热点区域，很多体育、演艺界知名人士在加勒比海购置房地产。引导我国房地产企业介入加勒比海旅游房地产的开发建设，进行旅游房地产的综合开发，并给予融资支持。结合旅游房地产建设，可推动建设各项配套基础设施。

表6-1　　　　　　　　　　旅游房地产发展要素

要素	商务型房地产	度假型房地产
交通	便利的交通，通达性好	便利的交通，通达性好
地理位置	城市的商务中心区域	海滨地带
配套	商务、娱乐、休闲、餐饮	娱乐、休闲、餐饮
规划设计	较高的规划设计水平	较高的规划设计水平
景观要求	良好的商贸景观	良好的景观环境
开发商实力	有实力的开发商	有实力的开发商
专业管理集团	高水平的管理	高水平的管理

（1）海滨度假别墅地产。面向我国高收入群体，开发海滨度假别墅，满足我国高收入人群境外购置不动产的需求。

（2）产权式酒店。面向我国和东亚市场，开发产权式度假酒店。

（3）旅游培训中心。加勒比海地区是旅游就业人口集中分布区，旅游就业人数比重大。旅游业作为劳动密集型产业，就业人口职业培训需求大。旅游职业培训是我国和加勒比国家合作的重要方式。

（4）养老型地产。针对世界老龄化时代的到来，发展养老型地产。

巴哈马、牙买加等国具有发展旅游地产的资源和经济环境，可作为重点考虑的区域，投资可采取"直接投资+合作开发"模式。

（八）旅游数字化运营平台建设

我国在旅游电子商务和景区数字化管理方面已经取得了较为丰富的经验，积累了大量的人才。我国很多大型景区已经实现了数字化管理，建成了综合性的数字化指挥调度中心，开通了门票网路预售系统、信息发布系统、视频监控系统，形成了景区保护、管理、服务、营销等全方位的数字化管理体系，大大提高了经营管理效率和质量。

加勒比海地区旅游业发达，但是，在管理的现代化和数字化营销方面仍然具有较大的需求，旅游的数字化管理、数字化服务、数字化景区、数字化旅游的信息化应用技术合作空间大。

通过技术合作的方式，将我国的景区数字化管理平台引入旅游业较为发达的巴哈马、多米尼加等国，并通过系统代管、人员培训等方式，提高旅游管理效率，提升旅游业的现代化程度。重点包括景区和度假区的数字化管理系统、旅游产品营销平台、旅游产品预订的电子商务系统、监控与预警系统和旅游统计分析系统。

采取"设计+运营管理"的模式，重点考虑的区域包括旅游业最为发达的巴哈马及旅游业发展迅速的牙买加两个国家。

第七章　旅游投资空间布局与重点国别选择

一　投资重点区域选择原则

根据差异化发展原则，按照不同区域的旅游业发展水平，确定不同的投资重点。

（1）旅游基础设施合作的重点区域包括：港口、机场、旅游公路、通信设施建设等。主要布局在基础设施相对薄弱，旅游业发展迅速，占其国民经济比重较大的国家与地区。

（2）旅游接待服务设施合作的重点区域包括旅游宾馆、景区、娱乐设施、邮轮、航线等。对旅游业发展较快，有一定发展基础的国家，旅游服务设施仍处于发展阶段，没有达到饱和程度，旅游接待服务设施仍具较大发展空间的国家与地区，重点应该加强旅游服务设施投资建设。

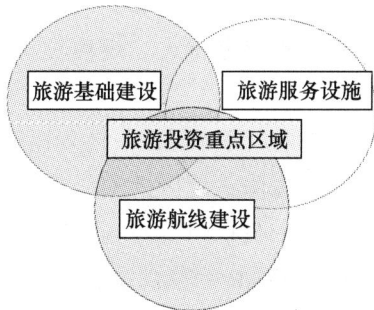

图7-1　重点投资区域

（3）旅游技术支持的重点区域包括：旅游电子商务平台、旅游数字化管理平台，旅游区环保设施、清洁能源应用、地热资源的开发和利用（温泉）、人员培训与技术支持等。重点布局在经济规模相对大，旅游体量大，基础设施相对完善的国家与地区，规划核心将面向产业提升与升级改造的区域。

二　空间布局原则

（一）投资集聚与均衡布局原则

加勒比海旅游基础设施投资布局要考虑我国在加勒比海地区的国家战略和企业的目标诉求。旅游基础设施投资布局采用大布局均衡与重点区域集聚原则，基本原则包括：

（1）交通区位条件优良原则：优先考虑居于交通枢纽位置的国家。

（2）南北均衡布局原则：重点投资区域布局要能够衔接南美大陆和北美大陆。

（3）集中布点原则：旅游基础设施投资和服务设施投资集中布点，形成规模。

（二）综合性投资环境最优原则

加勒比海各国在资源类型和品质方面具有很大的共性，海洋、生态、文化是主要旅游资源。在各国旅游发展背景条件具有很多共性情况下，旅游投资决策主要考虑的因素是目标国家的综合投资环境，包括：

（1）国家的国土面积：重点考虑国土面积大于 1000 平方公里的国家。

（2）国家的人口规模：重点考虑人口规模较大，劳动力资源较为充足的国家。

（3）国家的经济规模：重点考虑经济总体规模较大的国家。

（4）国家的政治和安全保障：地区的安全状况、地区境外投资导向政策、履行有关国际协定义务情况、保障企业合法权益情况。

（5）与中国的关系：优先考虑与我国经贸合作密切的国家。

（三）旅游发展趋势与潜力最优原则

旅游投资在选定目标区域时还要考虑旅游投资容量，旅游资源条件、旅游业发展的现状基础、旅游市场条件、旅游发展潜力等因素。由于加勒比海地区自然环境具有一定的雷同性，旅游发展的现状和潜力成为决定因素。重点考虑如下因素：

（1）旅游业发展的绝对规模：重点考虑旅游业规模较大，市场相对成熟的区域。

（2）旅游业发展的相对规模：国民经济中的比重较大，属于优先发展的产业。

三　重点国别选择

（一）区位条件最优国家

比较加勒比海地区各国的地理区位条件，牙买加、特立尼达和多巴哥在加勒比海地区占据独特的地理区位条件，具有链接周边区域的交通枢纽功能，区位优势大。

牙买加：处于加勒比海地区的中心区域，是加勒比海地区的交通枢纽，有金斯顿国际港口。

特立尼达和多巴哥：处于南美大陆的咽喉区域，是加勒比海和南美大陆的交汇区域，是南加勒比海地区除了圭亚那和苏里南以外国土面积最大、旅游发展条件较好的国家。

（二）综合投资环境最优国家

加勒比海地区国家数量多，规模小，国土陆域面积小于 1000 平方公里的国家有 8 个，国土面积大于 10 万平方公里的国家只有圭亚那、苏里南和古巴。人口不足 10 万的国家有 4 个，人口超出 100 万的国家只有多米尼加、海地、牙买加、特立尼达和多巴哥 4 个国家，超出 1000 万人口的只有古巴一个国家。综合分析 17 个国家和地区的国土面积、人口、海岸线长度等指标。

古巴：国土面积大、海岸线长、人口众多，是加勒比海地区海岸线长度最长，人口最多的国家。历史文化内涵丰富，旅游资源质量高，开发潜力大。

多米尼加：国土面积仅次于古巴，人口接近千万人，旅游接待量是加勒比海地区最高的国家。

巴哈马：陆域国土面积只有 13880 平方公里，但是，岛屿众多，海岸线长度仅次于古巴，在加勒比海地区位居第二，滨海度假旅游资源丰富。

牙买加：国土面积 1.1 万平方公里，人口 287 万，是加勒比海地区人口密度较大的国家。旅游发展的空间容量和人口容量较大。旅游资源丰富，旅游发展潜力巨大。

特立尼达和多巴哥：地区国土面积 5128 平方公里，人口 123 万，具有一定的投资空间和经济容纳量。旅游发展条件较优，与我国经贸关系密切，区位条件理想。

海地：海地是加勒比海地区国土面积大，人口密度高，旅游资源丰富的国家。但是，海地经济落后，基础设施条件差，政局动荡大，治安混乱，综合投资环境较差，投资风险较大。但是海地旅游业发展的资源环境条件较好，发展潜力高，一旦综合投资环境有所改善，便可作为未来的重点考虑区域。

表 7-1 加勒比海地区国家规模排序

国家或地区	级别	面积（平方公里）	机场（个）	人口（人）	海岸线（公里）
圭亚那	国家	214969	96	744768	459
苏里南	国家	163820	51	491989	386
古巴	国家	110860	136	11087330	3735
多米尼加共和国	国家	48670	35	9956648	1288
海地	国家	27750	14	9719932	1771
伯利兹	国家	22966	45	321115	386
巴哈马	国家	13880	0	313312	3542
牙买加	国家	10991	27	2868380	1022
特立尼达和多巴哥	国家	5128	6	1227505	362
多米尼克	国家	751	2	72969	148
圣卢西亚	国家	616	2	161557	158
安提瓜和巴布达	国家	443	3	87884	153
巴巴多斯	国家	430	1	286705	97
圣文森特和格林纳丁斯	国家	389	6	103869	84

续表

国家或地区	级别	面积（平方公里）	机场（个）	人口（人）	海岸线（公里）
格林纳达	国家	344	3	108419	121
开曼群岛	未独立	264	3	51384	160
圣基茨和尼维斯	国家	261	2	50314	135

资料来源：美国中情局，2011 年。

表 7 - 2　　　　　　　　　加勒比海国家综合投资环境评价

国家	国家规模		经济规模		开放程度	政治稳定程度	与中国的关系	
	国土面积	人口规模	绝对规模	相对地位	免签证否		是否建交	密切关系
多米尼加	*****	****	*****		对台免签	****	否	*
古巴	*****	****	*****	****	因私护照落地签、因公护照免签	**	是	***
牙买加	****	****	****	****	互免公务旅行签证，与中国香港互免签证	****	是	**
巴哈马	****	*****	*****	*****	互免持外交护照人员签证	****	是	****
特里尼达与多巴哥	***	*****	****	****	否	****	是	****
巴巴多斯	**	**	**	***	否	****	是	***
安提瓜和巴布达	*	**	**	**	否	****	是	*
伯利兹	****	***	***	***	否	***	否	*
圣卢西亚	*	**	**	**	否	***	否	*
海地	*****	****	**	**	否		否	*
格林纳达	*	**	**	**	互免持外交、公务签证	***	是	**
圭亚那	*****	****	**	**	互免公务旅行签证	***	是	***
苏里南	*****	****	**	**	与香港地区互免签证	***	是	***

续表

国家	国家规模		经济规模		开放程度	政治	与中国的关系	
	国土面积	人口规模	绝对规模	相对地位	免签证否	稳定程度	是否建交	密切关系
圣文森特和格林纳丁斯	*	**	**	**	否	***	是	**
圣基茨和尼维斯	**	*	**		否	***	否	*
开曼群岛	*	**	**	**	否	****	—	**
多米尼克	*	**	**	**	否	***	是	*

四 旅游业发展现状和潜力最优国家

按照世界旅游旅行理事会的研究和预测，加勒比海国家中，未来旅游增长潜力最大的前5个国家为格林纳达、海地、古巴、特立尼达和多巴哥、圣基茨和尼维斯。其中格林纳达旅游增长潜力在世界181个国家中排名第42位，增长潜力最小的圭亚那在世界181个国家中排名第171位。但是增长潜力较大的5个国家中，除古巴外，格林纳达、海地、圣基茨和尼维斯旅游业的相对规模较小。

在加勒比海各国中，多米尼加、古巴、牙买加和巴哈马在世界旅游业中所占的份额较大，排在世界前100名，是加勒比海地区5个旅游发展规模最大的国家。其中，旅游业规模最大的是多米尼加，在世界上排名第58位。

加勒比海各国中，旅游业在国民经济中所占地位最高的是安提瓜和巴布达，其次是巴哈马、巴巴多斯、圣卢西亚、伯利兹。其中安提瓜和巴布达旅游业在国民经济的比重在世界各国中排名第二，巴哈马排名第九。安提瓜和巴布达、巴巴多斯是加勒比海地区著名的旅游胜地，离岸金融服务业和第三产业发达，是世界上经济增长又维持低通胀的国家之一，也是南美洲经济最发达的国家之一。巴巴多斯1977年与我国建交，两国关系良好。由于旅游经济发展较为成熟，投资机会相对较少，未来发展空间有限。

格林纳达、圣基茨和尼维斯虽然被认为是加勒比海旅游发展潜力较大的国家，但是格林纳达、圣基茨和尼维斯国土面积仅分别为344平方公里和261平方公里，人口分别只有10.8万人和5万人，旅游开发容量相对较小。

海地旅游发展条件较好，但是存在国家政治制度和国家安定等问题，旅游投资进入的障碍和阻力相对较大。

综合旅游业发展现状和发展潜力，多米尼加、古巴、牙买加和巴哈马未来旅游业发展的前景较好、潜力较高。

表7-3 旅游业在经济中的增长潜力世界排名（以国家总数为181个计）

国家	绝对地位排名	相对重要性排名	增长潜力排名
格林纳达	166	26	42
海地	151	134	61
古巴	64	75	62
特里尼达与多巴哥	102	109	72
圣基茨和尼维斯	171	19	79
圣卢西亚	149	11	85
伯利兹	145	13	103
安提瓜和巴布达	132	2	122
牙买加	82	27	124
苏里南	169	126	126
多米尼加	58	35	129
巴巴多斯	109	10	133
巴哈马	83	9	151
圣文森特和格林纳丁斯	170	23	155
圭亚那	167	63	171

资料来源：世界旅游旅行理事会，2011年。

表7-4 旅游业在经济中的绝对地位世界排名（以国家总数为181个计）

国家	绝对地位排名	相对重要性排名	增长潜力排名
多米尼加	58	35	129
古巴	64	75	62
牙买加	82	27	124
巴哈马	83	9	151
特里尼达与多巴哥	102	109	72

续表

国家	绝对地位排名	相对重要性排名	增长潜力排名
巴巴多斯	109	10	133
安提瓜和巴布达	132	2	122
伯利兹	145	13	103
圣卢西亚	149	11	85
海地	151	134	61
格林纳达	166	26	42
圭亚那	167	63	171
苏里南	169	126	126
圣文森特和格林纳丁斯	170	23	155
圣基茨和尼维斯	171	19	79

资料来源：世界旅游旅行理事会，2011 年。

表 7-5　　　旅游业在经济中的绝对地位世界排名（以国家总数为 181 个计）

国家	旅游业绝对地位排名	旅游业相对重要性排名	增长潜力排名
安提瓜和巴布达	132	2	122
巴哈马	83	9	151
巴巴多斯	109	10	133
圣卢西亚	149	11	85
伯利兹	145	13	103
圣基茨和尼维斯	171	19	79
圣文森特和格林纳丁斯	170	23	155
格林纳达	166	26	42
牙买加	82	27	124
多米尼加	58	35	129
圭亚那	167	63	171
古巴	64	75	62
特里尼达与多巴哥	102	109	72
苏里南	169	126	126
海地	151	134	61

资料来源：世界旅游旅行理事会，2011 年。

综合上述地理区位条件、投资环境和旅游业发展潜力与发展容量条件，巴哈马、古巴、牙买加、特立尼达和多巴哥、多米尼加 5 个国家旅游投资环境较好，旅游发展的空间容量较大，对旅游投资的资金容量也较大，应作为优选区域。其中，巴哈马、牙买加、特立尼达和多巴哥是投资条件最为成熟的国家，应作为近期重点考虑的国家。

从重点目标国家分布看，巴哈马、古巴主要分布在北部区域，牙买加和多米尼加分布在中部区域，特立尼达和多巴哥分布在南部区域。我国到牙买加航线开通后，牙买加可成为连接古巴、巴哈马、多米尼加、特立尼达和多巴哥的枢纽机场和客源集散中心。其中，牙买加可作为旅游基础设施建设的首选区域。特多能源资源丰富，旅游投资可与能源矿产投资协同，形成联动。

表 7-6　　　　　　　　　重点国家遴选与综合条件评估

国家	区位重要性	综合旅游投资环境	旅游业发展潜力
巴哈马	★★★	★★★★★	★★★★
牙买加	★★★★★	★★★★★	★★★★★
特立尼达和多巴哥	★★★★★	★★★★★	★★★★
古巴	★★★	★★★	★★★★★
多米尼加	★★★★	★★★	★★★★

说明：★★★★★表示极优；★★★★表示优秀；★★★表示优良。

第八章　重点国别的重点发展方向

一　牙买加——宾馆酒店 + 旅游基础设施组合建设模式

（一）基本国情

牙买加位于加勒比海西北部，面积约 1.1 万平方公里，是加勒比第三大岛，属热带雨林气候，年平均气温 27℃。牙买加东隔牙买加海峡与海地相望，北距古巴约 140 公里，是连接北美、加勒比、拉美的客运和货运中枢，是加勒比海的海上交通枢纽及加勒比海旅游胜地。人口 270 万，黑人和黑白混血种人占 90% 以上。

牙买加实行市场开放政策，鼓励外来投资，提供自由的货币交易，基础设施完备。政策透明度较高是牙买加投资环境的重要优势，使得牙买加成为加勒比海地区最具旅游投资吸引力的地区之一。

旅游业、矿业、农业和新兴的信息技术服务业是牙国民经济支柱。以旅游业为核心的服务业收入占牙买加 GDP 的 60% 以上。牙买加的矿产资源主要有铝矾土，储量约 25 亿吨，为世界第四大铝矾土生产国，铝矾土的开采冶炼是主要工业部门。

牙买加旅游业发达，是重要的经济部门及主要外汇来源。近年来，牙买加旅游业发展迅速，直接从业人数 4 万人，间接从业人数为 17 万人，行业总人数占就业人口的 23.5%。2011 年牙买加游客数量在加勒比国家中居于首位，游客数量达 307 万人，同比增长 8.4%，超过 6 年前 301 万人的最高纪录。其中，邮轮游客增长 25%，达 112 万人，过夜游客增长 1.6%，达 195 万人。

（二）重点投资方向

旅游基础设施：机场与航线、邮轮母港。金斯敦海港是世界第七大海港，牙买加政府计划将港口建设为全球船运和物流中心。牙买加作为加勒比的中心地带，具有发展成为加勒比旅游的航空交通集散中心的区位条件。

旅游酒店（度假村）：旅游业是政府鼓励外资投资的领域，鼓励外资进入饭店、度假村和旅游综合体领域投资。许多饭店和度假村都有外国公司投资，外国游客大部分来自美国和加拿大。政府制定了旅馆鼓励法，只要具有 10 间以上客房，而且具备用餐设备和接待暂住旅客和游客的设施，以及会议型旅馆（最少 350 间客房）的可减免 15 年所得税和赋税，普通旅馆减免期限为 10 年。我国在牙买加旅游领域的投资主要集中在酒店建造方面。按照牙买加新任政府的计划，牙买加计划未来四年有大约 600 亿牙元投资于旅游业，建造 15825 套旅游饭店房间，投资的重点区域在西北海岸地区，如位于蒙特哥贝以东 30 公里，北部沿海中心 Trelawny 的和谐湾（Harmony Cove）度假村。还计划投资 7.18 亿元，建设五个旅游景点。

生态旅游与环境建设：牙买加重视生态旅游的发展，致力于打造世界级的生态旅游目的地，政府已经制定了相应的规划，开发南部地区，重点发展生态旅游和乡村旅游，并确保生物多样性的保护，实现生态环境和旅游业的和谐发展。牙买加西部地区多为山区，植被茂盛，生物多样性十分丰富，是牙买加植被种类保存最完整和大量珍稀动物的栖息地，具有发展生态旅游的资源环境条件。

滨海景观带（滨海公园）：牙买加海岸线 1220 公里，沿海拥有优美的景观，但是仍未形成畅通的环岛交通。通过建设滨海景观带、滨海公园和环岛景观公路，将对牙买加旅游的整体开发起到巨大的促进作用。

旅游房地产：牙买加优良的气候条件，具有发展分时度假的良好条件，引导我国房地产开发企业进入牙买加，发展旅游地产。鼓励我国居民购买分时度假旅游产品和旅游房地产。

海洋娱乐设施：发展海洋娱乐旅游，包括游艇、冲浪等。

二　巴哈马——重点发展商务与会议旅游设施，推动会展旅游发展

（一）基本国情

巴哈马陆地面积 13939 平方公里；国土总面积（含水域）25.9 万平方公里，由 700 多个岛屿及 2000 多个珊瑚礁组成。巴哈马是加勒比地区

最富裕的国家之一，人均国内生产总值为加勒比之冠，在西半球国家中仅次于美国和加拿大。

旅游业、服务业和金融业是国民经济最重要的部门。金融服务业是巴哈马国民经济的第二大支柱产业，其产值约占国内生产总值的20%，是全球重要的离岸金融中心。巴哈马是国际海运中心之一，有拿骚和自由港两个主要港口。1976年起开始对外开放船舶注册，为世界第三大船舶注册国。2003年年底，在巴注册的外国船舶总吨位达3400万吨。巴哈马有两个国际机场（拿骚和自由港），可降大型客机；另有55处国内机场，各主要岛屿间有航班运营。

巴哈马旅游业起步较早，是巴哈马国民经济的支柱产业。游客主要来自美国、加拿大和欧洲。巴哈马每年平均接待游客500万人次，直接和间接从业人员约50000人，占全部劳动力的35%。巴哈马是加勒比海邮轮游船游客的主要目的地国家。近10年来（2001—2011年），巴哈马旅游业发展呈现平稳小幅波动状态，总体看，旅游业经历了2009年的低谷，2010年和2011年两年呈现较为显著的增长趋势，但是仅仅基本持平于旅游业收入最好的2005年。2011年邮轮游船游客量为332万人次，位居加勒比海各国首位。2011年，巴哈马接待到访游客在2010年大幅增长13.1%的基础上又增长6.3%。2011年巴哈马旅游业直接收入16.48亿巴哈马元，直接收入占GDP的21.7%。其中，大型邮轮和小型游艇游客增长9.1%，高端航空过夜游客萎缩2.1%。新普罗维登斯岛是巴哈马主要旅游区，上岛游客占全部访巴游客的53.8%，到访大巴哈马岛的游客占全部到访游客的14.6%。初步抽样调查数据显示，2011年，拿骚和天堂岛14家主要酒店客房入住率提高1.3个百分点至63.9%，平均房价提高1.9个百分点至每晚236.26美元，客房经营收入同比增长3.1个百分点，但仍低于2008年客房经营收入的8.9%。2011年巴哈马旅游业提供直接就业岗位为4.8万个，占全部就业岗位的21.9%。按照2.1%的增长预测，到2021年，旅游直接就业岗位为6000个，占全部就业岗位的30.3%。2011年旅游业综合就业岗位9.1万个，占全部就业岗位的55.1%。按照2.2%的增长率预测，到2021年，巴哈马旅游业综合就业达到11.3万个，占全部就业岗位的57.2%。据估计，2011年巴哈马旅游投资额为3.88亿巴哈马元，占全部投资的16.5%。按照3.2%的年均增长率，到2021年，旅游投资额达到5.29亿巴哈马元，占全部投资的

17.4%。据世界旅游旅行理事会预测，到2021年，旅游业综合收入达到48.3亿巴哈马元，旅游业综合收入占GDP的比重达到49.1%。1997年5月23日，我国与巴哈马国正式建立外交关系，目前巴哈马已经成为中国公民出境游目的地国。

按照预测，未来10年，旅游经济占巴哈马经济比重基本持平，综合旅游收入占经济的比重维持在49%左右。近10年来，巴哈马接待的入境游客数量呈现平稳小幅波动状态，由于其他出口产业的发展，旅游业外汇收入占出口比重将呈现下降趋势。近10年来，巴哈马旅游投资总体呈现增长趋势，体现在旅游设施的不断完善。

巴哈马稳定的政局，议会制民主体系，为投资者提供了较为安全的投资氛围，保证了巴哈马投资政策的稳定性和连续性。完备的司法体系和独立的司法制度，为投资者的权益保护提供了保障。巴哈马理想的地理位置，为进入南北美洲市场提供了地缘优势。按照标准普尔对加勒比海地区的9个国家或地区进行投资等级评定，巴哈马信用等级为BBB+，未来前景稳定，被国际信用评级机构标准普尔评定为加勒比海地区最值得投资的国家第三位。巴哈马鼓励外资投资旅游业、酒店业、船舶业、各类加工业、养殖业、银行和保险业等16个重点领域。为鼓励外资进入，出台了酒店鼓励法案等一批法律法规，通过关税减让和免除不动产税等优惠条件，吸引外来投资。有良好的社会环境和财税体制，政府不征收企业、个人所得税，不征收增值税，没有资本利益税和遗产税等各税种，增加了旅游基础设施投资的利益。

（二）重点投资项目

基础设施项目：近年来，中巴两国之间的经贸合作主要是基础设施建设。在基础设施领域，巴哈马在道路、机场、码头、小型桥梁等方面有较大的建设、改造的需求。与旅游业发展需求相关的基础设施建设的重点是机场扩建、旅游公路建设、信息化建设等方面的项目。巴哈马岛屿众多，岛与岛之间的交通主要是商业航班、包机、邮船和渡船，旅游交通服务的完善对巴哈马旅游业发展十分重要。

巴哈马有拿骚和自由港两个国际机场，可降大型客机，有通往美国、加拿大、欧洲、古巴等国的定期航班。有55处国内机场，承担各主要岛屿间的航班客运。

会展、商贸旅游项目：旅游业是巴哈马国民经济的支柱产业。每年平

均接待游客 500 万人次，旅游业收入达 20 多亿美元，占国内生产总值的
50% 以上。游客主要来自美国、加拿大和欧洲。巴哈马商贸繁荣，是国际
离岸金融中心，2011 年 10 月"银行家"排名报告显示，巴哈马在全球离
岸金融中心排名上升两位至第五位。巴哈马旅游以休闲旅游为主，商务旅
游为辅，在全部旅游消费中，休闲旅游占 96.9%，商务旅游占 3.1%。巴
哈马繁荣的商贸环境和发达的旅游业为发展商贸、会展旅游提供了条件，
具有巨大的发展空间。

旅游酒店项目：旅游业是巴哈马政府鼓励外国人投资的领域，政府为
鼓励巴哈马旅游酒店设施建设，制定《酒店鼓励法案》。法案规定，新建
酒店和旅游游览区，免除建设所需材料和设备关税；免除配套临时建材厂
建设所需设备和材料的关税（新建酒店规模和房间数量有具体要求）；已
有酒店改造和重新装修，所需材料设备和家具等，按减 10% 税率征收关
税；新酒店和旅游游览区，自使用之日起，前 10 年免不动产税，后 10 年
减不动产税，按每年每床征收 20 美元不动产税。目前该法案的修正案已
提交议会讨论，争取税收减免达到 30 年；免除巴哈马成员岛（family
islands，除新岛、大巴哈马岛以外）的政府印花税。为保护分时度假消费
者的利益，开发、规范和管理分时度假项目，巴哈马制定《巴哈马度假
计划分时法案》（目前该法案重新审议，以变化为准）。法案规定，投资
分时酒店，免除所需建筑材料和设备的关税，按照酒店在首都和成员岛划
分，首都分时酒店规模不得低于 50 个单元（成员岛不得低于 25 个单
元）。投资经营形式多样，可以独资，也可以合资。巴哈马酒店业发达，
坐落在巴哈马天堂岛的亚特兰蒂斯酒店（又称大西洋城酒店）举世闻名，
共有客房 2500 间。从巴哈马客房出租率看，2011 年，14 个酒店的平均入
住率为 77.6%，仍具有投资空间。

独立岛屿开发：巴哈马拥有大量海岛，并对具有实力的外国投资者开
放。购买岛屿，并进行旅游开发是巴哈马旅游投资的可行途径。

专栏 8 - 1

《论坛报》2012 年 2 月 24 日报道，巴哈马财政国务部长莱恩日前在
第 14 届大巴哈马岛经济前景论坛上表示，为支撑大巴哈马岛陷入困境

的旅游业，巴政府决定在 2011—2012 财年向该岛旅游业提供 1730 万美元的财政补贴。2010—2011 财年，巴政府曾补贴 1050 万美元，以防止该岛旅游业的崩溃。根据巴哈马统计局 2011 年 11 月调查统计，大巴哈马岛失业率高达 21.2%，经济多年来处于持续低迷状态。

《巴哈马日报》、《论坛报》2012 年 3 月 2 日报道：

巴哈马酒店协会最新发布的"年度行业运行和前景"调查统计显示，尽管巴哈马酒店业仍面临经营成本高和同行业竞争等严峻挑战，但大多数酒店 2011 年经营状况明显改善，并预期 2012 年将在市场销售、客房入住率、房价、就业以及资本投资等方面进一步好转。调查数据显示，2007—2010 年，巴哈马酒店业经营收入下降 17.5%，但 2011 年有 55% 的酒店经营收入增长，72% 的酒店预期 2012 年会更好。2011 年有 41% 的酒店亏损。酒店将努力通过促销措施，提高客房入住率。

旅游房地产开发：据房地产网站"全球不动产指导"提供的全球房地产数据，巴哈马是全球房地产长期投资最理想的目的地之一，位列前 20 个最值得购买房地产的国家之一，是加勒比地区除开曼群岛以外唯一获得四星评价的国家。众多国际明星都在巴哈马购房置业，长期投资。巴哈马的房地产适合长期投资的优势表现在：稳定的政治和经济环境、有利的土地租用市场、极低的财产税和合适的出租收入等。房租收入年均增长 7.49%，高于开曼群岛的 5.77%。长期投资评价包括以下指标：总出租收入、收入税、资本所得税、可购性、长期 GDP 增长率以及对投资者长期投资回报等。

三 古巴——旅游基础设施，探索旅游特区发展模式

（一）基本国情

古巴面积 110860 平方公里，有 1600 多个岛屿。主岛古巴岛 104555.61 平方公里，岛礁 3126.43 平方公里，是西印度群岛中最大的岛国。古巴南距牙买加 140 公里，北离美国佛罗里达半岛顶端 217 公里，海岸线长约 6000 公里，人口 1109 万，人口密度较小。

古巴是加勒比海地区旅游资源最为丰富的国家，发展旅游业具有得天独厚的资源条件。古巴海岸线长达 7000 多公里、大小岛屿 1600 多个、海港 300 多处，有世界第二大珊瑚区、清澈的海水、雪白的沙滩、天然的海滩风光和宁静的娱乐场所成为世界一流的疗养胜地。古巴共有十大景区，分布在哈瓦那、巴拉德罗、圣地亚哥、青年岛、圣鲁西亚、瓜尔达拉班、椰树岛、特立尼达、MAREA DE ORTILLO、南长岛。旅游海滩有 289 个。古巴的民族遗迹、英雄业绩和古典建筑使古巴拥有人类文化遗产的保护点。古巴的大小城市中，五百年以来建造的西欧古典式、巴罗克式、西班牙、法国、意大利、美国、中国和当地土著人的城堡、教堂、饭店、住宅仍保持着原来的风貌，1982 年，哈瓦那老城被联合国教科文组织列为人类文化遗产保护行列。

古巴有 320 多家旅馆，中高档宾馆为主，三星级至五星级的宾馆占 93%，低档宾馆仅占 7%。2001 年年底，旅游宾馆的客房总数达到 37000套。古巴的旅游人数达到 200 万人次以上，占加勒比海地区国家接待国际游客量的 20% 以上，收入突破 20 亿美元。加拿大是主要客源国。

旅游业是古巴鼓励外资投资的行业。古巴有 170 家外国旅行社和古巴旅行社，1990 年有 10 多家外国连锁合资合作旅馆开业。到 1997 年年底，已有 44 家外国旅游集团参与合作管理旅游宾馆。古巴有 7 个国际机场、3条国内航线和 23 条国际航线专门为国际旅客服务，有十多家航空公司在哈瓦那设立了办事处。古巴是我国公民自费出境旅游目的地国家，是美洲第一个向中国公民自费旅游开放的国家。

古巴旅游业无论在绝对规模上，还是相对地位上，在古巴国民经济中的比重很大，旅游业收入已超过传统的糖工业，成为国民经济龙头产业和支柱产业。古巴政府将旅游业列入国家重点发展项目，并专门设立了旅游部并投入大量资金，同时允许引进外资。古巴是我国公民出境旅游的目的地国家。

古巴旅游投资环境具有特殊性。古巴长期以来实施高度集中的计划经济体制，国内市场空间狭小，市场经济发育仍处于萌芽阶段。由于实行货币和价格双轨制，居民实际购买能力有限。由于经济比较困难，受到美国长期的经济封锁和经济发展困难，外汇短缺，对外经贸业务支付能力较差，经营和支付风险较大。同时在古巴投资审批程序复杂，效率较低，审批时间较长。近几十年来，古巴受到美国的全面经济封锁，客观上形成了古巴与其他国家发展经贸往来的巨大障碍，来自美国制裁的风险是古巴旅游投资的主要风险。虽然古巴政府制定了部分鼓励投资的政策，但优惠政策幅度不大。

（二）重点投资领域

机场：古巴基础设施和交通工具陈旧老化，具有较大的投资空间。其中航空是古巴远程旅游交通的唯一方式，是支撑旅游业发展的最重要的基础设施之一。机场建设对古巴旅游业发展至关重要。

旅游公路：包括高速公路、铁路等建设。重点进行机场、哈瓦那等重要的游客集散中心与海滨度假区之间的旅游公路改造。岛屿之间的连接交通等，连接主要旅游岛之间的跨海桥梁等。

旅游特区项目：由于社会制度原因，古巴旅游社区与其他区域形成典型的二元结构。采取特区式的产业链投资方式是投资古巴旅游业的较为可行的方式。探索岛屿型旅游特区开发模式。

景区开发：包括自然公园、野生动物园等、海洋公园等开发项目。

休闲农业园区：利用丰富的农业资源和农业合作项目，开发休闲农业园。

四　特立尼达和多巴哥——综合旅游产品开发

（一）基本国情

特立尼达和多巴哥共和国位于中美洲加勒比海南部、紧邻委内瑞拉外海。国土面积5131平方公里，全国由两个主要大岛——特立尼达岛与多巴哥岛，以及另外21个小岛屿组成。人口131万。全国大部分的人口集中在特立尼达岛，岛上有世界著名的天然沥青湖，石油蕴藏量估计为3.5亿吨，森林面积约占领土面积的一半。

特多经济发达，人均GDP居拉美国家前位。是加勒比海地区英语国家中工业门类最齐全、工业化程度最高的国家，是全球重要的天然气、甲醇和石油能源出口国，经济基础稳固，民主法律制度健全。汇率长期基本稳定，基础设施完善，市场和金融等服务业发育良好。积极鼓励贸易自由化，资本市场开放，实现了本外币的自由汇兑以及资本和盈利的自由汇出。特多政府积极鼓励外国投资，在全国各地设立了10多个出口加工区或工业园区。海湾生态工业和商业区。海湾生态工业及商业园到中国招商，并提供一系列的投资激励政策，如减免关税、进口税，免除所得税和增值税等等。

特多旅游资源条件优良，有"加勒比最具活力的商务旅游目的地"称号，旅游增长潜力较高。近年来政府鼓励发展旅游业，旅游业在国民经济中所占地位较高，国家体量较大，具有较好的投资容量。首都西班牙港市是全国最大的海港城市，位于北纬11度，南北美洲的分界处，有"美洲中枢"之称。加勒比国家联盟总部设在西班牙港。西班牙港市风景优美，有丰富的历史建筑、广场、公园及热带植物园，是有名的旅游胜地。

特多是中国在加勒比海地区重要的经贸合作伙伴之一，双方经贸合作日益扩大。2010年4月9日特多在北京举办旅游、商贸投资推介会，表达了促进两国旅游、文化、自然和商务投资方面的合作意愿，希望吸引更多中国人到特立尼达和多巴哥旅游和投资。2011年9月，特立尼达和多巴哥总理比塞萨尔会见了出席第三届中国—加勒比经贸合作论坛的国务院副总理王岐山。双方继续推进基础建设、旅游、能源、矿产、农业等重点领域合作并签署了合作协议。2012年3月，中共中央政治局委员、全国人大常委会副委员长王兆国正式访问特多，双方合作意愿强烈。特多充分重视发展中国客源市场。我国宇通客车已作为特多的旅游观光车，进入特多旅游市场。

（二）重点投资领域

酒店和会展设施开发：酒店业是特立尼达和多巴哥市场投资的热点，推行加盟酒店政策吸引投资，欢迎民间资本投资特立尼达和多巴哥酒店，但是投资特立尼达和多巴哥酒店业的门槛较高，需要较强的资金实力。

可重点考虑：观光海运和造船业、旅游公路和旅游汽车、旅游食品和饮料、电影娱乐业、海陆空交通运输，以及独立岛屿开发模式。

五 多米尼加——寻求综合开发模式

（一）基本国情

是除去墨西哥加勒比海各国中旅游业规模最大的国家。多米尼加国土面积4.8万平方公里，人口近千万。自然环境多样化程度高，境内地势较高，多山，科迪勒拉山脉分中央、北部和东部三条横贯全国。中部的杜阿尔特峰海拔 3175 米，为西印度群岛的最高峰。中北部有锡瓦奥谷地，西部有大片干旱沙漠。西南部的恩里基略湖为第一大湖，是拉美陆地最低点，湖面在海平面以下 40 多米。北部、东部属热带雨林气候，西南部属热带草原气候。

为发展旅游业，多米尼加实施全面开放政策，程度很高，旅游业对台实行免签证政策。2011 年接待国际游客量为 386.2 万人次，接待量位居加勒比海各国前位。美资本在多米尼加投资旅游业规模较大。

（二）重点发展领域与项目

多米尼加旅游业发展水平和潜力都较高，但是，由于政治，以及与美国的关系，属于较为敏感的区域。根据多米尼加的资源环境特征，重点考虑如下投资领域：

生态旅游：多米尼加生态资源丰富，开发程度较低，生态旅游是多米尼加旅游的突出优势和重点发展的方向。参与生态旅游区道路等基础设施建设潜在需求较大，可作为重点关注领域。

健康旅游：多米尼加发展健康旅游条件较优，我国市场需求也十分巨大，可考虑将我国传统健康理念引入，打造健康主题旅游项目。

太阳能：充分利用多米尼加丰富的太阳能资源和我国太阳能生产技术和生产能力，发展太阳能等清洁能源。

表 8 - 1　　　　　　　　旅游投资目标国选择及合作模式

国家	投资方向	合作方式
多米尼加	酒店业、旅游基础设施、旅游数字化管理系统	合作开发
古巴	酒店业、旅游基础设施、景区开发、休闲农业园	旅游特区
牙买加	旅游度假区、酒店业、旅游基础设施	合作开发
巴哈马	商务旅游设施、会议设施、旅游数字化管理系统	合作开发
特里尼达与多巴哥	旅游道路等旅游基础设施、酒店业	岛屿开发

第九章　目标市场定位与营销规划

一　目标市场选择

（一）目标市场定位

1. 核心市场

核心市场是加勒比海地区入境旅游市场的基础部分，是加勒比海地区树立国际旅游形象、扩大市场影响力、提高国际竞争力的重要支撑。依据客源市场现状及全球社会经济发展态势，加勒比海地区的核心市场主要为美国、加拿大和英国。

美国、加拿大：美国和加拿大地区经济发达，前往加勒比海地区交通便捷，又与其经济贸易往来密切，又十分推崇休闲度假旅游，是加勒比海地区核心市场的主要组成部分。

英国：加勒比海地区有不少英联邦国家，另有若干英属未独立地区，加之英国经济发达，休闲度假旅游盛行，也是加勒比海地区的核心市场之一。

2. 重点市场

重点市场是核心市场的重要补充，对扩大加勒比海区国际影响及入境游客规模、质量具有重要意义，主要包括欧洲其他国家、包括中国在内的亚太地区。

欧洲其他国家：由于历史原因，欧洲其他国家，如西班牙、葡萄牙、荷兰等一直与加勒比海地区保持较为密切的经贸往来关系，而且在文化上关系紧密，故是加勒比海地区的重点市场。

包括中国在内的亚太地区：亚太地区的经济发达国家如日本、韩国、中国等热衷于滨海旅游，已经成为巴厘岛和马尔代夫等旅游目的地的最重要客源市场，一旦交通问题解决，将为加勒比海地区带来巨大客源市场。

3. 机会市场

机会市场是核心市场、重点市场的有益补充，除上述国家外，其他国家及地区的游客均为机会市场。但主要分为两大类型，即过境旅游机会市场和地缘邻国机会市场。

过境旅游机会市场：目前各大国际航线中，美洲、欧洲等通往南美的航线往往需要在加勒比海地区的重要国际机场，如巴哈马的拿骚、巴巴多斯的布里奇顿、特立尼达和多巴哥的西班牙港经停，为该地区带来可观的过境旅游机会市场。

地缘邻国机会市场：加勒比海地区组织和南美国家的会议旅游亦是加勒比海地区的机会市场。

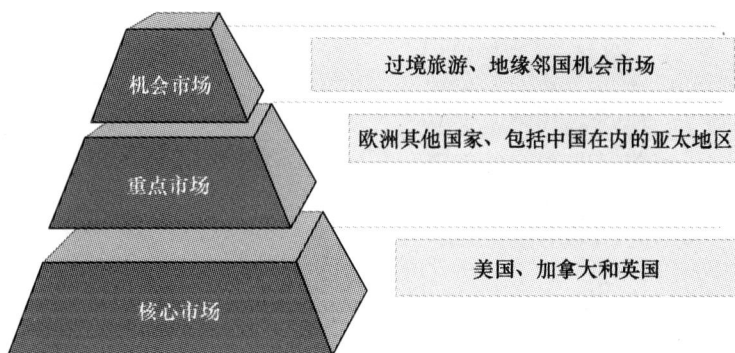

图9-1 加勒比海地区目标市场选择

（二）重点旅游产品细分市场

1. 邮轮旅游市场目标选择

邮轮旅游细分市场具有偏重于远距离旅游、要求景点审美价值较高、一般都是短暂的一次性旅游、多数选择组团出游等特征。依托加勒比海地区良好的资源禀赋和天然的深水港，是世界首选的邮轮旅游目的地，可以重点扩展欧美地区中产阶级市场、全球银色旅游市场和全球蜜月旅游市场作为邮轮旅游市场的主要目标市场。

2. 休闲度假旅游目标选择

休闲度假型旅游市场具有偏向于近距离、旅游季节性强、停留时间长、对旅游产品质量敏感、对产品价格不敏感、旅游花费相对较高、喜欢家庭或者朋友自助旅游、重游率高等特征，是加勒比海地区最重要的细分市场。可以将全球高端商务人士市场和欧美地区奖励旅游市场作为该市场的主要目标市场。

　　3. 特殊兴趣旅游目标选择

　　特殊兴趣市场偏重于体验型，具有一次性消费、重视旅游信息服务、以自助游为主等特征。加勒比海地区潜水旅游地发展态势良好，又拥有广袤的热带雨林等自然资源，可以重点拓展生态旅游爱好者市场、潜水爱好者市场和观鸟爱好者市场等特殊兴趣旅游市场。

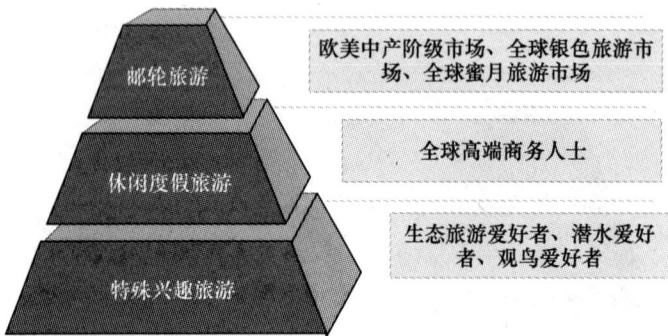

图9-2　加勒比海地区重点旅游产品细分市场

二　旅游市场营销规划

（一）营销目标

　　世界一流旅游目的地品牌，细分市场的强势旅游品牌。通过制定清晰的形象定位、品牌核心价值和品牌特征，进一步强化加勒比海地区旅游形象识别系统；通过系统化的品牌管理，塑造世界一流的休闲度假旅游目的地品牌形象，并重点打造邮轮旅游、滨海旅游等传统强势旅游品牌，培育生态旅游、文化旅游等新兴旅游品牌，例如借助"加勒比海盗"的文化标签吸引游客，发展海盗主题特色旅游。

　　构建完善的营销网络体系，保证加勒比海地区旅游的市场美誉度。构建完善、高效的营销网络，针对目标市场选择明确的营销策略，保障加勒比海地区的旅游品牌和市场美誉度。

（二）营销战略

1. 媒体组合战略

传媒的发展已经进入分众传播阶段，但旅游人群的构成复杂，覆盖面广，要实现精确的分众营销传播，必须采取全媒体组合策略。在加勒比海地区旅游品牌的营销传播中，必须充分利用电视、杂志、网络等媒体的不同特征与目标受众，实施全媒体组合战略，实现目标受众的全覆盖。

2. 个性差异战略

随着全球化的进一步推进，旅游业也将获得更大发展，这对旅游业相对成熟的加勒比海地区而言，既是机遇也是挑战。个性差异战略可以使加勒比海地区充分利用自身优势、挖掘新的自身魅力，从而形成经久不衰的市场号召力。

具体来说，主要从两个方面实施该战略。一是旅游产品的差异化，加勒比海地区具有自然旅游资源同质化的客观条件，故应充分挖掘人文旅游资源差异，打造具有自身特色的旅游产品。二是细分市场营销差异化，必须针对邮轮旅游市场、休闲度假市场和特殊兴趣市场等不同细分市场，采取不同的营销方式，提高营销精准度。

3. 区域联合战略

旅游品牌影响力的大小以及持久程度，往往还受吸引力主体的规模、层次、特点等因素的影响。因此，加勒比海地区应该在营销过程中充分认识到区域合作的重要性，努力加强区域合作力度，依托区域合作组织开展系列加勒比海地区的整体营销活动，以期能够在最短的时间内，实现旅游目的地影响力的成倍扩增。

（三）针对中国的营销

1. 影音媒体宣传

影音媒体宣传主要通过电视促销实现。电视促销主要优势是声形并茂，比其他媒体具有更强的影响力，受众规模大，有很好的选择性，但其制作成本高，播放内容受时间限制大。因此，电视促销的内容必须经过精心准备，能瞬间抓住受众的注意力，引起受众兴趣。

（1）拍摄制作精良的宣传片。内容可以包括加勒比海地区特色资源，要求要有独创性、可信度和吸引力。此外，还应加强形象灌输，注重品牌建设。

（2）拍摄纪录片。结合 Discovery 和国家地理等频道，融入加勒比海地区丰富、神秘的文化，录制专题栏目。

（3）制造新闻事件。制造有热点新闻效应的事件，通过新闻事件达到旅游营销的效果。

2. 平面媒体营销

平面媒体主要是通过精美的图片和激情的文字激发受众的潜在需求，从精神层面率先成为潜在旅游者和旅游爱好者的旅游目的地。

（1）在旅游行业杂志中介绍加勒比海旅游资源及其特色，介绍旅游攻略；

（2）在《时尚杂志》中介绍加勒比海地区多彩的异域风情；

（3）在《航空杂志》上刊登加勒比海地区高端旅游产品的广告。

3. 网络营销渠道

（1）开通中文旅游网站，方便中国游客浏览。牙买加、巴巴多斯等国家已经开通中文旅游网站，详细介绍主要景点，提供食住行等方面的信息，并可以下载旅游宣传手册。其他国家和地区也可以借鉴，并主要从以下几个方面进行网站建设。

第一，加强各国旅游网站和重点旅游景区网站建设，为旅游者提供全面完整、方便快捷的旅游信息，将包括新闻、博客、论坛、电子杂志、图片电影、微视频等新媒体形式在内的十几种传播手段综合有效利用，建立起特色鲜明的旅游形象，并将加勒比海地区多彩的文化加以宣传。

第二，以网络为平台，建立虚拟旅游社区，借助旅游网站、论坛、群组等方法，在一个虚拟的社区内实现旅游信息的交流、旅游资源的分享、旅游商务的实现等。

第三，利用传统媒体宣传、营业推广等来加大旅游网站的曝光度，使更多客户愿意通过此种方式了解旅游地及其产品。比如，借鉴大堡礁的营销手段，创造新闻事件，增加旅游目的地的曝光度。

（2）开通官方旅游微博，实现现代网络营销。旅游微博互动性强，关注度高，受众广，是一种新兴的、有效性高的现代网络营销方式。各国旅游部门可以开通官方微博，发布旅游资讯，除向民众提供吃、住、行、游、购、娱等各方面的一手信息外，还应该结合自身优势个性化运营，以灵活多变的风格博取网民的青睐。如取名别具一格，可以以旅游形象为微博名；微博内容注重应用精美的图片、幽默的语言吸引网民。目前，美国驻华大使馆、法国驻华大使馆等发布相关旅游信息，希腊、瑞士等不少欧洲国家建立了旅游局微博，巴哈马、安提瓜和巴布达和波多黎各等加勒比海国家和地区建立了旅游局官方微博，但效果不是很理想，尚待进一步经营和管理。

4. 旅行社推介

旅行社是非常重要的旅游销售渠道，不仅具有多级销售功能，也是旅游产品的重要推广渠道。加勒比海地区在空间距离上与中国较远，通过旅行社组织形式进行邮轮旅游、包机飞行等是近期中加旅游桥梁搭建的重要途径之一，所以，应加强旅行社推介。在市场推广前期，可以成立专门的渠道拓展小组，对中国出游能力较强的经济发达地区如长三角、珠三角等地区的大中型旅行社建立和维系感情，利用宣传手册等资料详细介绍加勒比海地区旅游路线及住宿餐饮优惠情况等。

第十章 切入点与行动计划

一 重点环节路线图

加勒比海地区国家数量众多，各国国家体量、经济发展水平、旅游业发展条件以及与我国的外交关系存在巨大差异，中国在实行与加勒比海地区旅游基础设施投资合作中，应找准切入点，选择重点国家重点项目进行合作，并快速启动我国赴加勒比的出境旅游市场，使得合作得以顺利推动，并快速见效，具体路线图及各方合作内容如图10-1所示。

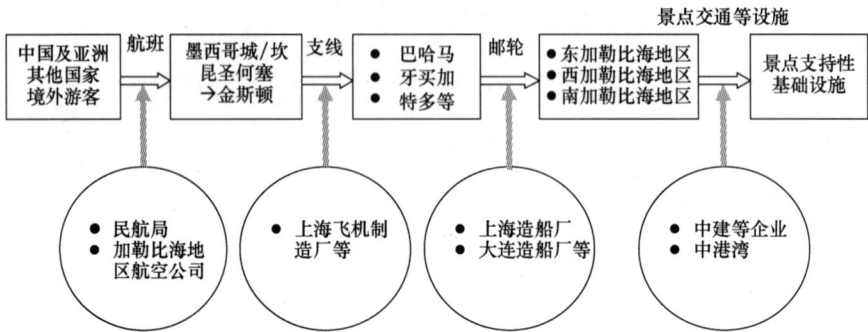

图 10-1 中加旅游基础设施合作建设路线

根据开通航线的可能性，途经国家与我国的外交关系，所经地区的旅游区位与资源禀赋等综合考虑，我国进入加勒比海地区可设计以下两条路径：（1）由上海/北京直航或包机至墨西哥城—坎昆—金斯顿。目前我国已经开通到墨西哥北部的直航班机，具有成熟的航线基础；坎昆特殊的地理区位（濒临加勒比海地区）和作为著名的国际旅游胜地，是进入加勒比海地区的桥头堡。本线路的开通，可带动墨西哥及周边地区的旅游市场。

（2）由上海/北京直航或包机至圣何塞—金斯顿。其中圣何塞是国际著名生态旅游胜地哥斯达黎加的首都，具有较高的旅游开发价值，但缺乏直航相关经验。本线路的开通，可带动加勒比海南部地区和南美大陆北部的旅游市场。

二　首选国家——牙买加

采取重点国家、务实推进原则。实施重点国家重点突破战略，选择进入难度较小、风险也较小、效果相对较大的国家。对比加勒比各国，牙买加综合条件最佳。

主要理由：牙买加位于加勒比核心地带，在加勒比国家中，国家体量较大，与我国外交关系相对较为密切，与巴哈马等国家相比，受美国的影响相对较弱。牙买加旅游业处于上升发展阶段，对旅游投资给予鼓励，提供相应的优惠政策。牙买加南北公路的建设将极大地改善牙买加交通条件，旅游投资环境将得到改善。

三　合作内容

旅游基础设施落后依然是制约牙买加旅游业发展的不利因素，把加强基础设施建设作为优先领域。将旅游基础设施建设作为与牙买加旅游开发合作的重点领域，采取多种合作形式形成互利共赢的合作模式。合作目标是围绕大加勒比海地区的旅游发展，构建一个以牙买加为中心，以中国和东亚游客为目标客源市场的区域集散旅游中心。具体内容如下：

（1）成立加勒比旅游投资基金，对投资牙买加旅游基础设施的项目给予特别的金融支持。

（2）开通我国与牙买加的旅游包机航线。缺乏直飞航线是我国出境旅游市场赴牙买加旅游的主要制约因素，也是影响我国与牙买加旅游基础设施投资合作深度和广度的一个重要制约因素。所以，开通北京—坎昆/

圣何塞—牙买加金斯顿包机旅游航线，以牙买加作为旅游辐射中心，建议与牙买加政府合作建立加勒比支线航空网，进而开通牙买加与周边加勒比海地区国家的航线，如蒙特哥贝—拿骚等，是我国游客进入牙买加旅游，并通过牙买加进入其他加勒比海地区的基本前提。首先要推动我国航空公司研究开通牙买加直飞航线的外交和技术可行性，并付诸实施。

（3）在开通包机航线基础上，与牙买加政府合作，参与蒙特哥贝城市规划。蒙特哥贝作为牙买加重要的旅游中心城市，城市的各项旅游基础设施配套十分不完善，缺乏商业购物、娱乐、观光景区等配套设施，海滨资源没有得到很好利用，与其旅游中心城市地位不匹配。应通过蒙特哥贝城市规划，确立蒙特哥贝的城市旅游服务设施建设方向和内容，包括旅游集散中心、旅游购物中心、娱乐设施中心、购物街区、商务街区的建设。应积极参与蒙特哥贝城市旅游服务设施的建设，包括旅游集散和咨询服务中心、商业购物街区、都市娱乐休闲设施、城市滨海景观带的建设。

（4）开发建设旅游酒店（度假村）。在蒙特哥贝以东 30 公里，北部沿海中心 Trelawny，开发建设和谐湾（Harmony Cove）度假村，该项目建成后将成为加勒比海地区最大的度假娱乐综合项目之一。一期开发面积约 400 公顷，修建 1000 个房间的四星级酒店、锦标赛级高尔夫球场、娱乐和体育设施、餐饮、购物、海滩、探险乐园和道路等。

（5）与牙买加政府合作推动牙买加邮轮停靠港商业配套区建设项目。完善的游览、购物设施是吸引邮轮游客的重要因素，是邮轮停靠港建设的重要内容。牙买加邮轮停靠港设施较为简陋，不能满足邮轮游客游览、购物需求，影响邮轮游客消费和停留时间。推动邮轮停靠港的商业服务、景区建设将对促进牙买加邮轮旅游的吸引力具有重要作用。

（6）建设蓝山咖啡农业休闲园。蓝山咖啡是牙买加特产，是世界最为著名的咖啡。蓝山咖啡产地对游客具有强烈的吸引力，具有发展农业观光和农业休闲的良好资源基础，结合我国与牙买加农业开发方面的合作，推动蓝山农业休闲园区的建设。

综上所述，牙买加因为其优越的地理区位、资源禀赋、投资环境，成为我国投资加勒比海地区的首选国家，应尽快开通通过墨西哥坎昆或通过哥斯达黎加圣何塞到牙买加首都金斯顿的直航包机，并考虑今后直航的可能。

第十一章　投资机遇与风险认知

一　旅游投资面临机遇

（一）国家政策机遇

在当前形势下，我国对外投资面领着政策机遇，这些政策包括境外投资核准、用汇、融资等方面。

2009 年，商务部修订发布了《境外投资管理办法》，使得境外投资的核准更为宽松，中方投资额在 1 亿美元以上的由商务部核准，1000 万—1亿美元的地方企业由地方商务主管部门核准，其他的只需在商务部的"境外投资管理系统"中按要求填写完全申请表即可获得核准。新办法在核准环节不再对国别或者地区的投资环境、安全状况、境外投资导向政策以及企业的合法权益等方面进行审查。该办法除了使境外投资的核准更为宽松外，核准的便利化程度也明显得到提高：对于 1000 万美元以下的非能源、资源类对外投资，商务部和省级商务主管部门的核准和审查时间由原来的 15—20 个工作日缩短至 3 个工作日；对大部分投资活动，在核准过程中减少了征求驻外使领馆经商处室意见的环节；企业的对外投资获得核准后，可以持《企业境外投资证明》办理外汇、银行、海关、外事等相关手续，并享受国家有关政策支持；中国企业控股的境外企业的境外再投资，只需要完成法律手续后一个月内，报商务主管部门备案即可。国家的境外投资政策明确了商务部的服务职能和服务内容，反映出商务部要为中国企业的对外投资活动提供"护航"服务，服务内容包括了解东道国（地区）的投资环境，通过政府间多双边经贸或投资合作机制等协助企业解决困难和问题等。

国家外汇管理局也于 2009 年 7 月发布了《境内机构境外直接投资外

汇管理规定》，根据该规定，境内机构可以使用自有外汇资金、符合规定的国内外汇贷款、人民币购汇或实物、无形资产及经外管局核准的其他外汇资产来源等进行境外直接投资。同时，外管局对境内机构境外直接投资及其形成的资产、相关权益实行外汇登记及备案制度，而不是审查制度，企业只需要在进行外汇登记时，向外管局说明资金来源情况即可。这一制度极大地放松了对境外直接投资的外汇管理，中国企业境外直接投资的用汇自由度得到提高。

另外，早在 2006 年，国家发改委就对境外投资出台了框架性鼓励政策，鼓励境外投资项目，国家在宏观调控、多双边经贸政策、外交、财政、税收、外汇、海关、资源信息、贷款、保险，以及双多边合作和外事工作方面给予相应政策支持。国家政策性金融机构针对企业境外大项目投资，也将会给予充分的融资支持。

（二）国际金融市场机遇

中国经济和金融业在国际金融危机中经受住考验，并率先复苏，成为拉动全球经济回暖的"引擎"。但是，从世界范围看，全球金融市场动荡不安，欧债美债严重，欧元区及美国信用评级一再被下调，而世界各国对人民币及中国经济比较有信心，部分国家期望能得到中国的帮助，如意大利因自己国内金融问题，向我国发出过求援信号，欧元区也渴望得到中国的援助。国际金融危机后，美国金融（尤其是银行业）实力受到影响，经济进入调整恢复期，加上各种国际政治问题的困扰，一超多强的"新均势"将在未来几十年为人民币国际化及中国经济的向外投资扩张创造机遇。金融危机后，世界各国的经济格局将重新调整，全球经济增长明显减速，为我国开拓海外市场提供了空间和有利条件，中国经济将凭借其稳定持续的增长及强大的财政实力而在世界范围内获得更多的话语权。

加勒比海许多国家对美国的依赖性很大，美国也为这些国家提供援助，但是，金融危机后，美国国内出现了许多危机，已没有精力顾及这些国家，使这些国家的经济发展受到影响。旅游业是加勒比海许多国家非常重要的产业，其游客主要来自北美和欧洲，但金融危机以来，这两个区域的客源输出能力明显减弱，使加勒比海一些国家的经济受到了重创。在这种形势下，加勒比海国家开始寻找新的援助者对其经济发展进行帮助，也致力于开拓中国等国家的旅游客源市场。在此背景下，中国面临着在加勒比海地区进行旅游投资的重大机遇。

（三）国际旅游市场机遇

未来 10 年，世界经济的发展将使世界范围的交通设施和交通工具更为完善和先进。连接洲际和国际的高速铁路、高速公路的不断建成，将给人们提供越来越方便的出国旅游条件。新一代速度更快、载客量更大的飞机的出现，将给国际旅游市场的不断扩大提供有效的保证。越来越发达的连接世界的交通网络将不断改变人们出国旅游的时空感。国际旅游将在世界更多的国家和地区以及在更深的层次上实现普及化。据牛津经济研究院 2010 年预测，世界经济的持续发展也将使世界产业结构发生根本性变化，以服务业为标志的第三产业将构成世界经济的主体。旅游业作为第三产业的带头产业在 21 世纪末将取代石油、汽车等传统支柱产业而成为世界第一大产业。

尽管目前世界经济增长遇到了很多挑战和不确定因素影响，但旅行和旅游业却一直是增长速度最快的部门之一，而且成为推动经济和就业增长的主要力量。根据世界旅游旅行理事会相关预测，未来 10 年，世界旅游旅行业对全球国内生产总值的贡献每年将达到 4.2%，总额为 9.2 万亿美元，并创造 6500 万个就业机会。加勒比海拥有禀赋较高的旅游资源，是世界比较受欢迎的旅游目的地，旅游投资将会成为我国在加勒比海地区投资的重要方向之一。

（四）国内出境旅游市场机遇

全球经济持续低迷，使国际旅游市场受到很大影响，对于以欧美游客为主要客源的加勒比海地区而言，影响则更为严重。但是，随着中国中产阶级群体的扩大和经济的持续增长，中国出境游市场潜力巨大。中国已成为全球出境游的第三大客源输出国，根据世界旅游组织（UNWTO）的预测，到 2020 年，中国的出境游客将达到 1 亿人次以上，实际上，在 2011 年中国出境旅游人数就已达 7025 万人次，比 2010 年提高 22.42%。同时中国目前实行鼓励公民出国出境旅游的政策。在发达国家居民出境旅游能力下降及我国居民出游能力上升，我国游客市场规模庞大的背景下，包括加勒比海地区在内的各国均对我国的出境游客市场比较重视，一些国家制定了开发我国客源市场的计划。而且就我国方面来看，2005 年中国政府给予所有与中国建交的加勒比国家"中国公民组团出国旅游目的地国"地位；2007 年 9 月在厦门举行的第二届中国—加勒比经贸合作论坛上发表联合声明：中国将积极鼓励本国公民赴加勒比海地区国家旅游。为了吸引中国游客，加勒比海的特克斯和凯科斯群岛还开通了其旅游局官方中文网站，以让更多的中国游客了解加勒比的异国风情。鉴于中国在海外投资的旅游企业具有争取中国旅游客源的优势，一些海外旅游目的地对中国的旅游投资比较欢迎，为我国在加勒比海地区进行旅游投资提供了重要机遇。

二 旅游投资风险认知

（一）国际政治动荡风险

国际政治动荡会对相关区域和国家的旅游业产生重大影响，如 2012年年初，马尔代夫的示威游行使众多游客取消去马尔代夫的行程，旅游业损失 1 亿美元。

加勒比海的政治局势总体上比较稳定，但也存在一些不稳定因素，如圭亚那与委内瑞拉之间，圭亚那与苏里南之间，危地马拉与伯利兹之间均存在领土争端。美国同古巴之间存在着很深的矛盾积怨。值得一提的是，加勒比海地区的国家为海岛型国家，国际航空运输对其旅游业至关重要，一旦加勒比海周边区域或者加勒比海主要客源地发生政治动荡，将会对加勒比海地区的旅游业产生致命影响。

（二）投资目标国家政策风险

针对我国企业在加勒比海地区的直接投资，一些反华势力可能会散布"中国威胁论"、"资源掠夺论"，蛊惑一些加勒比海国家改变对中国投资的政策，出台不利于我国在加勒比海地区进行旅游投资和经营的政策。尤其是加勒比海国家与欧美大国关系密切，极容易受这些国家的影响而改变利用我国资本及对待我国境外企业的政策。另外，随着我国企业在境外业务的扩大，可能会对本土企业及相关国家的企业构成威胁，出于保护本土企业的考虑或者应对来自其他国家的压力，加勒比海一些国家当局也存在改变对待中国资本态度的可能性。

（三）中外文化冲突与文化隔阂风险

在当今跨国公司全方位多层次向国外拓展其经营空间的形式下，法律、文化的交流与碰撞所带来的非经济摩擦已日益加剧和明显。世界银行在中国政府的支持下于 2005 年夏季对 150 家中国企业开展对外直接投资调研，结果表明，对外直接投资的中国企业面临的最主要挑战是文化冲突，文化差异是海外投资的一项重要风险。中外文化差异会影响企业经营的思想观念、思维方式、行为方式以及企业规范等，而企业成立、公司治理、经营业务、公司解散等每一环节都与法律有关，因此文化冲突极有可能造成法律方面的差异。

（四）国际金融市场动荡风险

海外投资必然涉及外币资产，由汇率不确定的变化带来的汇兑风险不可避免。由于美元的强势地位，传统上我国海外投资企业的产品及服务出售以美元计价，成本支出以所在国的货币计价，而在国内的融资又主要依靠从国家政策银行取得人民币贷款。在人民币不断升值、外币特别是美元贬值的趋势下，我国企业海外投资面临的汇兑风险越来越突出。特别是2008年以来，传统的对冲工具等套期保值手段更加难以有效应对国际金融危机所带来的高度不确定性风险，中国海外企业屡屡蒙受因汇率剧烈波动而带来的巨大损失。

（五）国际旅游市场波动风险

国际旅游市场极容易受自然灾害、政治动荡、瘟疫疾病等各种因素的影响而出现波动。如"9·11"恐怖袭击事件对美国旅游的影响、"2003年'非典'"对我国旅游的影响、"2010年地震"对海地旅游的影响等，其中影响旅游业的事件具有突发性、不可控制性，使旅游经营存在不可预料的风险。另外，一些可预料和可察觉事件也会造成国际旅游市场的波动，如近期国际油价攀升重创加勒比海旅游业，珊瑚礁质量破坏威胁到加勒比海潜水旅游等。

（六）自然灾害风险

加勒比海许多国家都会受到飓风的袭击，有时会对一些建筑设施造成严重破坏。加勒比海国家均为海岛或半岛，滨海区域是旅游投资的重点区域，但是，随着全球气候变暖及海平面上升，部分沿海区域可能会被海水淹没。另外，全球气候变暖将会使加勒比海一些区域的气候舒适度下降，影响到其旅游产业。一些国家还隐藏着地震火山爆发危险，如圣基茨岛的一部分、尼维斯岛的全部均处在休眠的火山之上，地震或火山爆发甚至会对岛国造成毁灭性破坏。

（七）没有可借鉴的经验

旅游业对外投资在我国对外投资中属于全新领域，成功的经验较少。

按照旅游业投资方式，旅游业投资包括直接旅游项目投资和旅游建设工程承包。我国近 10 年的对外投资领域，主要包括进出口贸易、航运、境外加工贸易、加工制造、资源利用、工程承包、农业合作等。我国与加勒比海地区很多国家有密切的贸易往来，但是主要投资领域是对外承包工程业务。对外工程承包是我国较为成熟的对外投资领域，特别是近年来国家出台了一系列鼓励、扶持对外承包工程业务发展政策措施，对外承包工程业务的促进体系基本形成，对外承包工程业务发展迅猛，取得了一定经验。

我国在境外工程承包和境外加工贸易方面已经有一定的竞争力，但是，在服务业领域仍处于起步阶段。尤其是在旅游的直接投资领域，基本处于空白阶段，缺乏有效的经验，加之旅游业项目投资大、期限长，无先例可循，所以风险相应也较大。风险的规避和分担也就成为旅游投资项目的重要考量。

旅游项目投资大都期限长，又需要政府的协助和特许。但是旅游业作为服务性产业，市场竞争充分，服务质量和水平十分重要，我国在服务方面落后于旅游业发达国家。

总之，由于国际政治局势的变化、世界经济发展的不确定性、中外文化的隔阂、思维及管理模式的差异、旅游业自身的脆弱性、自然灾害的破坏，以及加勒比海各国出于对自身利益或外部影响的考虑而可能实施的政策变动，我国在加勒比海地区所进行的旅游投资可能会存在许多难以预料的风险。为了增强风险防御能力，需要在投资之前以及投资运营之中，对加勒比海地区各国的历史传承、文化脉络、政治走势、自然环境等各个方面进行深入全面的预测和分析，并提前制定相关风险防范预案。

三　我国对国外旅游投资的支撑体系

（一）营造有利于旅游投资的政治环境

通过对外援助、基础设施投资、扩大贸易交流等途径，扩大我国在加勒比海地区的政治影响，促进加勒比海各国对同我国友好交流合作的重视，营造有利于旅游投资的政治环境。

1. 通过高层互访，营造良好的政治环境

通过同加勒比海各国的高层互访，增进交流，促进相互之间的信任，

促使一系列有利于我国同加勒比友好国家双边或多边关系发展的协定及协议的形成，并在一些有争议的问题上达成一致或谅解，发展我国同加勒比海各国的友好关系，为旅游投资创造良好的政治环境。近年来，我国国家领导人多次访问加勒比海地区，并承诺向加勒比海地区大量投资，同加勒比海一些国家领导人进行了密切交流，奠定了我国在加勒比海地区进行旅游投资的良好政治背景。

2. 通过对外援助，营造良好的政治环境

中国目前已成为全球第二大经济体，正将自己打造成发展中国家的最佳合作伙伴，通过国际援助和帮扶树立良好的国家形象。在第三届中国—加勒比经贸合作论坛上，中国方面宣布：中国将为加勒比海地区的发展提供 10 亿美元的支持，这笔资金将帮助改善该地区的基础设施。与此同时，全球经济危机严重影响下的欧洲和美国正在减少其在海外的发展援助。金融危机以来，我国通过投资，修建道路、港口、体育场以及度假村等途径，正在为加勒比海经济注入活力。2011 年年末，我国宣布将对加勒比海各国贷款 63 亿美元。另外，还将提供数百万美元的补助金以及其他形式的经济援助。我国通过对加勒比海地区各国的援助，将扩大我国在该地区的政治影响力，从而创造旅游投资的良好政治环境。

3. 通过交流合作，营造良好的政治环境

举办各种国际论坛，促进中国同加勒比海国家的经济、文化、商贸交流。继续保持贸易扩大态势，加强经济合作。近年来，中国与加勒比海国家的双边贸易每年增长 24%，贸易总额在 2010 年达到 72 亿美元，按照这样的趋势发展，我国将在 2014 年超过欧洲，成为加勒比海地区的第二大贸易伙伴。加勒比海各国将中国看作其商品及服务的巨大潜在市场。我国同加勒比海经济合作交流符合各自的利益和愿望，双方都将继续为经济交流合作的扩大而努力，这将十分有利于我国在加勒比海地区的旅游投资。

文化外交是影响我国对外经济联系、支持我国经济参与对外合作的重要因素。通过与加勒比海地区各国的文化交流，能达成这些国家对我国文化的理解和尊重，可以化解国际关系层面的矛盾和冲突。近年来我国在国家和地方两个层面都在扩大同加勒比海各国的文化交流，包括文艺演出、互结友好城市关系、互派留学生、设来华留学生奖学金、设立孔子学院、举办画展及工艺品展、派出体育团队、院校交流等。中国杂技团、扬州木偶团、天津歌舞剧院等曾赴加勒比海地区进行演出，加勒比海一些国家也派艺术团来我国进行演出。我国一些地方城市与加勒比海地区城市建有友好城市关系，如浙江义乌市与牙买加蒙特哥贝市建有友好城市关系，福州市与圭亚那首都乔治敦市建有友好城市关系。同时我国还与加勒比海一些国家如圭亚那、巴巴多斯等签订了文化协定。院校交流也是文化交流的一种重要形式，如大连外国语学院同加勒比海地区的西印度大学签有教育和文化交流协议。继续扩大同加勒比海各国的文化交流，扩大我国在加勒比海地区的文化影响力和文化认同度，为形成旅游投资的良好政治环境贡献力量。

（二）形成有利于旅游投资的政策环境

1. 投资政策

（1）同加勒比海地区更多国家签订双边或多边投资保护协定。双边或多边投资保护协定对于保护我国境外投资、规避境外投资政治风险、保证境外投资经营的正常进行有着重要意义。截至目前，我国同加勒比海地区六个国家签订了双边投资保护协定，包括古巴、牙买加、圭亚那、巴巴多斯、巴哈马、特立尼达和多巴哥；在加勒比海地区，还有 10 个国家同我国未签订双边投资保护协定，包括苏里南、格林纳达、海地、多米尼克、多米尼加、圣基茨和尼维斯、圣卢西亚、伯利兹、圣文森特和格林纳丁斯、安提瓜和巴布达，其中包括一些至今我国未与其建交的国家。在与我国建交的国家中，我国同多国签订双边投资保护协定，有利于保障我国在加勒比海地区投资者的权益，也有利于我国对加勒比海地区投资额的扩大。另外，还应同加勒比海相关国家加强避免双重征税协定的商签、修订和履行工作。

对已同我国签订双边或多边投资保护协定的国家增加对我国海外投资企业加强保护的内容，如要求我国企业与东道国企业享有同等待遇，赔偿因战争、政变、暴乱等突发事件造成的损失，保障资本金和利润的自由汇出等。另外，加大宣传、普及力度，促使我国海外投资企业利用《多边投资担保机构》提供的相应支持，并利用《多边投资争端解决公约》维护自身利益。

（2）健全海外投资保险制度。对外投资企业对经营风险之外的汇兑、征收、违约、战争等政治风险的防范与控制能力往往比较弱。海外投资保险制度是资本输出国为保护鼓励海外投资而向本国私人海外投资面临的政治风险提供的法律保障制度。据此制度，投资者向本国投资保险机构申请保险后若遭受承保范围内的风险致使投资者损失的，由保险机构补偿其损失并取得代位求偿权，然后该保险机构可依据与东道国签订的双边投资保护协定向东道国索赔。为了应对我国海外投资扩大的形势，中国出口信用保险公司特别设计了海外投资保险，专门为投资人因投资所在国发生的征收、汇兑限制、违约等风险造成的经济损失提供风险保障。但当前，海外投资保险的覆盖面仍然较低，2010 年，中国海外投资保险的承保金额120.6 亿美元，责任余额为 173 亿美元，对比全国非金融类海外投资余额的比例仅为 5.68%。建议政府加大政策性风险基金投入，以便于中国信保能够扩大承保范围和保险金额；同时加大宣传力度，并在审批环节中对投资于未建交国家和高风险国家的企业实行强制投保，以便对海外投资提供更充分的保护。

（3）建立风险预警机制。充分发挥政府、商业协会作用，建立海外投资风险预警机制。监测和预测海外投资风险，对风险进行分析、报警、预控、处理，对企业进行及时引导，以求将风险降到最低。我国商务部曾于 2010 年实施了《对外投资合作境外安全风险预警和信息通报制度》，但还存在单兵作战、协调和组织能力不足、执行力不强等问题，建议尽快由国务院成立海外投资合作风险评估委员会，举行定期或不定期会议研究讨论对外投资合作安全形势，出台安全风险控制与防范方案。随着我国在加勒比海地区投资规模的增长，应对加勒比海地区的投资风险预警及信息通报工作给予足够重视。此外，对外投资大型企业应当借鉴国外经验，成立高级别企业战略顾问团，聘请著名政治家、企业家、学者作为企业发展战略顾问，为评估对外投资合作项目安全风险提供咨询意见。

（4）出台成体系的财税政策鼓励海外投资。在财税政策方面，我国也有许多支持海外投资的规定，如对企业从事境外投资时发生的前期费用予以直接补助、对中小企业开拓国际市场予以资金支持等，但目前我国对于海外投资的财税支持政策只是零星地散布于某些法律、法规和部门规章中，尚未形成体系，也没有体现出在对外投资的产业、地区以及投资方式上的政策导向，与其他的对外投资政策缺乏衔接和协调。另外，财税优惠方式单一，目前我国的税收政策主要侧重于税收抵免等直接鼓励措施，对于加速折旧、延期纳税、设立亏损准备金等间接鼓励措施很少涉及。目前对海外投资所实行的财税鼓励政策虽然透明度高，但对于投资大、见效慢的项目刺激效果有限。即使在直接鼓励措施中也只有对直接抵免的规定，没有涉及国际通行的间接抵免的操作方法，随着我国投资方式日趋多样化，这有可能造成海外企业在税收缴纳和抵免时出现无章可循局面。

应以产业政策为引导，凭借多种支持手段，扩大税收政策的支持力度。如对于国家重点鼓励的投资行业和项目给予一定年限的所得税减免；对作为实物投资的出境物资和通过境外投资带动的机器设备、中间产品的出口给予全额退税；完善目前的税收抵免制度，补充间接抵免的具体操作方法，并将加速折旧、延期纳税、设立亏损准备金等间接鼓励措施引进我国的税法中。

（5）加强对境外投资的信息咨询及技术援助服务。目前，我国主要依靠驻外使领馆提供一些有关驻在国的宏观经济、市场需求和基本的法律框架等方面信息。这些商务信息一般都直接反映到国家有关部委，按行政隶属关系再向有关部门和地方政府传递，基本上是一条单向、封闭的路线。目前，国外已进行的一些信息服务如组织由企业管理者和政府官员参加的投资代表团出国考察，建立有兴趣去海外投资的企业数据库，提供有关国家特定行业甚至特定项目的信息，为投资牵线搭桥等服务开展很少。而且由于没有提供信息服务的特定机构，收集信息比较零散，缺乏整理加工，很多信息的价值没有充分发掘。另外，我国在海外投资的可行性研究、项目开发与启动、人员培训方面提供的技术援助也很少。这都使我国企业在走出去时面临信息、人才、资金短缺的困境。

建议在国家层面或由国家扶持成立加勒比海投资信息咨询及技术援助服务机构，定期发布国别投资环境报告，尽可能提供有关国家的政治、经济、技术、法律和社会文化等信息；建立对外投资国别地区项目库和有兴趣进行海外投资的企业信息库，为企业寻找合作伙伴和投资项目提供服务；搭建企业之间交流信息及介绍在加勒比海地区投资经验平台，并向相关企业提供投资加勒比海地区的可行性研究、人员培训等方面服务。

2. 旅游政策

（1）旅游目的地国。我国将加勒比海地区一些国家确定为我国公民的旅游目的地国，包括苏里南、圭亚那、巴巴多斯、格林纳达、巴哈马、多米尼克、安提瓜和巴布达。对于这些旅游目的地国，允许组织 5 人以上的旅游团队赴当地旅游。近年来，我国公民的旅游目的地国数量一直在增加，2007 年 10 月，中国公民组团出境旅游目的地国家和地区共有 92 个，截至 2011 年 4 月，我国公民的旅游目的地国家和地区增加到 140 个。由于中国公民日益旺盛的旅游需求，成为中国的旅游目的地国，对于拉动加勒比海地区各国旅游消费的作用显而易见。随着时间的推移，加勒比海地区更多的国家将成为我国公民的旅游目的地国，我国和相关国家应该为此而努力，这在客观上能增加加勒比海相关国家对我国旅游投资的需求和接受程度。

（2）旅游合作政策。目前，我国同加勒比海地区 6 个国家签订了旅游实施方案谅解备忘录，这些国家包括古巴、牙买加、苏里南、圭亚那、巴巴多斯、安提瓜和巴布达。根据中国公民旅游团队赴相关国家的旅游实施方案的谅解备忘录，相关加勒比海国家将同我国之间加强旅游合作，扩大人员往来，增进两国人民的互相了解，巩固和发展友好合作关系。另外，中华人民共和国国家旅游局和古巴共和国国家旅游局关于旅游合作的协议。与加勒比海地区更多国家开展旅游友好交流合作，将为我国在加勒比海地区的旅游投资创造良好环境。

3. 外汇政策

国家外汇管理局《关于调整部分境外投资外汇管理政策的通知》规定，自 2009 年 7 月 1 日起，实施取消境外投资购汇额度的限制，极大地提升了我国在加勒比海地区进行旅游投资的用汇自由度。外管局 2009 年 7 月发布的《境内机构境外直接投资外汇管理规定》规定：境内机构可以使用自有外汇资金、符合规定的国内外汇贷款、人民币购汇或实物、无形资产及经外管局核准的其他外汇资产来源等进行境外直接投资。同时，外管局对境内机构境外直接投资及其形成的资产、相关权益实行外汇登记及备案制度，而不是审查制度，企业只需要在进行外汇登记时，向外管局说明资金来源情况即可。这一制度极大地放松了对境外直接投资的外汇管理。今后应进一步提高中国企业在加勒比海地区进行旅游投资的用汇自由度，使对外旅游投资更加便利。进一步简化境外投资外汇管理审核手续，下放审核权限，促进境内旅游投资企业"走出去"发展壮大。可考虑专门针对加勒比海旅游投资成立外汇投资子公司，创造宽松的对外投资用汇条件。实行人民币同东加勒比元、巴哈马元等加勒比海国家货币之间较为稳定的汇率，保障旅游投资企业的利益，保证我国企业在加勒比海地区旅游投资经营的顺利进行。

4. 签证政策

加勒比海地区的多米尼加对台实行免签证。古巴对我国持因私护照的公民实行落地签，对持因公护照的公民实行免签。我国同牙买加、圭亚那、格林纳达签有《互免公务旅行签证协定》，与巴哈马签有《互免持外交护照人员签证的协定》。另外，我国和牙买加政府签有《关于中华人民共和国香港特别行政区与牙买加互免签证的协定》，与苏里南共和国政府有就《香港特区与苏互免签证问题》的换文。

同更多的加勒比海国家签订互免公务旅行签证协定，争取相关国家对我国更为宽松的签证政策，有助于我国在对加勒比海国家旅游投资过程中策划、建设、开发、管理、经营人员的流动，有利于旅游投资活动的开展。

表 11 - 1　　　　　加勒比海各国对中国投资、旅行的相关政策

国家	投资保护协定	贸易协定	税收协定	旅游目的地国家	旅游合作协议	旅游实施方案谅解备忘录	免签证情况
古巴	√	√	√		√	√	因私护照落地签、因公护照免签
牙买加	√	√	√			√	互免公务旅行签证，与中国香港互免签证
苏里南		√		√		√	与中国香港互免签证
圭亚那	√	√				√	互免公务旅行签证
巴巴多斯	√		√	√		√	
格林纳达				√			互免持外交、公务（官员）签证
巴哈马	√			√			互免持外交护照人员签证
特立尼达和多巴哥	√		√				
多米尼克					√	√	
多米尼加							对中国台湾免签
圣基茨和尼维斯							
安提瓜和巴布达					√	√	

注：因部分国家未与我国建交而未列入表格中。

（三）融资支撑

1. 大企业集团直接对外投资

由中国有实力的大型国有企业如中国国家电网公司、中国石油天然气

集团公司、中国电力投资集团公司、中国水利水电建设股份有限公司、中国移动通信集团公司、中粮集团有限公司等，以及一些经济实力雄厚的民营企业如苏宁电器集团等利用自有资金直接在加勒比海地区进行投资。

2. 加大政策性融资扶持

政府首先应加大政策性金融机构的资本金，并提供专门针对加勒比海地区的融资扶持，使之能相应扩展针对加勒比海地区的优惠贷款和贷款贴息的规模和范围。我国的政策性优惠贷款也不应只局限于境外资源开发项目等四类项目，应将对国内产业结构调整升级有带动作用的服务业投资纳入政策性优惠贷款的对象。

3. 拓宽加勒比海地区投资企业的融资渠道

放宽贷款担保限制，允许金融机构的境外分行向我国在加勒比海地区投资的企业发放贷款，并支持有条件的企业在国内外资本市场上市、发行债券。重视发挥商业银行的作用，扩大对商业银行外汇储备转贷款的额度，鼓励银企合作。对于大型项目，由国家出面促成银团贷款，并通过向商业银行的海外贷款项目提供完善的保险制度，解除其后顾之忧，充分调动银行参与"走出去"项目融资的积极性。应把银行和非银行的金融机构结合起来，特别注重私募基金的利用，扩大融资渠道。

4. 建立专门针对加勒比海地区的对外投资基金支持体系

在国家层面设立专门针对加勒比海地区的海外投资发展基金、中小企业海外产业投资基金、对国家利益有重大意义的产业投资基金等，建立与完善对外投资的基金支持体系。这些基金可以由财政部、地区政府、商业银行、非银行金融机构以及海外投资企业共同出资组成，根据企业申请，通过一定审核标准，向相关海外投资提供风险贷款。

5. 实施多元化的海外融资策略

包括吸引外商直接投资融资、在海外上市融资、海外发行债券融资、海外投资基金融资、项目融资、境外贷款贸易融资、收购海外上市公司股权扩展海外融资平台等，同时也可尝试其他一些细分融资方式，如另类公开募股、特别并购上市、互联网直接公开发行等。

（四）资产管理

1. 投资资产监管

（1）加强对境外投资活动的监管。在对加勒比海地区的投资中，国企将占据很大比重。为了规避风险、规范管理，应由国资委、出资企业加强对境外投资活动的监管，完善境外投资信息披露制度，使国资委或具体出资企业能及时掌握对外投资动态。对境外投资实行年度投资计划或投资预算的管理、投资项目的核准或者备案管理；实行风险评估论证制度、重大事项报告制度。建设境外资产考核评价激励制度以及责任追究制度，建立海外投资纠错机制，以及建立及时的信息沟通渠道，确保损失规模不会进一步扩大，并及时制定应对措施。为了避免重复竞争和内耗，国资委在必要时需要协调相关投资方的行动。

（2）建立有效的企业内部治理结构。在加勒比海地区进行投资的企业应设计一套具体有效的运行机制，约束海外经营者（代理人）行为，使其符合出资人（委托人）利益最大化目标。对投资主体决策权进行合理分配，境外投资需经出资人代表审查同意并接受其监督。另外，完善企业内部激励制度，合理引导管理层决策。通过绩效评价与考核，建立管理人员的收入与企业绩效挂钩的激励机制，调动境外企业经营者积极性，使其经营管理符合国家战略需求和企业资产保值增值的需要。

结合监管要求和子企业所在国（地）法律，建立科学的公司治理结构，从体制上防止企业发生因决策失误或者恶意侵害等各种原因导致国有资产流失的情形。通过公司章程或公司内部管理文件加强董事会或国有资产授权经营主体对投资决策权的集中控制，明确董事会的权责，实现董事会对境外投资有效控制和对经理层的有效监督；加强公司监事会的职能，防止动机多元化的经营者行为与追求投资利润最大化的出资人目标相矛盾，避免因信息不对称导致国有出资人对企业经营活动的失控及内部人控制。

（3）提高对境外企业的财务管理能力。境外企业在追求利益最大化的同时，其财务管理权相对独立，母公司难以直接而透明地掌握境外公司的财务运行状况。另外，我国现行的会计体系，更加侧重对境外企业的外部监管，而忽视提高企业内部财务管理能力的自觉性。所以，有必要规范境外投资企业的内部财务管理制度、加强资金集中统一管理、强化外派财务人员的独立性、增强会计信息的可交流性，从而加强母企业对境外子公司的控制力，降低境外投资财务失控风险。

（4）建立和完善境外投资资产流失的责任追究制度。建立和完善境外国有资产流失的责任追究制度，加大惩处力度。责任追究制度应至少涵盖两个方面：一是境外投资决策时，决策者违反决策程序，导致对境外投资决策的失误，致使国有资产流失。二是驻外企业或机构在日常经营中，由于故意或者过失导致国有资产流失。对以上两种情形都应该追究责任者的相关责任，包括民事责任、行政责任乃至刑事责任。

2. 投资的产权管理

（1）实行严格的产权登记手续。我国在加勒比海地区所投资的企业，在出现以下情形时，应严格履行产权登记手续：第一，以投资、分立、合并等方式新设境外企业，或者以收购、投资入股等方式首次取得境外企业产权。第二，境外企业名称、注册地、注册资本、主营业务范围等企业基本信息发生改变，或者因企业出资人、出资额、出资比例等变化导致境外企业产权状况发生改变的。第三，境外企业解散、破产，或者因产权转让、减资等原因不再保留国有产权时。

（2）产权交易前进行合法的资产评估。由我国企业独资或者控股的加勒比海地区境外企业在境外发生转让或者受让产权、以非货币资产出资、非上市公司股东股权比例变动、合并分立、解散清算等经济行为时，应当聘请具有相应资质、专业经验和良好信誉的专业机构对标的物进行评估或者估值，评估项目或者估值情况应当由母公司备案；涉及中央企业重要子企业由国有独资转为绝对控股、绝对控股转为相对控股或者失去控股地位等经济行为的，评估项目或者估值情况应当报国资委备案或者核准。

（3）实行责任追究制度。我国在加勒比海地区投资企业有关责任人员违反国家法律、法规和《中央企业境外国有产权管理暂行办法规定》，未履行对境外国有产权的监管责任，导致投资企业资产损失的，由有关部门按照管理权限和有关法律法规给予处分；涉嫌犯罪的，依法移交司法机关处理。

（五）旅游人才培养

1. 国内旅游经营人才培养计划

（1）国外知名旅游目的地带薪实习。面向国内招聘有经验的优秀旅游经营管理人才，在同其签订服务协议后，将其送往迪拜、马尔代夫、夏威夷等世界上知名的旅游目的地进行带薪实习，实习期满后将其派往加勒比海地区相应旅游企业的相应工作岗位。

（2）国际化工学结合培养人才。通过公开考试等方式，从国内学院选拔，利用公司在海外的旅游企业为学员提供工学结合的进修学习机会，进行针对性培养，在工作之余请专业人士对其进行业务培训或送到相关旅游院校学习，工学期结束后考核合格者直接走上相关经营管理岗位。

（3）分时段跨国顶岗实习。跟国内北京第二外国语大学外等知名院校合作，采取订单式人才使用培养模式。在国内学完相关理论课程后，在即将毕业的前一年，将其送往国外旅游企业的相关岗位上进行顶岗实习，表现优秀及考查合格者直接将其排上相关岗位。

（4）项目化培训。由旅游企业、院校、学员三方共同组成项目小组，完成企业设立的项目任务，如使顾客满意度提升到90%以上，实现客人零投诉等。在实现项目目标的过程中，培养学员的经营管理能力，实现项目目标后，由项目的设置方（用人企业）给项目的参与者一定奖励。在项目进行过程中表现优秀的学员被公司安排其相关的经营管理岗位。通过项目化培训，不但可以提升学员的水平，还可以提高企业及院校的旅游人才培养水平。

（5）与国外知名旅游院校联合培养人才。与国外知名旅游管理院校，如瑞士酒店管理学院、新加坡管理发展学院等合作，联合培养国际化的旅游经营管理人才，经培养合格者，公司聘安排其相关的岗位任职。

（6）与高校联合增设"加勒比海旅游经营"研究生研修方向。与国内具有旅游管理硕士点的知名高校联合，在研究生专业方向中增设"加勒比海旅游经营"研修方向，并实行校企联合培养，塑造研究型和实战型相结合的人才，合格的毕业者被公司聘请从事公司经营战略方案的研究工作，或直接从事相关经营管理工作。

（7）编写"加勒比海旅游经营管理"教材。在国内组织一批专家，在进行实地考察的基础上，编写"加勒比海旅游经营管理"系列教材，用于企业的人才培训及吸引更多的学员对加勒比海旅游产生兴趣，从中选拔人才。

（8）培养专项旅游经营管理人才。针对加勒比海地区旅游业开展状况，培养邮轮、潜水、海滨度假、水上运动、疗养保健等方面的专项旅游经营管理人才，满足相关旅游企业在加勒比海地区开展旅游业务的需要。

2. 国际旅游经营人才引进计划

（1）每年派出赴海外人才引进团。由国家级别较高的管理部门牵头，在投资加勒比海旅游业的企业中每年组成人才招聘引进团，赴美国、加拿大、瑞士、英国、法国等国家招徕引进优秀旅游经营管理人才。

（2）每年发布海外高层次旅游经营管理人才需求信息表。可以由相关企业共同组建或委托相关部门组建一个"中国加勒比海地区旅游投资企业人才服务中心",每年向全世界发布高层次旅游经营管理人才需求信息表,并提供优厚待遇,吸引相关人才。

(3)与知名旅游目的地定点合作。与马尔代夫、马来西亚、新加坡等国经营业绩比较突出的旅游企业建立长效合作机制,请其每年派人从事有偿经营管理顾问工作,或直接在相应工作岗位上换岗一段时间,为我国相关企业注入新的经营管理理念。

(4)定期召开"加勒比海旅游国际论坛"。由国家相关部门或协会牵头,由相关旅游企业承办,定期召开"加勒比海旅游国际论坛",请国际知名专家发表论见,为加勒比海旅游业开发建设及经营引进国际智慧。

(5)设开放性国际化旅游研究基地。利用某个企业的经营空间,或利用多个企业的多个经营场地,建立开放型国际化旅游研究基地,吸引世界范围内的知名学者进入基地开展相关研究,在满足其研究需求的同时,也为企业经营带来相关智慧,在客观上起到智力引进的作用。

(6)设国际性旅游实习基地。设国际性的旅游实习基地,为世界范围内旅游院校学生提供实习场合,在客观上利用世界相关院校的教育资源,提升我国在加勒比海旅游企业的旅游服务水平。同时,从实习学员中物色优秀人才,跟有意向的优秀学员达成聘用协议。

第三篇

专题研究报告

第十二章 规划区国际地位分析报告

一 范围和地缘特点

国际上，对于加勒比海地区（the Caribbean region）的确切地理范围一直没有公认一致的定论。对于绝大多数美国地理学家来说，加勒比海地区包括位于加勒比海的岛屿。此外，还有位于大西洋的巴哈马群岛、特克斯和凯科斯群岛，但不包括中美洲和墨西哥尤卡坦半岛的加勒比沿海地区。对很多欧洲地理学家以及对于不讲西班牙语的加勒比岛屿居民而言，加勒比海地区包括中美洲和墨西哥以东、北美洲和南美洲之间所有的岛屿，再加上伯利兹以及南美洲北部的圭亚那、苏里南和法属圭亚那。还有一些人认为，加勒比海地区的范围仅仅是指加勒比海内的岛国和属于欧洲、美国海外领地的岛屿。

为解决这一分歧，加里·埃尔伯（Gary Elbow）提出了一个方案，即将加勒比海地区划分为中心（core）、边缘（fringe）和外围（periphery）三大次区域。中心区是指所有人都认为属于加勒比海地区的加勒比海岛屿；外围区包括距离核心区较远的巴哈马群岛、特克斯和凯科斯群岛，以及中美洲海岸以外的一些岛屿。此外，伯利兹、圭亚那、苏里南和法属圭亚那也属于边缘区的组成部分。外围区涵盖墨西哥南部的尤卡坦半岛，以及所有中美洲国家。除此之外，南美洲哥伦比亚和委内瑞拉的北部沿海地区也在此范围之内。[1]

从古巴最西端的圣安东尼奥角往东，经伊斯帕尼奥拉岛、波多黎

---

① Gray S. Elbow, "Regional Cooperation in the Caribbean: The Association of Caribbean States", *Journal of Geography*, 96, No. 11, 1996, p. 115.

各、维尔京群岛，然后折向南，经东加勒比海小岛一直延伸到委内瑞拉北部沿海，绵延2200英里，有大大小小几千个岛屿，但陆地面积总共只有9.1万平方英里，与美国的俄勒冈州或大不列颠岛相当。加勒比海岛屿可分为古巴、伊斯帕尼奥拉、牙买加、波多黎各构成大安的列斯群岛五个部分，占加勒比岛屿陆地面积的88%；从波多黎各以东的维尔京群岛往南延伸，直到特立尼达的一系列小岛，构成小安的列斯群岛（通常，以多米尼克海峡为界，以北被称为背风群岛，以南被称为向风群岛），小安的列斯群岛占加勒比岛屿陆地面积的4%；巴哈马群岛、特克斯和凯科斯群岛占加勒比岛屿陆地面积的6%。其余两个部分为古巴和牙买加以西的开曼群岛、委内瑞拉沿海以外的ABC岛屿（阿鲁巴、博奈尔、库拉索），这两部分加起来的陆地面积不到加勒比海地区的1%。此外，还有几百个位于加勒比海的岛屿属于中美洲和南美洲国家领土，绝大多数地理学家将它们看作是拉丁美洲，而非加勒比海地区的一部分。

加勒比海地区有时又被称为西印度。15—19世纪，该地区被欧洲殖民者征服，因此通常又会按照不同的殖民经历进行划分。

英属西印度：牙买加、开曼群岛、巴哈马、特克斯和凯科斯、英属维尔京群岛、安圭拉、安提瓜和巴布达、圣基茨和尼维斯、蒙特塞拉特、多米尼克、圣卢西亚、圣文森特和格林纳丁斯、巴巴多斯、格林纳达、特立尼达和多巴哥。

法属西印度：马提尼克、瓜德罗普、圣马丁岛北部、圣巴泰勒米岛、海地。

荷属西印度：阿鲁巴、博奈尔、库拉索、圣尤斯特歇、萨巴、圣马丁岛南部。

此外，波多黎各和美属维尔京群岛被美国控制，古巴和多米尼加共和国是前西班牙殖民地，一般被看作拉丁美洲的一部分。

尽管加勒比海地区的陆地面积狭小，但在全球，尤其是西半球事务中经常发挥重要作用。由于占据重要的地缘政治和战略要道，从15—21世纪，加勒比海地区一直处于外部强国的关注与争夺中。最初，西班牙、英国、法国、荷兰等欧洲殖民势力在争夺新旧世界之间的海洋通道的控制权过程中，加勒比岛屿作为沟通大西洋和加勒比海之间的自然桥梁，备受重视。因为在这些岛屿上可以建立基地、港口和防御要塞。其中，最重要的是那些靠近海洋交通必须通过的狭窄瓶颈的地区：尤卡坦海峡、佛罗里达海峡、向风海峡、莫纳海峡、阿内加达海峡。除了战略军事价值外，加勒比海地区还作为蔗糖产地而备受欧洲强国的青睐。由于蔗糖的重要性，1763 年七年战争结束，英国战胜法国，在谈判中，英国甚至考虑放弃整个加拿大，换取瓜德罗普和马提尼克。

1823 年，美国提出门罗主义，警告欧洲列强，不要向西半球渗透，并将加勒比海地区视作美国的势力范围。此后，加勒比海地区一直被美国看作自己的"后院"或"内湖"。实际上，美国在加勒比海地区的军事干预超出世界上任何其他地区，特别是海地、古巴和多米尼加共和国，一直被美国看作地缘政治的敏感区而多次被美国军事占领。第二次世界大战期间，美国在加勒比海地区建立了一系列的军事基地。荷兰同意美国在苏里南建立军事基地以保护当地的铝土矿。通过"租借法案"，美国在英属的百慕大、巴哈马、牙买加、安提瓜、圣卢西亚和圭亚那建立了军事基地。① 第二次世界大战结束后，这些基地部分被关闭，但目前，美国仍在巴哈马、巴拿马、波多黎各以及古巴的关塔那摩保留着军事基地。

"冷战"时期，加勒比海地区是美国和苏联两大超级大国争夺的焦点之一。美国力图在加勒比海地区维持对美国友好的政权。1959 年，古巴革命胜利，古巴新政权与苏联建立了密切关系，并支持拉美和加勒比海地区其他国家的左翼政权和革命运动，在地缘政治上对美国提出了严重的挑战。所以，美国一直对古巴实行封锁政策，并对加勒比海地区的左翼政权进行颠覆活动。其中最突出的是 1983 年入侵格林纳达。

1991 年，苏联解体，"冷战"结束。但美国依然对古巴实行经济制裁。1996 年，美国通过《赫尔姆斯—伯顿法》，根据该法案，美国人有权起诉与在 1959 年后被古巴政府收归国有的美国公司进行贸易或者进行投资获取利润的任何外国公司，允许美国政府对在古巴进行经济活动的外国

---

① 其中最著名的是特立尼达的查瓜拉马斯（Chaguaramas）海军基地，1941 年，美国以 50 艘驱逐舰从英国手中获得该基地为期 99 年的租借权。1956 年，埃里克·威廉斯被选为特立尼达和多巴哥总理。他领导 6 万多名抗议者到美国使馆前抗议，要求美国关闭海军基地，结果，美国同意偿付给特立尼达 3000 万美元，分 5 年付清。1967 年，威廉斯迫使美国放弃了该基地。D. H. 菲格雷多、弗兰克·阿尔戈特–弗雷雷：《加勒比海地区史》，中国大百科全书出版社 2011 年版，第 214 页。

公司进行惩罚。也就是说，将对古巴的制裁扩及外国公司。另外，该法案为古美关系正常化增加了另一个条件：美国将不接受菲德尔·卡斯特罗和劳尔·卡斯特罗的古巴政府，也就是说，即使菲德尔·卡斯特罗或者劳尔·卡斯特罗通过自由公正的选举当选总统，美国将依然不予承认。尽管"冷战"已经结束，但美国依然将加勒比海地区看作其"第三边界"。2001 年，美国对加勒比海地区提出了"第三边界倡议"（Third Border Initiative），根据这一计划，美国向加勒比海地区提供援助，用以防治艾滋病、预防和减轻自然灾害的破坏、执法合作、发展教育等。

由于地缘战略位置突出，一方面，世界大国在加勒比海地区长期角逐；另一方面，加勒比海地区国家也在一定程度上能够利用其战略地位发挥国际作用和影响。1959 年后，古巴的国际影响一直是不容忽视的。特立尼达和多巴哥凭借其丰富的石油和天然气资源，其国际影响也超出加勒比海地区。为了捍卫自身利益，加勒比海地区小国加强联合，以增强其与大国讨价还价的地位。此外，它们还积极参加各种国际组织，如美洲国家组织、拉丁美洲经济体系（SELA）、加勒比国家联盟（ACS）、不结盟运动、加勒比论坛（CARIFORUM）等，以发挥国际影响。作为英联邦的成员国，加勒比海地区的英语国家以较小的代价获得较大的文化、经济和外交上的回报。1990 年成立的"发展中小岛国联盟"（The Alliance for Small Island Developing States），促使世界开始关注气候变化对这些特殊国家的影响①。

二　政治现状

不同的殖民经历对当代加勒比海地区的政治体制产生了根本性影响。当前，加勒比海地区存在着截然不同的政治制度，从古巴的社会主义制度到加勒比英联邦国家的威斯敏斯特式的议会民主制度以及其他国家新生的民主制度；从独立国家到欧洲、美国的海外领地，差异性极大。但同时，由于加勒比各国和地区都曾遭受殖民征服和统治、都实行过黑人奴隶制和

① Jacqueline Anne Braveboy - Wagner, "International Relations", Richard S. Hillman and Thomas J. D'Agostino eds., *Understanding the Contemporary Caribbean*, Lynne Rienner Publishers, 2009, pp. 166 - 167.

种植园经济体制、都受到外部大国的持久影响，这些共同经历使得加勒比海地区国家在政治变革的模式上也存在着很大程度的共同性，这表现在价值观念、政治行为方式、体制性的特点等方面。

加勒比海地区的英语国家（即上文提及的英属西印度）实行的是英国式的议会民主制度。以牙买加为例，根据1962年宪法，英国女王伊丽莎白二世根据牙买加总理的建议，任命一名总督，作为女王在牙买加的代表。总督的角色仅仅是象征性的，实际权力由总理为首的内阁控制。议会由参、众两院组成，13名参议员根据总督建议任命，8名参议员根据反对党的建议任命。众议员由选举产生。总督任命众议院多数党领袖为总理，并根据总理提名任命政府部长，其中不得少于2名、不得超出4名部长必须从参议院提名产生。内阁由总理和11名以上部长组成，对议会负责。根据宪法，牙买加每五年举行大选。但总理可以要求总督提前举行大选。参议院可以提出议案，并审议众议院提出的议案。参议院阻碍预算法案审议的时间不得超过1个月，阻碍其他议案审议的时间不得超过7个月。司法制度也是根据英国模式建立的。上诉法院（Count of Appeals）是最高法院，在某些情形下，案件可以上诉到英国枢密院。牙买加的教区选举市政会，行使地方政权的有限职责。牙买加的两大政党与两大工会组织存在着密切的联系。牙买加工党（JLP）与布斯塔曼特工业工会（Bustamante Industrial Trade Union，BITU）结盟，人民民族党（PNP）与民族工人工会（National Workers Union，NWU）结盟。2012年，牙买加将举行议会选举。

加勒比海地区的其他英联邦国家的政治体制与牙买加类似。一个例外是，1976年后，特立尼达和多巴哥通过共和制宪法，以议会选举产生的总统取代伊丽莎白女王为国家名义上的最高首脑。

一般认为，与原西属、法属殖民地地区相比，加勒比海地区英联邦国家更有可能维持稳定的民主制度。但是，实际上，英联邦国家的议会民主制度是从英国移植而来，与这些地区历史上形成的以种族差别为基础的社会等级制度不相适应。① 因而，议会民主制度在这里发生了某种变异，或者说被"加勒比化"了。这主要表现在：强人统治、精英政治、庇护关

---

① 由于历史上长期推行黑人奴隶制，加勒比海地区形成了一种以种族为基础的社会等级制，一般白人居社会上层，黑人居社会底层，混血种人位于二者之间。

系等。英语加勒比海地区的政党往往依靠一位强有力的、克里斯玛式①的领袖人物来领导，例如牙买加的诺曼·曼利、迈克尔·曼利父子，亚历山大·巴斯塔曼特、特立尼达和多巴哥的埃里克·威廉斯、多米尼克的"铁娘子"尤金尼亚·查尔斯，等等。"传统上，忠诚往往是以民众对于救世主的恭敬为基础的"②，强人政治是政治制度化程度低、民主制度不完善的产物。在民主制外表下，政治依然被精英阶层所控制，民众的参与程度很低。精英分子建立政党，将民众纳入现行的权力框架之内。不同的政党之间不存在意识形态上的根本分歧，民众对于不同政党的支持源于对领袖人物的崇拜，政党领袖与民众之间的联系通常依靠一种庇护关系来维持。具体来说，就是政党和政党领导人通过向民众提供就业机会、住房、教育和医疗等社会福利，换取民众的忠诚和拥护。

独立之初，这种政治体制一度运转良好。但是，到 20 世纪 70 年代后，伴随着经济衰退，政治上也出现了不稳定。为了应对危机，有的国家，如牙买加、圭亚那、苏里南尝试建立"左翼的社会主义一党政治"。在格林纳达，1979 年，"新宝石运动"（NJM）上台，建立人民革命政府。加勒比海地区政治的左转引起了美国的关注，并导致了 1983 年美国对格林纳达的入侵。左翼政府通过国家干预治理经济的政策并不成功，80 年代后，在拉美国家债务危机的影响下，加勒比海地区经济继续衰退。为了摆脱危机，加勒比国家在国际金融机构的指导下，推行新自由主义的经济紧缩政策。此外，"9·11"恐怖袭击事件后，美国将大量资源投入反恐战争，对加勒比国家的援助减少。与此同时，加勒比出口产品在国际市场上的价格下跌。2008 年，全球金融危机的爆发也影响到加勒比海地区。上述一切，致使政府手中的资源减少，降低了向民众分配福

---

① 克里斯玛（Charisma）原出自《新约全书》，本意为"天赐之物"。马克斯·韦伯将其作为一个政治概念使用，他把具有超凡魅力的权威定义为权威的一种形式，这种权威不是来自对某一官职或职位的占有，而来自个人的非凡品质。这是一种异常的权威形式，经常为革命运动和其他社会运动的领袖所推崇，并为他们的追随者所承认。它常常与社会不幸或动荡的时期相伴而生。由于这种权威的本质是非制度性的，因而除非领袖的超凡魅力能够通过建立官员选举制度或继承人的传承方法而变得"常规化"，这种权威总会在巩固和延续自身方面碰到尖锐的问题。戴维·米勒等主编：《布莱克维尔政治学百科全书》，中国政法大学出版社 2002 年版，第 107 页。

② Anthony Payne, "Westminster Adapted: The Political Order of the Commonwealth Caribbean", Jorge I. Domínguez, Robert A. Pastor and DeLisle Worrell, eds. , *Democracy in the Caribbean: Political, Economic, and Social Perspectives*, Baltimore: Johns Hopkins University Press, 1993, p. 72.

利的能力，政治庇护关系越来越难以维持。在这种形势下，越来越多的人移居国外，留在国内的人也逐渐认识到，民主体制并没有代表人民的利益，尤其在年轻人中，挫败感和愤世嫉俗的倾向不断增长，甚至出现了政治极端事件，例如，1990 年，在特立尼达和多巴哥，一个黑人穆斯林组织袭击国会和电视台，绑架了总理。1993 年，因对选举发生争议，圣基茨和尼维斯发生了抗议，并出现暴力事件，最后在邻国安全部队的援助下才恢复秩序。

相对于加勒比英语国家，在原西班牙殖民地和原法国殖民地海地，政治威权主义传统更为明显。在多米尼加，特鲁希略的独裁统治维持了 31 年（1930—1961 年）。在海地，杜瓦利埃父子的独裁统治维持了 29 年（1957—1986 年）。此后，两国逐步向民主制度过渡。在此过程中，相对而言，多米尼加比较成功，而海地却出现了持续的政局动荡。

三　经济水平

由于人口、资源、政策等方面因素不同，加勒比海地区的经济发展水平存在着严重的差异。

各国各地区之间人口水平差异很大。海地、多米尼加共和国、牙买加、特立尼达和多巴哥、圭亚那属于加勒比海地区的人口大国，五个国家和地区（安提瓜和巴布达、多米尼克、圣基茨和尼维斯、英属维尔京群岛、蒙特萨拉特）的人口不到 10 万。①

经济规模也各不相同。特立尼达和多巴哥拥有丰富的石油和天然气储量，不仅是该地区最大的石油和天然气出口国，而且是世界上甲烷和氨水的主要出口国之一，GDP 总量达 277 亿美元。② 海地虽然是西半球最穷的国家，GDP 为 85 亿美元；而蒙特塞拉特的 GDP 只有 1.19 亿美元。

根据人均 GDP 水平，世界银行将各国分为低收入、中低收入、中等收入、中高收入和高收入五类。在加勒比海地区，英属维尔京群岛人口只有 2.7 万（2005 年，仅次于蒙特萨拉特，人口居倒数第二），人均 GDP

---

① 因有关古巴的情况将设专章讨论，本节分析不包括古巴。

② 2013 年数据，IMF，2014，Regional Economic Outlook：Western Hemisphere：Rising Challenges。

高达3.5万美元（2006年），居本地区之首。① 凭借奢侈旅游业和离岸金融业的发展，英属维尔京群岛是本地区唯一人均GDP达到高收入线以上的地区。安提瓜和巴布达、圣基茨和尼维斯、荷属安的列斯、特立尼达和多巴哥、巴巴多斯、巴哈马、阿鲁巴的人均GDP达到中高收入线1.11万美元以上。巴拿马和格林纳达中等收入线以上。伯利兹和圣卢西亚达到中低收入线以上。圣文森特和格林纳丁斯、多米尼克、圭亚那、牙买加、蒙特塞拉特的人均GDP也在低收入线以上。海地的人均GDP为1700美元（2006年），是本地区唯一在低收入线以下的国家。由于政局动荡、投资环境恶化，海地的经济和社会发展指数远远落后于本地区其他国家，80%的人口生活在贫困线以下，收入分配严重不均，基尼系数高达0.65。

根据另外两项指标——人均预期寿命和成人识字率——来衡量，加勒比海地区之间也相差悬殊。蒙特塞拉特人均预期寿命为79岁，高于美国（78岁），英属维尔京群岛和多米尼克为78岁，接近美国。只有圭亚那（64岁）和海地（53岁）人均预期寿命低于70岁。具体见表12-1。

表 12-1　　　　　　　加勒比海地区人均寿命

国家	年份	人均预期寿命（岁）
高收入国家	2005	79
蒙特塞拉特	2007	79
美国	2005	78
英属维尔京群岛	2007	77
多米尼克	2002	77
荷属安的列斯	2005	76
安提瓜和巴布达	2002	75
巴拿马	2005	75
巴巴多斯	2004	75
阿鲁巴	2007	75
圣卢西亚	2005	74
格林纳达	2002	73

---

① 中国国际贸易促进委员会经济信息部：《英属维尔京群岛、开曼群岛、萨摩亚群岛投资环境调研》，2007年。

续表

国家	年份	人均预期寿命（岁）
圣文森特和格林纳丁斯	2005	72
伯利兹	2005	72
圣基茨和尼维斯	2002	71
巴哈马	2005	71
牙买加	2005	71
中等收入国家	2005	70
特立尼达和多巴哥	2005	70
圭亚那	2005	64
低收入国家	2005	59
海地	2005	53

资料来源：U. S. International Trade Commission, *Caribbean Region*: *Review of Economic Growth and Development*, Investigation No. 332 - 496, Washington D. C., 20436, www. usitc. gov, May, 2008, Chapter 2, p. 8。

巴巴多斯的成人识字率达100%，超过美国（99%）。圭亚那、特立尼达和多巴哥、英属维尔京群岛、圣基茨和尼维斯的成人识字率也在98%以上。伯利兹虽然有33%的家庭生活在贫困线以下，但是，成人识字率达到77%。海地的成人识字率只有53%，是本地区最低的。具体见表12-2。

表12-2 加勒比海地区识字率

国家	年份	成人识字率（%）
巴巴多斯	2002	100
美国	2003	99
圭亚那	2003	99
特立尼达和多巴哥	2003	98
英属维尔京群岛	1991	98
圣基茨和尼维斯	2003	98
阿鲁巴	2000	97
蒙特塞拉特	1970	97
荷属安的列斯	2003	97
巴哈马	2003	96

续表

国家	年份	成人识字率（%）
格林纳达	2003	96
圣文森特和格林纳丁斯	1970	96
多米尼克	2003	94
巴拿马	2000	92
圣卢西亚	2001	90
牙买加	2003	88
安提瓜和巴布达	2003	86
伯利兹	2000	77
海地	2003	53

资料来源：U. S. International Trade Commission, Caribbean Region: Review of Economic Growth and Development, Investigation No. 332 – 496, Washington D. C. 20436, www. usitc. gov, May, 2008, Chapter 2, p. 8。

尽管加勒比海地区经济水平相差悬殊，但在很大程度上也存在共同性。在地理上，加勒比海地区靠近巨大的美国市场，占据国际主要海运航线要道，适合生产特种热带作物和常年适合旅游业的气候，为加勒比海地区的经济发展提供了有利条件。

加勒比海地区绝大多数国家是小岛国，国内市场狭小，在贸易、投资和经济援助方面严重依赖美国和欧盟，近年来则开始依赖中国等东亚国家和地区。

在历史上，加勒比海地区的经济最初主要依赖蔗糖生产和出口。19世纪后，随着蔗糖生产的衰退，又引进了香蕉。但是，无论蔗糖和香蕉，都依赖于欧洲市场的特惠待遇。目前，根据世界贸易组织（WTO）的原则，这种单方面的特惠待遇应予废除。因此，加勒比海地区迫切需要实现经济多样化，寻求新的贸易伙伴，同时，加勒比海地区的经济将不得不越来越依赖自身在国际市场上的竞争力。这是当前加勒比海地区经济面临的严重挑战。

当前，加勒比经济从出口农业向服务业，特别是旅游业的转型越来越明显。农业生产对 GDP 的贡献越来越小，服务业对 GDP 的贡献越来越多。表 12 - 3 显示了 2000 年一些加勒比国家的主要行业产值占 GDP 的百分比。

表 12-3 　　　　　　加勒比海地区各国产业情况 　　　　　单位:%

国家	矿业	农业	制造业	服务业
巴巴多斯	0.9	6.3	9.0	83.8
圭亚那	13.6	32.8	10.4	43.2
牙买加	4.6	6.9	14.4	74.1
特立尼达和多巴哥	31.3	1.3	7.1	61.3
安提瓜和巴布达	1.7	3.9	2.3	92.1
圣文森特和格林纳丁斯	0.2	10.8	6.0	83.0
海地（2002—2006）		25.6	7.8	66.6

资料来源: Ransford W. Palmer, The Caribbean Economy in the Age of Globalization, Palgrave, 2009, p. 8。

这种经济转型意味着,加勒比经济从依赖普通劳动力的生产型经济转向依赖较高知识水平的劳动力的服务型经济,从而对加勒比海地区的教育也提出了挑战。另外,古巴未来的形势变化可能会对其他加勒比国家经济产生影响。一旦将来美国解除对古巴的制裁,大量美国旅游者将会流向古巴,相当部分的外国投资也会从其他加勒比国家流向古巴,从而对其他加勒比国家的经济带来压力。

此外,加勒比海地区地处飓风带,易受自然灾害的严重破坏。环境的恶化,如森林减少、土壤侵蚀、日益频发的洪水和泥石流等,也是加勒比海地区经常面临的严重问题。

因此,尽管多数加勒比海地区国家属于中等以上收入国家,但加勒比海地区的经济普遍存在严重的脆弱性。20世纪90年代以来,联合国和英联邦秘书处根据贸易开放的程度、出口多样化水平、对外部资金流入的依赖度、对出口的依赖度、国际运输费用、抗自然灾害破坏的能力等指标对111个发展中国家进行考察,结果发现,在加勒比共同体国家中,经济脆弱程度最高的是安提瓜和巴布达,该国也是在被调查的111个发展中国家中,经济脆弱程度排第2位的国家,巴哈马排第4位,特立尼达和多巴哥居平均水平,海地和苏里南的脆弱性程度最低,可能是由于海地的市场对外开放程度较低,苏里南受自然灾害影响的程度较小等缘故。[1]

---

[1] Jacqueline Anne Braveboy - Wagner, "International Relations", Richard S. Hillman and Thomas J. D' Agostino eds. , Understanding the Contemporary Caribbean, Lynne Rienner Publishers, 2009, p. 181.

四　与主要国家的经济关系

1. 与欧盟的经济关系①

在历史上，加勒比海地区的经济支柱是蔗糖生产和出口。19 世纪，加勒比海地区的蔗糖丧失了在欧洲市场上的垄断地位，逐步衰弱。随后，加勒比海地区又引进了香蕉。但无论是蔗糖还是香蕉，其生产和出口都依赖属于欧洲市场的特惠待遇。1975 年，9 个欧洲经济共同体国家与 46 个非洲、加勒比、太平洋国家（Africa – Caribbean – Pacific，ACP），主要是原英国、荷兰、比利时和法国的殖民地，签署《洛美协定》（Lomé Convention），于 1976 年 4 月生效。根据协定，非加太国家的绝大多数农产品和矿产品出口欧洲市场，享受免税待遇。根据《洛美协定》形成的"农产品收入稳定体系"（Stabilization of Export Earnings from Agricultural Commodity System，STABEEX），旨在帮助稳定数量广泛的农产品，如可可、咖啡、茶叶的出口收入，以缓解非加太国家因产品价格和供给的波动而带来的出口收入下降。对于蔗糖、牛肉（beef）、小牛肉（veal）、香蕉、朗姆酒，双方分别签署了协定。例如，根据《香蕉协定》，欧洲经济共同体市场每年允许特定数量的香蕉免税进入；根据《蔗糖协定》，欧洲经济共同体每年从非加太国家以高于国际市场的价格购买固定数量的蔗糖。这些规定对于像圭亚那、巴巴多斯这样生产蔗糖的加勒比国家非常有利。《洛美协定》在 1980 年、1985 年、1990 年、1995 年几次更新，对非加太地区农产品出口特惠的范围有所扩大。

尽管享受到欧洲市场的特惠待遇，非加太国家的出口业绩不仅没有改善，反而不断恶化。更重要的是，其他国家指责《洛美协定》的贸易条款与世界贸易组织的国际贸易原则相违背。例如，根据《洛美协定》，加勒比海地区的香蕉进入欧洲市场享受特惠待遇，限制了中美洲国家香蕉对欧洲市场的出口。在中美洲生产香蕉的美国跨国公司尤其对此强烈反对。于是，中美洲的香蕉生产国，在美国支持下，要求世界贸易组织审查

---

① 参考自刘洁、董经胜《加勒比地区对外经济关系的新变化》，《拉丁美洲研究》2012 年第 1 期。

《洛美协定》相关条款的合法性。中美洲国家指出，欧盟对加勒比香蕉的进口特惠政策与关税与贸易总协定（GATT）关于最惠国待遇的规定相违背①。由于中美洲国家和加勒比国家都是关贸总协定成员，因此，根据关税与贸易总协定，欧盟应该给予二者相同的市场准入条件。1999 年 4 月 19 日，世界贸易组织宣布，欧盟关于香蕉进口的一系列政策的确与关税与贸易总协定相悖，并指示美国，可以对一些欧盟商品实行报复性的关税，直到欧盟改变其对非加太国家的贸易特惠政策为止。

此外，随着时间的推移，欧盟与非加太国家的共同利益逐步减少。《洛美协定》签署之初，欧洲和非加太国家存在着很强的历史联系，但后来，非加太国家在欧盟对外政策中的重要性逐步下降，双方的历史联系减弱。《洛美协定》还受到政治因素的影响。在前三次《洛美协定》（1974 年、1980 年、1985 年）中，欧盟对非加太国家的政治事务采取中立立场。但是，伴随着"冷战"结束，冲击发展中国家的民主化浪潮导致了欧盟和非加太国家关系的政治化。在本国纳税人的压力下，欧盟开始部分或全部地取消那些在尊重人权和民主化方面表现不佳的非加太国家的贸易特惠待遇。

在这种形势下，2000 年，双方又签署了《科托努协定》（Cotonou A-greement），取代《洛美协定》。《科托努协定》中最重要的条款是，最终废除非加太国家进入欧盟市场的特惠待遇，代之以互惠性的《经济伙伴协定》（Economic Partnership Agreement，EPA），以符合世界贸易组织的原则要求。根据《科托努协定》，双方于 2002 年 9 月启动《经济伙伴协定》的谈判，谈判于 2008 年结束。为了反映不同地区的利益诉求，非加太地区的 79 个成员国被分为 6 个小组，加勒比论坛（Caribbean Forum，CARIFORUM）为其中之一。加勒比论坛包括 15 个加勒比共同体国家，另有多米尼加共和国。2008 年 10 月 15 日，加勒比论坛和欧盟最终签署了《经济伙伴协定》（EPA）。根据《经济伙伴协定》，欧盟方面立即取消所有针对加勒比方面商品进口的所有关税和配额，唯一的例外是蔗糖和大米，这两种商品的进口将在短期内自由化。协定充分利用了世界贸易组织关于允许发展中国家排除部分商品市场自由化以保护敏感和新兴的工业，以及采取安全措施以防止进口激增的条款，规定加勒比方面市场89%的

---

① 根据关贸总协定，每个成员国不得在贸易法律上有选择地对其他任何成员国实行歧视。

贸易将在 15 年时间内向欧盟方面开放，全部贸易将在 25 年内向欧盟方面开放。《经济伙伴协定》的签署，将对加勒比国家产生重要的影响。首先，将会影响加勒比国家关税收入，而关税收入在绝大部分加勒比国家的税收中占有很大比重。其次，加勒比国家效益较差的国内生产企业将受到外来廉价商品的冲击。因此，在协定规定的过渡期内，这些企业必须提高效益，以备将来与外部商品竞争。① 根据中国商务部对协定签署以来的情况观察，加勒比国家在实施经济伙伴协议方面成效不大。②

2. 与美国的经济关系③

美国政府一直重视其在加勒比海地区的控制力和影响力。对于美国来说，该地区不仅是铝土和石油的重要来源地，而且是美国 1/2 的出口和 2/3 进口的运输要道。因此，美国对加勒比海地区除古巴以外的其他国家给予了大量的经济和军事援助。1982 年，美国政府提出了"加勒比盆地倡议"（Caribbean Basin Initiative，CBI），为加勒比海地区的产品进入美国市场提供特惠条件，以贸易取代援助。美国认为，通过促进经济增长和发展，建立一个强有力的私人部门，将会在加勒比海地区阻止社会主义的侵蚀。

1984 年 1 月 1 日，20 个加勒比国家和地区被确定为"加勒比盆地倡议"的受惠国或地区：安提瓜和巴布达、巴巴多斯、伯利兹、英属维尔京群岛和哥斯达黎加、多米尼克、多米尼加共和国、萨尔瓦多、格林纳达、危地马拉、海地、洪都拉斯、牙买加、蒙特塞拉特、荷属安的列斯、巴拿马、圣基茨和尼维斯、圣卢西亚、圣文森特和格林纳丁斯、特立尼达和多巴哥。此后，受惠国又增加了巴哈马（1985 年 3 月 14 日）、阿鲁巴（1986 年 1 月 1 日从荷属安的列斯分离，4 月 11 日成为受惠地区）、圭亚那（1988 年 11 月 24 日）、尼加拉瓜（1990 年 11 月 13 日）。这样，受惠国或地区增加到 24 个。

2004 年 8 月 5 日，《多米尼加共和国—中美洲—美国自由贸易协定》（CAFTA – DR）签署，协定在不同国家生效后，一些国家不再是"加勒

---

① Ransford W. Palmer, *The Caribbean Economy in the Age of Globalization*, Palgrave, 2009, p. 141.

② 商务部网站，2010 年 4 月 25 日。

③ 参考自刘洁、董经胜《加勒比地区对外经济关系的新变化》，《拉丁美洲研究》2012 年第 34 期。

比倡议"的受惠国,这些国家是萨尔瓦多(2006年3月1日)、洪都拉斯(2006年4月1日)、尼加拉瓜(2006年4月1日)、危地马拉(2006年7月1日)、多米尼加共和国(2007年3月1日)和哥斯达黎加(2009年1月1日)。

2011年10月12日,《美国—巴拿马贸易促进协定》经美国国会通过。10月21日,经奥巴马总统签署,该协定生效后,巴拿马将不再属于"加勒比倡议"受惠国。

2010年10月10日,荷属安的列斯解体。原先的5个岛屿中,最大的两个岛屿库拉索岛与圣马丁岛成为荷兰王国的构成国家(自治国),实行高度自治,与荷兰本土以及1986年自荷属安的列斯脱离的阿鲁巴地位平行。而另外三个小岛博奈尔、圣尤斯特歇斯与萨巴岛合称BES岛屿,则成为荷兰特别行政区,由荷兰直接管辖。这些政治实体已经申请享受"加勒比倡议"优惠,目前美国正对此申请进行审议。

作为"加勒比盆地倡议"的组成部分,1983年8月5日起,美国开始实施《加勒比盆地经济复兴法案》(Caribbean Basin Economic Recovery Act, CBERA),旨在通过增加非传统产品的生产和出口促进加勒比盆地国家的经济增长和发展。法案授权美国总统批准给予某些加勒比国家和地区单方面的贸易特惠待遇。根据该法案,允许来自受惠国符合规定条件的产品进入美国市场,享受免税或减税待遇。产品享受特惠进入美国市场的条件是:(1)产品必须直接从受惠国进入美国海关;(2)产品必须全部由受惠国种植或生产,或者必须经受惠国充分加工后转变为一种新的或不同的产品;(3)产品必须至少包含来自一个或更多受惠国35%的成分(15%的最低成分可以来自美国)。[1] 本来,法案有效期截至1995年9月30日,但是,1990年,美国又通过了《加勒比盆地经济复兴计划扩充法案》(Caribbean Basin Economic Recovery Expansion Act, CBEREA),取消了有效期,使其成为一个永久性的法案,并在一些方面扩充了原法案的特惠范围。这些扩充包括:对一些皮革制品进口削减20%的关税、对波多黎各生产以及从法案受惠国进口并进一步加工的产品实行免税待遇、对从美国100%进口零部件生产的产品实行免税待遇。然而,纺织品和服装、

---

[1] *Ninth Report to Congress on the Operation of the Caribbean Basin Economic Recovery Act*, December 31, 2011, Prepared by the Office of the United States Trade Representative, p. 3.

石油以及石油产品不在享受免税待遇之列。

2000 年 10 月 2 日，《美国—加勒比盆地贸易伙伴法案》（U. S. – Caribbean Basin Trade Partnership Act，CBTPA）开始实施，将贸易特惠的范围扩大到包括纺织品和服装。根据该法案，从美国进口由美国纱线纺织而成并在美国裁剪的布匹，在受惠国加工而成的服装，进入美国市场享受免税和不限额待遇。如果加工这类服装的美国布匹在受惠国，而非在美国裁剪，则必须使用美国的服装用线加工而成，方符合优惠待遇。一些用受惠国布匹编织的服装，如果这些布匹是用美国纱线纺织而成，这类服装被称为"地区性布匹"，也可免税进入美国市场，但每年要受一定数额的限制，尤其是对于 T 恤衫设置了专门的限额。限额的标准是，到 2004 年 9 月 30 日，每年增长率不得超过 16%（2002 年的贸易法案对此限制进行了修改，见下文）。另外，对于一些胸罩、纺织行李箱包以及用在美国市场上难以较大数量买到的布匹做成的服装和"手工纺织的、手工制作的或民间工艺品"，也可享受免税和不限额进入美国市场的待遇。

除这些纺织品外，《美国—加勒比盆地贸易伙伴法案》还向受惠国提供墨西哥产品根据《北美自由贸易协定》（NAFTA）而享受到加勒比受惠国未能享受的减免税待遇。这些产品包括鞋类、灌装金枪鱼、石油产品、某些表和表零部件、某些手袋、行李箱包、工作手套以及皮革服装。

与《加勒比盆地经济复兴法案》（CBERA）不同，《美国—加勒比盆地贸易伙伴法案》（CBTPA）不是永久性法案，有效期截至 2020 年 9 月 30 日，或者美洲自由贸易区（Free Trade Area of the Americas，FTAA）以及任何美国与受惠国之间的其他自由贸易协定生效之时。

2002 年，美国又通过《贸易法案》（The Trade Act），对加勒比盆地的服装产品给予进一步优惠。该法案对"混杂款项"，即那些同时使用美国布料和加勒比海地区布料生产的服装提供优惠，同时，贸易法案大大增加了 2000 年规定的某些服装进入美国市场的年度数量限额，T 恤衫的限额扩大了一倍。然而，该法案规定，从 2002 年 9 月 1 日起，所有使用美国纺织或编织的布料在受惠国加工而成服装，印染等最终工序必须在美国完成，方可享受进入美国市场的优惠待遇。

2006 年，通过《伙伴激励法案》（Partnership Encouragement Act）实施海地半球机会（Haitian Hemispheric Opportunity），又称《希望法案》（HOPE Act），对海地给予特别优惠待遇。根据《美国—加勒比盆地贸易伙伴法案》（CBTPA），只有使用美国或海地布料在海地生产的服装进入美国市场才可享受免税待遇。希望法案对此进行了修改，规定，只要至少50%的成本投入或加工费来自美国、美洲自由贸易区成员国或地区性优惠计划受惠国，即可享受免税待遇。这类服装免税进入美国市场的限额是，第一年为美国服装进口总额的1%，此后5年内逐步增加，到第5年增加到2%。希望法案还规定，海地使用世界上任何国家的纺织原料生产的特定数量的纺织服装，可以在三年内免税进入美国市场。此外，希望法案还允许海地生产的汽车束线享受进入美国市场的免税待遇，前提是这些束线的原料价值必须至少有50%来自海地、美国、美洲自由贸易区成员国或地区性优惠计划受惠国。

根据《希望法案》，海地享受上述优惠的前提是，必须在以下方面取得实质性进展：建立市场经济，确立法律秩序、政治多元化和合法程序，消除对美国贸易和投资的障碍，实行减轻贫困、增加健康保健和教育机会、促进私营企业发展的政策，建立反腐机制，根据国际标准保护劳工权利。海地必须不损害美国的外交政策利益、不参与破坏人权或支持国际恐怖主义行动。

2008年，美国对海地实施《希望法案II》（HOPE II Act），进一步扩大了2006年法案的优惠范围。根据该法案，美国向海地提供相当于7000万平方米的编织服装（排除一些T恤衫和运动衫）和相当于7000万平方米的纺织服装免税进入美国市场的优惠，不管这些服装原料来自何地，只要是在海地加工为成品即可。根据该法案，对海地服装实行3:1的免税进入美国市场的制度，即每3平方米布料从美国或其他特定的贸易伙伴国进入海地，用以加工服装，海地和多米尼加共和国的服装制造商即可向美国免税出口1平方米的制成服装，不管该服装的原料来源。该法案还对某些胸罩、行李箱包、头饰帽子以及一些睡衣提供免税待遇。这些产品只要直接从海地或多米尼加装船运往美国，即符合免税条件。2009年10月6日，美国总统奥巴马向国会保证，海地已经达到根据《希望法案II》享受优惠的条件。

2010年5月，美国总统奥巴马签署了《海地经济提升计划法》（Haiti Economic Lift Program Act，HELP Act），又称《帮助法案》，再次扩大了对于海地服装进口的优惠，对某些非服装类纺织品提供优惠。

"加勒比倡议"刺激了美国企业在加勒比海地区的投资，因为这些企业的多种产品可以借助上述各项法案免税进入美国市场。在美国政府帮助下，美国资本大量流入加勒比海地区那些可利用当地廉价劳动力的行业，如纺织、服装和组装工业。同时，加勒比国家建立了一系列经济加工区，实行免税政策，允许美国企业将全部利润汇往美国，以吸引美国投资。事实上，这些主要由美国投资的企业，利用当地廉价劳动力和税收优惠条件，产品免税进入美国市场，获益的主要是外国投资者，而非加勒比国家。当然，这些外资企业在很大程度上解决了当地的就业问题，但这些企业的职工拿到的工资又有很大一部分用来购买从美国进口的产品。"研究发现，贸易优惠在对发展中国家的帮助方面所起到的作用最多是边际性的——对于发展中国家来说，起决定作用的不是别人做了什么，而是自己为自己做了什么。"①

如上所述，由于《多米尼加共和国—中美洲—美国自由贸易协定》（CAFTA-DR）签署，6个国家（萨尔瓦多、洪都拉斯、尼加拉瓜、危地马拉、多米尼加共和国、哥斯达黎加）不再是"加勒比倡议"的受惠国。由于上述6国不再被计算在内，美国从加勒比受惠国的进口产品由以服装为主，转变为以石油和天然气为主，几乎全部来自特立尼达和多巴哥。2010年，石油和天然气占美国从加勒比受惠国进口的76%。

2006年起，特立尼达和多巴哥取代多米尼加共和国，成为美国从加勒比海地区最大的进口国。2010年，根据贸易特惠条件，美国从特立尼达和多巴哥进口额为22亿美元，比2009年增长了43.8%，主要为石油和甲醇。2010年大幅度增长的原因既有数量的增加，也有价格上升的因素。

海地是加勒比海地区美国的第二大进口国。服装占美国从海地进口产品的90%以上，全部是根据"加勒比倡议"的优惠条件进口的。由于希望法案的实施，2009年，海地向美国出口的服装增加了近26%。由于2010年1月海地发生地震，致使2010年海地向美国的服装出口仅比上年增长0.7%，但此后迅速恢复，2011年1—8月，比2010年增长46%。

2010年，巴哈马取代牙买加成为美国在加勒比海地区的第三大进口国，原因是牙买加的乙醇（酒精）燃料和服装向美国的出口下降。

美国从加勒比其他小国的进口也主要是在"加勒比倡议"的优惠条

① B. Hoekman and C. Özden，"Trade Preferences and Difference Treatment of Developing Coun-tries：A Selective Syrvey"，*Policy Research Working Paper*，3566，World Bank，2005，p. 37.

件下进行，主要产品为蔗糖、不作为货币的黄金、橙汁、番木瓜果、电子器件等。

"加勒比倡议"最初是一项旨在促进加勒比海地区经济发展和出口多样化的措施，但同时也促进了美国对加勒比海地区的出口。2010 年，美国向"加勒比倡议"受惠国的出口总额为 185 亿美元，占美国全部出口额的 1.7%，在美国全球出口目的地中，排名第 16 位。巴拿马、巴哈马、荷属安的列斯、特立尼达和多巴哥是美国出口产品的主要市场，占美国向"加勒比倡议"受惠国出口总额的 72%。美国出口产品种类繁多，最重要的是精炼石油产品、飞机、珠宝、大米和玉米。[1]

3. 与加拿大、委内瑞拉的经济关系[2]

1986 年起，通过《加勒比—加拿大贸易协定》（CARIBCAN），加拿大向加勒比英联邦国家提供经济和贸易发展援助。根据该协定，加勒比英联邦国家产品的原料如果至少 60% 来自加勒比英联邦国家或加拿大，那么，这一产品即可免税进入加拿大市场。除了《加勒比—加拿大贸易协定》外，自 2002 年起，根据加拿大与 48 个发展中国家签署的单方面免税贸易倡议，加拿大向海地所有产品提供免税和无限额限制进入加拿大市场的待遇。海地是这 48 个国家中唯一的一个西半球国家。[3]

过去几十年来，委内瑞拉一直试图在加勒比海地区发挥更加积极的作用。20 世纪 70 年代初，委内瑞拉公开对其外交政策重新定位，重点放在加勒比"前院"，以抵消古巴的影响。1973 年起，委内瑞拉以其雄厚的石油美元为后盾，在加勒比海地区展开了密集的经济外交。委内瑞拉在该地区的援助计划包括资助建立合资企业、在加勒比开发银行（CDB）内设立信托基金。更重要的是，1980 年，委内瑞拉与墨西哥合作，推行《圣何塞协定》（San José Accord）。根据该协定，委、墨两国将以优惠价格向中美洲和加勒比国家提供石油。20 世纪八九十年代，在海地与中美洲国家的国内冲突中，委内瑞拉积极调停，促进和平，进一步扩大了它在该地

---

[1] *Ninth Report to Congress on the Operation of the Caribbean Basin Economic Recovery Act*, December 31, 2011, Prepared by the Office of the United States Trade Representative, pp. 11–14.

[2] 参考刘洁、董经胜《加勒比地区对外经济关系的新变化》，《拉丁美洲研究》2012 年第 1 期。

[3] U. S. International Trade Commission, *Caribbean Region: Review of Economic Growth and Development*, Investigation No. 332–496, Washington D. C., 20436, www.usitc.gov, May, 2008, Chapter 2, p. 37.

区的领导地位。1991 年，加勒比共同体与委内瑞拉在圣基茨签署了一项贸易和投资协议，规定"该协议的根本目标是通过以下途径加强双方的经济和贸易关系：（1）通过单方面免税进入委内瑞拉市场，以促进和扩大加勒比共同体产品的销售；（2）促进旨在充分利用双方市场和提高他们在国际贸易中的竞争力的投资；（3）促进地区性合资企业的建立和运作；（4）鼓励建立促进和保护双方公民投资的机制。"①

乌戈·查韦斯 1998 年担任委内瑞拉总统以来，与国内的社会变革相适应，委内瑞拉推行更加激进的对外政策。在西半球，委内瑞拉与古巴联合，反对新自由主义。为了与美国的美洲自由贸易区计划抗衡，2001 年12 月，查韦斯在第三届加勒比国家联盟峰会上首次提出成立《美洲玻利瓦尔替代计划》（ALBA）的倡议。2004 年 12 月，查韦斯访问古巴，与古国务委员会主席卡斯特罗发表关于创立该组织的联合声明并签署实施协定。2009 年 6 月 24 日，在《美洲玻利瓦尔替代计划》第六届特别峰会上，宣布该组织更名为"美洲玻利瓦尔联盟"。目前有 8 个成员国：安提瓜和巴布达、玻利维亚、古巴、多米尼克、厄瓜多尔、尼加拉瓜、圣文森特和格林纳丁斯、委内瑞拉，其中 4 个来自加勒比岛国。观察员国 4 个：海地、圣基茨和尼维斯、乌拉圭、格林纳达，其中 3 个来自加勒比岛国。"美洲玻利瓦尔联盟"的宗旨是，公正、互助、平等、合作、互补和尊重主权，以南美解放者玻利瓦尔的一体化思想为指导，通过"大国家"方案，加强地区政治、经济和社会合作，发挥各国优势，解决本地区人民最迫切的社会问题，消除贫困和社会不公，推动可持续发展，实现人民的一体化和拉美国家大联合，抵制和最终取代美国倡议的美洲自由贸易区（ALCA）。

截至 2011 年 7 月，美洲玻利瓦尔联盟共举行了十届峰会。其中 2007年 4 月，第五届首脑会议呼吁拉美地区左翼政府加强合作，寻求新的国际合作机制，共同解决成员国内部和拉美国家的贫困问题，以巩固左翼政权。2009 年 12 月第八届峰会上，与会成员国领导人及代表发表声明，谴责美国对拉美和加勒比海地区发动"政治和军事攻势"。为推动经济一体化，美洲玻利瓦尔联盟设立了美洲玻利瓦尔替代计划银行等地区融资机

① Ransford W. Palmer, *The Caribbean Economy in the Age of Globalization*, Palgrave, 2009, pp. 129 – 130.

构，并于 2010 年 1 月 27 日在成员国范围内开始使用统一的货币机制"苏克雷"，以用于地区内部贸易往来和逐步减少对美元的使用。

在丰富的石油资源的支持下，查韦斯还向加勒比国家提供新的经济支持。2005 年开始实施《加勒比石油协议》（Petrocaribe）。除了特立尼达和多巴哥、巴巴多斯之外的所有加勒比国家都成为"加勒比石油协议"的缔约国。根据该协议，委内瑞拉向缔约国提供廉价石油，50% 的货款用现金结算，50% 的货款转换为长期信贷（利率为 1%），或用加勒比国家生产的香蕉、大米和糖等产品进行易货交换。根据协议，委内瑞拉石油公司（PdVSA）将参与改善该地区的石油基础设施。根据 2008 年 7 月召开的第五次《加勒比石油协议》缔约国特别首脑会议决议，在石油价格高于每桶 100 美元时，支付现款的比重下降为 40%（付款期限为 90 天），其余 60% 转换为长期贷款。如果石油价格进一步上涨，支付现款的比重将下降到 30%，长期信贷的比重将上升到 70%。根据委内瑞拉政府公布的数据，《加勒比石油协议》问世以来，委内瑞拉已向缔约国提供了 5900 万桶石油，从而使其节省了 9.21 亿美元的石油进口费用。《加勒比石油协议》大大提高了委内瑞拉在该地区的影响，削弱了美国的传统势力。[1] 此外，自 1980 年以来，《圣何塞协定》每年都被更新。圭亚那和苏里南已经与委内瑞拉建立了密切的关系，它们参加了 2004—2005 年由委内瑞拉和巴西倡议和提供经济支持的南美洲国家联盟（UNASUR）。

五　国际组织或区域组织在该地区的规划和业务开展情况

世界银行向发展中国家提供财政和技术援助。世界银行两个机构——国际复兴开发银行（International Bank for Reconstruction and Development，IBRD）和国际发展协会（International Development Association，IDA）——都集中致力于全球减贫和提高生活水平，但侧重点不同。前者主要针对中等收入国家和信誉良好的穷国，后者主要针对世界上最贫困的国家。世界银行向发展中国家提供低息贷款、无息信贷和资助，用以发展中国家的教

---

① 江时学：《拉美发展前景预测》，中国社会科学出版社 2011 年版，第 287 页。

育、健康、基础设施、通信等发展项目。2007 财政年度，世界银行向拉丁美洲和加勒比海地区提供的新承诺贷款总额达 46 亿美元。在加勒比海地区，安提瓜和巴布达、巴哈马、巴巴多斯、伯利兹、多米尼克、格林纳达、圭亚那、海地、牙买加、巴拿马、圣基茨和尼维斯、圣卢西亚、圣文森特和格林纳丁斯、特立尼达和多巴哥都是世界银行的成员国，目前，除巴哈马和巴巴多斯外，其余 12 个国家符合向世界银行贷款的条件。①

　　成立于 1959 年的美洲开发银行（IDB）是世界上成立最早、最大的地区性银行，也是拉丁美洲和加勒比海地区经济、社会和制度发展的主要多边财政来源。截至 2007 年年底，美洲开发银行已经为拉丁美洲和加勒比海地区大约 3530 亿美元的项目提供了超过 1560 亿美元的贷款和担保。②美洲开发银行的贷款旨在"为这些国家的财政发展项目规划和减轻贫困、促进增长、增加贸易和投资、促进地区一体化、扶持私营部门的发展和国家的现代化提供帮助"。美洲开发银行的主要目标是"通过其贷款操作，在区域性倡议、研究和知识传播活动、在体制和项目方面发挥领导作用，以促进拉丁美洲和加勒比海地区可持续的经济和社会发展"。巴哈马、巴巴多斯、伯利兹、圭亚那、海地、牙买加、巴拿马、特立尼达和多巴哥都是美洲开发银行的成员国。

　　1970 年成立的加勒比开发银行（CDB）的宗旨是促进"加勒比海地区成员国和谐的经济增长和发展，促进相互间经济合作和一体化，对于该地区欠发达的成员国的需要予以特别和迫切的关注"，加勒比开发银行的使命是"朝着通过社会和经济发展在这些国家系统地减轻贫困的目标，以高效率的、负责任的、合作性的方式与成员国和其他发展伙伴合作，成为进入该地区的发展资源的主要催化剂"。目前，安提瓜和巴布达、巴哈马、巴巴多斯、伯利兹、英属维尔京群岛、多米尼克、格林纳达、圭亚那、海地、牙买加、蒙特塞拉特、圣基茨和尼维斯、圣卢西亚、圣文森特和格林纳丁斯、特立尼达和多巴哥是加勒比开发银行的成员国。根据加勒比开发银行 2006 年度报告，累计贷款从 2005 年的 210 万美元增加到 2006年的 220 万美元，增长 6%。③

　　成立于 1973 年的加勒比共同体（CARICOM）是规划加勒比国家未来

---

① 参考世界银行《2007 年度报告》，2008 年。
② 参见 IDB, 2008. IDB Annual Report, 2007。
③ 参见 CDB, 2008. CDB Annual Report, 2007。

经济发展的一个重要的多边机构。除了总体上促进成员国的经济发展外，加共体的主要目标之一是将该地区建成单一的市场和经济（Single Market and Economy，SME），以充分开发生产要素（劳动力、自然资源、资本）、提高竞争力，在与其他国家的贸易中，提供种类更多、质量更好的产品和服务。单一市场和经济的主要目标是，商品和服务的自由流通、在成员国建立加共体所有的企业、共同的对外关税、区域外进口商品的自由流通、资本的自由流动、共同的贸易政策、劳动力的自由流动、法律的协调。单一市场和经济，包括统一货币和中央银行的建立，2015 年完成。

东加勒比国家组织（OECS）成立于1981 年，由七个东加勒比国家和地区组成，它们是安提瓜和巴布达、多米尼克、格林纳达、蒙特塞拉特（英国海外属地）、圣卢西亚、圣文森特和格林纳丁斯、圣基茨和尼维斯。东加勒比国家组织旨在促进地区合作、统一和团结。目标是通过促进与全球经济的融合、加强双边和多边合作，最大限度地利用共同的空间，实现成员国的可持续发展。过去几年，同时也是世界贸易组织成员国的东加勒比国家组织成员已经采取措施实现贸易自由化，经济从农业向服务业、特别是旅游业转型。[①]

---

① U. S. International Trade Commission, *Caribbean Region*: *Review of Economic Growth and Development*, Investigation No. 332 - 496, Washington D. C., 20436, www. usitc. gov, May, 2008, Chapter2, pp. 33 - 37.

第十三章　美国对中国—加勒比地区关系发展的判断与对策

一　中国与加勒比地区关系发展的新形势

进入 21 世纪，特别是 2004 年 11 月胡锦涛主席访问南美四国以来，中国与拉丁美洲和加勒比地区的关系，特别是经贸关系迅速发展。

中国与加勒比地区的贸易迅速增长。随着中国经济的快速增长，中国成为食品、原料等初级产品的巨大并不断扩大的市场。虽然加勒比地区对华出口增长不大，但是近年来，中国对铝土和氧化铝的进口增长明显，其中部分来自加勒比地区。根据中国海关数据，2012 年 8 月，中国进口的204.38 万吨铝土矿中，有 43260 吨来自牙买加，进口均价为 64 美元/吨，这是中国首次大规模进口牙买加铝土矿用于氧化铝生产。随着世界经济的复苏，中国对铝土和氧化铝的需求还会增长。加勒比地区对华出口的其他产品主要有木材、沥青和废金属等。加勒比地区对中国出口高附加值的产品如咖啡、鱼干、熏鱼、大螯虾、贝类等潜力仍有待于开发。此外，加勒比地区某些知名品牌产品如朗姆酒等对中国的出口也有扩大的前景。

最近几年来，由于价格方面的竞争力和产品质量的提高，中国对加勒比地区的出口增长迅速。主要产品有货轮、邮轮、浮动船坞、鞋类、轮胎、T 恤、电子产品、彩色电视机，等等。加勒比地区从中国进口的产品还可再向其他国家出口。中国进口产品的绝大部分并未对当地生产构成威胁，但也有某些部门，中国产品大有取代当地产品之势，如加工食品、罗非鱼片、硅酸盐水泥、服装、家具、纸和塑料制品等。在某些消费品方面，加勒比地区已经主要依靠来自中国的进口产品，如鞋类、电子产品、T 恤等。

　　中国企业扩大对加勒比地区的投资。目前，中国在加勒比地区的投资主要集中在基础设施和矿业等领域。2006年，中国向加勒比地区提供了大量人力和财政援助，帮助修建若干体育场，使其得以主办2007年世界杯板球赛。此后，中国还在多米尼克、格林纳达、圣卢西亚、牙买加、巴巴多斯等国修建体育场、学校、医院等基础设施。2011年4月16日，由中国政府提供绝大部分贷款在牙买加建造的"蒙特哥贝会展中心"举行了交接仪式。2006年，重庆市博赛矿业（集团）有限公司以6000万美元收购了欧迈矿业公司在圭亚那的铝土矿70%的控股权，其余30%归圭亚那政府所有。2012年3月12日，圭亚那自然资源与环境部长罗伯特·帕索德宣布，将圭亚那37号矿区铝土矿资源的勘探权和开采权，给予圭亚那最大"外资"企业——重庆市博赛矿业（集团）有限公司，博赛矿业则将追加投资1亿美元，开采这片面积达1800公顷、已探明的铝土储量超过7000万吨的富矿。

　　中国是加勒比开发银行的非本地区成员国，拥有5600万美元的股份和3300万美元的特别发展基金。加勒比开发银行的成员皆可作为贷款国享受中国贷款，不管它们承认中华人民共和国，还是与中国台湾维持"邦交"关系。

　　1994年，中国与牙买加签署了《鼓励和相互保护投资的协定》（Bilateral Investment Agreement，BIA），1996年，两国又签署了《关于避免双重征税和防止偷漏税的协定》（Double Taxation Avoidance Agreement，DTAA）。1998年和2000年，中国与巴巴多斯分别签署了《鼓励和相互保护投资的协定》和《关于避免双重征税和防止偷漏税的协定》。2002年和2003年，中国与特立尼达和多巴哥分别签署了《鼓励和相互保护投资的协定》和《关于避免双重征税和防止偷漏税的协定》。2003年，中国与圭亚那签署了《关于促进和保护投资的协定》（Agreement for Encouragement and Reciprocal Protection of Investment）。自2005年以来，"中国—加勒比经贸合作论坛"已举办三届。该论坛的举办，推动了中国与加勒比地区的关系从国与国之间的双边关系向多边方向发展。[1]

　　拉丁美洲和加勒比地区一直是美国的"后院"，加勒比海更被美国视

---

　　[1]　Richard L. Bernal，"The Dragon in the Caribbean：China – CARICOM Economic Relations"，*The Round Table*，Vol. 99，No. 408，June，2010.

作"内湖"，美国在该地区一直维持着绝对影响力。20 世纪 90 年代以前，在美国对中国的外交政策中很少关注中国与拉丁美洲和加勒比地区的关系。1999 年，巴拿马政府计划将巴拿马运河两岸的港口实行私有化。在招标过程中，美国认为，巴拿马对美国公司不公平，一直对巴拿马政府施加压力，但巴拿马政府最终认定由中国香港和记黄埔下属的一家公司获得了其中的一些合同。美国政府因而担心中国试图控制战略地位十分重要的巴拿马运河区。美国国会就此对中拉关系问题召开过听证会。时任美国国务院负责西半球事务的助理国务卿彼得·罗梅洛认为，招标过程虽然不符合常规，但并未违反美国的法律，并未歧视美国公司，美国公司也得到了其他港口的合同。美国情报机构也通过调查证明，在招标过程中，中国并未施加影响。香港和记黄埔公司在巴拿马的港口业务不会对港口的运营和美国在巴拿马的利益产生不利影响。这是"冷战"结束后，中国、美国、拉美三边关系中一个标志性事件，说明中拉关系的发展已经对中美关系产生了影响。2004 年，胡锦涛主席应邀访问智利、阿根廷、巴西和古巴四国，此后，中国与拉美和加勒比地区的关系迅速发展，引起了美国的极大关注。

二　美国媒体和学术界的反应

中国与拉美和加勒比地区关系的迅速发展，在美国媒体和学术界引起了热烈讨论。总体上说，前几年，媒体的反应比较激进，而学术界的看法比较温和理性。但是，近年来，媒体的看法也逐步向理性方向发展。

2005 年 2 月 22 日，美国《观念杂志》（*Opinion Journal*）发表文章，非常危言耸听地对中国与加勒比地区关系的发展提出以下忧虑："如果中国为了其战略利益决定将它在加勒比地区投资兴建的集装箱码头、工厂和化工厂转向军事和商业双重用途，将会发生什么情况？这些国家会顺从吗？他们将真的有选择吗？如果它们顺从，美国会因此像在古巴导弹危机期间那样，对这些岛屿实行封锁吗？"

但是，目前这种情况逐渐发生变化。2012 年 4 月 8 日，《纽约时报》发表题为"中国在加勒比拿钱开路"（*China's Cash Buys Inroads in Carib-*

bean）的文章。① 文章说，目前，美国绝大多数分析家并不认为中国在加勒比地区对美国构成了威胁，更不会引发"另一场古巴导弹危机"。因为他们注意到，中国并未在加勒比建立军事基地或与某个加勒比国家结成军事同盟。但同时，他们大都认为，中国在加勒比地区的影响扩大，意味着一个新兴的超级大国在一个被债务困扰的发展中地区获取经济利益和政治支持，而这一地区过去一直依赖美国、加拿大和欧洲。文章说，美国的外交部门对中国在这个距离美国不到190英里的地区出现极为担忧，并猜测其背后的目标。有人认为，中国这一"战略性行动"的目的是寻求盟友，以便为古巴进入后卡斯特罗时代后未雨绸缪。但是，美国美—中经济和安全评论委员会（这是一个两党国会论坛）的主席丹尼斯·C.塞阿（Dennis C. Shea）指出，对中国与加勒比地区关系的发展，"我并不特别担忧，但是美国应该对此继续监控。对于中国，你不得不警惕其行动背后可能的政策目标。"

与媒体比较，学术界的看法较为理性，也较为深刻。美国军事学院（National War College）战略学教授沃特森（Cynthia A. Watson）认为，中国发展与拉美和加勒比地区的关系，存在五大目标：（1）获取拉美地区丰富的资源、能源、农产品；（2）扩大中国产品的出口市场；（3）增加在石油开发等高科技领域的合作伙伴；（4）孤立中国台湾的"邦交国"；（5）继续在第三世界寻求盟友，捍卫国家主权和阻止任何国家（如美国）的全球霸权。她认为，中国与拉美和加勒比地区关系的迅速发展，是由于美国将注意力集中在中东地区，而对拉美和加勒比地区忽视，从而造成了一个真空。面对中拉关系的发展，美国应该做出努力，发展与拉美和加勒比地区的关系，在本地区发挥领导作用。② 美洲开发银行对加勒比地区的轮值执行主管理查德·L.贝纳尔（Richard L. Bernal）也指出，中国和加勒比地区关系的发展，将会促使美国重新加强对这一地区的重视。他认为，美国在应对中国与加勒比地区关系发展方面反应过于迟钝。他举例

---

① 参见 http：//www. nytimes. com/2012/04/08/world/americas/us – alert – as – chinas – cash – buys – inroads – in – caribbean. html？pagewanted = all。

② Cynthia A. Watson, "U. S. Responses to China's Growing Interests in Latin America：Dawning Recognition of a Changing Hemisphere", Cynthia Arnson, Mark Mohr, Riordan Roett, Jessica Varat, eds. , *Enter the Dragon? China's Presence in Latin America*, Woodrow Wilson International Center for Scholars, www. wilsoncenter. org.

说，中国国家主席、副主席、部长频繁访问加勒比地区，但美国总统、副总统很少访问该地区的国家。

美国布朗大学拉美问题专家芭芭拉·斯托林斯（Barbara Stallings）教授也认为，没有任何证据表明，中国可能在拉美和加勒比地区对美国构成挑战。[1] 她指出，中国固然需要进口初级产品，但除了拉美和加勒比地区之外，非洲、东南亚国家也可能是初级产品的来源地。况且，中国更需要进口美国及其盟友（如日本）提供的设备、高科技产品等。但是，她认为，美国政府不能因此而对中国在拉美的加勒比地区的出现无动于衷，美国政府应以此为警钟，改变过去忽视拉美的倾向，重新加强对本地区的重视。[2]

有的学者甚至认为，中国与拉美和加勒比地区关系的发展，是由于所谓"北京共识"比"华盛顿共识"对该地区更有吸引力。在发展外交关系和追求经济利益过程中，中国并不遵守美国对一些拉美和加勒比国家因侵犯人权和其他政治原因实行的制裁，由此使得这些国家的政权得以继续执政，并推行与美国价值观相背离的政策。通过打中国牌，拉美和加勒比国家增加了与美国讨价还价的砝码。

三　美国国会听证会

2005 年 4 月 6 日，美国众议院国际关系委员会西半球事务小组委员会专门举行了"中国在西半球的影响力"听证会。委员会主席、众议员丹·伯顿指出，中国在西半球经济、政治和军事影响力的扩大将对美国构成严重挑战，"中国在拉美的行动是一种霸权力量进入了我们的半球"。一些议员和专家认为，中国"利用拉美挑衅美国在西半球的霸主地位，组织一个与美国利益和价值观不同甚至敌对的第三世界国家联盟"。中国加强与拉美和加勒比地区的关系，是钻了美国忽视拉美的空子，因此，美国应重新思考对拉美的政策，"扩大贸易网络、帮助拉美国家发展市场经

---

① Ellis, R. E., 2012, The United States, Latin America and China: A "Triangular Relationship"?

② Barbara Stallings, "The U. S., China and Latin America: What Kind of Triangle?" Riordan Roett, Guadalupe Paz eds., *China's Expansion into the Western Hemisphere: Implications for Latin America and the United States*, Brookings Institution Press, 2008.

济，加强与南部邻居的安全合作关系"，以此来抵消中国带来的挑战。但是，也有一些官员和学者认为，中国在拉美和加勒比地区的活动，仅限于贸易和投资，目的是寻找石油、矿产和农业资源。中国在拉美的贸易和投资额与美国相比，差距很大，美国大可不必对中国在拉美和加勒比地区的活动反应过度。

2008 年 6 月 11 日，美国国会再次举行题为"新挑战：中国在西半球"的听证会。此次听证会的基本判断是：从长期看，中国是美国在全球范围内潜在的竞争对手，中拉关系不能简单地视为对美国利益的威胁；中国在西半球的影响会不断扩大，美国对拉美和加勒比地区的对策应该是，加强与拉美和加勒比国家的关系，在拉美事务上就美国所关心的问题与中国保持对话，并谨慎监控中拉关系的新动向。此次听证会较客观地评价了中拉关系，基调明显由以往的"中国威胁论"转向了"中国伙伴论"。美国认为，中国在拉美和加勒比地区的存在基本上是经济方面的威胁，不是军事和政治方面的挑战。[1]

2012 年 7 月 31 日，美国美洲委员会副主席埃里克·弗朗斯沃斯（Eric Fransworth）在美国参议院外交事务委员会西半球和平队和全球毒品事务分会举行的听证会上发表了题为"在拉美做生意：积极的趋势但严重的挑战"的报告，从中可以看出美国国会对于中国与拉美和加勒比地区关系发展的最新判断。他的主要观点包括以下几个方面：

第一，关于对中国与拉美和加勒比地区关系的判断。一方面，中国经济迅速发展以及由此导致的在全球范围内对于初级产品的大量需求是近年来促进世界经济增长的重要因素，对于拉美和加勒比地区的初级产品出口国来说，尤其如此。南美地区之所以能够在 2008 年全球金融危机爆发后避免陷入衰退，主要就是由于中国对其产品的大量进口。随着中国经济增长速度放缓，那些依赖出口初级产品的国家将受到不利影响，除非它们能够利用近年来经济增长的成果促进经济结构的转型，发展高附加值的产品生产。另一方面，中国廉价制成品向拉美和加勒比地区的出口导致该地区出现了一个非工业化的趋势，相对于初级产品，制成品生产下降。一些与中国存在密切的经济联系的国家在全球产业链中的地位下降。相比之下，

---

① 参见孙洪波《美国对中拉关系的判断及其疑虑》，《江汉大学学报》（社会科学版）2009 年第 2 期。

美国与绝大多数拉美和加勒比国家的贸易结构更加均衡，有助于促进拉美国家高附加值产品的生产。中国在拉美和加勒比地区的投资迅速增加，特别是在能源、矿产和农业领域，这是由于中国试图确保其经济增长所需要的供应。出于对中国共产党和中国政府的偏见，弗朗斯沃斯认为，中国领导人不能从选票箱获得执政的合法性，只能依靠维持经济增长和提高14亿人口的生活水平来维持执政地位，因此，中国在全球扩大对于初级产品的需求以支持其经济增长的趋势将越来越明显。

第二，关于中国在拉美和加勒比地区投资的迅速增长对美国的影响。弗朗斯沃斯认为，中国对外投资方式不同于其他国家。中国企业最初收购外国资产时，通常得到中国政府的支持，因而中国企业常常能够以高价击败西方竞争者。但是，一旦收购成功，增加当地就业、技术和管理转让、公司治理、尊重当地劳工权利、环境保护、反对腐败以及公司社会责任等方面不会被中国企业置于优先考虑的位置。这就使得中国企业的生产成本降低，将美国和其他国家的竞争者置于不利地位。此外，"冷战"结束以来，美国在拉美和加勒比地区一直致力于促进民主治理。从长远来看，这有利于美国的利益。但是，中国的进入使得这一进程变得复杂化，这不仅体现在企业运作，而且表现在外交政策方面。他举例说，通过合理的企业行为和正规的贸易条例促进劳工和环境改革的努力可能受挫，因为有的国家与中国签订的协议可能不包含同样的条款，中国企业也不按照同样的条件运作。多边金融机构如国际货币基金组织、世界银行、美洲开发银行在促进财政改革和良好治理方面的努力可能因为借贷国可以从中国得到不含此类条件的贷款而受挫。中国从拉美和加勒比地区大量进口初级产品、向拉美和加勒比提供贷款，使得本地区一些政府领导人得以推迟开放市场、民主治理所必需的经济和政策变革，或者采取伤害投资环境的举措。

第三，关于美国应采取的对策。弗朗斯沃斯认为，中国对拉美和加勒比地区的兴趣会不断增长。因此，美国必须采取战略性措施，与中国在本地区展开竞争。具体措施包括，加强与加拿大、墨西哥的经济一体化；促进与西半球国家的经济和贸易伙伴关系；在能源方面与拉美和加勒比国家加强合作；促进本地区资本市场的一体化和法治原则，等等。①

---

① Eric Farnsworth, *Doing Business in Latin America: Positive Trends but Serious Challenges*, Hearing Before the Senate Committee on Foreign Relations Subcommittee on the Western Hemisphere, Peace Corps and Global Narcotics Affairs, July 31, 2012.

四　美国政府的对策

对于中国与拉美和加勒比地区关系的迅速发展，美国政府所采取的对策，一是加强与拉美和加勒比地区的关系，二是就拉美和加勒比事务与中国建立磋商机制。

2001年"9·11"恐怖袭击事件发生后，美国的注意力集中于中东地区和反恐战争，相对忽略了拉美和加勒比地区。但是，随着中国与拉美和加勒比地区关系迅速发展，美国重新重视拉美和加勒比地区。为加强美洲自由贸易区建设步伐，美国与一些中美洲和加勒比国家就双边贸易进行谈判的同时，与拉美国家就自由贸易区的谈判一直没有中断。2004年8月5日，《多米尼加共和国—中美洲—美国自由贸易协定》签署。通过"加勒比倡议"，美国不断扩大了对加勒比地区的经济援助（具体参看本报告第一章第四节）。奥巴马在第一次竞选期间，提出了"重塑美国在美洲的领导地位"，建立"新的美洲联盟"。奥巴马政府增加了对加勒比地区的援助，与古巴和委内瑞拉进行直接对话，逐步改善与拉美和加勒比地区的左翼政府的关系。2009年，奥巴马出席了在特立尼达和多巴哥举行的美洲国家首脑会议。同年，奥巴马政府宣布了一系列放松对古巴限制的措施，其中包括放松了对美国公民前往古巴旅游的限制，大学教授和学生、艺术家和教会人士可访问古巴；解除了美国公民前往古巴探亲和向古巴亲属汇款的限制。

2006年，美国负责西半球事务的助理国务卿香农访华，中美双方就拉美和加勒比地区的事务建立了对口磋商机制。这是中美战略对话框架下双方就拉美和加勒比地区事务进行首次磋商。截至目前，中美两国就拉美事务共举行了五轮磋商。2008年10月16日，美国助理国务卿香农访华并就拉美事务举行了中美间的第三次磋商。香农表示，中国在拉美和加勒比地区的影响扩大是中国自身实力和对外经济活力增强的必然结果。在全球化时代，拉美在世界经济舞台上的作用越来越大，新兴经济体特别是像中国这样的经济大国出现在拉美，是非常自然的事情。美国认为，中国在拉美和加勒比地区的存在是不可避免的，也是积极的。①

2010 年 8 月 16 日，中国外交部拉丁美洲和加勒比司司长杨万明与美国国务院西半球事务助理国务卿巴伦苏埃拉在北京共同主持了中美战略与经济对话框架下第四次拉美事务磋商。本次磋商后，笔者参加了巴伦苏埃拉一行专门与中国从事拉美和加勒比研究的学者进行的座谈。②

2012 年 3 月 8 日，外交部拉美司司长杨万明在美国华盛顿与美国务院负责西半球事务的代理助理国务卿雅各布森共同主持两国战略与经济对话战略对话框架下的第五次拉美事务磋商。本次磋商前，美国驻华使馆商务处的两位官员专门对笔者进行了采访，交换了对中国与拉美和加勒比关系发展的看法。③

五　几点看法

由于美国在拉美和加勒比地区的传统地位，美国政府和社会各界对于中国与拉美和加勒比地区关系的迅速发展高度关注，是非常自然的。毕竟，还从未有一个外部力量如此迅速、如此深入地在美国的"后院"发挥如此影响力。但是，美国也清醒地看到，中国不可能在本地区对美国的影响构成实质性挑战。

第一，中国在拉美和加勒比地区影响的范围有限，至少在相当长一段时期内，中国不可能与本地区的国家开展实质性的军事合作，而美国仅在哥伦比亚的军事援助即达每年 6 亿美元。

第二，在经济上，拉美和加勒比地区对美国的依赖远大于中国。无论是作为拉美和加勒比地区的出口市场，还是投资国，中国与美国仍存在巨大的差距。

第三，在拉美和加勒比地区，确有利用中国来抵消美国影响的倾向，这也恰是引起美国警惕的因素。但是，美国也认识到，没有必要对中国与拉美和加勒比地区关系的发展过于担忧。

---

① 参见朱鸿博《中、美、拉三边关系互动与中国的拉美政策》，《拉丁美洲研究》2010 年第 32 期。

② 参见 http：//news. 163. com/10/0817/12/6E9QGK5N000146BC. html。

③ http：//www. fmprc. gov. cn/mfa_ chn/wjb_ 602314/zzjg_ 602420/t913043. shtml。

第十四章　古巴

一　国家概况

（一）国家自然环境

古巴（The Republic of Cuba）位于加勒比海西北部，东与海地相望，南距牙买加 140 公里，北离美国佛罗里达半岛顶端 217 公里，由古巴岛和青年岛（原松树岛）等 1600 多个岛屿组成，海岸线长约 6000 公里，是西印度群岛中最大的岛国，面积约为 11 万平方公里，其中古巴岛 10 万平方公里。全境大部分地区属热带雨林气候，仅西南部沿岸背风坡为热带草原气候；大部分地区地势平坦，东部、中部是山地，西部多丘陵，最高峰图尔基诺峰（Pico Tulquino）1974 米，最长河流考托河（Río Cauto）370 公里。全国划为 14 个省，1 个特区，省下设 168 个市。首都哈瓦那（La Habana）是古巴的政治、经济、文化和旅游中心，也是西印度群岛中最大的城市和世界上最美丽的城市之一。[①]

表 14 – 1　　　　　　　　古巴自然资源分布及使用情况

自然资源	钴、镍、铁矿、铬、铜、盐、森林、硅石、石油、耕地
土地利用	耕地占 27.63%，永久作物占 6.54%，其他占 65.83%
可再生水资源	38.1 立方公里
淡水资源回收（家用/工业/农业）	8.2 立方公里/年
每人占用水	728 立方米/年
自然灾害	东海岸 8—11 月遭受飓风影响，多干旱
水资源管理	水污染、大气污染、生物多样化的流失、荒漠化

资料来源：美国中情局：《世界各国概况》，2010 年。

[①]　http://baike.baidu.com/view/3916380.htm.

（二）国家社会经济概况

古巴现有人口 1101 万，世界排名第 74 位，主要构成为黑人（10.1%）、白种人（65.1%）以及混血（24.8%）；宗教信仰主要为天主教（85%），其他为新教、基督教、犹太教、萨泰里阿教。①

古巴政府实施计划经济，大多数生产工具由国家控制，并且大多数劳动力为国家雇用。在 2000 年，约 77.5% 的工作从属于公共部门，约 21.5% 从属于私有部门。投资需要符合专门条件，大多数价格由国家决定。

古巴经济长期维持以蔗糖生产为主的单一经济发展模式，是世界主要产糖国之一，被誉为"世界糖罐"，占世界糖产量的 7% 以上，人均产糖量居世界首位，蔗糖的年产值约占国民收入的 40%。农业主要种植甘蔗，甘蔗的种植面积占全国可耕地的 55%，其次是水稻、烟草、柑橘等，古巴雪茄烟享誉世界。矿业资源以镍、钴、铬为主，此外还有锰、铜等。钴蕴藏量 80 万吨，镍蕴藏量 1460 万吨，铬蕴藏 200 万吨。古巴 1938 年发现沸石（专家们称为"世纪矿物"），但到 1986 年才开始大力开发，其蕴藏量估计达 30 亿吨，仅次于美国和苏联，目前已制出许多活性产品。森林覆盖率约 21%，盛产贵重的硬木。主要出口镍、蔗糖、蜂蜜、龙虾及对虾、咖啡、浓缩果汁、酸性水果、雪茄烟、朗姆酒等，主要进口石油、粮食、机械、化肥、化工产品等。2010 年对外贸易总额 215.91 亿比索，其中出口 126.15 亿比索，进口 89.76 亿比索，服务贸易 91.48 亿比索。②经济状况如表 14 - 2 所示。

表 14 - 2　　　　　　　　　　古巴社会经济指数

指数类型	数值
GDP	1141 亿美元
GDP 世界排位	65
GDP 增长率	- 1.5%
GDP 增长率世界排位	160
GDP 百分比（农业）	4%

---

① http：//zh. wikipedia. org/zh - cn/% E5% 8F% A4% E5% B7% B4.

② Ibid. .

续表

指数类型	数值
GDP 百分比（工业）	20.9%
GDP 百分比（服务业）	74.2%
劳动力	514.7 万
劳动力世界排位	71
劳动力职业（农业）	20%
劳动力职业（工业）	19.4%
劳动力职业（服务业）	60.6%
失业率	1.6%
失业率世界排位	9
固定资产总投资	占 GDP 的 10.3%
固定资产总投资世界排位	184

　　资料来源：美国中情局：《世界各国概况》，2010 年。

二　国际关系分析

（一）国家区位与地缘政治分析

　　古巴位于美国佛罗里达州以南，墨西哥尤卡坦半岛以东，牙买加和开曼群岛以北，以及海地和特克斯与凯科斯群岛以西。古巴是联合国创始国，世界贸易组织、77 国集团、不结盟运动、非加太组织、加勒比国家联盟、拉美一体化协会、东亚—拉美论坛、里约集团等国际和地区组织的成员国。

　　在外交上，宣称争取独立、和平和发展是古巴外交政策的基本点。推行多元化全方位外交，维护国家主权与独立，坚持选择发展道路的权利，主张不干涉别国内政，不同社会制度的国家和平共处。

　　1. 与美国的关系

　　1959 年古巴革命胜利后，美国政府对古巴一直采取敌视态度。1961年美国雇佣军入侵古巴失败后，美国和古巴断绝了外交关系。此后，美国政府开始对古巴实行经济、贸易和金融封锁。奥巴马当选美国总统后，古巴领导人表示可以与奥巴马进行对话。2009 年 3 月 10 日，美国参议院通过一项关于部分解除美国对古巴制裁的议案，修正了极具争议的对古巴禁运法，放松对美籍古巴人和持有绿卡的古巴人回古探亲的限制，同时放松美国向古巴出口食品和药品的限制。这些举动被外界评论为美古关系"一个微小却重要的"开始。2012 年 11 月 14 日，第 67 届联合国大会以压倒性多数通过决议，敦促美国结束对古巴的封锁。联大已连续 21 次通过类似决议，要求美国结束对古巴长达 50 年的经济、贸易和金融封锁。

2. 与委内瑞拉的关系

2000 年 10 月 30 日，委内瑞拉总统查韦斯与时任古巴国务委员会主席菲德尔—卡斯特罗在委内瑞拉首都加拉加斯签署能源合作协议。根据协议，委内瑞拉以优惠价格每天向古巴提供 5.3 万桶原油，古巴则通过向委内瑞拉提供医疗服务、体育教练并出口药品、蔗糖等作为偿还。

3. 与哥斯达黎加的关系

1961 年，因意识形态不同，哥斯达黎加单方宣布中断与古巴的外交关系。2009 年 3 月，哥斯达黎加政府表示，与古巴断交完全是冷战时期的产物，当今世界已发生巨大变化，政府决定恢复与古巴的外交关系。2010 年 8 月，古巴向哥斯达黎加派出了 50 年来的首任大使。①

（二）与我国的关系

1. 政治关系

1960 年 9 月 28 日，古巴与中国建交。古巴是第一个同中国建交的拉美国家。20 世纪 90 年代以来，两国高层互访频繁，各领域的平等互利合作与交流不断扩大。目前，中古关系处于全面发展的新时期。时任国家主席江泽民于 1993 年和 2001 年两次访问古巴，古巴国务委员会主席卡斯特罗也于 1995 年和 2003 年两次对中国进行国事访问，两国关系进入全面发展时期。此外，两国在军事上也交往密切。古巴军队中部军区司令金塔斯中将（2000 年），古巴革命武装力量部副部长兼总参谋长洛佩斯上将（2001年），古巴人民军总政治部主任西斯托中将（2002 年），古共政治局委员、东部军区司令埃斯皮诺萨上将（2003 年），古共政治局委员、西部军区司令辛特拉上将（2004 年），古革命武装力量副总参谋长安托约（2005 年）分别访华。

2. 经贸关系

近年来，中古双边贸易保持良好发展势头。目前，我国是古巴第二大贸易伙伴，古巴是我国在加勒比海地区第一大贸易伙伴。据我国海关统计，

---

① http：//gb.cri.cn/42071/2014/07/08/5187s4606703_2.htm.

2011 年 1—11 月，中古贸易额 18.27 亿美元，其中中方进口 8.78 亿美元，出口 9.49 亿美元，同比分别增长 8.7%、25.3% 和 −3.2%。我国主要出口电冰箱、客车、皮卡、发动机等机电产品，主要进口镍、食糖、农副产品等。

三 交通等基础设施发展水平分析

古巴国土面积较大，然而交通设施数量不足，航空、公路、水运等方面情况如下：

(一) 航空交通设施发展情况及发展水平

古巴共有机场 136 个，世界排名第 42 位，约有一半的机场铺砌有跑道，其中 11 个为国际空港，有 48 架客机，2 架运输机，同 41 个国家通航，国际航线 23 条。有十多家航空公司在哈瓦那设立了办事处：古巴航空公司（CUBANA）、墨西哥航空公司（MEXICANA）、西班牙航空公司（IBERIA）、俄罗斯航空公司（AEROFLOT）、法国航空公司（AOM）、巴拿马航空公司（COPA）、厄瓜多尔航空公司（DAME）、哥斯达黎加航空公司（LACSA）、安哥拉航空公司（TAAG）、德国航空公司（LTU）、智利航空公司（LAN CHILE）和牙买加航空公司（AER），等等。

(二) 陆上交通设施发展情况及发展水平

古巴的陆上交通以公路和铁路交通为主，公路全长 60858 公里，一半为沥青路面。铁路比较发达，有 8598 公里，为加勒比海地区铁路最多的国家。总的来说，交通比较落后，高档车少且主要集中在外国常驻机构。老爷车占多数，车况较差，多数没有空调。主要交通工具为公共汽车、出租车和市内小火车，公交车辆严重不足。

(三) 水运交通设施发展情况及发展水平

在水运方面，截至 2010 年，共有航道 240 公里，主要港口有安蒂亚（Antilla）、西恩富戈斯（Cienfuegos）、关塔那摩（Guantanamo）、哈瓦那（Havana）、马坦萨斯（Matanzas）、马里埃尔（Mariel）、努埃维塔斯湾（NuevitasBay）、古巴圣地亚哥（Santiago de Cuba）和塔纳莫（Tanamo）。目前共有商船 5 艘。

(四) 其他基础设施发展情况与发展水平

通信及能源情况如表 14−3 和表 14−4 所示。

表 14 - 3 通信设施情况

电话使用线路数	116.8 万
电话使用线路数世界排位	72
移动电话数	443000
移动电话数世界排位	162
互联网主机	3025
互联网主机世界排位	145
互联网用户	160.6 万
互联网用户世界排位	79

资料来源：美国中情局：《世界各国概况》，2010 年。

表 14 - 4 能源情况一览

电力发电量	169.9 亿千瓦时
电力发电量世界排位	75
电力用电量	142 亿千瓦时
电力用电量世界排位	78
电力出口	0 千瓦时
电力进口	0 千瓦时
油气生产	53690 桶/天
油气生产世界排位	62
油气消费	176000 桶/天
油气消费世界排位	60
油气出口	6882 桶/天
油气出口世界排位	100
油气进口	109500 桶/天
油气进口世界排位	63

资料来源：美国中情局：《世界各国概况》，2010 年。

四 旅游资源条件与旅游业发展情况

古巴岛是大安的列斯群岛中最大的岛屿，被誉为"墨西哥湾的钥匙"和"加勒比海明珠"，古巴岛酷似鳄鱼，又被称为"加勒比海的绿色鳄鱼"。古巴有 7000 多公里海岸线和 300 多个白沙海滩，其中巴拉德罗洁白细沙海滩是世界著名的八大海滩之一。其最大的魅力在于社会主义道路的发展历程、未经开发的美丽大海和自然、西班牙殖民时代的街道和美国般的风景等。主要旅游城市有哈瓦那、巴拉德罗、古巴圣地亚哥和特立尼达。

古巴有 320 多家旅馆，三星级至五星级的宾馆占 93%，低档宾馆仅占 7%。旅游海滩 289 个，占加勒比海地区国家接待国际游客量的 20% 以上。古巴还有 170 家外国旅行社和古巴旅行社为旅客提供各类服务。20 世纪 90 年代以来，已有 10 多个外国连锁合资合作旅馆开业，到 1997 年底已有 44 家外国旅游集团加入合作管理旅游宾馆的行列。古巴主要旅游集团公司共有 5 个，最大的 3 个分别是 CUBATUR、LA CORPORACION CUBANACAN S. A. 和 EL GRUPO DE TURISMO。古巴政府也大力发展旅游业，将旅游业列入国家重点发展项目，并专门设立了旅游部并投入大量资金，同时允许引进外资。自 1990 年以来，发展很快，旅游设施不断改善，新建客房加速建设，1990 年客房总数为 12800 套，到 2001 年年底，旅游宾馆的客房总数已达到 37000 套，来古巴旅游人数达到 200 万人次，收入突破 20 亿美元。现旅游业的收入已超过传统的糖工业，成为古国民经济的龙头产业和支柱产业（见表 14 - 5）。

表 14 - 5　　　　　　　　主要旅游城市概况

城市	城市特色	酒店	餐厅	购物
哈瓦那	古巴的首都和中心地，主要由西班牙殖民风格残存的旧市区和椰子树成荫、高楼大厦林立的新市区两个部分组成	弗赖莱斯旅馆、佛罗里达、电报饭店、中央公园、贝鲁特兰—德圣克鲁斯、拉克尔、巴伦西亚、圣米格尔、特哈迪约、圣伊莎贝尔、广场、英国、两世界、阿尔玛多雷斯饭店、哈瓦那里维埃拉、古巴国家饭店、自由哈瓦那、科伊瓦梅里亚、科莫多罗饭店、哈瓦那梅里亚	帕伦克、王冠、佛罗里迪、五分钱小酒店、庭院餐馆、东方咖啡、帕拉埃利亚、阿米格斯·德尔本尼、麦地那、穆拉亚酒店、拉·米纳、兔子餐馆、拉罗卡、科佩里亚、阿尔希韦、菲尔米娜、托克罗罗	卡莱翁酒店、基特林之家、1971 年哈瓦那香水店

续表

城市	城市特色	酒店	餐厅	购物
巴拉德罗	适合白天在美丽的海滩上消磨时光、晚上在旅馆里欣赏娱乐节目，另有摩托艇、潜水等多种海上娱乐项目	沙角超级俱乐部、巴拉德罗·梅里亚、美洲梅里亚、巴拉德罗国家度假村、阳光棕榈、加勒比大饭店、白沙、巴拉德罗天堂、巴拉德罗海滩、巴拉德罗微风、加勒比风、桑德尔斯皇家度假村	安蒂圭达德斯、幽居餐馆、金枪鱼餐馆、堂·吉诃德客店	
圣地亚哥	古巴第二大城市，为古巴的"革命故乡"	卡萨·古兰达之家、圣地亚哥饭店、美洲、圣胡安	1900、唐安东尼奥之家、孙孙、马塔莫拉斯	
特立尼达	古巴的老城市之一，18世纪的古老街道是国家的珍贵建筑	安高、滨海特立尼达饭店、洞穴		

资料来源：规划组根据网络资料整理所得。

（一）主要旅游资源与开发

古巴旅游资源丰富，其海岸线长达7000多公里、大小岛屿4000多个、海港300多处，还有世界第二大珊瑚区、清澈的海水、雪白的沙滩、天然的海滩风光和宁静的娱乐场所成为世界一流的疗养胜地。古巴共有十大景区，分布在哈瓦那、巴拉德罗、圣地亚哥、青年岛、圣鲁西亚、瓜尔达拉班、椰树岛、特立尼达、MAREA DE ORTILLO、南长岛。古巴的民族遗迹、英雄业绩和古典建筑使古巴拥有人类文化遗产的保护点。古巴的大小城市中，500年以来建造的西欧古典式、巴罗克式、西班牙、法国、意大利、美国、中国和当地土著人的城堡、教堂、饭店、住宅仍保持着原来的风貌，1982年，哈瓦那老城被联合国教科文组织列为人类文化遗产的保护行列（见表14-6）。

表14-6　　　　　　　　主要旅游景点一览

序号	景点名称	分布地点	资源类型	主要旅游活动	备注
1	海明威博物馆（Museo Ernest Hemingway）	哈瓦那市（Finca la Vigia）	特色建筑	参观游览	海明威纪念地
2	两世界旅馆（Hotel Ambos Mundos）	哈瓦那市（Habana）	特色建筑	参观游览	海明威纪念地

续表

序号	景点名称	分布地点	资源类型	主要旅游活动	备注
3	拉特拉萨（La Terraza）	哈瓦那市	特色建筑	参观游览	海明威纪念地
4	科希马尔（Cojimar）	哈瓦那市	特色建筑	参观游览	海明威纪念地
5	哈瓦那旧市区 （La Habana Vieja）	哈瓦那市	特色建筑	参观游览	世界文化遗产
6	革命广场 （Plaza de la Revolucion）	哈瓦那市	特色建筑	参观游览	
7	何塞·马蒂纪念博物馆 （Menorial Jose Marti）	哈瓦那市	特色建筑	参观游览	
8	拿破仑博物馆 （Museo Napoleonico）	哈瓦那市	特色建筑	参观游览	
9	比那尔德里奥（Pinar del Rio）	比那尔德里奥省 （Pinar del Rio）	特色建筑	参观游览	
10	比尼亚雷斯谷 （Valle de Vinares）	比那尔德里奥省	综合自 然旅游地	自然观光	
11	巴拉德罗海滩 （Varadero）	马坦萨斯省 （Matanzas）	水域风光	休闲度假	古巴最大 的度假村
12	蒙卡达兵营博物馆 （Museo de la Revolucion）	圣地亚哥省 （Santiago de Cuba）	特色建筑	参观游览	革命遗址
13	古巴环境历史博物馆 （Museo de Ambiente Historico Cubano）	圣地亚哥省	特色建筑	参观游览	古巴最古 老的建筑
14	狂欢节博物馆 （Museo el Ccarnaval）	圣地亚哥省	特色建筑	参观游览	
15	巴卡迪博物馆（Museo Municipal Emilio Bacardi Moreau）	圣地亚哥省	特色建筑	参观游览	朗姆酒纪念馆
16	莫洛城堡 （Castillo del Morro）	圣地亚哥省	特色建筑	参观游览	纪念17世纪 的保卫战争
17	圣伊菲赫尼亚墓地 （Cementerio de Ssnta Ifigenia）	圣地亚哥省	特色建筑	参观游览	革命遗址
18	格兰希塔锡沃内 （Granjita Siboney）	圣地亚哥省	特色建筑	参观游览	革命遗址

续表

序号	景点名称	分布地点	资源类型	主要旅游活动	备注
19	巴科瑙公园（Parque Baconao）	圣地亚哥省	特色建筑	参观游览	史前谷公园
20	大石（Grand Piedra）	圣地亚哥省	综合自然旅游地	自然观光	
21	特立尼达圣体广场（Plaza Santisima Sra. deTrinidad）	圣斯皮里图斯省（Sancti Spiritus）	综合人文旅游地	参观游览	
22	各类博物馆（Museoes）	圣斯皮里图斯省	综合人文旅游地	参观游览	各类革命纪念馆
23	雪茄烟厂（Fabrica de Tabacos）	圣斯皮里图斯省	综合人文旅游地	参观游览	
24	西恩富戈斯（La Canchanchara）	圣斯皮里图斯省	历史遗迹	参观游览	殖民地风格建筑聚集区

资料来源：规划组根据网络资料整理。

（二）旅游业发展现状

古巴旅游资源丰富，几百个风景点像翡翠般点缀在海岸线上。明媚的阳光、清澈的海水、白沙海滩等自然风光使这个享有"加勒比明珠"美誉的岛国成为世界一流的旅游和疗养胜地。近年来，古巴充分利用这些独特的优势，大力发展旅游业，使其成为国民经济的第一大支柱产业。据官方统计，2003年古巴共接待外国游客190多万人次，旅游业收入为20亿美元。古巴国家体量较大，资源丰富，市场开发潜力很大。

表14-7　　旅游业对经济及其他行业的贡献率与世界排名

	2011年						2021年		
	百万（CUP）	排名	比例（%）	排名	增长率（%）	排名	百万（CUP）	比例（%）	增长率（%）
旅游对GDP的直接贡献	2011.00	71	2.7	109	4.7	80	3263.20	3.1	5
旅游对GDP的总贡献	7858.50	64	10.6	75	4.3	62	13169.10	12.5	5.3
旅游对就业的直接贡献	136	66	2.5	120	2.4	117	163	3	1.9
旅游对就业的总贡献	526	52	9.8	78	1.8	99	642	11.7	2
国际游客境内旅游消费	2659.80	64	20.2	52	7.2	69	4536.40	25.3	5.5

续表

	2011 年						2021 年		
	百万 （CUP）	排名	比例 （%）	排名	增长 率（%）	排名	百万 （CUP）	比例 （%）	增长 率（%）
国际过夜游客数量	2623						3956		
旅游投资	945	62	14.5	25	3.2	75	1543.40	16.7	5
国内游客旅游消费	1916.10		2.6		1.6		2788.50	2.7	3.8
休闲旅游消费	4560.30		6.2		4.9		7309.10	6.9	4.8
商务旅游消费	199.3		0.3		1.4		345.7	0.3	5.7

资料来源：世界旅游旅行理事会（WTTC），2011 年。

表 14 - 8   2005—2011 年旅游业对经济及其他行业的贡献率与预测

单位：百万（CUP）、%、万人次

	国际游客境内旅游消费	国内游客旅游消费	境内旅游总消费	旅游对 GDP 的直接贡献	旅游投资	旅游对 GDP 的总贡献	旅游对就业的直接贡献	旅游对就业的总贡献	国内游客境外旅游消费	国际过夜游客数量
2005 年	2399.00	1206.20	3707.50	1569.70	380	5641.50	156.3	566.8	175	2261
增长率	13.10	26.7	16.9	20.3	16.8	16.8	9.6	6	-76.4	12.1
2006 年	2235.00	1595.00	3952.00	1681.40	667	6016.70	137.5	493.5	211	2150
增长率	-15.6	19.8	-3.4	-2.9	59	-3.4	-12	-12.9	9.2	-4.9
2007 年	2236.00	1653.80	4039.30	1714.70	792	6500.00	130.2	492.4	292	2119
增长率	-3.4	0.1	-1.3	-1.6	14.6	4.3	-5.3	-0.2	33.6	-1.4
2008 年	2347.00	1821.90	4321.70	1779.20	943	6710.20	130.5	489.6	350.4	2316
增长率	2.3	7.4	4.3	1.2	16.1	0.6	0.2	-0.6	17	9.3
2009 年	2106.00	1754.90	4017.70	1707.90	879	6845.00	130.5	520.5	311.5	2405
增长率	-11.6	-5.1	-8.4	-5.4	-8.2	0.5	0.1	6.3	-12.4	3.8
2010 年	2366.50	1798.20	4333.60	1831.10	873	7185.60	132.5	517	346.1	2499
增长率	7.6	-1.9	3.3	2.7	-4.9	0.5	1.5	-0.7	6.4	3.9
2011 年	2659.80	1916.10	4759.70	2011.00	945	7858.50	135.6	526.4	379.3	2623
增长率	7.2	1.6	4.7	4.7	3.2	4.3	2.4	1.8	4.5	5
2012 年	5966.80	3667.70	10068.50	4292.20	2030	17321.60	163.2	642.1	719.2	3956
增长率	5.5	3.8	4.9	5	5	5.3	1.9	2	3.7	4.2

资料来源：世界旅游旅行理事会（WTTC），2011 年。

五 旅游业投资方向

根据目前中国在古巴的项目和未来意向，结合古巴现状分析等，古巴重点投资方向为机场、公路、铁路、旅游特区、度假酒店、休闲农业、市内公共交通设备等领域。

机场：古巴基础设施和交通工具陈旧老化，具有较大的投资空间。其中航空是古巴远程旅游交通的唯一方式，是支撑旅游业发展的最重要的基础设施之一。机场建设对古巴旅游业发展至关重要。

旅游公路：包括高速公路、铁路等建设。重点进行机场、哈瓦那等重要的游客集散中心与海滨度假区之间的旅游公路改造。岛屿之间的连接交通等，连接主要旅游岛之间的跨海桥梁等。

旅游特区项目：由于社会制度原因，古巴旅游社区与其他区域形成典型的二元结构。采取特区式的产业链投资方式是投资古巴旅游业的较为可行的方式。探索岛屿型旅游特区开发模式。

景区开发：包括自然公园、野生动物园等、海洋公园等开发项目。

休闲农业园区：利用丰富的农业资源和农业合作项目，开发休闲农业园。

六 旅游投资与发展应注意的问题：前景、效益与风险评估

在目前环境下，投资古巴适合于最短时间获利的行业，如观光旅游业。目前，此类投资也最受古巴政府欢迎；由于古巴急需外汇，在对全世界各国开放中没有针对性限制。古巴人口1000多万，文化教育水平较高，且国内民生物资缺乏，如一旦美国对古巴解除禁运，大量外资将涌入，据国外专家预测，其潜力将不亚于科威特重建及开放后的越南市场。

现阶段，古巴投资风险较高，主要表现在以下几个方面：

（1）市场经济发育不健全：古巴长期以来实施计划经济，国内市场空间狭小，发育不健全。由于货币和价格的双轨制，在自由市场产品面

前，居民实际购买力不断下降；影响国民经济运行的基础产品以及包括食品在内的居民消费品，主要依赖政府统一采购、统一分配；政府对自由市场的监管力度不强。

（2）外汇管制严格：古巴采用固定汇率，外汇管制严格。为保证进口，本国货币长期以来被高估，维持汇率稳定主要依靠行政指令。

（3）古巴进口政策限制：古巴的进口政策是全力保障影响国计民生的物资和商品，如粮食和燃料，由国家指定的专业进出口公司统一进口并在关税上给予一定的倾斜；国家限制奢侈品和豪华产品进口，在一定程度上限制了中古贸易产品的多元化，但对我优势出口产品，比如小家电、纺织品、成套专用设备等，影响有限。同时，古巴外汇短缺，对外支付能力不足。

（4）服务贸易壁垒：古巴服务贸易领域（包括流通领域）基本上未对外开放（仅在部分旅游宾馆、饭店的管理上委托国外有名的专业管理公司进行管理），对外国公司提供的服务贸易以及对合资合作公司的外方人员的数量控制得非常严格。

（5）社会福利负担较重：古巴社会福利较高，企业需要承担较高的福利性支出。企业需缴纳11%的人工税和14%的社会福利税。

（6）意识形态带来的风险也需警惕：古巴具有强烈的社会主义意识形态，对于外国企业在当地投资设厂尚有争论，政策稳定性、连续性有限。

（7）知识产权法律不完善：古巴实行计划经济，改革开放时间不长且程度有限。从总体上看，知识产权问题涉及不多，相关法律也不完善。

第十五章　牙买加

一　国家概况

（一）国家自然环境

牙买加（Jamaica）位于加勒比海西北部。东隔牙买加海峡与海地相望，北距古巴约 140 公里。海岸线长 1220 公里。东西长 235 公里，南北宽 82 公里，是加勒比海中面积仅次于古巴和海地岛的第三大岛，面积 1.1 万平方公里。牙买加有"林水之乡"、"泉岛"、"铝土之乡"等美称。沿海地区为冲积平原，东部为山地，中部和西部为丘陵和石灰岩高原，岩溶地貌发达，缺少地表径流，多洞穴。热带，已有显示旱季，夏秋季常受飓风侵袭。划为三郡：康沃尔郡、米德尔塞克斯郡、萨里郡。三郡之下又划分为金斯敦和圣安德鲁联合区、圣托马斯、波特兰、圣马丽、圣安娜、特里洛尼、圣詹姆斯、汉诺威、威斯特摩兰、圣伊丽莎白、曼彻斯特、克拉伦登、圣凯瑟琳 14 个区。①

牙买加首都金斯敦（Kingston）是世界第七大天然深水良港，旅游疗养胜地。位于东南岸海湾内岛上最高山峰兰山西南脚下，附近有肥沃的瓜内亚平原。面积（包括市郊）约 500 平方公里，这里四季如春，气温常在 23—29℃之间。城市三面是苍绿的丘陵和山峰，一面是远海碧波，风景如画，有"加勒比城市的皇后"之誉。

（二）国家社会经济概况

牙买加是加勒比海地区最大的英语系国家，人口约 269 万，其中黑人占 77%，主要是殖民时期非洲贩运过来的黑奴，黑白混血种人占 15%，华

---

① http：//baike.baidu.com/view/22060.htm.

表 15-1 自然资源分布及使用情况

自然资源	铝土矿、石膏、石灰岩
土地利用	耕地占 15.83%，永久作物占 10.01%，其他占 74.16%
可再生水资源	9.4 立方公里
淡水资源回收 （家用/工业/农业）	0.41 立方公里
每人占用水	155 立方米/年
自然灾害	飓风
水资源管理	荒漠化，沿海水污染，大气污染，石油泄漏，珊瑚礁损坏

资料来源：美国中情局：《世界各国概况》，2010 年。

人约 2.5 万人，多数居民信奉基督教，少数人信奉印度教和犹太教。牙买加是英联邦成员国，长期由工党和人民民族党轮流执政，政局相对稳定。

牙买加经济总量小，经济增长缓慢。2010 年 GDP 为 122 亿美元，增长率为 -2.3%。近十年来，经济一直呈现缓慢增长趋势。政府负债率较高，负债达到 GDP 的 130% 左右。国民经济支柱产业是旅游业、矿业、农业和新兴的信息技术服务业，以旅游业为核心的服务业收入占 GDP 总值的 60% 以上。近年来，政府大力发展信息技术产业，将其作为新的经济增长点，积极实行以自由市场经济为基础、私人企业为动力，大力推行私有化的政策并取得一定成效。矿产资源以铝矾土为主，储量居世界第 4 位，超过 25 亿吨。其他矿藏有钴、铜、铁、铅、锌和石膏等。农业以传统的甘蔗、香蕉种植为主。外部经济特别是美国经济波动对牙买加经济影响较大，2008 年受国际金融危机影响，牙买加的旅游、侨汇、铝土矿和氧化铝工业都造成不同程度的破坏。

牙买加主要进口石油、食品、机械产品等，出口铝矾土、氧化铝、蔗糖和香蕉等。历年贸易均有逆差。2007 年 1—8 月，进出口总额为 56.28 亿美元，其中进口 41.16 亿美元，同比增长 8.7%，出口 15.12 亿美元，同比增加 12.9%。主要贸易伙伴为美国、英国、加拿大和挪威。① 牙买加的经济状况如表 15-2 所示。

① http://www.baike.com/wiki/泉水之岛。

表 15 - 2　　　　　　　　　牙买加社会经济指数

GDP 购买力	872.5 亿美元
GDP 购买力世界排位	75
GDP 增长率	7.8%
GDP 增长率世界排位	22
GDP 百分比（农业）	7.1%
GDP 百分比（工业）	28.3%
GDP 百分比（服务业）	64.6%
劳动力	46.3 亿美
劳动力世界排位	79
劳动力职业（农业）	14.6%
劳动力职业（工业）	22.3%
劳动力职业（服务业）	63.1%
失业率	13.3%
失业率世界排位	140
固定资产总投资	占 GDP 的 16%
固定资产总投资世界排位	159

资料来源：美国中情局：《世界各国概况》，2010 年。

二　国际关系分析

（一）国家区位与地缘政治分析

牙买加奉行独立、不结盟外交政策，主张国家主权平等、互不干涉内政、促进国际合作，主张在联合国的框架内解决国际争端，反对使用武力。① 主要贸易伙伴有美国、英国、加拿大等，其中出口来源为美国、英国、加拿大、加勒比共同体、挪威和中国；进口来源为美国、拉丁美洲、英国、加勒比共同体、日本、加拿大和中国。

（1）与美国的关系。牙美关系密切，美国是牙买加最大的贸易伙伴

---

① http：//www. fmprc. gov. cn/mfa_ chn/gjhdq_ 603914/gj_ 603916/bmz_ 607664/1206_ 608585/.

和第二大经援国，牙美年均贸易额约 20 亿美元，美在牙铝矿业、旅游业、金融保险业等方面有大量投资。

（2）与英国的关系。牙与英国保持着传统的友好关系。英在牙投资较多，对牙经济有影响较大。英曾多次减免牙的债务。

（3）与欧盟的关系。欧盟是牙最大的外援提供者和第二大贸易伙伴，其援助额约占牙所获全部外援的 68%。

（4）与加拿大的关系。加在牙总投资 1.4 亿多美元，并有四家银行。牙买加航空公司中有加拿大股份和技术人员。加每年通过其国际发展署向牙提供财政援助。牙向加派出大量劳务人员，从事农业、服务业等方面工作。

（5）与加勒比国家的关系。重视加勒比海地区的团结与合作，努力促进地区一体化进程，是加勒比共同体创始国之一。近年来，牙在促进加共体各成员间政治团结、经济合作等方面发挥着积极作用。2006 年年初，牙成为加共体单一市场首批成员。

（6）与古巴的关系。1972 年 12 月牙古建交。1981 年与古巴断交。1990 年 7 月 27 日，牙古恢复外交关系。牙古关系近年来发展较快，双方交往日益增多。2006 年 9 月，古巴政府资助 170 名牙学生赴古留学。自1973 年以来，已有 13000 多名牙籍学生接受古巴政府资助赴古留学。随着牙古关系的发展，牙在多边领域尤其是在经贸方面对古表示了极大支持，主张古加入加共体和洛美后续协定，参与加勒比地区经济一体化进程和美洲自由贸易区谈判。牙还坚决反对美国对古实施的禁运政策。

（7）与俄罗斯的关系。牙于 1975 年 3 月与苏联建交。苏联解体后，牙政府于 1992 年 1 月正式承认俄罗斯和其他独联体成员国。1999 年 10 月牙由于财政紧张，关闭了驻俄使馆。2000 年 6 月，牙外交和外贸部国务部长罗伯逊应邀访俄。其间，双方签署了成立两国外交部间协商机制的议定书、互免签证协议、双方司法部之间合作协议及科技、文化和教育合作计划，并探讨了贸易和投资问题。俄罗斯从牙进口相当数量铝矾土，每年有不少俄罗斯游客赴牙旅游。

（8）与日本的关系。1964 年牙日建交。此后，两国关系发展一直比较顺利。两国间有外长级磋商机制。日本主要通过提供捐款、贷款、债务减免、实物捐赠和投资的方式对牙进行援助，并派出青年志愿人员赴牙服务，两国间文化、艺术和教育交流项目也不断发展。日本是牙蓝山咖啡和郎姆酒的最大海外市场。[①]

（二）与我国的关系

1. 政治关系

1972 年 11 月 21 日中国同牙买加建立外交关系。2005 年 2 月，两国建立"共同发展的友好伙伴关系"。近年来，两国友好合作关系发展顺利，高层往来不断，在国际事务中保持良好配合，在政治、经济、文化等各个领域的友好合作关系不断巩固和发展，先后签有政府贸易、经济合作、投资保护和避免双重征税等协定，为双边贸易、投资的发展提供了保障。双方不断探讨开展互利合作的可能性，两国经贸关系进一步发展。2005 年，中牙建立"共同发展的友好伙伴关系"。牙买加承认中国完全市场经济地位，是中国在加勒比海重要的战略合作伙伴，也是中国公民旅游目的地国。[②]

2. 经贸关系

牙买加承认中国完全市场经济地位，是中国在英语加勒比国家中最大的贸易伙伴之一。中国从牙买加主要进口铝矾土和氧化铝。中国向牙主要出口纺织、服装、塑料、橡胶制品及轻工、机电产品等。据中国海关总署统计，2010 年中牙双边贸易额为 2.39 亿美元，同比增长 9.6%。其中，中方出口 2.35 亿美元，同比增长 19.7%；进口 373.8 万美元，同比增长 -82.7%。我主要出口纺织品、服装、食品、化学品、轻工产品和机电产品等，进口氧化铝等。虽然中国与牙在近年经贸关系发展势头很好，但与其贸易量在牙进出口总额中比例仍比较低。由于中国与牙在经济上有着一定的互补性，因此可以预料两国的经贸关系在未来仍将会有很大潜力发展。

我国目前在牙买加开展的项目有：（1）蒙特哥湾会议中心，2009 年 2 月中国国家副主席习近平访牙期间举行奠基仪式。（2）Sligoville 基础设施项目，中国政府为牙提供巨额资金供 Sligoville 建设一所综合性的体育场馆，一所新的警察局及邮局，该项目已于 2007 年 4 月完成；第二期工程包括 Highgate Park Great House 的修复工程以及供水系统和道路建设即将开始。（3）希望花园/自然保护基金会项目——一座中国式花园于 2010

---

① http：//www. baike. com/wiki/泉水之岛。

② http：//www. fmprc. gov. cn/mfa_ chn/gjhdq_ 603914/gj_ 603916/bmz_ 607664/1206_ 608585/sbgx_ 608589/.

年正式启动建设。（4）牙买加道路改善和修复工程——2010年2月牙总理访华期间签署合作协议。（5）海岸线保护和修复工程——牙总理访华期间签署合作协议。（6）住房解决方案（包括经济适用住房项目）——牙总理访华期间签署合作协议。

3. 人文领域交流

两国在文化、教育、新闻等领域交流与合作进展顺利。中牙签有文化协定，中方曾组织表演艺术团、扬州木偶团、中国杂技团、中国天津歌舞剧院等赴牙访问演出，牙歌舞团曾来华访问演出；西印度大学莫纳分校设有孔子学院；广东深圳市与牙首都金斯敦、浙江义乌市与牙蒙特哥贝市建有友好城市关系。

三　交通等基础设施发展水平分析

（一）航空交通设施发展情况及发展水平

牙买加共有机场35个，其中铺有跑道的机场19个。主要国际机场有金斯敦的帕利多斯的诺曼·曼利机场和位于蒙特哥的唐纳德机场。牙买加航空公司有通往北美、欧洲和加勒比国家的航线。

（二）陆上交通设施发展情况及发展水平

陆上交通以公路为主，截至2002年，公路总长17925公里，约4991公里为柏油路面，其中786公里为一级公路。其中5000多公里为沥青路面，主要乡镇均可通达。

铁路总长339公里。1992年起停止客运，现几乎完全用于运输铝矾土和氧化铝。

（三）水运交通设施发展情况及发展水平

牙买加沿海有13个港口。金斯敦为世界第七大天然港，占地25公顷，是加勒比海主要的中转站，有现代化的集装箱码头和仓库，每年集装箱吞吐能力为150万个标准箱。

（四）其他基础设施发展情况与发展水平

牙买加许多酒店的价格都比较贵，但是，也有不少价格比较便宜的招待所，还有公寓和别墅出租。通信和能源情况如表15-3和表15-4所示。

表 15 – 3　　　　　　　　　　通信设施情况

电话使用线路数	302300
电话使用线路数世界排位	114
移动电话数	297.1 万
移动电话数世界排位	114
互联网主机	3099
互联网主机世界排位	143
互联网用户	158.1 万
互联网用户世界排位	80

资料来源：美国中情局：《世界各国概况》，2010 年。

表 15 – 4　　　　　　　　　　能源情况一览

电力发电量	73.23 亿千瓦时
电力发电量世界排位	101
电力用电量	64 万千瓦时
电力用电量世界排位	105
电力出口	0 千瓦时
电力进口	0 千瓦时
油气生产	506 桶/天
油气生产世界排位	109
油气消费	63000 桶/天
油气消费世界排位	91
油气出口	0 桶/天
油气出口世界排位	179
油气进口	90520 桶/天
油气进口世界排位	67

资料来源：美国中情局：《世界各国概况》，2010 年。

四　旅游资源条件与旅游业发展情况

牙买加自然资源丰富，拥有世界驰名的蒙特哥贝、奥乔里奥斯等度假胜地，高档饭店、宾馆分散在沙滩沿岸，到处都很便利。由于居民多为殖民时代作为奴隶被运过来的非洲人后裔，其文化残留着非洲地区的浓厚色彩，比如瑞歌舞等。牙买加的特色在于强烈个性的非洲文化色彩和美丽的自然相互融合。主要旅游城市有蒙特哥贝、奥乔里奥斯和金斯顿；主要文化和旅游活动有海滩、潜水、高尔夫、骑马（见表15-5）。

表15-5　　　　　　　　　　主要旅游城市概况

城市	城市特色	酒店	餐厅	购物场所
蒙特哥贝	牙买加第二大城市，加勒比海地区最受欢迎的海滩度假胜地之一，成为牙买加面向世界的窗口	朗德希尔饭店&别墅、半月宾馆、牙买加利兹卡尔顿玫瑰厅、加勒比皇家桑德尔斯宾馆、蒙特哥贝微风饭店、科亚巴海滩度假村俱乐部、蒙特哥贝桑德尔斯宾馆、温德姆玫瑰厅度假村和乡村俱乐部、特莱尔高尔夫&网球和海滩俱乐部、布拉克大海滨、享乐主义、拉纳韦贝微风饭店、威克斯福特饭店、博士洞穴海滩饭店、格罗斯特郡饭店、海岸客栈、珊瑚崖饭店	猪排屋、土产、佩里肯、玛格丽塔维尔、城镇小屋、榨糖机—舒格米尔、广州酒家、布鲁尔、茉莉亚、鲍勃斯莱德咖啡馆	海湾街手工艺品市场、旧堡手工艺品市场、蒙特哥贝购物中心、埃尔帕索音像时尚店、圣詹姆斯广场、威肯德斯、半月购物村
奥乔里奥斯	阳光、大海、大自然景观相融合为其魅力所在，邮轮航线常靠于此	皇家种植园海滩高尔夫度假村&SPA、情侣无忧、奥乔里奥斯桑德尔斯度假村&高尔夫俱乐部、丹斯河桑德尔斯高尔夫度假胜地&SPA、海滩竞技场别墅高尔夫度假村&SPA、牙买加文艺复兴豪华度假村、沙堡度假村	阳光咖啡馆、杏树、印度通道、贸易风餐馆和酒吧、比比比普烧烤酒吧、椰子咖啡馆&酒吧、白河牧场、埃维塔	岛国大厦、迪斯科"N"数字音乐店、索尼大厦、黄金屋、牙买加之物、工艺品园、泰姬陵购物中心、皇家购物店、豪华礼品店
内格里尔	位于牙买加岛西部，因其可以看到沉入水平线下的日落而出名	内格里尔海滩度假村&SPA、享乐主义&SPA大海滨、桑德尔斯内格里尔海滩度假村&SPA、情侣消失、内格里尔水手海滩俱乐部		
金斯敦	牙买加首都	牙买加金斯顿希尔顿饭店、艾莎之家、民宿店		

资料来源：规划组根据网络资料整理。

（一）主要旅游资源与开发

旅游业的迅速增长将带动相关产业的额外投资，包括基础设施、购物中心、保健服务和农业/农产品加工。作为旅游目的地，牙买加结合活力四射的文化、自然美景，还提供广泛的选择，如设备齐全的酒店、丰富多彩的景点和各式各样的购物中心。

（二）旅游业发展现状

旅游业是其重要经济部门、主要外汇来源。近年来旅游业发展迅速，直接从业人数4万人，间接从业人数为17万人，行业总人数占牙就业人口的23.5%。2006年入境游客总数为3015358人，其中过夜游客为1678905人、邮轮游客为1336453人，同比分别增长15.3%、13.5%和17.7%，行业产值占GDP比重为16.7%。外国游客大部分来自美国和加拿大。

表 15 - 6　　　　　　　　　　主要旅游景点一览

序号	景点名称	分布地点	资源类型	主要旅游活动
1	蒙特哥贝市中心 （Downtown）	蒙特哥贝市 （Montego Bay）	综合人文旅游地	参观游览
2	博士洞穴海滩 （Doctor's Cave Beach）	蒙特哥贝市	水域风光	滨水游憩
3	阿奎索尔海滩 （Aqua Sol Beach）	蒙特哥贝市	水域风光	滨水游憩
4	玫瑰厅大宅 （Rose Hall Great House）	蒙特哥贝市	历史建筑	参观游览
5	格林伍德大宅 （Greenwood Great House）	蒙特哥贝市	历史建筑	参观游览
6	大河筏流（Great River Rafting）	蒙特哥贝市	水域风光	滨水游憩
7	马萨布雷河筏流 （Rafting on The Martha Baea）	蒙特哥贝市	水域风光	滨水游憩
8	竹林大街（Bamboo Avenue）	蒙特哥贝市	综合自然旅游地	自然观光
9	黑河猎奇游（Black Rover Safari）	蒙特哥贝市	水域风光	滨水游憩
10	Y.S瀑布（Y.S Falls）	蒙特哥贝市	水域风光	滨水游憩
11	阿普尔顿庄园（Appleton Estate）	蒙特哥贝市	综合人文旅游地	参观游览

资料来源：规划组根据网络资料整理。

表 15 - 7 　　　　　　旅游业对经济及其他行业的贡献率与世界排名

	2011 年						2021 年		
	百万（JMD）	排名	比例（%）	排名	增长率（%）	排名	百万（JMD）	比例（%）	增长率（%）
旅游对 GDP 的直接贡献	98.50	89	7.5	30	-0.6	121	147.40	9.2	4.1
旅游对 GDP 的总贡献	315.70	82	24	27	-0.5	124	460.40	28.7	3.8
旅游对就业的直接贡献	82	87	7.1	32	0.2	58	110	8.3	3
旅游对就业的总贡献	262	78	22.6	29	0.3	57	346	26.1	2.8
国际游客境内旅游消费	195.70	66	44.7	15	-0.8	105	301.80	39.6	4.4
国际过夜游客数量	1983						2678		
旅游投资	25.2	94	9.2	48	-0.5	112	38	11.3	4.2
国内游客旅游消费	32.5		2.5		0.8		40.9	2.5	2.3
休闲旅游消费	215.3		16.4		-0.6		325.30	20.2	4.2
商务旅游消费	17.3		1.3		0.5		23.1	1.4	2.9

资料来源：世界旅游旅行理事会（WTTC），2011 年。

表 15 - 8 　　2005—2011 年旅游业对经济及其他行业的贡献率与预测

单位：百万（JMD）、%、千人次

	国际游客境内旅游消费	国内游客旅游消费	境内旅游总消费	旅游对 GDP 的直接贡献	旅游投资	旅游对 GDP 的总贡献	旅游对就业的直接贡献	旅游对就业的总贡献	国内游客境外旅游消费	国际过夜游客数量
2005 年	111.00	19.5	132.60	55.40	12.8	178.60	78.7	255.1	18.1	1479
增长率	-5.60	3.2	-4.1	-4	8.2	-1.9	-2.6	-0.6	-16.2	4.5
2006 年	137.70	22.5	162.40	67.50	11.8	209.80	88.2	275.8	20.7	1679
增长率	13.3	5.2	11.9	11.3	-15.3	7.4	12	8.1	4.7	13.5
2007 年	148.20	27.2	178.00	73.20	15.1	228.30	86.7	271.6	23.5	1701
增长率	-3.7	8.1	-1.9	-2.9	14.1	-2.6	-1.7	-1.5	1.7	1.3
2008 年	161.60	31.8	196.80	80.00	23.7	246.00	83.6	257.7	22.7	1767
增长率	-5	2	-3.7	-4.8	37	-6.1	-3.6	-5.1	-15.9	3.9
2009 年	182.00	29.5	215.20	91.50	23.4	289.90	86.3	275.1	22.8	1831
增长率	1.7	-16.1	-1.2	3.3	-10.9	6.5	3.2	6.7	-9.3	3.6
2010 年	184.60	30.1	218.80	92.70	23.7	296.70	82.2	260.9	25.1	1916

续表

	国际游客境内旅游消费	国内游客旅游消费	境内旅游总消费	旅游对GDP的直接贡献	旅游投资	旅游对GDP的总贡献	旅游对就业的直接贡献	旅游对就业的总贡献	国内游客境外旅游消费	国际过夜游客数量
增长率	-9.6	-9	-9.3	-9.6	-9.7	-8.7	-4.8	-5.2	-1.7	4.7
2011 年	195.70	32.5	232.60	98.50	25.2	315.70	82.4	261.7	26.9	1983
增长率	-0.8	0.8	-0.5	-0.6	-0.5	-0.5	0.2	0.3	0.3	3.5
2021 年	538.20	72.9	621.20	262.90	67.80	821.00	110.2	346.4	54.40	2678
增长率	4.4	2.3	4.1	4.1	4.2	3.8	3	2.8	1.3	3

资料来源：世界旅游旅行理事会（WTTC），2011 年。

五　旅游业投资方向

根据牙买加在加勒比海地区的旅游地理区位，结合目前中国在牙买加的项目和未来意向与牙买加的实际需求等，牙买加具有发展成为加勒比旅游的航空交通集散中心的区位条件，并确定以下主要旅游业投资方向：高速公路项目、公路与港口改扩建工程、旅游酒店与度假村、生态旅游、会议和体育旅游场馆项目、电信和电子产品项目、休闲农业产业园。

旅游基础设施：机场与航线、邮轮母港。金斯敦海港是世界第七大海港，牙买加政府计划将港口建设为全球船运和物流中心。牙买加作为加勒比的中心地带，具有发展成为加勒比旅游的航空交通集散中心的区位条件。

旅游酒店（度假村）：旅游业是政府鼓励外资投资的领域，鼓励外资进入饭店、度假村和旅游综合体领域投资。许多饭店和度假村都有外国公司投资，外国游客大部分来自美国和加拿大。政府制定了旅馆鼓励法，有10 间以上客房，而且须具备用餐设备和接待暂住旅客和游客的设施，以及会议型旅馆（最少 350 间客房）减免 15 年所得税和赋税，普通旅馆减免期限为 10 年。我国在牙买加旅游领域的投资主要集中在酒店建造方面。按照牙买加新任政府的计划，牙买加计划未来四年有大约 600 亿元（牙元）投资于旅游业，建造 15825 套旅游饭店房间，投资重点区域在西北海岸地区，如位于蒙特哥贝以东 30 公里，北部沿海中心 Trelawny 的和谐湾

（Harmony Cove）度假村。还计划投资 7.18 亿元，建设五个旅游景点。

生态旅游与环境建设：牙买加重视生态旅游发展，致力于打造世界级的生态旅游目的地，政府已经制定了相应规划，开发南部地区，重点发展生态旅游和乡村旅游，并确保生物多样性保护，实现生态环境和旅游业的和谐发展。牙买加西部地区多为山区、植被茂盛，生物多样性十分丰富，是牙买加植被种类保存最完整和大量珍稀动物的栖息地，具有发展生态旅游的资源环境条件。

滨海景观带（滨海公园）：牙买加海岸线 1220 公里，沿海拥有优美的景观，但是仍未形成畅通的环岛交通，通过建设滨海景观带、滨海公园和环岛景观公路，将对牙买加旅游的整体开发起到巨大的促进作用。

旅游房地产：牙买加优良的气候条件，具有发展分时度假的良好条件，引导我国房地产开发企业进入牙买加，发展旅游地产。鼓励我国居民购买分时度假旅游产品和旅游房地产。

海洋娱乐设施：发展海洋娱乐旅游，包括游艇、冲浪等。

根据实地考察，牙买加具有以下旅游基础设施投资项目：（1）南北高速、东西高速、环岛高速或环岛公路改扩建工程；（2）旅游风景带建设：蒙特哥贝到八条河滨海旅游带、蓝山立体休闲健身风景旅游区、南北高速生态旅游带等；（3）休闲农业：蓝山咖啡园、热带植物园、动物园、种植园、乡村旅游等；（4）旅游度假村：蒙特哥贝到八条河滨海带旅游度假村、南北高速公路节点度假村等；（5）基础设施改扩建工程：金斯敦城市基础设施改扩建，如路灯工程、机场、港口、码头改扩建工程等；（6）新型绿色环保节能工程：太阳能发电、潮汐发电、风能利用等。

六　旅游投资与发展应注意的问题：前景、效益与风险评估

（一）该国旅游投资环境

牙买加是中国在加勒比海地区英语国家中最大的贸易伙伴，具有良好的投资贸易环境：稳定的政府、独立的司法部门、优越的地理位置、英语国家、热带气候、完备的基础设施包括高效的通信、充足的熟练和半熟练

工人、稳定的工业环境、发达多样的资本市场、公有制企业向私有制的逐渐转化、没有货币兑换控制、自由的进出口政策。

牙买加投资框架：通过签订双边投资协议、双重课税协议、对一些关键行业—旅游业、高级信息通信技术采用特殊的税收和鼓励措施、主要市场的特殊准入、资本流动，还有对资本货物和原材料的免税，都使得牙买加的投资环境大大改善。

牙买加投资流：过去10年里，牙买加的外商直接投资从1.30亿美元增加到5.48亿美元，外币流入来源也是固定多样的。国际金融机构对牙买加有一贯的有利评估、信用评级机构有正面评论，投资者信心日益增强。

牙买加信息通信技术：牙买加远程通信的改善为信息通信技术的进一步扩张创造了条件。现在，信息通信技术行业包括275个公司。联系/呼叫中心的下属部门提供了3000多个岗位。政府已经批准了电子交易政策，并实施了电子交易法。

牙买加贸易政策：牙买加在2001年修改了它的贸易政策，重点强调国家磋商以及贸易规则基础建设的现代化。新措施已经开始应用到处理反倾销、保障条款、自由竞争、保护消费者、知识产权、专利使用权和标准化等事件中。牙买加还继续积极参与地区组织（加勒比共同体）和多边组织（世界贸易组织）谈判。

在牙投资享受普遍非歧视性原则待遇和牙公平贸易法、普通法等有关法律以及牙政府与多边机构或双边政府签署的各项投资保护协定的保护。根据出口鼓励措施法案，外资企业产品出口可享受税收和进口关税减免待遇。1992年，牙政府废除了外汇管制法案，外资企业在外汇兑换、利润汇出、物资和技术进口等方面无任何限制。

为努力促进和方便外国银行来牙经营，牙买加政府规定减免国际金融公司利润和资本收益所得税。

牙政府鼓励在下述领域进行投资：采矿业，农产品加工业，服装和轻工产品制造业，港口和航运业，信息技术产业，旅游、娱乐和体育业。牙政府对上述领域的投资给予诸如税收、土地使用和培训等方面程度不同的优惠政策。

牙政府为发展本国经济，在强调促进民族经济发展的同时，积极奉行市场开放政策，鼓励外来投资。从投资环境的吸引力角度，牙买加的竞争优势有：政局稳定；市场化程度高；地理位置使牙买加成为连接北美、加勒比、拉美的理想客运和货运中枢；通信设施先进；政策透明度较高，政府鼓励外国资本投资牙买加。

牙买加旅游业发达，许多饭店和度假村都有外国公司投资。据联合国世界投资报告资料显示，2006 年牙买加吸收外国直接投资 8.82 亿美元，2007 年吸收外资金额为 7.79 亿美元。

（二）旅游投资风险与问题

牙买加工党政府上台后，实施积极的减债政策和财政紧缩政策，推动对蔗糖业、牙航空公司和金斯顿国际机场的私有化；继续大力发展旅游等传统产业，加大对农业等弱势基础产业的技术资金支持和结构调整。国际金融危机爆发后，传统出口产品铝矾土和氧化铝价格下跌。在此情况下，牙政府出台一系列改革发展措施，如适当放宽财政政策，实行公共部门改革，继续推行财税制度改革，鼓励外贸，支持基础设施建设，扩大从多边金融机构举债。

牙买加财政赤字较大。2010 年，牙买加国家债务达 126.6 亿美元，占其国内生产总值的 123.3%，为世界上人均负债最多的国家之一。

注意文化差异。牙买加历史上长期和欧美合作，中牙两国客观存在政治经济和法律文化差异，需要找准合作切入点，以达成开发性金融促进牙买加经济发展的合作共识。

第十六章　苏里南

一　国家概况

（一）国家自然环境

苏里南（The Republic of Suriname）位于南美洲北部。东邻法属圭亚那，南界巴西，西连圭亚那，北濒大西洋。地势南高北低，北部是沿海低地，多沼泽，中部为热带草原，南部为丘陵和低高原，平均海拔400—800米，最高点朱丽安娜峰海拔1286米。其北部为热带草原气候，南部属热带雨林气候。年平均气温27℃，年降水量在2000毫米以上。森林和水力资源丰富。森林面积占全国面积的95%，多硬木树种。河流众多，水力资源丰富，最重要的是流贯中部的苏里南河。富铝土矿，蕴藏量约7亿吨。主要矿产为铝土、石油、铁、锰、铜、镍、铂、黄金等。矿产主要有铝土，1998年年底，探明蕴藏量约为5.8亿吨，其他矿产有石油、铁、锰、铜、镍、铂、黄金等，1998年黄金产量77万盎司。近年来，在近海发现石油，1995年原油产量为27.5万吨。全国划为一市（帕拉马里博市）九省：瓦尼卡、尼克里、萨拉马卡、科摩维纳、马罗维纳、巴拉、勃洛克彭都、西帕里维尼、科罗尼。

首都帕拉马里博（Paramaribo）是全国最大港口城市。位于苏里南河下游西岸，距河口15公里。面积17平方公里，人口6.8万（1980）。海拔3.6米，气候炎热多雨，年平均气温27.3℃，年平均降水量2300毫米。①

---

① http://baike.baidu.com/view/19836.htm.

表 16 - 1　　　　　　　　　　　自然资源分布及使用情况

自然资源	森林、水力发电、渔虾业、瓷土、金矿、镍矿、铜矿、铁矿
土地利用	耕地占 0.36%，永久作物占 0.06%，其他占 99.58%
可再生水资源	122 立方公里
淡水资源回收 （家用/工业/农业）	0.67 立方公里
每人占用水	1489 立方米/年
自然灾害	—
水资源管理	沙漠化，内地水污染

资料来源：美国中情局：《世界各国概况》，2010 年。

（二）国家社会经济概况

苏里南现有人口 49 万，其中印度裔占 33%，克里奥尔人占 31%，印尼裔占 15%，丛林黑人占 10%，印第安人占 4%，华人占 3%，白人占 1%，其他人种占 3%。居民的 42% 信奉基督教，20% 信奉印度教，13% 信奉伊斯兰教。荷兰语为官方语言，通用苏里南语。[1]

苏里南国民经济主要依靠铝矿业、加工制造业和农业，近年来开始积极发展石油工业。苏里南自然资源丰富，但经济基础相对薄弱，经济发展不平衡。国民经济主要依靠铝矿业、加工制造业和农业。居民多从事农业，主产稻米，次为香蕉、甘蔗、柑橘等。铝土矿的开采和提炼在经济中占重要地位，产量居世界前列。其他工业有制糖、食品和木材加工等。出口以铝土矿及其产品（氧化铝和纯铝）为大宗，占出口总值 85% 以上，次为大米、木材和香蕉。进口原材料、消费品、机器和石油产品。交通以水运为主。近年来，苏经济发展受挫，汇率不稳。2004 年苏政府发行新的货币苏元，取代苏盾，以抑制通货膨胀。苏里南经济受铝土矿业支配，其占 GDP 总值比例超过 15%，而占出口所得更超过 70%。其他重要的出口产品包括稻米、香蕉、虾。苏里南最近准备开始开发其可观的石油和黄金矿产。大约 1/4 的人口工作在农业领域。苏里南的经济极度依赖贸易，其最主要的贸易伙伴包括荷兰、美国、加拿大和加勒比海国家。经济状况如表 16 - 2 所示。

---

[1]　http：// www. fmprc. gov. cn/mfa_ chn/gjhdq_ 603914/gj_ 603916/nmz_ 608635/1206_ 608856/.

表 16 - 2   苏里南社会经济指数

指数类型	数值
GDP	47. 11 亿美元
GDP 世界排位	165
GDP 增长率	4.4%
GDP 增长率世界排位	86
GDP 百分比（农业）	10. 8%
GDP 百分比（工业）	24. 4%
GDP 百分比（服务业）	64. 8%
劳动力	165600
劳动力世界排位	176
劳动力职业（农业）	8%
劳动力职业（工业）	14%
劳动力职业（服务业）	78%
失业率	9. 5%
失业率世界排位	105
固定资产总投资	—
固定资产总投资世界排位	—

资料来源：美国中情局：《世界各国概况》，2010 年。

二　国际关系分析

（一）国家区位与地缘政治分析

苏里南地处加勒比海地区，是加勒比共同体、加勒比国家组织成员。该地区局势较稳定，但个别国家（如海地）局势动荡。地区各国对划定专属经济区的纠纷不断，边界纠纷偶有发生。

苏里南奉行不结盟外交政策，维护国家主权、民族自决和不干涉内政等原则；重视发展同邻国圭亚那、巴西和法属圭亚那的关系；保持与美国、荷兰以及其他欧盟国家的务实关系；促进地区一体化，加强同南美大陆特别是亚马逊条约国家间的合作；近年来，努力开拓同日本、中国、印度尼西亚、马来西亚和韩国等亚太国家的关系。苏是加勒比共同体、加勒比开发银行、伊斯兰会议组织和美洲开发银行成员，与约 100 个国家建立了外交关系。①

（1）同荷兰的关系：由于历史原因，苏在政治、经济和文化等方面受荷影响很深。1975 年苏独立后，两国关系曲折发展，荷曾两次中止对苏援助。2000 年本届政府上台后，苏荷关系好转，高层互访增多，荷恢复了对苏援助，2002 年、2003 年，荷向苏提供了 2500 万美元的援助。2005 年，荷向苏提供了 2840 万欧元的援助，两国签署了《教育合作声明》。目前，两国正就"国籍条约"问题进行磋商。2005 年 10 月，荷外长访苏。2005 年 11 月，荷首相访苏，并参加苏独立 30 周年庆典。苏有18 万人旅居荷兰，另有 12 万苏里南人后裔生活在荷兰。

（2）同圭亚那的关系：苏圭有领土纠纷。由于争议区蕴藏着丰富的石油以及铀矿和硬木资源，边界纠纷长期困扰两国关系。2002 年两国总统实现互访，双方决定共同开发有争议地区，并同意召开苏圭合作委员会和国界委员会会议，商讨两国在多领域开展合作的可能。

（3）同印度的关系：苏印关系密切。2003 年 3 月，苏总统首次访问印度。印度免除苏 5000 万卢比到期债务并决定向苏提供 10 万美元药品。6 月，第七届世界印地语大会在苏举行，印外长辛格率百余人代表团出席大会。苏印两国长期进行"技术与经济合作项目"。

（4）同美国的关系：苏重视发展同美国的关系，在经济上对美依赖较深。反对美制裁古巴，反对美对伊拉克发动战争。苏美在缉毒方面有合作。2003 年，在美压力下，苏加大打击非法移民的力度。在美洲自由贸易区谈判中，苏对美存有戒心，担心美在贸易安排中牺牲弱小国家利益，主张加强与巴西等拉美国家协调立场。

（5）同巴西的关系：苏十分重视与巴西的关系，双方合作领域广泛。在国际事务中，苏跟随巴西较紧，认为巴西能代表拉美中小国利益。巴西在苏有数万移民，多为非法居留。2003 年 7 月，费内希恩总统对巴西进行国事访问，两国总统就移民、延缓还债等问题达成共识。两国签订司法互助协定和双边贸易协定。2005 年，两国签署稻米出口协议。

（6）同印尼的关系：苏、印尼曾同属荷兰殖民地，由于历史渊源，两国关系较为密切。由印尼人后裔组成的崇高真理党是本届政府的执政党

---

① http://baike.baidu.com/view/19836.htm.

之一。两国在多个领域开展经济技术合作，每年举行经济混委会。2003年，两国签订了《航空合作协议》和《避免双重征税协议》。2005年9月，苏议长索摩哈尔乔访问印度尼西亚，签署了加强双边议会交往的协议。

（二）与我国的关系

1. 政治关系

1976年5月28日两国建交。1977年5月12日中国在苏里南设大使馆。1998年1月苏在华设大使馆。随着两国政治外交关系不断发展，两国间经贸关系平稳发展，进出口贸易呈上升趋势。近年来，两国高层交往不断，在国际事务中保持良好配合。2011年9月，国务院副总理王岐山在特立尼达和多巴哥出席第三届中国—加勒比经贸合作论坛开幕式期间，会见苏副总统阿梅拉利。11月，全国人大常委会副委员长陈昌智访苏，会见苏总统鲍特瑟，并与苏国民议会议长西蒙斯会谈。

2. 经贸关系

苏承认中国完全市场经济地位。中方主要向苏出口钢材、纺织品、农产品、塑料制品、农药和汽车等，进口原木、锯材和氧化铝等。据中国海关统计，2010年，双边贸易额为1.27亿美元，其中，中方出口1.14亿美元，进口1326万美元，分别增长17.7%、18.5%和11.3%。两国贸易发展较快的主要原因是：（1）中国机电产品的出口增加。其主要产品有彩电、空调、摩托车、五金电器、采矿设备等。随着中国公司在苏林业领域开发的投入，带动了两国进出口贸易的发展，中国林业加工及相关设备及配件的出口大幅增加。（2）由于转口的商品价格较高，随着国内供货渠道及方式的改变，苏私商越来越倾向于从国内直接订货。（3）由于中国公司在苏林业领域的投入，其产品大都出口到中国。另外，中国在苏从事原木、板材等林产品的贸易公司已形成一定的业务规模，增加了中国从苏进口，因此，两国的贸易不平衡的差距将会逐步缩小。

目前，苏与中国的间接贸易十分活跃，苏市场各商店中的中国轻纺产品、日用百货占很大比例，其中大多是从美国迈阿密、中国香港、荷属加勒比小岛阿鲁巴、库拉索转口。

3. 人文领域交流与合作

两国在文化、教育、军事、旅游等领域交流合作进展顺利。两国签有文化合作协定。中方曾派杂技团、艺术团和歌舞团等赴苏访演，并在苏举办绘画展、摄影展和工艺品展等。苏曾派青年代表来华参加中拉青年节。

苏是中国公民出境旅游目的地国。杭州市与苏首都帕拉马里博建有友好城市关系。截至 2010 年，中方共向苏方提供 43 个来华留学生奖学金名额。中方先后向苏派遣 4 批军事医疗小组。

4. 双边贸易及投资协定的签署情况

1998 年，《中国与苏里南两国签署贸易协定》。2005 年 1 月，苏里南承认中国完全市场经济地位。两国建交以来，中国共向苏提供援款数亿元人民币。建成的主要成套项目有 3000 人座体育馆、160 公里的输变电项目；已实施的技术合作项目有：养虾、沼气培训；已赠送的物品和项目有自行车、学生装用布、彩电、洗衣机、船有挂机、议会桌椅、体育馆设备、电话设备、机场冷库、政府办公楼等。

2007 年 12 月 24 日，蔡水曾商务参赞代表中国山东对外经技术合作集团有限公司与苏社会事务和住房部常秘 Hein Charles Verwey 在帕拉马里博签订了我援苏里南首都低造价住房项目实施合同。该项目将于近期完成交付苏方使用。

2008 年 2 月 22 日，中国进出口银行苏中副行长与苏里南财政部长希尔顿贝赫在苏总统新闻发布中心签署了该行《向苏里南 500 公里道路项目提供买方信贷的协议》。

2009 年 4 月 24 日，《中国政府向苏里南政府提供无偿援助和无息贷款的经济技术合作协定》签字仪式在帕拉马里博苏里南外交部举行。

5. 双边贸易主要内容及规模

截至 2009 年年末，据统计，中国在苏里南签订劳务承包合同金额累计 2.23 亿美元，完成营业额 1.5 亿美元。中国公司对苏里南投资主要集中在森林采伐及相关产业，目前已形成一定规模。林业以外领域的投资也有所增长，如棕榈油项目、渔业捕捞合作、黄金开采和建筑石料开采等。

近年来，中苏双边贸易主要呈现以下特点：

（1）双边外贸进出口增长迅速。2000 年中苏两国贸易总额突破 1000 万美元大关，到 2008 年，双边贸易额已突破 1 亿美元，同比增长了 51.5%。受全球金融危机影响，2009 年中国对苏出口贸易额为 7712 万美元，同比下降了 9.8%。预计随着全球经济的复苏，2010 年中苏贸易额将有所增长。

（2）中方顺差较大。中国出口苏里南的产品主要包括机电产品、交通工具、纺织服装产品、塑料制品、日用消费品和食品等。由于中国制造性价比较高，在苏市场颇受欢迎。苏方出口中国的产品以矿产、海产品、木材和水果等初级原材料为主。截至 2009 年 10 月，中国对苏贸易顺差6665 万美元。

苏里南大选期间，现任执政党联合大阵营就宣称当选后将大力发展与中国的关系。预计本届政府任期内苏里南与中国的双边政治、经贸关系将进一步发展。①

三　交通等基础设施发展水平分析

苏里南历届政府重视基础设施建设，近年来通过政府投资、国外援助和对外借款，多方筹资，加大投入，基础设施大有改善。

（一）航空交通设施发展情况及发展水平

苏里南有 1 个国际机场（Johan Adolf Pengel 国际机场），目前苏开通帕拉马里博到阿姆斯特丹、迈阿密、库拉索、阿鲁巴、巴西贝伦、特多西班牙港、归亚纳乔治敦等航线。Zorg en Hoop 机场主要起降从首都到内陆地区的小飞机，其他机场及简易机场只能供小型短距离起落飞机使用，内地的小型简易机场多达 51 个，世界排名 91 位。

（二）陆上交通设施发展情况及发展水平

苏公路总长 4470 公里。其中 990 公里为沥青路，190 公里为水泥砖路，其余 3290 公里为沙土路。主要公路贯穿东西，连接阿尔宾娜和尼克里。无公用客运铁路。②

（三）水运交通设施发展情况及发展水平

苏主要港口为帕拉马里博的 Nieuwe Haven 港，90% 的进出口货物几乎都通过该港进出。另有 Paranam、Mungo、Smalkalden 港，主要运输铝土。每年大约有 1000 艘轮船进入苏港口，可航行的河流总长约 1500 公里。苏有 1 小型商业船队，至 2002 年年底，注册船只 12 艘。2002 年装货230.6 万吨，卸货 121.2 万吨。轮渡可通往圭亚那和法属圭亚那。③

---

① http://www.fmprc.gov.cn/mfa_ chn/gjhdq_ 603914/gj_ 603916/nmz_ 608635/1206_ 608856/sbgx_ 608860/.

② http://www.mofcom.gov.cn/article/zt_ zhcjd/subjectd/201006/20100606953154.shtml.

③ http://www.sranan.cn/contents/201/101.html.

（四）其他基础设施发展情况与发展水平

苏电信系统运行条件较好，主要提供数据和其他服务，包括所有电话服务、数据通信、卫星服务、光缆服务和互联网服务（包括无线和AD-SL）。可以通过国际通信卫星机构的卫星和海底光缆以较低的费用与其他国家联络。通信覆盖密度高于地区平均水平。原来苏里南的通信为苏国家电信公司垄断经营。近年来，苏政府引入其他几家通信公司，形成竞争局面，使用户受惠，也促进了苏通信基础设施的发展。

电力方面，苏在Afobakka人造湖建有一个水力发电站（装机容量189兆瓦，年均发电80兆—90兆瓦），并在Paramaribo和其他地区安装了柴油发电机组，发电量很充足。从Afobakka到Paramaribo的电力传输超过70公里。目前，苏全国电站的发电量能满足自身需求，且价格便宜。但据介绍，苏电需求量每年都在递增。若干年以后，目前的生产能力将供不应求，苏自然资源部长2006年曾表示，苏在2006年后5年内所需电量将增加210多兆瓦，故需尽快扩大产能。除了产能外，苏电力产业目前急需输变电网络建设，以改变目前由于输变电网络落后，无法将生产出来的电输送到所需要的地方去的状况（见表16-3和表16-4）。

表16-3　　　　　　　　　通信设施情况

电话使用线路数	83700
电话使用线路数世界排位	147
移动电话数	763900
移动电话数世界排位	150
互联网主机	171
互联网主机世界排位	199
互联网用户	163000
互联网用户世界排位	146

资料来源：美国中情局：《世界各国概况》，2010年。

表16-4　　　　　　　　　能源情况一览

电力发电量	15.8亿千瓦时
电力发电量世界排位	139
电力用电量	14.4万千瓦时

续表

电力用电量世界排位	144
电力出口	0 千瓦时
电力进口	0 千瓦时
油气生产	14460 桶/天
油气生产世界排位	78
油气消费	15000 桶/天
油气消费世界排位	141
油气出口	3058 桶/天
油气出口世界排位	110
油气进口	5668 桶/天
油气进口世界排位	152

资料来源：美国中情局：《世界各国概况》，2010 年。

四 旅游资源条件与旅游业发展情况

（一）主要旅游资源与开发

苏里南的旅游业不发达，但也有一些比较独特的旅游资源。比如，世界遗产帕拉马里博古城和良好的原始森林等。值得一提的是，苏里南在饮食上集合了世界各国餐饮的精髓和独一无二的口味，有荷兰、印度、南非至犹太地区的餐饮文化。苏里南餐厅可以提供几十种国家菜系。不过，由于旅游业发展程度较低，这些资源的开发程度并不高。苏里南旅游基本情况见表 16 - 5。

表 16 - 5　　　　　　　　主要旅游景点一览

序号	景点名称	分布地点	资源类型	主要旅游活动
1	帕拉马里博古城	帕拉马里博市	历史遗迹	参观游览
2	热带雨林	内陆地区	综合自然旅游地	观鸟、徒步

资料来源：规划组根据网络资料整理。

（二）旅游业发展现状

近年来，苏政府开始重视开发旅游资源。在 2011 年旅游业的 GDP 产值上，在 181 个国家与地区中，绝对数量排 169 位，对国家经济的贡献率排 164 位，较为落后，预计到 2021 年提升到第 126 位（见表 16 - 6 和表 16 - 7）。

表 16 - 6 旅游业对经济及其他行业的贡献率与世界排名

	2011 年						2021 年		
	百万 (SRD)	排名	比例 (%)	排名	增长率(%)	排名	百万 (SRD)	比例 (%)	增长率(%)
旅游对 GDP 的直接贡献	159.10	168	1.5	166	0.3	135	227.20	1.4	3.6
旅游对 GDP 的总贡献	431.10	169	4.1	164	0.6	126	619.40	3.7	3.7
旅游对就业的直接贡献	2	176	1.4	163	- 1.7	147	3	1.3	1.2
旅游对就业的总贡献	7	176	3.7	166	- 1.5	141	7	3.5	1.1
国际游客境内旅游消费	207.70	161	9.7	130	- 1.3	135	292.50	10.3	3.5
国际过夜游客数量	137						178		
旅游投资	81.9	162	3.2	140	1.6	134	115.6	2.9	3.5
国内游客旅游消费	143.1		1.3		3		201.7	1.2	3.5
休闲旅游消费	187.1		1.8		2.5		316.40	1.9	5.4
商务旅游消费	167.8		1.6		- 1.8		182.8	1.1	0.9

资料来源：世界旅游旅行理事会（WTTC），2011 年。

表 16 - 7 2005—2011 年旅游业对经济及其他行业的贡献率与预测

单位：百万（SRD）、%、千人次

	国际游客境内旅游消费	国内游客旅游消费	境内旅游总消费	旅游对 GDP 的直接贡献	旅游投资	旅游对 GDP 的总贡献	旅游对就业的直接贡献	旅游对就业的总贡献	国内游客境外旅游消费	国际过夜游客数量
2005 年	260.20	110.4	373.00	183.20	65	461.20	5.4	13.6	257.4	160
增长率	60.20	- 10.8	29.1	31.2	29	47.1	24.7	39.3	- 4.1	15.9
2006 年	297.30	93.4	393.20	200.30	89.1	510.80	4.9	12.7	90.1	153
增长率	- 0.3	- 26.2	- 8	- 4.6	19.6	- 3.4	- 8.1	- 6.9	- 69.5	- 4.4
2007 年	200.50	123.1	326.50	156.90	104	421.90	3.5	9.5	76.5	163
增长率	- 37.7	21.8	- 23.3	- 27.6	7.9	- 23.7	- 28.8	- 25.3	- 21.6	6.5
2008 年	229.90	124.6	357.80	169.70	124.9	496.80	3.1	9.1	96	165
增长率	- 3.7	- 15	- 7.9	- 9.2	0.9	- 1.1	- 11.7	- 4.1	5.5	1.2
2009 年	192.00	122.9	318.30	143.60	98.7	409.60	2.7	7.6	94.9	164

续表

	国际游客境内旅游消费	国内游客旅游消费	境内旅游总消费	旅游对GDP的直接贡献	旅游投资	旅游对GDP的总贡献	旅游对就业的直接贡献	旅游对就业的总贡献	国内游客境外旅游消费	国际过夜游客数量
增长率	-13.8	1.8	-8.2	-12.7	-18.4	-14.9	-14.4	-16.5	2	-0.5
2010年	196.60	129.9	330.20	148.20	75.4	400.30	2.5	6.7	87.9	146
增长率	-6.5	-3.5	-5.2	-5.8	-30.3	-10.7	-7.6	-12.2	-15.4	-11.2
2011年	207.70	143.1	354.90	159.10	82	431.10	2.4	6.6	84.3	137
增长率	-1.3	3	0.4	0.3	1.6	0.6	-1.7	-1.5	-10.4	-5.8
2021年	430.80	297	735.10	334.60	170.20	912.00	2.7	7.3	105.20	178
增长率	3.5	3.5	3.5	3.6	3.5	3.7	1.2	1.1	-1.6	2.6

资料来源：世界旅游旅行理事会（WTTC），2011年。

五 旅游业投资方向

苏里南经济基础薄弱，经济结构单一，地区发展不平衡。国民经济主要依靠铝矿业、加工制造业和农业。该国自然和人文旅游资源丰富，但交通、餐饮住宿等基础设施制约旅游业发展，旅游业发展相对落后，旅游资源开发深度和广度不够，公路和水运是主要旅游交通方式，首都附近有现代化国际机场。

中国在苏旅游基础设施方面的投资主要以公路和建房工程承包为主。目前在苏从事劳务承包工程的中国工程技术劳务人员约有300人。承包了苏首都市政270公里道路（一期）和275公里道路（二期）修复工程，三期苏里南500公里沥青道路重建重修工程，现已完成工程总量的30%，预计3年内完工，以及苏首都市政道路修复工程是苏政府重点工程项目等项目。

考虑苏里南的旅游资源及开发状况、旅游基础设施现状等，苏里南主要投资领域包括旅游交通、旅游服务接待设施、生态旅游等，以及旅游景区建设、高速路、铁路、公路、机场改扩建、森林生态度假村、旅游度公寓等相关项目。

六　旅游投资与发展应注意的问 题：前景、效益与风险评估

（一）旅游投资环境

尽管苏里南经济严重衰退，财政赤字大，外汇储备少，制约了经济的发展，但苏里南的投资环境也有其有利条件。苏农业、林业、渔业和矿产资源丰富，气候温和，几乎无任何自然灾害，海陆交通方便，人少地广，是一个待开发地区，发展潜力较大。苏国内基本生产、生活物资均靠进口，进口实际上并没多大限制，转口较方便。

目前，在苏投资的行业按投资额的大小依次为：矿产和石油业占 32%，林业占 17%，金融业占 15%，博彩业占 5%，渔业占 3%，电信占 2%。

在苏投资的国家按投资额的大小依次为：美国占 18%，中国占 14%，特立尼达和多巴哥占 14%，加拿大占 14%，荷兰占 8%，印度尼西亚占 4%，马来西亚占 4%，圭亚那占 4%，韩国占 4%。

苏里南希望的领域投资有：铝土开采、黄金开采、石油开发、农业（棕榈油生产、水稻种植）、畜牧业、木材加工、生态旅游等。

苏政府对外资企业提供的主要优惠是：（1）从建立之日起，可连续 6 年免征企业所得税，6 年期满，若和投资法规定相符，仍可延长 5 年（不超过 5 年）。（2）首期投资的折旧可根据经营状况自由分摊。（3）进口用于首期资本投资的物资免征关税，生产所需的原料、辅料、包装材料，3 年内免税。（4）扩大投资时，有两种情况：一种情况是房产部分，折旧率可提高到 30%；另一种情况是其他财产方面，根据良好的经营状况，可允许自由折旧。[①]

（二）旅游投资可能风险与问题

在苏投资也存在一定风险，其主要表现在苏里南没有完善的吸引、保

---

① http：//sr. mofcom. gov. cn/article/ddfg/tzzhch/200210/20021000044156. shtml.

护外国投资的法律，执行政策随意性较大。苏治安状况较为恶劣，偷盗现象严重，各类刑事案件时有发生。

另外，苏里南实行市场经济体制，国家独立较晚，社会经济基础较差，投资法规不完善，经济发展缓慢。

第十七章 圭亚那

一 国家概况

（一）自然环境

圭亚那（The Republic of Guyana）国土面积约 21.4 万平方公里，位于南美洲东北部，西北与委内瑞拉交界，南与巴西毗邻，东与苏里南接壤，东北濒大西洋。[①]

圭亚那地广人稀，地上地下自然资源十分丰富，主要矿藏有：铝矾土、金、钻石、锰、钼、铜、钽、钨、镍、铀等。其中，黄金储量较为丰富，为世界主要黄金生产国之一。铝矾土探明储量约有 3.6 亿吨，品位高、杂质少。粮食和经济作物有大米、甘蔗、热带水果、蔬菜、咖啡等。圭亚那是加勒比海地区重要的稻米生产出口国，生产的大米素有"圭亚那白金"之称。蔗糖属绿色有机产品，以品质优良在国际上多次获奖。圭亚那曾被誉为加勒比海地区的"面包篮子"。森林面积占全国土地面积的 83%，为 16.4 万平方公里。木材蓄积量约 20 亿立方米，品种繁多，超过千余种，以硬木为主，主要供出口。已查明的优质木材超过 30 种，其中紫心木和绿心木为珍贵材种，坚韧耐腐，是建筑的上等材料。全国绝大多数居民住房用木材建成。圭亚那境内河流纵横，水力资源丰富。同时也是加勒比海地区最大的鱼虾出口国。是世界上森林覆盖率最高的国家，国家分为德梅拉拉、埃塞奎博和伯比斯 3 个县，共包含 10 个行政区，首都为乔治敦市。[②]

---

① http：//www.fmprc.gov.cn/mfa_ chn/gjhdq_ 603914/gj_ 603916/nmz_ 608635/1206_ 608832/.

② http：//gy.mofcom.gov.cn/sys/print.shtml？/ztdy/200402/20040200180986.

表 17 - 1   **自然资源分布及使用情况**

自然资源	金、钻石、硬木森林、鱼虾
土地利用	耕地占 2.23%，永久作物占 0.14%，其他占 97.63%
可再生水资源	241 立方公里
淡水资源回收（家用/工业/农业）	1.64 立方公里/年
每人占用水	2187 立方米/年
自然灾害	雨季的冲刷性洪水
水资源管理	农业工业化学物质造成的水污染、荒漠化

资料来源：美国中情局：《世界各国概况》，2010 年。

（二）社会经济概况

圭亚那是一个多民族社会，包括东印度裔、非洲裔、华裔、葡萄牙裔、欧洲裔以及土著的印第安裔，总人口约为 80 万。各宗教人口比例如下：基督教占 50%，印度教占 35%，穆斯林教占 10%，其他占 5%。不同宗教信仰的人们都和平相处。英语为圭亚那的官方语言，也是教育、商业和政府工作中使用的语言。

2011 年圭亚那政府预算案显示，截至 2010 年年末，圭亚那共有人口 77.79 万。其中，城镇人口比率达 37.1%，且分布极不均匀，90% 以上的人生活在仅占全国土地面积 4% 的沿海地区的农村或城镇，且几乎所有的农村人口都分布在沿海公里两旁几公里之内的地区，内地人口比例很小。

圭传统农业国的特点显著，经济结构比较单一，经济较为落后，为典型的初级产品生产和出口国。铝矾土、黄金、蔗糖和大米为其四大经济支柱，2002 年以上四类产品占到其出口总额的近 70%。圭在取得独立之后，政府采取措施发展民族经济，保护本国资源，并逐步将大部分外资企业收归国有。近年来，圭政府实施与国际货币基金组织达成的"高级结构调整计划"，强调经济持续、稳定发展，提倡和鼓励私营经济，大力推行"公共部门投资计划"，重点加强道路、桥梁、海堤等基础设施建设；努力发展教育和医疗卫生；改革金融和税收制度，调整税收结构和幅度；鼓励私人投资和出口。[①]

1999 年 5 月，国际货币基金组织和世界银行给予圭"重债穷国免债

----

① http：// gy. mofcom. gov. cn/sys/print. shtml？ /ztdy/200402/20040200180986.

待遇"（HIPC Initiative），圭获 2.56 亿美元债务减免，成为世界上第三个
受 HIPC 待遇的国家。但是，目前圭仍是世界上债务负担最为沉重的国家
之一，截至 2002 年年底，其外债总额为 12.38 亿美元。经济状况如表
17 - 2 所示。

表 17 - 2 圭亚那社会经济指数

指数类型	数值
GDP	$ 53.79 亿
GDP 世界排位	160
GDP 增长率	3.6%
GDP 增长率世界排位	107
GDP 百分比（农业）	24%
GDP 百分比（工业）	24.4%
GDP 百分比（服务业）	51.5%
劳动力	333900
劳动力世界排位	161
劳动力职业（农业）	—
劳动力职业（工业）	—
劳动力职业（服务业）	—
失业率	11%
失业率世界排位	121
固定资产总投资	占 GDP 的 30.7%
固定资产总投资世界排位	26

资料来源：美国中情局：《世界各国概况》，2010 年。

二 国际关系分析

（一）国家区位与地缘政治分析

圭亚那独一无二的地理位置和社会政治遗产使它成为南美洲和加勒比
海地区的门户。一方面，圭亚那的加勒比传统和母语为英语，使得它成为
加勒比共同体的一分子；另一方面，圭亚那又是南美洲国家与巴西、委内

瑞拉这两个最大经济体为邻。

1. 与美国的关系

圭、美于 1966 年 8 月 15 日建交。20 世纪 90 年代，美曾向圭提供经济援助。"9·11"恐怖袭击事件后，美减少对圭经济发展的援助，但仍在基础设施建设、减贫、防治艾滋病、教育、打击犯罪等方面向圭提供经济和技术援助，并给予债务减免，在促进圭经济和社会发展方面起着举足轻重的作用。2003 年 2 月，贾格迪奥总统访问美国。2004 年 8 月，美国前总统卡特访问圭亚那。2007 年 6 月，贾格迪奥总统赴美参加首届加勒比大会和美加首脑峰会。7 月，美向圭派出第 19 期和平队。12 月，圭、美举行首次军民关系会议，研讨加强军事合作与援助。2008 年 3 月，美国务院负责西半球事务的助理国务卿托马斯香农访圭。2009 年 3 月，圭总统贾格迪奥访美，并出席有关气候变化的金融会议。4 月，圭总统贾格迪奥在特立尼达和多巴哥出席第五届美洲国家首脑会议期间，参加加共体领导人与美国总统奥巴马会晤。2010 年 8 月，圭美签署《谅解备忘录》，美将向圭提供 1310 万美元发展援助。①

2. 与委内瑞拉的关系

圭、委于 1966 年 11 月 25 日建交。圭与委内瑞拉对埃塞奎博地区的归属问题久有争执，涉及 2/3 的圭亚那领土。2004 年 2 月，委内瑞拉总统查韦斯对圭进行国事访问，双方就领土纠纷、委免除圭债务、供应石油等问题进行了磋商。2005 年 6 月，圭委签署《能源合作协议》，圭通过加勒比石油计划以合理价格从委进口石油。② 2006 年 10 月，委内瑞拉高级代表团访圭，并会见了贾格迪奥总统，双方就边界、加勒比石油计划的具体实施方案等问题进行了磋商，委同意免除圭所欠债务。2007 年 8 月，总理海因兹赴委出席第三届加勒比石油计划首脑峰会，但未签署有关协议和宣言。11 月，圭委边境再起摩擦。2008 年 1 月，圭委成立联合工作组，商讨保证两国边境安全与稳定的措施与机制。2009 年 10 月，两国任命边界争议问题协调员。11 月，圭派团赴委参加两国反毒合作会议。2010 年 7 月，圭总统贾格迪奥首次访委，双方签署了涉及化肥贸易、航空燃油贸易、处理越境捕鱼、大米贸易等问题的谅解备忘录和贸易承诺书。2011

---

① http：//baike. baidu. com/view/22093. htm.

② Ibid. .

年5月，圭亚那与委内瑞拉签署《大米销售协议》。圭将向委出售3万吨大米和5万吨谷物，总金额达4800万美元。①

3. 与苏里南的关系

圭、苏于1975年11月25日建交。圭与苏里南之间存在领土纠纷，主要在科兰太因河上游地区的新河三角洲，涉及面积1.7万平方公里（现在圭实际控制范围内）。圭苏多次举行边界委员会会议，商讨在有争议的海域共同开发资源和新河三角洲非军事化问题，但迄今无进展，制约了两国在其他领域的合作关系。2004年，圭政府将两国海洋边界划分争端提交联合国，要求通过联合国海洋法公约进行国际仲裁以加速这一问题的解决。2007年9月，国际海事法庭裁决结果公布，基本采用中间线原则划定两国海洋边界。2010年2月，圭苏因新河三角洲地带主权归属问题再起纠纷。3月，圭苏举行部长级安全会议，讨论合作打击边境地区犯罪等问题。8月，圭总理海因兹作为圭政府代表出席苏里南新任总统鲍特瑟就职仪式。9月，苏总统鲍特瑟访圭，双方发表了联合公报。2011年，两国拟合建科伦泰因河跨河大桥。②

4. 与巴西的关系

圭、巴于1978年12月18日建交。近年来，圭重视发展同巴西等南美邻国的关系，提出使圭成为加勒比通往巴西等南美国家"门户"的新主张，积极推动与这些国家实现公路联网，促进经济合作。圭巴间签有《领事合作条约》。2003年1月，圭总理海因兹访问巴西，参加巴西总统卢拉的就职仪式。7月，贾格迪奥总统对巴西进行工作访问，双方达成了广泛的合作协议。2005年巴西总统卢拉访圭。2009年9月，位于圭巴边境的塔库图大桥建成通车，圭总统贾格迪奥和巴西总统卢拉出席剪彩仪式。同月，圭国防军参谋长赴巴西出席第七届年度双边参谋会议。2010年4月，圭总统贾格迪奥赴巴西参加首届加共体——巴西峰会。12月，圭总统贾格迪奥赴巴西出席第40届南方共同市场社会论坛闭幕式和全体会议。2011年，两国拟合建来塞姆至林登公路。

5. 与古巴的关系

1972年12月8日圭古建交，两国签有经济、科技、文教合作等协

---

① http：//wcm. fmprc. gov. cn/pub/chn/pds/gjhdq/gj/nmz/1206_ 6/1206x0/.

② http：//baike. baidu. com/view/22093. htm.

议。圭古建交 30 多年来，古一直向圭提供留学生名额，为圭培养不同领域人才，在医疗卫生、农业等方面向圭提供人员、技术和设备等援助。圭批评美对古实施经济制裁，呼吁美与古实现关系正常化，解除对古的贸易禁运。2005 年贾格迪奥总统访古。2008 年 12 月，贾格迪奥总统赴古出席第 3 届古巴—加勒比峰会。2009 年 2 月，圭亚那与古巴第 34 届经济技术合作混委会会议在乔治敦举行。

圭亚那是加勒比共同体和共同市场（Caribbean Community and Common Market，CARICOM）的创始国。1973 年 4 月，在圭亚那首都乔治敦召开了英联邦加勒比海地区政府首脑会议，通过了《乔治敦协定》，决定建立一个新的加勒比共同体和共同市场，以代替 1968 年 5 月成立的《加勒比自由贸易协定》。该组织的宗旨是加强原加勒比自由贸易协会内一体化的程度，使所有成员国平等地分享一体化的利益；协调成员国的对外政策；在发展本地区某些共同的服务事业方面进行合作。该组织的秘书处设在圭亚那首都乔治敦，现有 15 个成员国或地区：安提瓜和巴布达、巴巴多斯、巴哈马联邦、伯利兹、多米尼加联邦、格林纳达、圭亚那、圣卢西亚、圣克里斯托弗和尼维斯、圣文森特和格林纳丁斯、特立尼达和多巴哥、海地、牙买加、苏里南和蒙特塞拉特，人口 1750 万人。1999 年 10 月 26 日，该组织第 7 次特别会议制定了《展望 21 世纪共同体的前景》，确立了 2000 年建立地区统一市场和经济的目标，并通过了与实现一体化相关的涉及 10 个领域的文件。①

（二）与我国的关系

1. 政治关系

1972 年中圭建交。为推动中圭经贸关系和经济技术合作，两国领导人和政府经贸部门负责人经常互访，两国政府间还签有经济、科学技术合作、互免公务旅行签证、医疗合作等协议。2005 年 2 月，中国政府宣布将圭列为中国公民旅游目的地国。中国商务部外贸发展事务局与圭外贸国际合作部建立合作伙伴关系。2007 年 9 月，圭旅游、工商部长普拉沙德率团来华参加第 2 届中国—加勒比经贸合作论坛。②

---

① http：//www. baike. com/wiki/加勒比共同体和共同市场。

② http：//www. fmprc. gov. cn/mfa_ chn/gjhdq_ 603914/gj_ 603916/nmz_ 608635/1206_ 608832/sbgx_ 608836/.

2. 经贸关系

圭承认中国完全市场经济地位。中国对圭出口商品主要是钢铝制品、机械器具、纺织品、摩托车等，主要进口原木。两国建有经贸混委会机制，迄今已举行 11 次会议。2010 年，双边贸易额为 1.01 亿美元，同比增长 44.3%；其中，中方出口 8347 万美元，同比增长 41.3%；进口 1728 万美元，同比增长 60.8%。

3. 人文领域交流与合作

中圭在人文领域合作进展顺利。两国签有《文化协定》。中方曾数次向圭派出体育团队、教练，并多次派杂技团、艺术团赴圭访演。圭曾派乒乓球队来华参加亚非拉乒乓球友好邀请赛。

圭是中国公民出境旅游目的地国。福建省福州市与圭首都乔治敦市建有友好城市关系。截至 2010 年，中方共向巴方提供 58 个来华留学生奖学金名额。中方已派遣 9 期援圭医疗队和 3 批青年志愿者赴圭。

三　交通等基础设施发展水平分析

圭亚那的交通设施落后，公路及水运都集中在沿海地区。改善交通是 20 世纪 90 年代以来圭政府财政支出的重要内容。

（一）航空交通设施发展情况及发展水平

主要为契迪·贾根国际机场，每周有飞往美国、加拿大及特多、巴巴多斯、苏里南等加勒比国家的国际航班。内地有一些小型简易机场，多达 96 个，世界排名 63 位。

（二）陆上交通设施发展情况及发展水平

陆上交通以公路交通为主，全国公路全长 7970 公里。其中沿海公路、乔治敦至林登与伯比斯公路、德莫拉拉河西岸公路等约 1300 公里为沥青路面，其余为土路。内陆大部分地区森林密布，仅有丛林小道可达。并建有黄金运输专用铁路，长约 187 公里。

（三）水运交通设施发展情况及发展水平

圭境内河流众多，内河航道较长，约有 6000 公里，但由于急流和泥沙淤积，仅有 300 余公里可通行吃水较浅的货轮，其余河段只能作为林区和矿区的运输航道。首都乔治敦和新阿姆斯特丹为主要港口。商船数为 8

个，世界排名第 121 位。

（四）其他基础设施发展情况与发展水平

圭全国固定电话普及率为 11%。互联网服务在圭有所发展，但设备落后，人才匮乏，服务项目单一。网络服务提供商（ISP）须通过 GT&T 的电话线接入互联网。因基础设施落后，GT&T 无法提供 ISDN 或 ADSL 专线宽带服务，绝大多数 ISP 只能提供拨号接入服务，带宽窄，传输速度欠稳，并限制用户数量。目前有网络服务公司 9 家，圭政府主要机构部门、政党及媒体等均已上网（见表 17 - 3）。总体来说，通信设施较差。

表 17 - 3　　　　　　　　　　　通信设施情况

电话使用线路数	130000
电话使用线路数世界排位	139
移动电话数	281400
移动电话数世界排位	170
互联网主机	8840
互联网主机世界排位	132
互联网用户	189600
互联网用户世界排位	142

资料来源：美国中情局：《世界各国概况》，2010 年。

表 17 - 4　　　　　　　　　　　能源情况一览

电力发电量	82000 万千瓦时
电力发电量世界排位	151
电力用电量	68800 万千瓦时
电力用电量世界排位	153
电力出口	0 千瓦时
电力进口	0 千瓦时
油气生产	0 桶/天
油气生产世界排位	179
油气消费	10000 桶/天
油气消费世界排位	152

续表

油气出口	0 桶/天
油气出口世界排位	177
油气进口	10480 桶/天
油气进口世界排位	141

资料来源：美国中情局：《世界各国概况》，2010 年。

四　旅游资源条件与旅游业发展情况

圭亚那境内地形复杂，物种繁多。境内河流广布，主要有埃塞奎博河、德莫拉拉河和伯比斯河。多瀑布，最著名的是凯尔图尔瀑布，号称是世界落差最大的瀑布。有大片未经开发的热带雨林，发展生态旅游潜力巨大。但基础设施落后，宾馆业不配套，旅游业受到很大限制。

表 17 - 5　　　　　　　主要旅游景点一览

序号	景点名称	分布地点	资源类型	主要旅游活动
1	凯尔图尔瀑布 （Kaieteur Falls）	内陆地区	水域风光	自然观光
2	萨瑟克圣乔治主教座堂 （St. George's Cathedral）	乔治敦	历史建筑	参观游览
3	酿酒厂 （Demerara Distillery）	乔治敦	历史建筑	参观游览
4	圭亚那动物园 （Guyana Zoological Park）	乔治敦	综合自然旅游地	自然观光
5	热带雨林 （Iwokrama Forest）	内陆地区	综合自然旅游地	观鸟、徒步
6	国家野生动物园 （Maipaima EcoLodge）	NappiVillage	综合人文旅游地	参观游览

资料来源：规划组根据网络资料整理。

近年来，圭政府开始重视开发旅游资源。2005 年共接待游客约 11.65万人次。其中，49% 的游客来自美国，24% 来自加勒比海地区，23% 来自欧洲和加拿大。2011 年在 181 个国家与地区中，绝对数量排在第 167 位，对国家经济的贡献率排在第 63 位，预计到 2021 年提升到第 171 位（见表 17 -6 和表 17 -7）。

表 17 -6　　　旅游业对经济及其他行业的贡献率与世界排名

	2011 年						2021 年		
	十亿（GYD）	排名	比例（%）	排名	增长率(%)	排名	十亿（GYD）	比例（%）	增长率(%)
旅游对 GDP 的直接贡献	13.90	165	4.8	57	4.3	179	15.60	3.7	1.2
旅游对 GDP 的总贡献	35.10	167	12.2	63	4.3	171	42.30	9.9	1.9
旅游对就业的直接贡献	13	145	4.1	69	1.5	178	10	3.2	-2.2
旅游对就业的总贡献	33	147	10.6	70	1.5	178	28	8.7	-1.5
国际游客境内旅游消费	14.90	164	5.4	107	6.3	175	17.00	5.3	1.4
国际过夜游客数量	154	—	—	—	—	212	—	—	—
旅游投资	3.3	168	3.5	131	5	161	4	2.7	2
国内游客旅游消费	12.8	—	4.4	—	2	—	13.5	3.1	0.5
休闲旅游消费	10.6	—	3.7	—	5.9	—	13.00	3	2
商务旅游消费	17.5	—	6.1	—	3.3	—	18.2	4.3	0.4

资料来源：世界旅游旅行理事会（WTTC），2011 年。

表 17 -7　　2005—2011 年旅游业对经济及其他行业的贡献率与预测

单位：十亿（GYD）、%、千人次

	国际游客境内旅游消费	国内游客旅游消费	境内旅游总消费	旅游对 GDP 的直接贡献	旅游投资	旅游对 GDP 的总贡献	旅游对就业的直接贡献	旅游对就业的总贡献	国内游客境外旅游消费	国际过夜游客数量
2005 年	7.40	11.7	19.40	10.10	7.3	30.40	15.4	47.4	8.9	117
增长率	19.00	3.1	8.7	18.6	-7.9	14.3	21.8	17.3	17.6	-4.1
2006 年	8.00	13.3	21.60	11.30	6	31.00	15.3	43.6	10.8	113
增长率	-4.8	-0.2	-2.2	-3.3	-27.2	-10.5	-0.6	-7.9	6.6	-3.4
2007 年	11.20	13.9	25.50	12.60	5.4	33.40	14.8	39.8	12.7	131
增长率	28.5	-3.8	8.5	4.5	-17	-1	-3.5	-8.6	7.9	15.9
2008 年	13.20	12.8	26.50	13.30	4.1	34.20	14.5	37.7	11.6	133
增长率	11.6	-12.5	-1.5	0.3	-29.1	-2.9	-2.1	-5.3	-13.4	1.5
2009 年	12.20	11.5	24.20	12.00	3.2	30.80	12.5	32.4	10.6	141

续表

	国际游客境内旅游消费	国内游客旅游消费	境内旅游总消费	旅游对GDP的直接贡献	旅游投资	旅游对GDP的总贡献	旅游对就业的直接贡献	旅游对就业的总贡献	国内游客境外旅游消费	国际过夜游客数量
增长率	-10.5	-12.8	-11.5	-12.4	-23.6	-12.5	-14	-13.9	-11.2	6.2
2010 年	13.40	12	25.90	12.80	3	32.40	12.6	32.4	11.2	152
增长率	6.4	0.8	3.5	3	-9.8	1.4	1.4	-0.2	1.8	7.6
2011 年	14.90	12.8	28.10	13.90	3.3	35.10	12.8	32.9	12.1	154
增长率	6.3	2	4.3	4.3	5	4.3	1.5	1.5	3.6	1.5
2021 年	25.20	19.9	46.30	23.10	5.90	62.60	10.3	28.1	27.50	212
增长率	1.4	0.5	1.1	1.2	2	1.9	-2.2	-1.5	4.4	3.2

资料来源: 世界旅游旅行理事会 (WTTC), 2011 年。

五 旅游业投资方向

圭亚那于 2009 年 7 月制定了《低碳发展战略》(Low Carbon Development Strategy),并在 2010 年对其进行了修编,形成了《低碳发展战略》第二稿(以下简称低碳战略)。低碳战略是圭亚那的国家发展战略,其目标是创造更多的低碳就业岗位和投资机会,继续努力避免毁林和森林退化,强化森林管理的开放性和透明度,并为圭亚那的森林建立一个国际监测、报告和核实系统。

根据圭亚那政府实施低碳战略及旅游资源特点丰富但开发不足、旅游基础设施相对落后等问题,旅游业投资重点领域包括旅游交通、生态旅游、旅游服务与接待设施等领域,投资的重点放在交通、能源等基础设施项目和生态旅游方面进行开发建设,如大型水电站、高速公路、桥梁和港口、内河水电、水运等基础设施项目的建设,和热带雨林休闲度假村、旅游宾馆和娱乐公园、旅游景观公路(乔治敦到凯尔图尔瀑布)、热带雨林生态度假村、凯尔图尔瀑布景区提升及首都乔治敦港的提升改造等项目。

六 旅游投资与发展应注意的问题：前景、效益与风险评估

（一） 投资环境

圭亚那投资政策的重点是支持和吸引既有和潜在的、圭外投资者的制造业投资，创造高附加值的出口商品和服务。这一投资政策主要包括四个方面：鼓励宽领域、多元化投资。这些行业和领域包括加工和新鲜食品、旅游、木制品、信息和通信技术、服务、轻型制造业、采石采矿、能源、基础设施、住房建设、手工艺品及纺织服装等；鼓励本地和外国投资。2002 年，圭亚那吸收外商直接投资 4400 万美元，实现本地投资 4200 万美元；对各类微、小、中、大型投资项目均提供支持；倡导地区间经济平衡发展。

此外，还包括：按照圭亚那国家发展战略要求，为促进圭外投资，圭亚那政府采取了一系列鼓励措施，如实行持续、有效的宏观经济政策；实施统一、透明的税收政策，并将税率维持在一个较低水平；为投资者提供项目审批一站式快捷服务；为投资者项目用地提供相关信息；加大宣传力度，树立圭亚那的良好形象。

圭亚那于 2009 年 7 月制定了《低碳发展战略》（Low Carbon Development Strategy），并在 2010 年对其进行了修编，形成了《低碳发展战略》第二稿。低碳战略是圭亚那的国家发展战略，其目标是创造更多的低碳就业岗位和投资机会，努力避免毁林和森林退化，强化森林管理的开放性和透明度，并为圭亚那的森林建立一个国际监测、报告和核实系统。

鉴于其《低碳发展战略》，圭政府强调在降低对雨林砍伐，阻止雨林退化的大背景下，增强圭林业制造业整体实力，走制造业振兴林业产业之路。可以预见在未来相当长的一段时间内，圭政府在限制雨林砍伐的同时，将加大对圭林业制造业的扶持力度。

（二） 应注意的问题

由于圭亚那的特殊性，需要注意以下问题：（1）加强国内的安保措施，吸引更多的外国游客来圭亚那旅游。（2）对旅游资源在开发的同时也要保护，促进可持续发展。（3）支持美洲印第安人社区发展特色旅游。

第十八章 巴巴多斯

一 国家概况

(一) 自然环境

巴巴多斯 (Barbados) 位于东加勒比海小安的列斯群岛最东端，西距特立尼达岛322公里。巴巴多斯岛原是南美大陆科迪勒拉山脉在海中延伸部分，大部分由珊瑚石灰岩构成。南北长34公里，东西宽22公里，面积431平方公里。岛西为加勒比海，东为大西洋，岛中为地势和缓的丘陵地带，全岛最高点海拔340米。西海岸为主要沙滩，东岸多为断崖，海岸线长101公里。岛上无河流。全国分为11个区 (教区)。英属热带雨林气候，7—11月为雨季，1—6月为旱季。气温变化不大，年平均气温23—30℃。[1]

巴巴多斯是典型的加勒比海岛，国土面积小，自然资源贫乏，无重要矿产资源，有少量石油和天然气，日产石油1200桶。据2001年进行的全国石油资源勘测估计，石油储量为200万桶，天然气储量为1.124亿立方米。石灰石储量丰富，覆盖面达国土面积的85%，储量约为300亿吨。浮石储量为13.25亿吨。[2]

巴巴多斯全国领土的65%为可耕地，但近年来农业不断衰退，农业主产品原糖产量大幅下降。2005年，甘蔗种植总面积为1.75万公顷，甘蔗年产量约为44.24万吨。蔗糖产量为3.82万吨，比2004年增加了3800吨，增长率为11.3%。蔗糖业产值为2940万美元，增长了11.3%。2008

---

① http://baike.baidu.com/view/22084.htm.

② http://www.baike.com/wiki/巴巴多斯。

年蔗糖产量约为 3.16 万吨。2009 年，巴巴多斯甘蔗种植总面积约为 1.6 万公顷，甘蔗年产量约为 40 万吨，蔗糖产量约为 3 万吨，产值约 3000 万美元。2010 年，继续保持了 2009 年的水平，产值维持在 3000 万美元左右。[①]

表 18 - 1   自然资源分布及使用情况

自然资源	石油、牧渔业、天然气
土地利用	耕地 37.21%，永久作物 2.33%，其他 60.46%
可再生水资源	0.1 立方公里
淡水资源回收（家用/工业/农业）	0.09 立方公里/年
每人占用水	333 立方米/年
自然灾害	少有飓风，周期性崩塌
水资源管理	水污染，土壤侵蚀，非法土地滥用

资料来源：美国中情局：《世界各国概况》，2010 年。

（二）社会经济概况

巴巴多斯以黑人为主，宗教以新教徒为主。2011 年该国总人口数为 286705 人，排世界第 181 位。2011 年人口净增长率为 0.366%。

2009 年，受国际金融危机影响，作为支柱产业的旅游业受挫，巴巴多斯经济急剧下滑，财政赤字增加，外债激增，经济前景不稳定。2010 年以来，旅游业开始复苏，较上年增长 3%，对经济的正向拉动作用明显。2010 年巴巴多斯实际 GDP 增长率为 0.3%，国内生产总值为 36.06 亿美元，通货膨胀率 5.8%，失业率 11.4%。2010 年的政府财政赤字占 GDP 的比重为 8.8%，较上年下降 0.6 个百分点。外债持续增加，负债率达 54.2%。

2011 年，巴巴多斯 GDP 出现了继续下跌，下跌率为 0.5%，失业率为 10.7%。巴巴多斯的旅游业是其最重要的国家收入来源，2011 年的 GDP 为 62.27 亿美元，排世界 155 位，其中，服务业的贡献占 82.6%；2011 年总劳动人口为 17.5 万人，而服务业贡献了高达 72% 的就业机会。

---

① http：//www.mofcom.gov.cn/aarticle/i/dxfw/nbgz/200701/20070104261436.html.

2011 年农业总产值占总 GDP 的 3.4%，农业人口占 10%；2011 年工业总产值占 GDP 的 14%，工业劳动力占总劳动力的 15%。

此外，巴巴多斯拥有电话线路数 135700 条，移动电话数 337100 台。拥有网络主机 1508 台，互联网用户 188000 人（见表 18 - 2）。

表 18 - 2　　　　　　　巴巴多斯社会经济基本情况

种属	黑人占 93%，混合占 2.6%，白种人占 3.2%，其他占 0.2%
语言	官方语言：英语
宗教	新教徒占 63.4%，天主教占 4.2%，基督教占 7%， 其他占 4.8%，未知占 20.6%
人口	286705
人口世界排位	181
人口增长率	0.366%
净迁入率	-0.3/千人
净迁入率世界排位	128
城镇人口	44%
15—24 岁失业率	26.2%
15—24 岁失业率世界排位	23
GDP 购买力	MYM62.27 亿
GDP 购买力世界排位	155
GDP 增长率	-0.5%
GDP 增长率世界排位	193
GDP 百分比（农业）	3.4%
GDP 百分比（工业）	14%
GDP 百分比（服务业）	82.6%
劳动力	175000
劳动力世界排位	175
劳动力职业（农业）	10%
劳动力职业（工业）	15%
劳动力职业（服务业）	72%
失业率	10.7%
失业率世界排位	116
固定资产总投资	占 GDP 的 27.4%
固定资产总投资世界排位	43

续表

电话使用线路数	135700
电话使用线路数世界排位	137
移动电话数	337100
移动电话数世界排位	168
互联网主机	1508
互联网主机世界排位	159
互联网用户	188000
互联网用户世界排位	143

资料来源：美国中情局：《世界各国概况》，2010 年。

二　国际关系分析

（一）国家区位与地缘政治分析

1. 国家区位

巴巴多斯位于东加勒比海小安的列斯群岛最东南端，是南美大陆科迪勒拉山脉在东南海中延伸部分，交通设施发达，格兰特利·亚当斯国际机场距首都 18 公里，是加勒比海地区最现代化的国际机场之一，有 17 个停机位，24 小时运营，有直飞美国、英国、加拿大以及大多数加勒比国家的国际航班。首都布里奇顿是一个全天候深水港，可停靠万吨级远洋客货轮。有 8 个泊位，并可同时为 5 艘轮船提供燃料供给。是东加勒比海地区重要的航运中心和水运中心。①

2. 地缘政治

（1）战略定位。加强与加勒比海地区各国的友好合作关系始终是巴外交政策的核心。近年来，巴在促进共同体各国间政治团结、经济合作和推进地区一体化进程等方面发挥着积极作用。巴前总理大卫·汤普森是加共体建设统一市场和经济（CSME）的主要负责人。

巴巴多斯是加勒比共同体的成员国之一，长期致力于加勒比共同体的

---

① http：//www. fmprc. gov. cn/mfa_ chn/gjhdq_ 603914/gj_ 603916/bmz_ 607664/1206_ 607742/.

发展。近年来，巴在保持与美国和欧盟等西方传统关系的同时，积极主张南北对话、南南合作、地区一体化和建立地区安全体系，并积极开拓与亚太国家的关系。巴支持反恐，但反对借反恐侵犯人权、忽视发展问题。认为国际社会应当把反恐和小国、穷国的发展问题放在同等重要位置。

（2）同美国的关系。巴美于1966年11月建交。巴历届政府均十分重视同美保持友好关系。2008年3月，美国政府邀请巴总理汤普森等3个加勒比国家新当选总理访美。巴政府承认美是当前世界上唯一的超级大国，承认美在美洲的"领袖地位"及在加勒比海地区的安全和战略利益，对与美保持和发展传统关系高度重视，希望在经贸、安全等方面继续寻求美方的支持与合作。同时强调与美的政治关系不能损害巴本身的独立和主权，不谋求在所有问题上与美保持一致。2009年5月，巴总理汤普森、外长迈克林就巴离岸金融业问题分别致信美国总统奥巴马和国务卿希拉里，强调巴并非"避税天堂"，希望美参议院勿通过将巴列为"避税天堂"的有关法案。2010年6月，美国国务卿希拉里访巴，与加勒比论坛成员国外长举行多边会议。

（3）同英国的关系。两国一直保持着良好的传统关系。英是巴重要的贸易伙伴，作为欧盟成员国，英为巴出口的蔗糖、朗姆酒及其他产品提供优惠待遇。英是巴最大的旅游客源国之一。巴还是英国企业在东加勒比国家投资与开展贸易的桥梁。英是巴在海外移民最集中的国家，在英的巴移民5万余人。2010年1月，英国王子哈利首次访巴。

（4）同加拿大的关系。20世纪80年代以来，巴同加拿大的关系发展较快，近年来，加是向巴提供援助最多的国家之一，是巴第三大旅游市场和第四大商品出口市场。

（二）与我国的关系

1977年5月30日中巴建交。建交后，两国间的友好关系顺利发展。据中国海关总署统计，1999年，中国向巴进出口总额为2035万美元，其中中国出口2022万美元，进口13万美元。

中国政府重视与巴发展经贸关系，积极推动双边经贸团组互访和重要经贸协定签署。

2000年5月14—19日，巴总理欧文·阿瑟（Owen ARTHUR）对中国进行正式访问，双方签署《中华人民共和国政府和巴巴多斯政府关于对所得避免双重征税和防止偷漏税的协定》。

2002 年 4 月，应中国贸易促进委员会邀请，巴私营企业协会主席艾伦·菲尔兹（Allan FIELDS）率巴企业家代表团一行 13 人访问中国。代表团先后在北京、上海和广州参观访问并参加广交会。

2003 年 9 月 2—12 日，巴工业和国际商业部部长戴尔·马歇尔（Dale MARSHALL）及巴投资发展公司执行总裁文斯·伍德（Vince Wood）来华参加"中国—加勒比国家部级经济管理官员研讨班"并参加厦门投资及贸易洽谈会。

2004 年 9 月 30 日至 10 月 2 日，中国外交部长李肇星正式访巴。10 月 2 日，李部长在巴代外长凯瑞·西蒙兹（Kerrie Symmonds）和农业部长厄斯金·格里菲斯（Erskine Griffith）的陪同下出席了改造后的奇普赛德市场揭幕仪式。在李部长访问期间，巴政府表示承认中国市场经济地位，愿与中国开展全面经贸合作。

2005 年 1 月 27—31 日，中国贸易促进委员会副会长于平率 50 人企业家代表团访巴，举行了"中国—巴巴多斯企业家论坛"，这促进了双边经贸交流积极稳步发展。

2005 年 2 月 2 日，"中国—加勒比经贸合作论坛"首届部长级会议在牙买加金斯敦开幕。在会议期间，中巴签署了《关于中国公民赴巴巴多斯旅游谅解备忘录》。

2005 年 10 月 12—14 日中国海关总署副署长刘文杰率 3 人代表团访巴。刘副署长会见了巴外交外贸部代部长凯瑞·西蒙兹（Kerrie SYM-MONDS）和巴海关关长约瑟夫·贝斯特（Joseph BEST），双方就中巴海关建立长期友好合作关系进行了亲切友好会谈，并就人员交往、能力建设、海关手续等议题充分交换了意见。

2007 年 5 月 25 日，中国开发银行赵建平行长助理拜访了总部位于巴巴多斯的加行行长伯恩博士（Dr. Compton Bourne），就两行合作等事宜进行了深入探讨。赵建平在介绍了开行的政策性特点和市场业绩后表示，开行与加行有相似的性质和职能，愿意在 2006 年陈元行长与伯恩行长友好会晤基础上，继续推进两行的合作，可以采取多种形式，加强联合融资、信息交流、人员培训等方面的合作和交流。

伯恩行长表示，加开行对贷款行业没有限制，可以向基建、教育、基础设施等领域发放贷款。由于加勒比海地区国家被加勒比海分隔，交通不便，淡水也较为匮乏，加行拟优先发展加勒比海地区的海上和空中运输项目以及水处理项目，并建议将这些项目作为与中国开发银行合作的重点领域。赵建平行长助理表示，可推荐中国在此领域有国际竞争能力的企业参与项目的设计和实施，开行还愿意推荐中国企业对加勒比海地区的能源、农业、旅游等行业进行投资，开行可采取出口信贷、转贷、BOT 等多种融资方式具体支持。

2007 年 9 月 6—9 日，巴副总理莫特莉（Mia MOTTLEY）率领 16 人代表团参加了在厦门举行的第二届中国—加勒比经贸合作论坛及第十一届厦门投资贸易洽谈会。

2010 年 2 月 10 日，驻巴使馆魏强大使和巴巴多斯商业交通部赫特森部长签署《中华人民共和国政府和巴巴多斯政府关于对所得避免双重征税和防止偷漏税的协定议定书》。该议定书的签订将有助于加强两国税务部门之间的税收征管合作，更好地避免双重征税和防止逃避税收，促进两国在投资、贸易、技术和人员等方面交往的健康发展。[1]

（三）中国企业在巴巴多斯的投资情况

在巴巴多斯投资的中国企业主要是建筑施工企业。有两家中国公司已进入了巴建筑工程承包市场，它们是中国建筑总公司巴巴多斯分公司和中国江苏国际经济技术合作公司特立尼达和多巴哥分公司。中建和中江公司经过长期不懈努力，在巴建筑工程承包市场树立了良好的信誉并取得了较好的经济效益。

中国建筑工程总公司承建了巴巴多斯哈里森溶洞景区改扩建项目，并于 2010 年 2 月 13 日竣工。自 20 世纪 70 年代开始至今，巴政府委托哈里森溶洞有限公司分三期实施溶洞景区改扩建工程，总投资已达 4250 万美元，其中 70% 为加勒比开发银行提供的商业贷款。2007 年 7 月，该项目第三期工程由中国建筑工程总公司巴巴多斯分公司承建。此次改建后的溶洞景区，在电力能源、给排水系统及景区附属基建项目等方面进行了全新的现代化设计和改造，达到了巴绿色能源型项目的建设要求。巴巴多斯前总理汤普森认为，哈里森溶洞景区改建项目影响深远、意义重大，是巴巴多斯引以为荣的宝贵的国家财富，为今后不断完善和发展绿色能源型项目奠定了坚实的基础。目前，景区已正式对外开放。[2]

---

① http：//bb. mofcom. gov. cn/article/zxhz/hzjj/200802/20080205392030. shtml.
② http：//www. mofcom. gov. cn/aarticle/i/jyjl/l/201002/20100206786156. html.

三 交通等基础设施发展水平分析

（一）航空交通设施发展情况及发展水平
巴巴多斯共有 1 个机场，已铺设跑道的机场有 1 个。

（二）公路交通设施发展情况及发展水平
巴巴多斯共有公路 1600 公里，其中已铺设的为 1600 公里。

（三）水运交通设施发展情况及发展水平（港口）
巴巴多斯有 95 条商船数，排名世界第 52 位。

巴巴多斯基础设施比较完善。岛内有密集的公路网，交通十分便利。国际机场可降落大型客机，与北美、欧洲及加勒比国家间每天都有航班往来。布里奇顿海港设施先进，具备现代化的装卸条件，可提供集装箱、一般货物、冷藏、运输工具和散装货等服务。供电、供水有可靠的保证，且供应能力较强。通信比较发达，有国际直拨电话、传真及国际互联网络等服务。居民住房条件差别很大，高档别墅和贫民窟共存，低收入家庭住房条件一般。

巴巴多斯交通发达，是东加勒比海地区重要的航运中心。格兰特利·亚当斯国际机场距首都 18 公里，是加勒比海地区最现代化的国际机场之一，有 17 个停机位，24 小时运营，可起降波音 747 - 400 客机和美国空军的 C54 货机。有直飞美国、英国、加拿大以及大多数加勒比国家的国际航班。首都布里奇顿是一个全天候深水港，设施先进，具备现代化的装卸条件，可提供集装箱、一般货物、冷藏、运输工具和散装货等服务。可停靠万吨级远洋客货轮。有 8 个泊位，并可同时为 5 艘轮船提供燃料供给（见表 18 - 3）。

表 18 - 3 　　　　　　　　　巴巴多斯交通情况

机场数	1
机场数世界排位	236
机场铺跑道	1
机场未铺砌的跑道	0
公路世界排位	176

续表

公路	1600 公里
已铺设公路	1600 公里
未铺设公路	0 公里
商船数	95
商船数世界排位	52

资料来源：美国中情局：《世界各国概况》，2010 年。

2003 年巴政府宣布 10 年时间内，将耗资约 1 亿美元扩建港口，已完成邮轮码头扩建，现可同时停靠 7 艘邮轮。公路总长 1793 公里，建成主干高速公路一条，支线高速路 5 条。2009 年，车辆保有量已超过 17 万辆。

（四）其他基础设施发展情况与发展水平

巴巴多斯 2011 年发电总量 10.11 亿千瓦时，排名世界第 146 位；用电总量为 94500 万千瓦时，排名世界第 148 位。该国电力生产全部自给自足，无电力出口与进口。2011 年平均每天消费 9000 桶油气，排名世界第 148 位；油气进口每天约为 8684 桶；油气探明储量 179 万桶。此外，天然气探明储量 11330 万立方米（见表 18 - 4）。

表 18 - 4　　　　　　　　巴巴多斯其他基础设施情况

电力发电量	10.11 亿千瓦时
电力发电量世界排位	146
电力用电量	94500 万千瓦时
电力用电量世界排位	148
电力出口	0
电力进口	0
油气生产	739 桶/天
油气生产世界排位	106
油气消费	9000 桶/天
油气消费世界排位	154
油气出口	0 桶/天
油气出口世界排位	150

续表

油气进口	8684 桶/天
油气进口世界排位	143
油气探明储量	179 万桶
油气探明储量世界排位	96
天然气产量	0
天然气产量世界排位	151
天然气消费量	0
天然气消费量世界排位	149
天然气出口量	0
天然气出口量世界排位	55
天然气进口量	0
天然气进口量世界排位	83
天然气探明储量	11330 万立方米
天然气探明储量世界排位	102

资料来源：美国中情局：《世界各国概况》，2010 年。

四 旅游资源条件与旅游业发展情况

（一）主要旅游资源与开发

巴巴多斯旅游资源丰富，主要以自然景观、生物景观和人文景观等类型为主。其著名的旅游景点如表 18 – 5 所示。

表 18 – 5   **主要旅游景点一览**

序号	景点名称	分布地点	景点类型
1	法利山国家公园（Farley Hill National Park）	岛东北部	综合自然旅游地
2	哈里森洞穴（Harrison's Cave）	岛中部	综合自然旅游地
3	花卉林（Flower Forest）	岛中部	生物景观
4	巴巴多斯野生动物保护区（Barbados Wildlife Reserve）	岛东北部	生物景观
5	圣尼古拉斯修道院（St. Nicholas Abbey）	岛东北部	综合人文旅游地

续表

序号	景点名称	分布地点	景点类型
6	圣·约翰教堂（St. John's Church）	岛东部	综合人文旅游地
7	圣·詹姆斯教堂（St. James Church）	岛西部	综合人文旅游地
8	布里奇敦（Bridgetown）	岛中心	居住地与社区
9	巴巴多斯博物馆（Barbados Museum）	岛中心	居住地与社区

资料来源：规划组根据网络资料整理。

（二）旅游业发展现状

巴巴多斯的旅游业是其国家支柱性经济产业，2011 年旅游业直接对 GDP 贡献高达 14.2%，远远高于世界 2.9% 的平均水平。而旅游业也为当地提供了大量就业机会，其为当地总共提供了占总就业 46.6% 的就业份额。但旅游业发展速度较为缓慢，旅游业 3% 的增长速度低于世界 5.5% 的平均水平。此外，预计未来 10 年的旅游业发展速度仍不会有太大提高（见表 18 - 6 和表 18 - 7）。

表 18 - 6　　　旅游业对经济及其他行业的贡献率与世界排名

	2011 年						2021 年		
	百万（XCD）	排名	比例（%）	排名	增长率（%）	排名	百万（XCD）	比例（%）	增长率（%）
旅游对 GDP 的直接贡献	1155.80	113	14.2	13	3	146	1611.80	14.8	3.4
旅游对 GDP 的总贡献	3824.90	109	47	10	3.1	133	5379.20	49.5	3.5
旅游对就业的直接贡献	20	137	14.6	13	2.9	120	24	16	1.8
旅游对就业的总贡献	65	133	46.6	10	2.9	113	77	50.6	1.7
国际游客境内旅游消费	2497.20	89	49.4	8	3.1	139	3476.90	48.4	3.4
国际过夜游客数量	552000		N/A		N/A		711000	N/A	N/A
旅游投资	399.7	110	18.3	19	5	115	600.9	20.4	4.2
国内游客旅游消费	140.3		1.7		1.4		189.5	1.7	3.1
休闲旅游消费	2570.70		31.6		3		3567.40	32.8	3.3
商务旅游消费	99.3		1.2		1.9		140.8	1.3	3.6

资料来源：世界旅游旅行理事会（WTTC），2011 年。

表 18-7　　　2005—2011 年旅游业对经济及其他行业的贡献率与预测

单位：百万（XCD）、%、千人次

	国际游客境内旅游消费	国内游客旅游消费	境内旅游总消费	旅游对 GDP 的直接贡献	旅游投资	旅游对 GDP 的总贡献	旅游对就业的直接贡献	旅游对就业的总贡献	国内游客境外旅游消费	国际过夜游客数量
2005 年	1024.80	49.8	1090.20	466.90	171.5	1543.00	5.5	17.6	163.4	245
增长率	-7.00	7.7	-6.4	-6.8	43.2	-2.3	-10.8	-7.3	8.6	-0.4
2006 年	1061.50	53.5	1132.60	489.80	318.6	1781.80	5	17.4	184.7	254
增长率	0.3	3.9	0.6	1.5	79.9	11.8	-8.6	-1.1	9.4	3.7
2007 年	1126.90	70.8	1218.90	522.20	469.8	2059.40	4.7	17.5	212.2	262
增长率	-1.1	23.4	0.3	-0.7	37.4	7.7	-6	0.6	7.1	3.1
2008 年	1205.30	64.9	1291.90	558.50	629.1	2354.10	4.9	19.1	229	266
增长率	4.5	-10.4	3.6	4.5	30.8	11.7	2.8	9	5.4	1.5
2009 年	1112.10	53	1184.60	513.80	591.3	2179.20	4.9	19.3	212.4	234
增长率	-7.2	-17.9	-7.8	-7.5	-5.5	-6.9	-0.1	1.2	-6.7	-11.9
2010 年	1149.90	49.1	1218.10	518.00	550.8	2167.80	5	19.3	218.6	231
增长率	0	-10.4	-0.5	-2.5	-9.9	-3.8	2.4	-0.3	-0.5	-1.6
2011 年	1212.10	51.6	1283.60	549.30	591.3	2294.50	5	19.4	237.6	251
增长率	2.8	2.4	2.8	3.4	4.7	3.2	1.5	0.6	6	8.8
2021 年	2140.00	90.2	2266.60	987.00	1231.20	4300.30	5.9	21.1	511.00	346
增长率	3.3	3.2	3.3	3.4	5	3.9	1.5	0.9	5.3	3.3

资料来源：世界旅游旅行理事会（WTTC），2011 年。

巴巴多斯自然环境好，旅游基础设施完善，旅游业国际知名度高，是加勒比最佳旅游胜地。游客主要来自英国、美国、加拿大、欧洲和其他加勒比国家。2006 年旅游业增长 9.3%，2007 年旅游业下降了 3.8%。2007 年旅游业占 GDP 的 14.9%，比 2006 年下降了 1.2%。2007 年游客数量比 2006 年减少了 0.7%。旅游业表现不佳主要由于滞留游客和邮轮游客数量的减少，长期滞留游客和邮轮游客分别减少了 0.8% 和 21.6%。2008 年常住游客较 2007 年减少约 2.0%，来自英国、美国的游客人数都同比减少 2.3%，加拿大和欧洲大陆游客分别同比增加 6.6% 和 12.2%，邮轮游客同比减少 0.1%。

　　2009 年和 2010 年上半年，巴巴多斯旅游业受创惨重，收益下跌9.8%，创下 1990 年以来下跌的历史纪录。长期停留游客减少 11.4%，邮轮游客减少 0.4%。其中，美国游客减少 17.4%，英国减少 14%，加共体国家游客减少 12.6%；与此同时，因加拿大西部航空运力增强等因素，来巴旅游的加拿大人数增长了 11%。巴旅游和交通部长认为，阻碍旅游业长期发展的最重要原因是人们对旅游业对经济发展贡献的认识和理解不够。但由于巴巴多斯自然环境好，旅游基础设施较为完善，旅游业的国际知名度比较高，未来旅游可以继续保持国民经济的支柱地位。

　　金融危机对巴巴多斯旅游业影响显著。2009 年下半年，西海岸部分在建酒店工程停工，日前巴最大在建酒店工程四季酒店也因资金问题暂时停工，包括 150 名中国工人在内的 700 多名工人暂时失业。2010 年 3 月17 日，巴酒店和旅游业协会会长韦恩在新闻发布会上称，巴各类酒店的入住率下降 5%—16% 不等。考虑到未来形势可能更加严峻，该协会预计4 月巴豪华酒店入住率将降至 53%，5 月降至 41%。旅游景点业绩也受到影响，2 月部分景点参观人次减少 15%。免税品销售额下滑，旅游业总体收入下降，不少酒店和景点都降价吸引游客。部分企业采取员工季节性休假，减少员工周工作时间等措施，避免该行业的大规模裁员。

　　2010 年，来自英国和美国的游客数量都有所回升；但受昂贵航空票价影响，地区内游客数量仍呈下降趋势。除非失业状况有所改善，或英美游客大幅增加，估计 2012 年之前经济不会大幅反弹。

　　近年来，巴巴多斯建筑市场比较繁荣，建筑业已成为巴经济的主要拉动力之一。源于 1992 年以来政府加大对旅游业相关的基础设施投资力度，建筑业得以迅速发展，主要在建项目为公路和住房，大型建筑公司还承建加勒比其他国家的道路、机场和工业设施。

五　旅游业投资方向

　　由于巴巴多斯自然环境好，旅游基础设施较为完善，旅游业的国际知名度比较高，预计未来旅游是将继续保持国民经济支柱地位。

　　环岛公路建设：环岛高速公路与支线公路建设，长度大约 100 公里，可以衔接旅游景点与核心城镇。

轻轨铁路：国际机场——布里奇敦港口分别是东加勒比航运与海运中心，可设计建设约 20 公里的轻轨铁路。

清洁能源与水、垃圾处理：人口密度大、游客数量多，油气储量小，主要依靠进口，产生诸多生活与生产垃圾以及造成污染等，可寻求替代能源。另巴政府鼓励发展清洁能源。建议：风能、太阳能、垃圾焚烧发电、潮汐发电项目，在可能的情况下，发展新能源汽车等项目。

景区建设：我国已经成功进行了哈里森溶洞景区的改扩建项目，形成了良好的市场形象，考虑巴巴多斯海岛旅游腹地较小，旅游项目单一等，建议对巴景区进行立体规划与景区升级改造，打造巴海岛国家的立体景区与旅游活动开发模式，如从濒海沙滩、海滩度假旅游、潜水到滨海平原的休闲与生态农业、城市、文化、会议、体育、购物旅游，再到海岛中央山地的探险、观光、生态旅游等，形成立体景区（Vertical Tourist Sites and Routine）与环岛景观带（Circle）相结合的 V—C 模式。这是加勒比海地区小型海岛旅游的共有模式。

农业休闲产业园区建设：考虑巴巴多斯农业基础较好，地形多样，可以考虑开展农业休闲与生态产业园建设项目。

六 旅游投资与发展应注意的问题：前景、效益与风险评估

（一）旅游投资环境

由于巴巴多斯自然环境好，旅游基础设施较为完善，旅游业的国际知名度比较高，所以，预计未来旅游将继续保持国民经济的支柱地位。

近几年，政府也有意突出发展金融业和旅游业，出台了一系列政策支持行业发展，并希望以此为龙头带动各服务业、运输业、建筑等产业的发展。

2003 年巴政府宣布今后 10 年时间内，将耗资约 1 亿美元扩建港口，已完成邮轮码头扩建，现可同时停靠 7 艘邮轮。公路总长 1793 公里，建成主干高速公路一条，支线高速路 5 条。2009 年，车辆保有量已超过 17 万辆。

巴巴多斯能源部长、参议员 Darcy Boyce 在 2011 年 5 月加勒比电力公

共服务公司（CARILEC）首席执行官会议开幕典礼上发表讲话，呼吁加勒比海地区电力行业经营者加大和加快对可再生能源的投资，以降低加勒比海地区各经济体在燃油方面的开销和维持电价稳定。他同时呼吁电业经营者加大和加速对太阳能发电、光伏发电、垃圾焚烧发电等可再生能源的投资，巴政府也将在 2014 年拟订能源法律草案并于 2015 年提交国会支持这种投资行为，目标是在未来 10—15 年的时间里将用于能源生产的燃油消耗总量减少 30%。

巴政府正在考虑降低成本，激励有意向的企业从事可再生能源发电产业，并希望通过组建公私合资企业的方式来运用政府资金来推动该产业。巴政府近期评估了公私合资经营垃圾焚烧发电厂的计划，并将在今年晚些时候发布通过合资经营进行天然气发电的公告。巴电力能源公司也对东加勒比天然气管道保持着相当大的投入，一旦管道成本和费率符合期望，巴政府将与供应商详细磋商。

巴巴多斯全国领土的 65% 为可耕地，但近年来农业不断衰退，农业主产品原糖产量大幅下降。2005 年，甘蔗种植总面积为 1.75 万公顷，2009 年，巴巴多斯甘蔗种植总面积约为 1.6 万公顷，2010 年继续保持了 2009 年的水平，产值维持在 3000 万美元左右。

（二）该国旅游投资风险与问题

主要体现在政策风险、可进入的许可以及中巴合作意向等方面。

第十九章　格林纳达

一　国家概况

（一）自然环境

格林纳达位于北纬 12°07′，西经 61°40′，位于东加勒比海向风群岛的最南端，南距委内瑞拉海岸约 160 公里。由主岛格林纳达及卡里亚库岛、小马提尼克岛等组成。格林纳达面积 344 平方公里，海岸线长 121 公里。岛内最高峰为圣·凯瑟琳山，海拔为 840 米。1783 年沦为英殖民地，1974 年独立被誉为香料之国，肉豆蔻产量占世界 1/3。①

格林纳达地处东加勒比海东南部，热带海洋性气候统御全境。格林纳达全年高温，年平均气温 26℃ 左右。由于地理因素，格林纳达气候湿润。1—5 月为旱季，6—12 月为雨季。8—11 月天气较热，最高气温 35℃。12—3 月，天气较凉爽，最低气温 18℃；年平均气温 26℃。每年 6 月开始很可能会有飓风来袭，尤其 7—9 月，飓风天气尤为多发，且较为严重。

（二）社会经济概况

格林纳达以黑人为主，占总人口的 82%。此外，混血占 13%，欧洲和东印第安人混血占 5%。官方语言为英语。宗教以天主教为主，占 53%。其他宗派包括，圣公会 13.8%，其他新教 33.2%。2011 年该国总人口为 10.8 万，排世界第 189 位。2011 年人口净增长率为 0.551%。该国的人口迁出较多，人口迁入率为 -3.56‰。

受金融危机影响，2011 年格林纳达的 GDP 出现了负增长，增长率为 -1.4%，失业率高达 12.5%。格林纳达的旅游业是其最重要的国家收入

---

① http://baike.baidu.com/view/22086.htm.

表 19 – 1　　　　　　　　　　　格林纳达自然资源分布及使用情况

自然资源	森林、热带水果、深水港口
土地利用	耕地占 5.88%，永久作物占 29.41%，其他占 64.71%
可再生水资源	—
淡水资源回收（家用/工业/农业）	—
每人占用水	—
自然灾害	位于飓风带的边缘，飓风季从 6 月持续到 11 月
水资源管理	—

资料来源：美国中情局：《世界各国概况》，2010 年。

来源，2011 年的 GDP 为 10.98 亿美元，排世界第 198 位，其中服务业的贡献占 61%；2011 年总劳动人口为 42300 人，而服务业贡献了高达 62% 的就业岗位。

20 世纪 80 年代以前，农业一直是格传统的支柱行业，主要生产供出口的香蕉、可可、肉豆蔻及制品，占国内生产总值的 16%。在 60 年代及 70 年代期间，向英国出口香蕉的优惠政策对经济发展和社会发展起到了重要作用。可可及肉豆蔻贸易成为在国际市场上的主要力量。格林纳达的肉豆蔻出口量仅次于印度尼西亚，世界排名第二位，由于产品供不应求，格林纳达受益匪浅。但自 90 年代初以来，以上农作物的生产开始不断下降，主要原因是国际市场价格疲软，加上病虫害的缘故，产品质量下降，致使生产萎缩。2011 年农业总产值占 GDP 的 10.2%，农业人口占了 24%，耕地面积占总面积的 5.88%。其主要的农产品有肉豆蔻、香蕉、可可、椰子、甘蔗等。是世界第二肉豆蔻生产国，产量占全球需求量的 25%，有"香料之国"之称。

建筑业继 2008 年下滑 5% 后，2009 年再次下滑了 6.5%。由于需求的减少，朗姆酒、烈性黑啤酒的生产分别下降达 27.1% 和 14.3%，而建筑业的低迷导致油漆涂料的生产减少了 14.1%。因出口需求的增长，只有软饮料的生产大幅增长了 31.6%。2011 年工业总产值占 GDP 28.8%，工业劳动力占总劳动力的 14%。工业不发达，有小型加工制造业，包括农产品加工、饮料、酿酒、制衣、矿业开采等。①

---

① http：//gd. mofcom. gov. cn/article/ztdy/200512/20051201237179. shtml.

此外，格林纳达拥有电话线路数 28600 条，移动电话 64000 部。拥有网络主机 52 台，互联网用户 25000 人。

表 19—2 格林纳达社会经济基本情况

种属	黑人占 82%，黑人欧洲人混血占 13%，欧洲和东印第安人混血占 5%
语言	官方语言：英语
宗教	天主教占 53%，圣公会占 13.8%，其他新教占 33.2%
人口	108419
人口世界排位	189
人口增长率	0.551%
净迁入率	-3.56/千人
净迁入率世界排位	184
城镇人口	39%
15—24 岁失业率	—
15—24 岁失业率世界排位	—
GDP 购买力	MYM10.98 亿
GDP 购买力世界排位	198
GDP 增长率	-1.4%
GDP 增长率世界排位	202
GDP 百分比（农业）	10.2%
GDP 百分比（工业）	28.8%
GDP 百分比（服务业）	61%
劳动力	42300
劳动力世界排位	191
劳动力职业（农业）	24%
劳动力职业（工业）	14%
劳动力职业（服务业）	62%
失业率	12.5%
失业率世界排位	134
固定资产总投资	占 GDP 的 15.8%
固定资产总投资世界排位	160
电话使用线路数	28600
电话使用线路数世界排位	181

续表

移动电话数	64000
移动电话数世界排位	192
互联网主机	52
互联网主机世界排位	209
互联网用户	25000
互联网用户世界排位	185

资料来源：美国中情局：《世界各国概况》，2010 年。

二 国际关系分析

（一）国家区位与地缘政治分析

1. 同美国的关系

1974 年与美国建交。两国间签有《针对犯罪共同司法援助条约》和《引渡条约》。2004 年格遭受飓风灾害后，美向格提供援助。2008 年 10 月，格总理蒂尔曼·托马斯在白宫与美国总统布什讨论了贸易、安全和气候变化等问题。2010 年 1 月，美国在格林纳达举行森林防火培训。4 月，格美签署艾滋病紧急救援计划。①

2. 同英国的关系

1974 年格英建交，互设高专署。"伊万"飓风后，英向格提供援助，用于修复格总督府、议会大厦等。

3. 同加拿大的关系

格加于 1974 年建交，两国关系友好。格在加拿大蒙特利尔设有总领馆。"伊万"飓风后，加向格提供援助。

4. 同加勒比国家的关系

重视加勒比海地区一体化，主张东加勒比各国应首先联合。积极主张实现加勒比经济一体化和更广泛的区域合作，支持群岛一体化。不断加强与邻国的双边交往和经贸往来。2009 年 12 月，格林纳达与其他东加勒

---

① http://baike.baidu.com/view/22086.htm.

比国家组织成员共同签署《新巴斯特尔条约》，该条约旨在建立东加勒比经济联盟。2010 年 4 月，格与特立尼达和多巴哥达成海上边界划界协议。

（二）与我国的关系

中格于 1985 年 10 月 1 日建交。1989 年 7 月 19 日，格政府宣布与台湾当局"建交"；8 月 7 日，中国中止了与格的外交关系。2005 年 1 月 20 日，中格签署了《关于恢复外交关系的联合公报》，宣布自即日起正式恢复外交关系。同年，格在华设立使馆并派出首任常驻大使。复交后，顾秀莲副委员长（2007 年 7 月）、杨洁篪副外长（2006 年 5 月）访格。格总督威廉斯（2005 年 9 月）、总理米切尔（2005 年 7 月）、总理托马斯（2009 年 6 月、2010 年 7 月）访华。[①]

2009 年 6 月 17 日国务院总理温家宝在人民大会堂与格林纳达总理托马斯举行会谈。中国从战略高度重视同包括格林纳达在内的加勒比国家的关系。格方希望加强与中国在经济、农业、旅游、教育、文化、人力资源开发以及应对气候变化等方面的合作，推动两国关系向前发展。格林纳达奉行一个中国的政策。

三 交通等基础设施发展水平分析

（一）航空交通设施发展情况及发展水平

格林纳达共有 3 个已铺设跑道的机场。其中莫里斯·毕晓普国际机场有通往加勒比共同体各国和伦敦、北美的客货航班。

（二）公路交通设施发展情况及发展水平

格林纳达共有公路 1127 公里，其中已铺设的 687 公里，未铺设的 440 公里。

（三）水运交通设施发展情况及发展水平

首都圣乔治是最大的港口，有深水港设施，可停靠大型远洋客货轮。2003 年竣工的圣乔治港扩建工程使格具备停泊国际先进大型货轮的条件。

---

① http://baike.baidu.com/view/22086.htm.

表 19 - 3 交通情况

机场数	3
机场数世界排位	195
机场铺跑道	3
机场未铺砌的跑道	0
公路	1127 公里
公路世界排位	182
已铺设公路	687 公里
未铺设公路	440 公里
商船数	—
商船数世界排位	—

资料来源：美国中情局：《世界各国概况》，2010 年。

（四）其他基础设施发展情况与发展水平（电力、能源等）

格林纳达 2011 年发电总量 19540 万千瓦时，排名世界第 180 位；用电总量为 17740 万千瓦时，排名世界第 185 位。该国电力生产自给自足，无电力出口与进口。此外，该国油气资源主要靠进口，平均每日进口 1913 桶，消费 3000 桶（见表 19 - 4）。

表 19 - 4 其他基础设施情况

电力发电量	19540 万千瓦时
电力发电量世界排位	180
电力用电量	17740 万千瓦时
电力用电量世界排位	185
电力出口	0
电力进口	0
油气生产	0 桶/天
油气生产世界排位	176
油气消费	3000 桶/天
油气消费世界排位	177
油气出口	0 桶/天
油气出口世界排位	175
油气进口	1913 桶/天
油气进口世界排位	180

续表

油气探明储量	0
油气探明储量世界排位	137
天然气产量	0
天然气产量世界排位	189
天然气消费量	0
天然气消费量世界排位	182
天然气出口量	0
天然气出口量世界排位	105
天然气进口量	0
天然气进口量世界排位	127
天然气探明储量	0
天然气探明储量世界排位	184

资料来源：美国中情局：《世界各国概况》，2010 年。

四　旅游资源条件与旅游业发展情况

（一）主要旅游资源与开发

格林纳达的旅游资源以自然景观为主，其植物和动物种类丰富。海滨、阳光、白沙滩、天然海湾、历史上的跳海遗址、瀑布、火山湖、热带雨林、奇异的珊瑚礁等形成了格的景观特色，是理想的旅游胜地。著名的旅游景点如表 19 – 5 所示。

表 19 – 5　　　　　　　　　主要旅游景点一览

序号	景点名称	分布地点	景点类型
1	圣乔治	圣乔治	综合人文旅游地
2	山卡梅尔瀑布	格林维尔	自然风光
3	Etang 湖	岛中央	自然风光
4	七姐妹瀑布	—	自然风光
5	湖安托万	—	自然风光
6	La Sagesse 自然中心	岛西南	自然风光
7	Levera 国家公园	—	综合人文旅游地

资料来源：规划组根据网络资料整理。

（二）旅游业发展现状

2009 年格旅游业低迷。住宿餐饮业 2008 年下滑 3%，2009 年则大幅下降 19%。受金融危机影响，格住宿游客大幅下滑，下降幅度达 11.6%。其中，英国游客减少了 21.8%，而来自加勒比海地区和美国的游客分别减少了 10.8% 和 4.3%。2009 年，除了乘坐邮轮赴格旅游的游客增长了 16.1%，到访邮轮增长了 12.4% 以外，其他方式赴格的游客均大幅减少。其中驾驶游艇赴格的游客减少了 20.1%，短途旅行游客减少 44.8%。具体情况见表 19 - 6 和表 19 - 7。

表 19 - 6 　　格林纳达旅游业对经济及其他行业的贡献率与世界排名

	2011 年						2021 年		
	百万（CUP）	排名	比例（%）	排名	增长率（%）	排名	百万（CUP）	比例（%）	增长率（%）
旅游对 GDP 的直接贡献	139.90	169	7.3	33	5.3	35	247.00	8.5	5.9
旅游对 GDP 的总贡献	464.60	166	24.2	26	4.3	42	811.70	27.9	5.7
旅游对就业的直接贡献	3	170	6.8	39	3.3	87	4	8.3	2.4
旅游对就业的总贡献	10	166	22.4	30	2.2	92	13	26.6	2.1
国际游客境内旅游消费	310.80	152	66.7	7	6.6	62	539.70	72.9	5.7
国际过夜游客数量	115000	—	—	—	—	—	203000	—	—
旅游投资	48.6	167	7.7	63	5.1	48	85.8	9	5.9
国内游客旅游消费	32.9	—	1.7	—	3.4	—	63	2.2	6.7
休闲旅游消费	320	—	16.6	—	6.4	—	552.10	19	5.6
商务旅游消费	29.1	—	1.5	—	4.1	—	59.1	2	7.3

资料来源：世界旅游旅行理事会（WTTC），2011 年。

表 19 - 7 　2005—2011 年格林纳达旅游业对经济及其他行业的贡献率与预测

单位：百万（CUP）、%、千人次

	国际游客境内旅游消费	国内游客旅游消费	境内旅游总消费	旅游对 GDP 的直接贡献	旅游投资	旅游对 GDP 的总贡献	旅游对就业的直接贡献	旅游对就业的总贡献	国内游客境外旅游消费	国际过夜游客数量
2005 年	199.30	23.7	226.60	88.60	35.1	297.00	2.4	8	109.8	99
增长率	-21.50	-5	-19.6	-22.9	27	-17.3	-28.6	-24	15.1	-26.1

续表

	国际游客境内旅游消费	国内游客旅游消费	境内旅游总消费	旅游对GDP的直接贡献	旅游投资	旅游对GDP的总贡献	旅游对就业的直接贡献	旅游对就业的总贡献	国内游客境外旅游消费	国际过夜游客数量
2006 年	260.00	26.5	290.00	114.40	30.8	361.40	3.1	9.7	174.9	119
增长率	25	7.3	22.6	23.7	-16	16.6	28.4	21.7	52.6	20.2
2007 年	301.70	28.7	334.60	135.00	36.2	426.20	3.4	10.8	136.4	130
增长率	12.6	5.3	12	14.5	14.1	14.4	11.3	11	-24.3	9.2
2008 年	301.20	33.7	340.10	137.50	47.5	454.30	3.2	10.4	140.9	130
增长率	-8.2	7.7	-6.6	-6.4	20.7	-2	-7.1	-3	-5	0
2009 年	274.40	30.7	309.90	126.60	43.7	426.20	3.1	10.4	132	113
增长率	-8.6	-8.5	-8.6	-7.6	-7.7	-5.9	-2.2	-0.1	-6.1	-12.8
2010 年	284.20	31	320.30	129.50	45.1	434.10	3	10.1	137.6	106
增长率	0.1	-2.5	-0.1	-1.1	-0.4	-1.6	-3	-3.5	0.8	-6.5
2011 年	310.80	32.9	349.10	139.90	48.6	464.50	3.1	10.3	148	115
增长率	6.6	3.4	6.2	5.3	5.1	4.3	3.3	2.2	4.8	8.7
2021 年	718.30	83.9	813.40	328.80	114.20	1080.40	3.9	12.7	282.70	203
增长率	5.7	6.7	5.8	5.9	5.9	5.7	2.4	2.1	3.7	5.8

资料来源：世界旅游旅行理事会（WTTC），2011 年。

五　旅游业投资方向

国际金融危机爆发后，格旅游业收入大幅下滑。格政府将恢复经济作为重中之重，托马斯总理宣布"一揽子"刺激经济计划，把旅游业发展列为首位，对外积极寻求援助和投资。考虑该国的旅游业发展现状、旅游资源特点等，建议开发以下领域与项目：

公路的升级改造与环岛公路建设：环岛高速公路与支线公路建设，大约长度超 100 公里，可以衔接旅游景点与核心城镇。

清洁能源：风能、太阳能发电项目。

立体景区建设：考虑格林纳达海岛旅游腹地较小，建议对景区进行立体规划与景区升级改造，打造格林纳达海岛国家的立体景区与旅游活动开发模式，如从濒海沙滩、海滩度假旅游、潜水到滨海平原的休闲与生态农业、文化、会议以及海岛中央山地的瀑布、火山湖、热带雨林、生态旅游等，形成立体景区（Vertical Tourist Sites and Routine）与环岛旅游景观带（Circle）相结合的 V—C 模式。

旅游服务设施：宾馆、别墅、公寓、餐馆、船泊码头、旅游设施等的开发、建设和经营，以及海上娱乐项目（如深海钓鱼活动及水上运动和游艇观光）的开发、航海设施、技术和劳务合作等。

六　旅游投资与发展应注意的问题：前景、效益与风险评估

（一）旅游投资环境

近年来，格政府对吸引外资比较重视，并把吸引外资作为一项重要工作。迄今为止，格林纳达尚没有制定投资法，但陆续颁布了一些鼓励外商投资的规定。外商投资旅游业和制造业可享受十年免所得税的优惠，对于制造业所需进口的机械设备、原材料除交纳5%的海关关税外，其余全部免税。政府内没有设立负责外商投资的专门部门，而是将外商投资的行政职能授权于格林纳达工业发展公司（Grenada Industrial Development Corporation），由该公司实施政府职能，受理外商在格投资的申请，批准外商在格设立企业。从事在格林纳达投资的外商可以直接购买土地，设立独资企业，政府没有必须由当地人参股的规定。企业注册一般需委托当地律师事务所办理，在提交相关所需资料并交纳一定金额（2000—3000 东加元）的费用后，律师事务所在一个月内将营业执照交给委托者。

为加快经济发展速度，尽快从格政府加大了吸引外资的工作力度，在不断改善投资硬环境建设的同时，逐步改进软环境，鼓励外商在格多个领域进行投资。《格林纳达政府出台的鼓励外商投资的产业导向目录》包括以下内容：

1. 旅游及相关行业

宾馆、别墅、公寓、餐馆、船泊码头、旅游设施等的开发、建设和经

营，以及海上娱乐项目（如深海钓鱼活动及水上运动和游艇观光）开发、航海设施、技术和劳务等合作。

2. 农业及农产品加工

可可、肉豆蔻、香蕉的生产及加工，有机农业耕种，蔬菜种植及水果栽培，果浆、果酱、果冻、混合饮料等的加工；花卉栽培、绿色植物、珍奇植物、香料及草药的种植；畜牧养殖、养蜂、蜂蜜及蜂蜜制品加工；家禽肉类产品加工生产，水产品及加工，如鱼类养殖、海洋生物养殖、鱼虾类冷藏冷冻或加工。

3. 轻工制造业

电子元件、医药、面粉等加工，瓶装水、饮料生产，家畜饲料加工，调味品、食用油生产。酒类如朗姆酒、葡萄酒、酒精饮品、啤酒、麦芽、烈性酒等酿造生产。皮革产品、家具、涂料、玩具、纪念品、游戏产品、服装。

4. 手工艺品

手工染色织物、首饰、乐器、手工艺品生产。

5. 出版及印刷、影像制品

电影、商业片、电视剧、音乐片、特殊电视节目的制作、出版及印刷。

6. 服务业

信息通信技术：数据处理、软件开发、网络系统、数据库管理、电子商务的应用、数据处理及远程服务、通信设备维护支持服务；海外金融服务：国际银行合作服务、海外银行与信托基金、国际保险、国际商务公司；职业服务：医疗及牙科服务、建设和工程服务、教育服务，各类技术、管理服务；商业信息服务：计算机相关服务如电信市场、电话服务、呼叫中心、海外信息处理等的研究及开发、广告服务。

（二）该国旅游投资可能的风险与问题

目前，失业率高达20%左右，普通工人的日工资约为50东加元，熟练工、技术工人及管理人员工资较高。

第二十章　海地

一　国家概况

（一）自然环境

海地（The Republic of Haiti）位于伊斯帕尼奥拉岛西部，国土面积27750平方公里，其中27560平方公里是陆地，190平方公里是内水。海地的海岸线长1771公里，与邻国多米尼加的边境长360公里。所在的伊斯帕尼奥拉岛西部海岸十分曲折，但是沿海只有少数几个附属岛屿。海地属于科迪勒拉山系的中段，具有明显的山地特征，分为四条大致平行的东西走向山脉。有各种热带气候类型，平原地区一般干旱，山区一般湿润，在科迪勒拉山则可见高山寒带气候。地形对湿度的影响很强。境内可分为北部平原、北部山脉、中央高原、海地西北山地、海地中部山地、阿尔蒂博尼特、居尔德萨克、莱奥甘、南部山脉9个自然景观区。全国分为10个省，省下设区。10个省为西北、北方、东北、阿蒂博尼特、中部、西部、东南、南方、大湾、尼普斯。[1]

由于长年砍伐，海地的植被都是次生植物，包括热带稀树草原、热带旱生林、半荒漠热带旱生灌丛、热带落叶林、半常绿季雨林、热带雨林、山地常绿林等植物。海地的自然资源包括铝矾土、铜、碳酸钙、黄金、大理石和水力。

（二）社会经济概况

海地现有人口970多万，主要为黑人，占95%；主要信仰有天主教80%和新教16%；官方语言为法语。

---

① http：//zh. wikipedia. org/zh - cn/海地。

表 20 - 1   自然资源分布及使用情况

自然资源	铝土矿、碳酸钙、铜、金、大理石、水力发电
土地利用	耕地占 28.11%，永久作物占 11.53%，其他占 60.36%
可再生水资源	14 立方公里
淡水资源回收（家用/工业/农业）	0.99 立方公里/年
每人占用水	116 立方米/年
自然灾害	位于飓风带中部，6—10 月遭受严重风暴，偶发水灾和地震，周期性干旱
水资源管理	荒漠化，土壤侵蚀，水资源不足

资料来源：美国中情局：《世界各国概况》，2010 年。

　　海地是世界上最不发达的国家之一。UNDP 的人类发展指数中，海地在 177 个国家中名列第 153 位。2004 年，海地的 GDP（按购买力计算）为 120.5 亿美元，排名第 145 位；人均 GDP 为 380 美元，排名第 150 位。2004 年海地通货膨胀率为 22%，外债为 14 亿美元。另外，由于能源不足，海地的工业非常不发达，失业率极高，2/3 的工人没有固定工作。

　　海地的经济以农业为主。大部分农民在自己拥有的小块土地上耕作，提供基本口粮。不获利的小农场占全国耕地总数的 70%。造成这种现象的原因是海地独立后将面积广大的甘蔗种植园拆分成小地产分配给黑人所致。海地的主要粮食作物为玉米（种植面积约 30 万公顷）和高粱。北方有少量旱稻，阿蒂博尼特区有 7 万公顷的水稻田。木薯、甘薯、山药等块茎作物和香蕉仅供海地本国居民食用，并不出口。海地的主要经济作物是咖啡。经济状况如表 20 - 2 所示。

表 20 - 2   海地社会经济指数

指数类型	数值
GDP	114.8 亿美元
GDP 世界排位	146
GDP 增长率	- 5.1%
GDP 增长率世界排位	212
GDP 百分比（农业）	25%
GDP 百分比（工业）	16%
GDP 百分比（服务业）	59%
劳动力	481 万

续表

指数类型	数值
劳动力世界排位	76
劳动力职业（农业）	38.1%
劳动力职业（工业）	11.5%
劳动力职业（服务业）	50.4%
失业率	40.6%
失业率世界排位	186
固定资产总投资	占 GDP 的 25%
固定资产总投资世界排位	61

资料来源：美国中情局：《世界各国概况》，2010 年。

二　国际关系分析

（一）国家区位与地缘政治分析

海地为西印度群岛中的岛国。位于拉丁美洲加勒比海北部伊斯帕尼奥拉岛（海地岛）的西半部，加勒比海中的伊斯帕尼奥拉岛（海地岛）西部，面积约 27797 平方公里。东接多米尼加共和国，南临加勒比海，北濒大西洋，西与古巴和牙买加隔海相望。海岸线长 1080 多公里。全境 75% 为山地，仅沿海和沿河有狭窄平原。

海地同 40 个国家（不包括中国台湾）建立了外交关系，是美洲开发银行、世界银行、国际货币基金组织、世界贸易组织、联合国（包括拉丁美洲经济委员会）、加勒比共同体成员。有 30 个国际和地区组织在海设常驻机构。2010 年 1 月地震后，各国迅速展开救援，并向海提供经济援助，有关国家在联合国协调下积极参与海灾后重建。争取各方经济援助和协调各国在海参与重建是当前海外交工作的重点。

近年来，政府明确外交工作为捍卫国家主权和经济发展服务。由于美欧等西方国家对海地举行的选举不满，对海施加强大压力。海政府在批评西方国家干涉海内政、减少同其交往的同时，积极拓展外交生存空间，加强同加勒比和中美洲国家的关系。总统和外长先后出访古巴、墨西哥、洪都拉斯等国，谋求扩大地区性合作。同时还积极发展与非洲国家的关系，希望能以观察员的身份加入非统组织。阿里斯蒂德政府提出，外交政策应服务国家发展，以开放精神和实用原则处理海对外关系。2001 年，海外交重点仍是修复和改善同美欧等西方国家的关系，但由于国内政治危机迟迟得不到解决，美国、欧盟等国家对海地的经济援助仍未解冻。

（二）与我国的关系

1. 政治关系

海地与中华人民共和国尚未建交，是我国台湾地区所谓的"邦交国"。原因是 1949 年新中国成立前，海地与当时的中华民国建交，蒋介石败退台湾后，自诩为"中国正宗"，故与海地尚未断交。1997 年 1 月和 1998 年 2 月，中国和海地分别在对方首都互设贸易发展办事处。应联合国要求，自 2004 年 10 月以来，中国政府已向海地派出了 8 支维和警察防暴队。

2. 经贸关系

中国海地贸易发展办事处成立以来，双边关系得到了进一步发展，双方往来有所增强。海地工商会、国家电视台、外交部官员、总统特使等先后访华。中国亦有国家贸促会领导、外交学会领导、外交部官员等访海。另外，每年中国还接受海方派出的留学生和培训生。尽管如此，中海双边交流的层次和规模依然有限，但发展前景可观，特别是在经贸方面。据中方统计，中国目前对海贸易不到 2000 万美元，仅占海地年进口总值的 1.3% 左右。对此，中国海地贸易发展办事处热烈欢迎国内各类企业来海地开拓市场，与海地工商界建立起直接的业务联系，并为推动两国政治关系的发展做出贡献。2011 年 1—11 月，中海贸易总额为 2.85 亿美元，其中中方出口 2.79 亿美元，进口 0.06 亿美元，同比分别增长 19%、19.4% 和 3.2%。中方主要向海出口化工产品、塑料和橡胶制品、服装、贱金属及制品、机电音像设备和汽车零配件等，从海进口废钢铁等。①

三　交通等基础设施发展水平分析

作为全球最不发达的国家之一，海地的交通等基础设施十分落后，相关设备极不完备。

---

①　http：//www.fmprc.gov.cn/mfa_ chn/gjhdq_ 603914/gj_ 603916/bmz_ 607664/1206_ 608062/sbgx_ 608066/.

（一）航空交通设施发展情况及发展水平

共有机场 14 个，其中 4 个铺有跑道，有两个国际机场，分别位于首都太子港和北部城市海地角。每天有美航班机往来于太子港和美国。首都与其他主要城市之间有定期的国内航班，飞机小且比较陈旧。

（二）陆上交通设施发展情况及发展水平

陆上交通以公路交通为主，总长 4300 公里，其中国家级沥青、水泥铺面公路 600 公里，碎石路 1500 公里。铁路总长 240 公里，只用于运输甘蔗。

大部分公路的路面情况很差，在雨季无法通行。唯一的一条全天候柏油公路位于太子港与海地角之间。海地的国内货运和客运依赖卡车和骡马，短距离旅行则徒步完成。海地约有 500 条帆船从事沿海货运业务。

（三）水运交通设施发展情况及发展水平

首都太子港是全国最大港口，Miragoane 是最主要的外贸港口，海地角港是全国第三大港口。海地的主要对外出口也通过太子港的港口进行，该港有长约 600 米的混凝土栈桥码头，是在该城建城 200 周年时由国际商品交易会捐赠的，可以同时停泊 4 艘海轮，港区北部是渔船和货船的泊位。海地角是第二大外贸港口，和平港（Port－de－Paix）是最大的铝矾土出口港。

（四）其他基础设施发展情况与发展水平

通信设备贫乏国家，相关设备设施相当不完备。通信及能源情况如表 20－3 所示。

表 20－3 通信设施情况

电话使用线路数	108300
电话使用线路数世界排位	143
移动电话数	364.8 万
移动电话数世界排位	108
互联网主机	273
互联网主机世界排位	185
互联网用户	100 万
互联网用户世界排位	99

资料来源：美国中情局；《世界各国概况》，2010 年。

表 20 - 4   能源情况一览

电力发电量	65000 万千瓦时
电力发电量世界排位	155
电力用电量	30900 万千瓦时
电力用电量世界排位	168
电力出口	NA 千瓦时
电力进口	0 千瓦时
油气生产	0 桶/天
油气生产世界排位	180
油气消费	12000 桶/天
油气消费世界排位	149
油气出口	0 桶/天
油气出口世界排位	178
油气进口	13480 桶/天
油气进口世界排位	136

资料来源：美国中情局：《世界各国概况》，2010 年。

四 旅游资源条件与旅游业发展情况

（一）主要旅游资源与开发

海地国土面积较大，旅游资源相对丰富，而且由于旅游业发展程度较低，这些资源的开发程度并不高。

表 20 - 5   主要旅游景点一览

序号	景点名称	分布地点	资源类型	主要旅游活动
1	Cap – Haitien	太子港	历史遗迹	参观游览
2	国家历史公园	太子港	历史遗迹	参观游览
3	拉巴第	太子港	综合人文旅游地	参观游览
4	Bassin Bleu	太子港	综合自然旅游地	徒步，自然观光
5	Petionville	太子港	综合自然旅游地	徒步，自然观光

资料来源：规划组根据网络资料整理。

（二）旅游业发展现状

海地政府曾致力于发展旅游业，并曾经设立了专门的旅游部。到1956年，海地外国游客已经达6.6万人，主要是来自北美的游客，他们为海地政府带来了除咖啡出口外的第二大外汇收入（1961年为1000万美元）。1962年后，由于政治原因，来自外国的游客数量大大下降。目前，海地旅游业十分不发达。海地的旅游来现状见表20－6和表20－7。

表20－6　　　海地旅游业对经济及其他行业的贡献率与世界排名

	2011年						2021年		
	百万（HTG）	排名	比例（%）	排名	增长率	排名	百万（HTG）	比例（%）	增长率
旅游对GDP的直接贡献	5725.40	152	1.9	143	8.2	86	9145.40	2.1	4.8
旅游对GDP的总贡献	17774.60	151	6	134	9.3	63	29617.40	6.8	5.2
旅游对就业的直接贡献	57	102	1.6	155	3.5	51	77	1.8	3.2
旅游对就业的总贡献	182	94	5.2	146	4.5	30	260	5.9	3.6
国际游客境内旅游消费	11884.10	139	31	35	6.7	125	17294.10	25.3	3.8
国际过夜游客数量	248						364		
旅游投资		137		124		137			
国内游客旅游消费	4697.40		1.6		7.9		7003.10	1.6	4.1
休闲旅游消费	13617.90		4.6		7		19986.80	4.6	3.9
商务旅游消费	3071.60		1		7		4469.90	1	3.8

资料来源：世界旅游旅行理事会（WTTC），2011年。

表20－7 2005—2011年海地旅游业对经济及其他行业的贡献率与预测

单位：百万（HTG）、%、万人次

	国际游客境内旅游消费	国内游客旅游消费	境内旅游总消费	旅游对GDP的直接贡献	旅游投资	旅游对GDP的总贡献	旅游对就业的直接贡献	旅游对就业的总贡献	国内游客境外旅游消费	国际过夜游客数量
2005年	3255.9	3566.6	6868.3	2079.4	379.4	5824.8	37	107.2	7038.1	112
增长率	－23.0	0.8	－12	－11.8	19.6	－14.8	－11	－14.1	－24.2	16.7

续表

	国际游客境内旅游消费	国内游客旅游消费	境内旅游总消费	旅游对GDP的直接贡献	旅游投资	旅游对GDP的总贡献	旅游对就业的直接贡献	旅游对就业的总贡献	国内游客境外旅游消费	国际过夜游客数量
2006 年	5156.9	4060.3	9279.5	3155.6	917.3	8292.8	48.4	131.6	9645.5	108
增长率	35.8	-2.4	15.9	30.1	107.3	22.1	30.8	22.7	17.5	-3.6
2007 年	7067.3	4141.7	11278.4	4023.9	1743.5	11716.6	57.7	173.8	12204.8	386
增长率	26.8	-5.6	12.5	18	75.9	30.8	19.2	32.1	17.1	257.4
2008 年	10854.5	4570.6	15514.9	5516.0	2804.0	16897.3	71.2	225.6	14982.1	304
增长率	36	-2.2	21.9	21.4	42.5	27.7	23.5	29.8	8.7	-21.2
2009 年	13022.7	4662.2	17781.2	6528.0	3324.7	20214.1	68.9	220.4	18209.3	286
增长率	15.9	-1.5	10.7	14.3	14.5	15.6	-3.3	-2.3	17.4	-6
2010 年	10360.3	4051.2	14505.4	4921.6	3251.8	15131.9	54.8	173.9	15992.6	245
增长率	-24.8	-17.9	-22.9	-28.8	-7.6	-29.3	-20.4	-21.1	-17	-14.2
2011 年	11884.1	4697.4	16689.5	5725.4	3810.8	17774.6	56.7	181.8	17915.5	248
增长率	6.7	7.9	7	8.2	9	9.3	3.5	4.5	4.2	1.2
2021 年	31466.2	12742.0	44498.6	16639.9	9595.7	53888.3	77.5	259.6	50718.8	364
增长率	3.8	4.1	3.9	4.8	3.3	5.2	3.2	3.6	4.5	3.9

资料来源：世界旅游旅行理事会（WTTC），2011 年。

五 旅游业投资方向

海地是加勒比海地区国土面积大，人口密度高，旅游资源丰富的国家。但是海地经济落后，基础设施条件差，政局动荡大，治安混乱，目前的综合投资环境较差，投资风险巨大。但是海地旅游业发展滞后，旅游资源开发利用不够，旅游基础设施落后，但海地旅游业发展的资源环境条件较好，发展基础差，发展潜力高，一旦综合投资环境有所改善，将会迅速发展，具有很大的投资空间。可作为未来重点考虑区域。

海地的主要投资方向为：公路及港口的改扩建、沿海高速公路建设、铁路建设、地震灾害遗址公园建设、农业生态产业园建设等。

地震遗址公园建设可以借鉴我国汶川和玉树地震灾后重建，以及唐山地震主题公园建设与开发的经验，对海地大地震后的灾后重建和地震遗址旅游项目进行合作开发。

铁路建设能否考虑与多米尼加铁路衔接并进行联合开发与经营。

海地鼓励的投资领域主要包括：旅游区开发、旅店、宾馆、别墅、酒店和度假村等旅游服务设施建设，旅游车船和飞机，陆海空运输等交通设施等，经营接待游船的私人码头或海滩，整治或开发沙滩酒店和综合旅游设施，经营私人空港或与旅游相关的服务企业，旅游索道，游乐园、植物园和动物园，会展服务等其他旅游投资。

六　旅游投资与发展应注意的问题：前景、效益与风险评估

（一）旅游投资环境

为了活跃经济，创造更多的就业机会，促进出口，实现政府提出的社会和经济目标，海地于 2002 年 8 月颁布了保税区（开发）法。该法共分 25 章 77 条，主要规定保税区的开发管理，鼓励措施和优惠政策，保税区的开发运作，受惠者的权利和义务，违规处罚以及争议解决途径等。

此外，该国还颁布了《投资法》，该法共分六编 26 章，规定了鼓励外商投资的总体范围和优惠政策，以及申办、审批程序，投资人的权利和义务等。

《投资法》指出旅游业为其重点支持和发展的行业，主要阐述如下：

（1）范围：整治或开发旅游区、旅店、宾馆、别墅、乡村饭店和酒店，出租旅游车船和飞机，陆海空运输服务，娱乐性酒店服务，经营接待游船的私人码头或海滩，整治或开发度假村、沙滩酒店和综合旅游设施，经营私人空港或与旅游相关的服务企业，旅游索道，游乐园、植物园和动物园，会展服务，医疗、洗浴中心，旅游学校，青年旅馆以及其他旅游投资。

（2）优惠：①考察、整治和安装所需进口的（当地无法采购的）设备和材料，免缴关税和进口环节税。包括建材、电器、电力供应设备、安

全监控设备、通信设备、制冷设备、家用设备、厨房设备、床上用品、水处理设备、医疗设备、稀少动植物、小艇及其拖挂、小型旅游机船、开发商用车辆、旅游营业所需设备和机器及其零配件。②在国有文物级建筑物开设饭店的,头十年免交土地捐税。③免交个人所得税。④实施项目需要动用私人或国有土地的,由旅游部负责向投资委员会和当地政府申请,批准后授予不超过50年的土地租用合同。

(二) 旅游投资风险与问题

海地尚未与我国建交,对我国的开放政策不明,进入难度较大;另外,由于海地是欧美国家长期援助对象,导致我国与欧美的竞争激烈。

第二十一章　巴哈马

一　国家概况

（一）自然环境

巴哈马，正式名称巴哈马联邦（Common Wealth of the Bahamas），是一位于大西洋西岸的岛国，位于北纬 24°15′，西经 76°00′，地处美国佛罗里达州以东，古巴和加勒比海以北，巴哈马包含 700 座岛屿和珊瑚礁。达州东南海岸对面，古巴北侧。

巴哈马面积 13800 平方公里，陆地面积为 10010 平方公里，海岸线长3542 公里，水域面积为 3870 平方公里。巴哈马是拉丁美洲北部的国家，是个岛国，由 700 多个岛屿及 2000 多个珊瑚礁组成。群岛由西北向东南延伸，长 1220 公里，宽 96 公里。其中 20 余个岛屿有人居住。大部分岛屿地势低平，最高海拔也只有 63 米，无河流。主要岛屿有大巴哈马岛、安德罗斯岛、伊柳塞拉岛和新普罗维登斯岛。群岛大部分属温和的亚热带气候，北回归线横贯中部，8 月为最热月份，平均气温 24—32℃；2 月为最冷月份，平均气温 17—25℃。年平均气温 23.5℃，年平均降水量 1000毫米。

巴哈马有拉丁美洲"鸟类王国"之称。这个国家的面积只有 13900多平方公里，却有鸟类 200 多种，其中红鹤就有 5 万多只，是世界上红鹤最多的国家，有"红鹤之乡"的美誉。[1]

（二）社会经济概况

巴哈马的人种以黑人为主，占 85%；亚洲和西班牙葡萄牙血统 3%；

---

[1]　http://baike.baidu.com/view/21544.htm.

表 21 - 1　　　　　　　　　　　自然资源分布及使用情况

自然资源	盐、文石、森林、耕地
土地利用	耕地占 0.58%，永久作物占 0.29%，其他占 99.13%
可再生水资源	—
淡水资源回收（家用/工业/农业）	—
每人占用水	—
自然灾害	飓风和热带风暴引起的水灾和风力灾害
水资源管理	珊瑚礁侵蚀，固体废物处理

资料来源：美国中情局：《世界各国概况》，2010 年。

白种人12%。官方语言也为英语。宗教以新教徒为主，占 67.6%。其他宗教包括天主教占 13.5%，基督教占 15.2%，其他占 0.8%，未知占 2.9%。2011 年，该国总人口为 313312 人，排世界第 178 位。2011 年人口净增长率为 0.922%。①

2011 年，巴哈马 GDP 增长率为 0.5%，失业率为 7.6%。巴哈马的旅游业是其最重要的国家收入来源。2011 年的 GDP 为 89.21 亿美元，排在世界第 152 位，其中服务业的贡献占到了 90.4%；2011 年，总劳动人口为 184000 人，而服务业贡献了高达 50% 的就业机会。2011 年，农业总产值占 GDP 的 1.6%，农业人口占 5%，其主要的农产品有柑橘，蔬菜和家禽。2011 年，工业总产值占 GDP 8.1%，工业劳动力占总劳动力的 5%。

此外，巴哈马拥有电话线路数 129000 条，移动电话 358800 部。拥有网络主机 21939 台，互联网用户达到 115800 人。

表 21 - 2　　　　　　　　　　　社会经济基本情况

种属	黑人占 85%，亚洲和西班牙葡萄牙血统占 3%，白种人占 12%
语言	官方语言：英语
宗教	新教徒占 67.6%，天主教占 13.5%，基督教占 15.2%，其他占 0.8%，未知占 2.9%

① http://baike.baidu.com/view/21544.htm.

续表

人口	313312
人口世界排位	178
人口增长率	0.922%
净迁入率	0/千人
净迁入率世界排位	74
城镇人口	84%
15—24 岁失业率	18.9%
15—24 岁失业率世界排位	62
GDP 购买力	MYM89.21 亿
GDP 购买力世界排位	152
GDP 增长率	0.5%
GDP 增长率世界排位	180
GDP 百分比（农业）	1.6%
GDP 百分比（工业）	8.1%
GDP 百分比（服务业）	90.4%
劳动力	184000
劳动力世界排位	173
劳动力职业（农业）	5%
劳动力职业（工业）	5%
劳动力职业（服务业）	50%
失业率	7.6%
失业率世界排位	82
固定资产总投资	占 GDP 的 29.9%
固定资产总投资世界排位	30
电话使用线路数	129000
电话使用线路数世界排位	141
移动电话数	358800
移动电话数世界排位	166
互联网主机	21939
互联网主机世界排位	107
互联网用户	115800
互联网用户世界排位	156

资料来源：美国中情局：《世界各国概况》，2010 年。

二　国际关系分析

（一）国家区位与地缘政治分析

巴哈马位于美国佛罗里达州东南海岸对面，古巴北侧。群岛由西北向东南延伸，长 1220 公里，宽 96 公里。由 700 多个岛屿及 2000 多个珊瑚礁组成。从西北美国佛罗里达州沿海一直向东南延伸至古巴和海地的北部沿海。①

（二）与我国的关系

1997 年 5 月 23 日，中巴正式建立外交关系。建交后两国友好合作关系稳步发展。2004 年商务部副部长廖晓淇、中国人民对外友好协会美大部副主任王宏强相继访巴。巴公共工程部长罗伯茨、总理克里斯蒂、旅游部长威奇康贝等访华。此外，我国扬州木偶团访巴演出并参加巴庆祝黑奴解放 170 周年活动，巴舞蹈团访华参加"相约北京—2004"大型联欢活动，巴国家青年合唱团来华参加第七届中国国际合唱节。2009 年 9 月，中国全国人大常委会委员长吴邦国访巴。②

据中国海关总署统计，2013 年中巴贸易总额为 3.37 亿美元，基本为中方出口。③

中国投资 26 亿美元在巴哈马建西半球最大度假村，也是迄今为止西半球规模最大的度假村开发项目。

三　交通等基础设施发展水平分析

（一）航空交通设施发展情况及发展水平

巴哈马共有 62 个机场，已铺设跑道的机场有 23 个，未铺设跑道的机场有 39 个。巴哈马的航空交通条件非常发达。

---

① http://baike.baidu.com/view/21544.htm.
② http://www.overseasstudy.cn/info_center/worldmaps/North_America/bahamas.htm.
③ http://www.fmprc.gov.cn/mfa_chn/gjhdq_603914/gj_603916/bmz_607664/1206_607766/sbgx_607770/.

（二）公路交通设施发展情况及发展水平

巴哈马共有公路 2717 公里，其中，已铺设 169 公里，未铺设 1560 公里。

（三）水运交通设施发展情况及发展水平

巴哈马总共有港口 39 个，分别为沃廷岛、拜特、南里丁角、南点城、史密斯城、沙角、圣·萨瓦尔多岛、茹穆凯、罗尔维尔、罗克松德、拉吉德岛港、波特兰港、纳尔逊港、豪港、佩利肯港、尼科尔斯敦、尼畴尔斯城、马亚古纳、马特维城、马修城、马什港、小因纳古亚岛、格弗诺港、乔治城、弗雷什克里克、埃克苏马城、克罗克岛、克利夫顿角、阿克林斯岛、亚伯拉罕斯贝、克拉伦斯城、比米尼岛、巴瑞岛、班纳曼城、阿瑟城、安多斯、艾丽斯镇、拿骚和弗里波特。共有商船 1170 条，排名世界第 10 位（见表 21 -3）。

表 21 -3　　　　　　　　　　　　交通情况

机场数	62
机场数世界排位	78
机场铺跑道	23
机场未铺砌的跑道	39
公路	2717 公里
公路世界排位	169
已铺设公路	1560 公里
未铺设公路	1157 公里
商船数	1170
商船数世界排位	10

资料来源：美国中情局：《世界各国概况》，2010 年。

（四）其他基础设施发展情况与发展水平

2011 年，巴哈马发电总量 19.45 亿千瓦时，排名世界第 136 位；用电总量为 19.45 亿千瓦时，排名世界第 138 位。该国电力生产全部自给自足，无电力出口与进口。2011 年，平均每天消费 35000 桶油气，排名世界第 110 位；油气出口每天约为 41610 桶；油气进口每天约为 70990 桶（见表21 -4）。

表 21 - 4 其他基础设施情况

电力发电量	19.45 亿千瓦时
电力发电量世界排位	136
电力用电量	19.07 亿千瓦时
电力用电量世界排位	138
电力出口	0
电力进口	0
油气生产	0 桶/天
油气生产世界排位	154
油气消费	35000 桶/天
油气消费世界排位	110
油气出口	41610 桶/天
油气出口世界排位	84
油气进口	70990 桶/天
油气进口世界排位	80
油气探明储量	0
油气探明储量世界排位	108
天然气产量	0
天然气产量世界排位	155
天然气消费量	0
天然气消费量世界排位	152
天然气出口量	0
天然气出口量世界排位	59
天然气进口量	0
天然气进口量世界排位	86
天然气探明储量	0
天然气探明储量世界排位	150

资料来源：美国中情局：《世界各国概况》，2010 年。

四　旅游资源条件与旅游业发展情况

（一）主要旅游资源与开发

巴哈马旅游业发达，基础设施完善，旅游资源非常丰富，主要以自然景观、人文景观和休闲海滩等类型为主。著名的旅游景点如表 21 -5 所示。

表 21 - 5	主要旅游景点一览		
序号	景点名称	分布地点	景点类型
1	卢卡亚国家公园（Lucayan National Park）	大巴哈马岛	综合自然旅游地
2	摩根陡崖（Morgan's Bluff）	安德罗斯岛	沉积与构造
3	安德罗斯堡礁（Androsia Barrier Reef）	安德罗斯岛	岛礁
4	特克斯和凯科斯群岛（Turks and Caicos Islands）	特克斯和凯科斯群岛	岛礁
5	天堂岛（Paradise Island）	拿骚	河口与海面
6	凯布尔沙滩（Cable Beach）	拿骚	河口与海面
7	哈伯岛（Harbour Island）	伊柳塞拉岛	河口与海面
8	加弗诺港（Governor's Harbour）	伊柳塞拉岛	河口与海面
9	罗克桑德（RockSound）	伊柳塞拉岛	河口与海面
10	温德米尔岛（Windermere island）	伊柳塞拉岛	河口与海面
11	阿达斯特拉花园和动物园（Ardastra Garden & Zoo）	拿骚	生物景观
12	兰德自然中心（Rand Nature Center）	大巴哈马岛	生物景观
13	阿达斯特拉花园和动物园（Ardastra Garden & Zoo）	拿骚	生物景观
14	罗森广场和议会广场（Rawson Squares & Parliament Squares）	拿骚	综合人文旅游地
15	国际百货店（International Bazzar）	大巴哈马岛	综合人文旅游地
16	香水工厂（The Perfume Factory）	大巴哈马岛	综合人文旅游地
17	卢卡亚卡普里岛赌场（Isle of Capri Casino at Our Lucaya）	大巴哈马岛	综合人文旅游地
18	卢卡亚港市场（Port Lucaya Marketplace）	大巴哈马岛	综合人文旅游地
19	安德罗斯蜡染厂（Androsia Batik Works Factory）	安德罗斯岛	综合人文旅游地
20	夏洛特堡（Fort Charlotte）	拿骚	景观建筑与附属型建筑
21	尼克尔斯镇（Nicholl's town）	安德罗斯岛	居住地与社区

资料来源：规划组根据网络资料整理。

（二）旅游业发展现状

旅游业是巴国民经济的支柱产业。每年平均接待游客 500 万人次，仅旅游业一项年收入就达 20 多亿美元，占国内生产总值的 50% 以上。直接和间接从业人员约 50000 人，占全部劳动力的 35%。2003 年，接待外国游客 460 万人次。游客主要来自美国、加拿大和欧洲。坐落在巴天堂岛的亚特兰蒂斯饭店（又称大西洋城饭店）举世闻名，共有客房 2500 间。1999 年 9 月，全国共有旅店 223 家，客房 14080 间。

巴哈马的旅游业是其支柱性经济产业，2011 年旅游业直接对 GDP 贡献高达 21.722%，远远高于世界 2.9% 的平均水平。旅游业也为当地提供了大量的就业机会，总共提供了占总就业 55.1% 的就业岗位。旅游业的发展速度也较快，旅游业占 GDP 产值 5.2% 的增长速度与世界 5.5% 的平均水平基本保持相同。此外，预计在接下来的 10 年旅游业发展速度会有大幅度下降。该国旅游业具体情况可参见表 21 - 6 和表 21 - 7。

表 21 - 6　　　　旅游业对经济及其他行业的贡献率与世界排名

	2011 年						2021 年		
	百万（CUP）	排名	比例（%）	排名	增长率（%）	排名	百万（CUP）	比例（%）	增长率（%）
旅游对 GDP 的直接贡献	1648.40	74	21.72	6	5.2	153	2226.20	22.6	3.1
旅游对 GDP 的总贡献	3598.10	83	47.4	9	4.9	151	4830.00	49.1	3
旅游对就业的直接贡献	48	106	29.4	2	4.6	100	60	30.3	2.1
旅游对就业的总贡献	91	118	55.1	8	4.7	90	113	57.2	2.2
国际游客境内旅游消费	2195.80	69	62.2	6	6.3	143	3038.90	58.8	3.3
国际过夜游客数量	1478000	—	—	N/A	—	—	1941000	—	—
旅游投资	388	87	16.5	21	6	139	529.6	17.4	3.2
国内游客旅游消费	538.50%	—	7.1	—	2.6	—	681.4	6.9	2.4
休闲旅游消费	2673.50%	—	35.2	—	5.7	—	3643.90	37	3.1
商务旅游消费	84.30%	—	1.1	—	-0.3	—	107.9	1.1	2.5

资料来源：世界旅游旅行理事会（WTTC），2011 年。

表 21 - 7　　2005—2011 年旅游业对经济及其他行业的贡献率与预测

单位：百万（CUP）、%、千人次

	国际游客境内旅游消费	国内游客旅游消费	境内旅游总消费	旅游对 GDP 的直接贡献	旅游投资	旅游对 GDP 的总贡献	旅游对就业的直接贡献	旅游对就业的总贡献	国内游客境外旅游消费	国际过夜游客数量
2005 年	2080.2	448.8	2548.5	1522.1	270	3230.4	48.4	88.5	528	1608
增长率	5.50	4	5.2	4.5	18.2	5.1	1.3	1.7	8.5	3
2006 年	2066.3	512.1	2599.7	1537.3	314	3288.0	48.2	88.2	541.3	1601
增长率	-3.3	11.1	-0.7	-1.7	13.2	-0.9	-0.6	-0.3	-0.2	-0.4

续表

	国际游客境内旅游消费	国内游客旅游消费	境内旅游总消费	旅游对GDP的直接贡献	旅游投资	旅游对GDP的总贡献	旅游对就业的直接贡献	旅游对就业的总贡献	国内游客境外旅游消费	国际过夜游客数量
2007年	2197.9	511.1	2731.0	1595.8	294	3372.1	49.1	89.3	538.6	1528
增长率	4	-2.4	2.7	1.5	-8.4	0.3	1.9	1.2	-2.7	-4.6
2008年	2164.4	530.2	2718.1	1582.1	294	3348.5	45.9	83	459.2	1463
增长率	-4.1	1.1	-3	-3.4	-2.6	-3.3	-6.5	-7.1	-16.9	-4.3
2009年	1948.6	498.8	2471.0	1483.5	273	3191.5	44.9	82.3	386.8	1327
增长率	-10.9	-6.9	-10	-7.2	-8.1	-5.7	-2.1	-0.8	-16.6	-9.3
2010年	2053.4	521.8	2597.9	1557.2	364	3411.7	46.3	86.6	440.8	1390
增长率	4.8	4	4.5	4.4	32.6	6.3	3	5.2	13.3	4.8
2011年	2195.8	538.5	2757.7	1648.4	388	3598.2	48.4	90.7	522.8	1478
增长率	6.3	2.6	5.5	5.2	6	4.9	4.6	4.7	17.9	6.3
2021年	3477.0	779.6	4292.6	2547.2	606	5526.3	59.8	112.9	1021.4	1941
增长率	3.3	2.4	3.1	3.2	3.1	3.2	3	2.1	2.2	5.5

资料来源：世界旅游旅行理事会（WTTC），2011年。

五　旅游业投资方向

对于巴哈马这样以小岛屿旅游为主的发达旅游国家，其旅游基础设施投资主要集中在道路、桥梁、机场、港口、码头的改扩建、旅游度假村与旅游酒店、旅游地产、会展与商贸旅游等方面，以及可再生能源开发利用、水资源开发利用、农业资源开发利用以及基础与服务设施的升级、更新改造等。

考虑巴哈马岛屿众多，基础设施投资领域可考虑跨海大桥、海底隧道、支线飞机场与支线飞机等建设。

巴哈马岛屿多，区位优越，距离美国、加拿大等西方发达国家近，可选择有特色，开发程度不深的岛屿，与巴哈马政府和有关机构进行特色海岛旅游联合开发与建设项目。

基础设施项目：近年来，中巴两个之间的经贸合作主要是基础设施建设。在基础设施领域，巴哈马在道路、机场、码头、小型桥梁等方面有较大的建设、改造的需求。与旅游业发展需求相关的基础设施建设的重点是在机场扩建、旅游公路建设、信息化建设等方面的项目。巴哈马岛屿众多，岛与岛之间的交通主要是商业航班、包机、邮船和渡船，旅游交通服务的完善对巴哈马旅游业发展十分重要。

巴哈马有拿骚和自由港两个国际机场，可起降大型客机，有通往美国、加拿大、欧洲、古巴等国的定期航班。有 55 处国内机场，承担各主要岛屿间的航班客运。

会展、商贸旅游项目：旅游业是巴哈马国民经济的支柱产业。每年平均接待游客 500 万人次，旅游业收入达 20 多亿美元，占国内生产总值的50% 以上。年接待外国游客维持在 400 万—500 万人次。游客主要来自美国、加拿大和欧洲。巴哈马商贸繁荣，是国际离岸金融中心，据 2011 年10 月 "银行家" 排名报告，巴哈马在全球离岸金融中心排名上升两位至第五位。巴哈马旅游以休闲旅游为主，商务旅游为辅，在全部旅游消费中，休闲旅游占 96.9%，商务旅游占 3.1%。巴哈马繁荣的商贸环境和发达的旅游业为发展商贸、会展旅游提供了条件，具有巨大的发展空间。

旅游酒店项目：旅游业是巴哈马政府鼓励外国人投资的领域，政府为鼓励巴哈马旅游酒店设施建设，制定《酒店鼓励法案》。法案规定新建酒店和旅游游览区，免除建设所需材料和设备关税；免除配套临时建材厂建设所需设备和材料的关税（新建酒店规模和房间数量有具体要求）；已有酒店改造和重新装修，所需的材料设备和家具等，减按 10% 税率征收关税；新酒店和旅游游览区，自使用之日起，前 10 年免不动产税，后 10 年减不动产税，按每年每床征收 20 美元不动产税。目前，该法案的修正案已提交议会讨论，争取税收减免达到 30 年；免除巴哈马成员岛（family islands，除新岛、大巴哈马岛以外）的政府印花税。为保护分时度假消费者的利益，开发、规范和管理分时度假项目，巴哈马制定《巴哈马度假计划分时法案》（目前该法案重新审议，以变化为准）。法案规定，投资分时酒店，免除所需建筑材料和设备的关税，按照酒店在首都和成员岛划分，首都分时酒店规模不得低于 50 个单元（成员岛不得低于 25 个单元）。投资经营形式多样，可以独资，也可以合资。巴哈马酒店业发达，坐落在巴哈马天堂岛的亚特兰蒂斯酒店（又称大西洋城酒店）举世闻名，共有客房 2500 间。从巴哈马客房出租率看，2011 年，14 个酒店的平均入住率为 77.6% ，仍具有投资空间。

旅游房地产开发：据房地产网站"全球不动产指导"提供的全球房地产数据，巴哈马是全球房地产长期投资最理想的目的地之一，位列前 20 个最值得购买房地产的国家之一，是除开曼群岛以外加勒比地区唯一获得四星评价的国家。众多国际明星都在巴哈马购房置业，长期投资。巴哈马的房地产适合长期投资的优势表现在：稳定的政治和经济环境、有利的土地租用市场、极低的财产税和合适的出租收入等。房租收入年均增长 7.49% ，高于开曼群岛的 5.77% 。长期投资评价包括以下指标：总出租收入、收入税、资本所得税、可购性、长期 GDP 增长率以及对投资者长期投资回报等。

独立岛屿开发：巴哈马拥有大量海岛，并对具有实力的外国投资者开放。购买岛屿，并进行旅游开发应是巴哈马旅游投资的可行途径。

环保清洁能源项目：考虑巴哈马人口密度大、游客数量多，油气主要依靠进口等，其旅游业投资方向主要为环保清洁能源项目，包括风能、太阳能的利用与发电、垃圾焚烧发电、潮汐发电等项目，在可能的情况下，发展新能源汽车等项目；水处理项目，包括水回收利用、污水处理、生活用水处理等。

农业项目：包括集约农业、生态农业产业园建设等。

六　旅游投资与发展应注意的问题：前景、效益与风险评估

（一）旅游投资环境

巴哈马是著名旅游胜地，旅游业是支柱产业。巴哈马政府动用了大量资源提升和更新旅游设施，以吸引更多游客。

巴哈马有石油、天然气、盐、伐木、小船制造、水泥、食品加工、饮料、酿酒、手工艺品和制药等制造业，主要集中在大巴哈马岛的自由贸易区内。为实施经济多样化战略，巴政府鼓励发展中小企业，并为此制定了优惠政策。

巴土层薄，土壤贫瘠，可耕地少，淡水不足，农业资源有限，农业不发达，农渔业产值仅占国内生产总值的 5% 左右。只种植少量蔬菜、水

果，主要农作物有甘蔗、西红柿、香蕉、玉米、菠萝、豆类等。食品80%靠进口，部分蔬菜和柑橘类水果能自给并有少量出口，家禽生产约占农业产值的50%，肉类生产基本上满足国内需求。巴政府对农产品和水果产品实行保护政策。

海产资源丰富，巴海域是世界重要渔场之一，鱼种类繁多，水产品生产潜力很大，但巴哈马的商业捕捞尚未形成规模。巴海域主要出产龙虾、海螺、石斑鱼、马林鱼、旗鱼和金枪鱼等。

近年来，巴提倡本国经济的多样化，特别是提出加入世界贸易组织以来，大力发展农业和轻工业，以扩大出口和减少对进口的依赖。并颁布了《鼓励产品加工业法案》、《鼓励饭店业法案》、《鼓励发展工业法案》、《巴哈马自由贸易区法案》和《农产品加工厂法案》等多部鼓励和保护外国投资的法律法规。

巴政府积极鼓励出口型企业发展。一些商品进口后如能再出口，可享受退税。出口商品的海关印花税为10%。巴政府已在大巴哈马岛建立了自由贸易区。凡在自由贸易区内注册的外国企业除享受普遍实行的免税外，还享受以下优惠待遇：（1）2015年前免缴一切捐税（包括出口税、消费税、不动产税及商业税）；（2）2054年前免缴进口设备和原材料关税以及出口消费税等；（3）凡总投资不低于500万美元，产品95%出口的企业，经主管部长批准可被确定为出口型企业，可依法免税进口生产所需的机器设备和原材料，期限为25年。

巴政府鼓励外国人投资的领域包括：旅游、住宅、国际商业中心、船坞修建、船舶维修、飞机维修、轻工业、组装加工业、农业和农产品加工业、食品业、海水养殖业、银行、保险、医药和离岸医疗保健中心、信息和数据处理中心等。投资经营形式灵活，可以独资，也可以合资，但一般不受理金额低于25万美元的投资申请。巴哈马没有自己国家的技术标准，一般采用美国的技术标准。

巴哈马没有直接税，任何个人和经营实体都不需要缴纳所得税、资本收益税和遗产税，但每年需交纳营业税，也叫营业执照费，根据企业大小，从0—5%不等。

（二）该国旅游投资可能风险与问题

主要体现在政策风险、可进入的许可、中巴合作意向，以及与欧美等西方国家的竞争等方面。

第二十二章　特立尼达与多巴哥

一　国家概况

（一）国家自然环境

特立尼达和多巴哥共和国（Republic of Trinidad and Tobago）位于北纬9°—11°和西经60°—62°之间，中美洲加勒比海南部、西印度群岛中小安的列斯群岛东南端，西南和西北与委内瑞拉隔海相望。全国由两个主要大岛——特立尼达岛与多巴哥岛，以及另外21个较小岛屿组成，全国大部分人口均集中在特立尼达岛。国土面积为5128平方公里，其中，特立尼达岛4828平方公里，多巴哥岛300平方公里。位于特立尼达岛西岸的海港城市西班牙港是该共和国的首都。属热带雨林气候，气温20—30℃，年降水量1200—3800毫米，由西向东递增，每年1—5月为干季。拥有丰富的石油、天然气资源，有世界著名的天然沥青湖。石油蕴藏量估计为3.5亿吨。森林面积约占领土面积的一半。

特多全国分为9个郡、2个市、3个区和1个半自治行政区。9个郡为圣安德鲁、圣大卫、圣乔治、卡罗尼、纳里瓦、马亚罗、维多利亚、圣帕特里克和圣约翰；2个市为西班牙港、圣费尔南多；3个区为阿里玛、普旺福丹和查瓜那斯；半自治行政区为多巴哥岛。首都西班牙港为该国政治、文化中心，主要金融中心城市为西班牙港和南方最大城市圣费尔南多市。①

特立尼达与多巴哥飓风和热带风暴天气多发。

---

① http://baike.baidu.com/view/22090.htm.

表 22 - 1 自然资源分布及使用情况

自然资源	石油、天然气、柏油
土地利用	耕地占 14.62%，永久作物占 9.16%，其他占 76.22%
可再生水资源	3.8 立方公里
淡水资源回收（家用/工业/农业）	0.31 立方公里
每人占用水	237 立方米/年
自然灾害	飓风和热带风暴
水资源管理	农业化学制品造成的水污染，工业废品，石油污染，荒漠化，土壤侵蚀

资料来源：美国中情局：《世界各国概况》，2010 年。

（二）社会经济概况

特立尼达与多巴哥的人种较为复杂，其中以印度人最多，占 40%。此外，非洲人占 37.5%，混血占 20.5%，其他和未知占 2%。官方语言为英语，还有部分民众说印地语、法语、西班牙语和汉语。宗教以天主教为主，占 26%。此外，新教人数占 25.8%，印度教占 22.5%，穆斯林教占 5.8%，基督教占 5.8%，其他和未知占 12.2%，非教派占 1.9%。

2011 年，该国总人口为 122.7 万，排世界第 156 位。2011 年人口为负增长，净增长率为 -0.087%。该国的人口迁出较多，2011 年人口迁入率达到了 -6.93 千人。

特多是以石油工业、旅游业和金融业为主导的经济结构。近年来，政府也有意突出旅游业和金融业，并在这些产业出台了很多优惠政策，吸引各种资本向这两个行业集中，仅旅游业就吸纳了将近 10% 的就业人口。鉴于这样的特点，特多的经济容易受外部经济环境变化的影响，2008 年以来爆发的全球金融危机直接冲击了这些产业。但由于特多自然环境好，旅游基础设施较为完善，旅游业的国际知名度比较高，自 2010 年下半年至 2011 年上半年，游客数量已经有所回升，同时由于国际油价的上涨，从而促使了 2011 国民经济停止了负增长的局面。2011 年的 GDP 为 261 亿美元，排世界第 112 位，全国失业率为 6.4%。

特多主要农作物有甘蔗、咖啡、可可、柑橘、香蕉、椰子、芒果、水稻等。20 世纪 60 年代前，特多曾是食品出口国。后来，随着石油工业的迅猛发展，农业逐渐被忽视，农业人口外流，耕地大片荒芜，主要农产品产量连年下降，大部分食品靠进口。农业年产值仅占国内生产总值的很小一部分。2011 年，农业总产值仅占总 GDP 的 0.4%，农业人口占总人口的 3.8%，可耕种面积仅占全国总面积的 14.62%。特多的森林覆盖面积约占国土的 45%，有热带落叶林、热带雨林和灌木丛等。由于有用林较少，自产的板材有限，60% 的木材需要进口。全国有近 60 家木材厂、数家家具厂和一家火柴厂。特多由于渔业设备落后，捕鱼多为近海作业，深海渔业资源有待进一步开发。[①]

2011 年，工业总产值占 GDP 的 58.8%，工业劳动力占总劳动力的 12.8%。特多主要工业门类以石油、天然气开采和冶炼为基础。此外，特多是世界上最大的天然沥青产地之一，位于特立尼达岛西南部的沥青湖是世界上最大的天然沥青湖，面积 47 公顷，储量为 1200 万吨，2008 年产量为 6.5 万吨，2009 年产量达 8 万吨。近几年能源部门所创产值占 GDP 的 25% 左右，能源及相关产品的出口占其出口总额的 80% 左右。其制造业也主要是以能源生产的周边产品为主，如化肥、甲醇、水泥、瓦斯炊具，以及家用电器的装配、建材、服装、家具和食品加工等。

在石油繁荣的年代，建筑业在经济中占有重要地位。由于政府工业发展项目很多，建筑业发展很快。近年来建设了一些新的工程项目，包括公路、水利、天然气开发、住房、饭店、公共设施等，建筑业就业状况良好。建筑业已成为特多经济的主要拉动力之一。

特立尼达与多巴哥服务业较为发达，是特多非常重要的经济收入之一。2011 年服务业的贡献占 GDP 的 40.8%；2011 年总劳动人口为 634300 人，而服务业贡献了高达 20.4% 的就业岗位。

此外，特立尼达与多巴哥拥有电话线路数 31 万，移动电话数 197 万部。互联网非常发达，拥有网络主机 17 万台，互联网用户达到 59 万人。[②]

表 22-2　社会经济基本情况

种属	印度人占 40%，非洲人占 37.5%，混血占 20.5%，其他占 1.2%，未知占 0.8%
语言	英语（官方语言）、印地语、法语、西班牙语、汉语
宗教	天主教占 26%，新教占 25.8%，印度教占 22.5%，穆斯林教占 5.8%，基督教占 5.8%，其他占 10.8%，未知占 1.4%，非知教派占 1.9%

① http：//globserver.cn/特立尼达和多巴哥共和国/经济。
② http：//baike.baidu.com/view/22090.htm。

续表

人口	1227505
人口世界排位	156
人口增长率	−0.087%
净迁入率	−6.93/千人
净迁入率世界排位	202
城镇人口	14%
15—24 岁失业率	10.5%
15—24 岁失业率世界排位	101
GDP 购买力	261 亿美元
GDP 购买力世界排位	112
GDP 增长率	0%
GDP 增长率世界排位	188
GDP 百分比（农业）	0.4%
GDP 百分比（工业）	58.8%
GDP 百分比（服务业）	40.8%
劳动力	634300
劳动力世界排位	152
劳动力职业（农业）	3.8%
劳动力职业（工业）	12.8%
劳动力职业（服务业）	20.4%
失业率	6.4%
失业率世界排位	59
固定资产总投资	占 GDP 的 11.6%
固定资产总投资世界排位	180
电话使用线路数	314800
电话使用线路数世界排位	112
移动电话数	197 万
移动电话数世界排位	133
互联网主机	168876
互联网主机世界排位	68
互联网用户	593000
互联网用户世界排位	115

资料来源：美国中情局：《世界各国概况》，2010 年。

二 国际关系分析

（一）国家区位与地缘政治

特立尼达和多巴哥共和国（Republic of Trinidad and Tobago）位于北纬9°—11°和西经60°—62°之间，中美洲加勒比海南部、西印度群岛中小安的列斯群岛东南端，西南、南和西北与南美大陆及委内瑞拉、苏里南、圭亚那隔海相望。

1. 同美国的关系

美国是特多第一大贸易伙伴，并在特多有大量投资，特多对美经济依赖度较高。同时，双方在打击毒品走私等领域也保持密切合作。2009年4月，美国总统奥巴马赴特多出席第五届美洲国家首脑会议。2010年11月，特多总理比塞萨尔访问美国。2011年4月，比塞萨尔总理赴美国出席美洲国家组织首脑会议。2012年9月，美"安德伍德"号军舰访问特多。2013年4月，比塞萨尔总理访问美国。6月，美国副总统拜登访问特多。

2. 同英国的关系

两国一直保持着良好的传统关系。2008年10月，特多作为加勒比论坛成员与欧盟签署《经济伙伴关系协定》。2009年11月，英联邦首脑峰会在特多首都西班牙港举办。2010年7月，第25届英联邦议会协会大会在特多首都西班牙港举办。9月，特多总理比塞萨尔访问英国。2011年3月，特多总理比塞萨尔赴英国出席英联邦国家年会。[①]

3. 同加拿大的关系

近年来，特多同加拿大保持密切的政治和经济关系。与加拿大的贸易一直保持增长态势，至2008年达到2.86亿美元。主要出口产品仍是能源产品，结构单一，但双边贸易仍不断向前发展，此外，特多列为加拿大公民出国旅游目的地国。

4. 战略定位

奉行独立自主和不结盟的外交政策，维护民族独立和国家主权，坚持不干涉别国内政原则，反对殖民主义和种族主义，主张建立国际经济新秩

---

① http://baike.baidu.com/view/22090.htm.

序，发展平等互利的国际经济合作，积极推进加勒比一体化进程。确定外交为"2020 国家发展战略"服务，以促进特多经济发展为核心任务。努力加强并深化与加共体、美洲国家组织、联合国以及其他国家的关系，确保特多在国际舞台上展现最佳形象。在与西方保持密切关系的同时，强调加强与中国、印度等发展中国家的联系。特多是加勒比共同体的成员国之一，长期致力于加勒比共同体的发展。近年来，特多在保持与美国和欧盟等西方传统关系的同时，积极主张南北对话、南南合作、地区一体化和建立地区安全体系，并积极开拓与亚太国家的关系。特多支持反恐，反对借反恐侵犯人权、忽视发展问题。认为国际社会应当把反恐和小国、穷国的发展问题放在同等重要位置。积极参与该地区打击毒品及暴力犯罪活动，获得成员国的好评。

（二）与我国的关系

1974 年 6 月 20 日中国和特多建立外交关系，1975 年 4 月中国在特多设使馆。建交后，两国友好合作关系不断发展，双方高层互访不断，在政治、经济、文化等领域的交流合作不断加强，两国双边经贸关系稳步发展，对双边关系健康稳定发展起到重要促进作用。

建交以来，两国高层互访不断，主要标志性事件如下：2000 年 5 月，全国政协主席李瑞环对特多进行正式友好访问；2001 年 6 月，外交部部长助理周文重访问特多；2003 年 1 月，国务委员吴仪率中国政府代表团访问特多；2005 年 1 月，曾庆红副主席对特多进行正式访问，会见特多总统理查兹，与曼宁总理举行会谈；2006 年 9 月，应中联部邀请，特多民运党政治副领袖奥维尔·德拉诺·伦敦率民运党代表团访华；2007 年 7 月，应中联部邀请，特多人民大会党政治领袖杜克兰访华，全国政协副主席罗豪才、中联部部长王家瑞、副部长陈凤翔、外交部副部长李金章分别会见；2008 年 6 月，应特多政府邀请，中共中央政治局常委、中央纪委书记贺国强访问特多；2010 年 9 月，特多总理查兹访华，并参观上海世博会；2011 年 2 月，中国人民解放军副总参谋长马晓天空军上将访问特多；2011 年 9 月 12—13 日，第三届中国—加勒比经贸合作论坛在特多首都西班牙港举行；2011 年 11 月 8 日，中国海军"和平方舟"号医院船抵达特多首都西班牙港，进行了为期 7 天的友好访问。

建交以来，两国经贸合作发展顺利。两国间签署的经贸协议有：1999年签署的《贸易、经济和科学技术合作协定》、2002 年签署的《鼓励和相互保护投资协定》、2003 年签署的《所得避免双重征税和防止偷漏税的协定》，2005 年承认中国完全市场经济地位。同年，中国政府宣布将特多列为中国公民出国旅游目的地国。2005 年中特建立"互利发展的友好合作关系"。2008 年签署了《关于建立贸易和经济技术合作联合委员会的谅解备忘录》和《中国对拉丁美洲和加勒比政策文件》。2009 年，黄兴大使和特多外长斯库恩分别代表中国政府和特多政府在特多首都西班牙港签署优惠贷款框架协议。[①]

三 交通等基础设施发展水平分析

（一）航空交通设施发展情况及发展水平

特立尼达与多巴哥共有 6 座机场，其中 3 座为已铺设跑道的机场，另外 3 座为未铺设跑道的机场。特立尼达岛和多巴哥岛各有一座国际机场。多巴哥岛克朗角国际机场（英文名：Crown Point International Airport；所在城市：多巴哥岛；三字代码：TAB；四字代码：TTCP）位于多巴哥岛的西南端，靠近迦南镇，距离士嘉堡约 11 公里。特立尼达岛皮亚科国际机场（The Piarco International Airport）拥有 16 道登机门，距离首都城市——西班牙港 30 分钟的路程。作为重要的国际航班中心，皮亚科国际机场在本地区扮演了非常重要角色。每两个小时一趟的航班将皮亚科国际机场和多巴哥的克朗角国际机场（Crown Point International Airport）连接在一起。

（二）公路交通设施发展情况及发展水平

特多现以公路运输为主，原有 175 公里铁路已停止使用。2011 年特立尼达与多巴哥共有公路 8320 公里，排名世界 140 位。其中已经铺设的公路有 4252 公里，未铺设的公路有 4068 公里。

（三）水运交通设施发展情况及发展水平

特多有 6 艘商船，其中客船 1 艘，客货船 4 艘，游艇 1 艘。主要港口有四个：西班牙港、利萨角、查瓜拉马斯和塔巴拉多角，其中西班牙港最大。有通往世界各大港口的海运线。

---

① http://baike.baidu.com/view/22090.htm.

表 22 - 3　　　　　　　　　　　　交通情况

机场数	6
机场数世界排位	173
机场铺跑道	3
机场未铺砌的跑道	3
公路	8320 公里
公路世界排位	140
已铺设公路	4252 公里
未铺设公路	4086 公里
商船数	6
商船数世界排位	128

资料来源：美国中情局：《世界各国概况》，2010 年。

（四）其他基础设施发展情况与发展水平

特多共有 4 个发电厂，其中特立尼达 3 个，多巴哥 1 个，均为热能发电厂，主要燃料是天然气。2011 年发电总量 74.19 亿千瓦时，排名世界100 位；用电总量为 72.46 万千瓦时，排名世界第 97 位。该国电力生产全部自给自足，无电力出口与进口。

该国油气资源非常丰富。已探明油气资源储量有 72830 桶，排名世界第 42 位。平均每日生产 144900 桶，消费 41000 桶，出口 242600 桶，进口 95240 桶。此外，天然气资源也非常丰富，天然气探明储量达到 4082万立方米，排在世界第 32 位。2011 年天然气产量为 423.8 万立方米，其中消费 219.7 万立方米，出口 204.1 万立方米。

此外，特多是世界上最大的天然沥青产地之一，位于特立尼达岛西南部的沥青湖是世界上最大的天然沥青湖，面积 47 公顷，储量为 1200 万吨，2008 年产量为 6.5 万吨，2009 年产量达 8 万吨。[①]

表 22 - 4　　　　　　　　　　　　其他基础设施情况

电力发电量	74.19 亿千瓦时
电力发电量世界排位	100
电力用电量	72.46 万千瓦时

① http://globserver.cn/特立尼达和多巴哥共和国/经济。

续表

电力用电量世界排位	97
电力出口	0 千瓦时
电力进口	0 千瓦时
油气生产	144900 桶/天
油气生产世界排位	47
油气消费	41000 桶/天
油气消费世界排位	106
油气出口	242600 桶/天
油气出口世界排位	48
油气进口	95240 桶/天
油气进口世界排位	66
油气探明储量	72830 桶
油气探明储量世界排位	42
天然气产量	423.8 万立方米
天然气产量世界排位	21
天然气消费量	219.7 万立方米
天然气消费量世界排位	32
天然气出口量	204.1 万立方米
天然气出口量世界排位	11
天然气进口量	0
天然气进口量世界排位	187
天然气探明储量	4082 万立方米
天然气探明储量世界排位	32

资料来源：美国中情局：《世界各国概况》，2010 年。

四　旅游资源条件与旅游业发展情况

（一）主要旅游资源与开发

特立尼达与多巴哥的旅游资源主要以火山等自然景观为主，此外还分布少量的综合自然旅游地。主要著名的旅游景点如表 22 - 5 所示。

表 22 - 5   **主要旅游景点一览**

序号	景点名称	分布地点	景点类型
1	鲁滨逊洞穴（Robinson Crusoe's cave）	多巴哥岛	地文景观
2	旧市场（Old Market）	西班牙港	地文景观
3	鸽子角（Pigeon Point）	多巴哥岛	自然风光
4	魔鬼桥（Devil's Bridge）	岛东侧	自然风光
5	植物园和帝谷动物园（Botanical Garden& Emperor Valley Zoo）	西班牙港	生物景观
6	卡罗尼鸟类保护区（Caroni Bird Santuary）	西班牙港	生物景观
7	萨王纳女王公园（Queen's Park Savanna）	西班牙港	综合人文旅游地
8	国家博物馆和艺术馆（National Museum & Art Gallery）	西班牙港	综合人文旅游地
9	斯卡伯勒（Scarborough）	多巴哥岛	综合人文旅游地
10	气派华丽的七馆（The Magnificent Seven）	西班牙港	综合人文旅游地
11	伍德福德广场（Woodford Square）	西班牙港	综合人文旅游地
12	沥青湖	特里尼达岛	地文景观

资料来源：规划组根据网络资料整理。

（二）旅游业发展现状

特多发展旅游有着优越的自然条件。政府为了增加外汇收入，鼓励发展旅游业，希望该行业在国内生产总值中的比例不断增加。为此，特多政府正努力增加和改善旅游设施，如改造港口、扩建机场、增设旅游景点、新建了一些档次比较高的旅馆。特多年平均接待游客达 40 多万人次，其中游艇游客约 3 万人次。近十几年来，特多的游客有增加的趋势。游客主要来自美国、加拿大、欧洲和加勒比其他国家，但 2005 年至今，由于社会治安恶化，严重影响了旅游业的发展。目前，旅游业占 GDP 的比重较小，在主要以旅游为主的加勒比国家中比较罕见。从业人员占全国就业人口的 16.7%。特多计划在 2015 年使旅游业达到 GDP 总量的 16.5%，从业人员达 19.2%。自 2010 年下半年开始，受益于全球经济形势的好转，特多的旅游业开始复苏，年终统计较上年增长 3%，对经济的正向拉动作用明显，年末特多经济增长 0.3%。由于特多自然环境好，旅游基础设施较为完善，旅游业的国际知名度比较高，预计未来旅游继续保持国民经济的支柱地位，但应该逐步打开亚洲等新兴的客源地市场，以减弱经济危机对旅游业的过分冲击力度。2011 年 9 月,国家旅游局局长邵琪伟在特多首都西班牙港会见了特多旅游部长格里菲斯。格里菲斯部长认为,中加距离遥远,发展双边旅游交往首先要解决航空和航线问题,将积极推动加勒比国家与美国、加拿大等交通枢纽国家开展合作,开发适合中国公民的联程产品。特多旅游业在国民经济中占有重要地位,政府未来将采用多种措施扶植旅游业发展。

特多旅游业相关情况可见表 22 - 6 和表 22 - 7。

表 22 - 6 旅游业对经济及其他行业的贡献率与世界排名

	2011 年						2021 年		
	百万(CUP)	排名	比例(%)	排名	增长率(%)	排名	百万(CUP)	比例(%)	增长率(%)
旅游对 GDP 的直接贡献	6669.20	91	3.80	77.00	4.7	96.00	10466	3.7	4.6
旅游对 GDP 的总贡献	13084.40	102	7.4	109	6.5	72	21372.7	7.6	5
旅游对就业的直接贡献	32.00	118	5.20	46.00	1.6	137.00	37	5.2	1.4
旅游对就业的总贡献	60	135	9.7	79	2.2	104	72	10	1.8
国际游客境内旅游消费	4349.40	106	4.50	128.00	0.8	100.00	6750.7	4.7	4.5
国际过夜游客数量	—	—	—	—	—	—	574000	—	—
旅游投资	2312.80	121	10.50	37.00	13.8	23.00	3965.9	10.9	6.8
国内游客旅游消费	6675.9	—	3.8	—	7.2	—	11075.4	4	5.2
休闲旅游消费	8783.90	—	5.00	—	4.9	—	14189.5	5.1	4.9
商务旅游消费	2388.5	—	1.4	—	3.4	—	3873.8	1.4	5

资料来源:世界旅游旅行理事会(WTTC),2011 年。

表 22 - 7 2005—2011 年旅游业对经济及其他行业的贡献率与预测

单位:百万(CUP)、%、万人次

	国际游客境内旅游消费	国内游客旅游消费	境内旅游总消费	旅游对 GDP 的直接贡献	旅游投资	旅游对 GDP 的总贡献	旅游对就业的直接贡献	旅游对就业的总贡献	国内游客境外旅游消费	国际过夜游客数量
2005 年	3747.9	2459.4	6230.9	3719.7	1615.2	7449.8	26.7	47.5	1481.1	468
增长率	-8.6	1.5	-4.7	-5.1	-6.1	0.8	10.4	-2.2	46.2	4.6

续表

	国际游客境内旅游消费	国内游客旅游消费	境内旅游总消费	旅游对GDP的直接贡献	旅游投资	旅游对GDP的总贡献	旅游对就业的直接贡献	旅游对就业的总贡献	国内游客境外旅游消费	国际过夜游客数量
2006 年	3273.2	3000.6	6294.4	3685.7	1688.8	7762.9	30.7	49.3	922	462
增长率	-18.7	13.6	-5.9	-7.7	-2.6	-2.9	15.2	3.8	-42	-1.2
2007 年	3943.3	4557.5	8527.8	5132.6	1833.3	9991.3	31.6	58.1	979.7	453
增长率	12.9	42.4	27	30.5	1.8	20.6	2.8	17.8	-0.4	-2.1
2008 年	4117.7	4786.1	8957.2	5333.8	1914.7	10268.4	32	55.6	1164.4	431
增长率	-2.5	-1.9	-1.9	-2.9	-55.5	-4	1.4	-4.2	11	-4.9
2009 年	3958.1	4860.1	8926.1	5382.4	1729.2	10204.7	33	60.5	1425.7	377
增长率	10.4	16.7	14.5	15.9	4.3	14.2	3.2	8.8	40.7	-12.4
2010 年	4060.8	5857.9	10061.2	5992.9	2058.6	11554.4	31.5	58.3	1416.3	391
增长率	-5.8	10.6	3.5	2.2	6.3	3.9	-4.5	-3.6	-8.8	3.6
2011 年	4349.4	6675.9	11185.2	6669.2	2312.8	13084.4	32	59.6	1545.5	409
增长率	0.8	7.2	4.6	4.7	13.8	6.5	1.6	2.2	2.7	4.7
2021 年	8785.1	14413.3	23533.3	13620.2	5161.1	27813.9	37	71.6	2911.3	574
增长率	4.5	5.2	4.9	4.6	6.8	5	1.4	1.8	3.8	3.4

资料来源：世界旅游旅行理事会（WTTC），2011 年。

五　旅游业投资方向

特多发展旅游有着优越的自然条件。政府为了增加外汇收入，鼓励发展旅游业，希望该行业在国内生产总值中的比例不断增加。为此，特多政府正努力增加和改善旅游设施。如改造港口、扩建机场、增设旅游景点、新建了一些档次比较高的旅馆。特多年平均接待游客达40多万人次，其中游艇游客约3万人次。近十几年来，特多的游客有增加的趋势。游客主要来自美国、加拿大、欧洲和加勒比其他国家，但2005年至今，由于社会治安恶化，严重影响了旅游业的发展。目前，旅游业占GDP的比重较小，这在主要以旅游为主的加勒比国家中比较罕见。从业人员占全国就业人口的16.7%。特多计划在2015年使旅游业达到GDP的16.5%，从业人员达19.2%。自2010年下半年开始，受益于全球经济形势的好转，特多的旅游业开始复苏，年终统计较上年增长3%，对经济的正向拉动作用明显，年末特多经济增长0.3%。由于特多自然环境好，旅游基础设施较为完善，旅游业的国际知名度比较高，预计未来旅游继续保持国民经济的支柱地位，但未来应该逐步打开亚洲等新兴的客源地市场，以减弱经济危机对旅游业的过分冲击力度。

考虑特多优越的地理区位，优质的旅游资源以及旅游基础设施现状，主要的投资领域为：铁路建设、公路的改扩建、机场改扩建、旅游景区建设、支线机场、生态旅游等。

具体项目可将特多作为南航直航的落地点之一，特多现有2个国际机场，由于其距离南美洲大陆较近，可以兼顾加勒比海地区和南美陆地其他国家，是一个较为理想的航运中心。

与丰富的旅游资源相比，特多交通基础设施非常落后，被称为"高速公路"的尚不及国内省一级道路，而且里程也很短。好在特多人口密度小，大部分地区的道路车辆不多，但一旦靠近首都西班牙港及其最大的经济城市圣菲尔南多市，拥堵十分严重。

通往旅游景点的道路更是如同乡间公路，像小小多巴哥岛、雨虹瀑布、蜂鸟林和热带雨林徒步等景点因为地处山区腹地，目前仍是非常险恶、非常狭窄和非常陡峭的盘山公路，而从首都去沥青湖，除首都到圣菲尔南多的高速公路外（其实大抵相当于国内的高等级公路），剩下的大半是非常狭窄的低端公路。

因此，特多的公路建设项目可参照其2010年提出的NNHP计划（National Network of Highways Project），即国家公路网建设项目，包括南北高速公路，以及沿海港口道路等项目。

考虑特多20多个岛屿，可以投资支线飞机，或联合特多政府，选择一个有潜力的海岛进行旅游特色岛建设，采取联合经济的模式，从目前单一的承包中走出来。

特多有众多的生态旅游，可以联合开展生态旅游景区建设和特色休闲农业生态园开发建设等。

特多是加勒比海的会议中心，许多大型国家会议多在此举行，可以投资度假会议旅游饭店和度假中心。酒店业是特立尼达和多巴哥市场投资的热点，推行加盟酒店政策吸引投资，欢迎民间资本投资特立尼达和多巴哥酒店，但是，投资特立尼达和多巴哥酒店业的门槛相对较高，需要较强的资金实力。

重点考虑项目：观光海运和造船业、多巴哥岛环岛旅游公路、旅游景区的提升与改造、休闲农业与生态旅游、乡村旅游、旅游食品和饮料、海陆空交通运输以及独立岛屿开发等。

六 旅游投资与发展应注意的问题：前景、效益与风险评估

（一）旅游投资环境

特多政府经济政策总体目标是积极吸引外资，发展一个健全开放的市场经济。政府除了颁布法规取消对外资的限制和对外汇的管制以外，还为外国投资者提供财政支持，如关税减让和其他税收减让等。具体鼓励措施如下：给予最长期限为 10 年的公司税全免或部分减免；全免或部分减免关税；无限制的损失补偿（在免税期过后的 5 年内），在免税期内，制造许可生产的产品所获得的利润，利息以外的收入、红利或其他收入全部或部分减免所得税（股东或委托人不是加共体成员国的居民，仅减免超过其居住国应赋税的部分）。

特多是加勒比海地区的经济和金融中心，是该地区的经济龙头。相对而言，它的经济基础较为稳固，民主法律制度比较健全，基础设施相对完善，市场和金融等服务业发育良好，所以，总的来说，特多的投资环境良好。

特多拥有丰富的石油天然气资源，经济比较发达，在过去 10 年中，特多经济持续增长，2003 年的人均 GDP 达到 8700 美元，进出口额约为 93 亿美元，吸引外资 5 亿美元，政府财政状况良好，各项宏观经济指标基本正常。

特多是加勒比海地区英语国家中工业门类最齐全、工业化程度最高的国家，金融保险等服务业也初具规模，外汇可以自由汇兑，没有限制。数字化的电讯网络已初步建成，可以通达世界各地。

特多的政体是议会立宪制，法律体系沿用原宗主国英国的法律体系，比较健全。现执政党（PNM）和主要在野党（UNC）虽然纷争不断，但政局总体平静，社会治安也相对比较稳定。西印度大学特多校区为该国培养了大批专业人才，使其劳动力素质在加勒比海地区处于领先地位。

特多近几届政府都致力于把特多建设成一个外向型的市场经济国家，并且提出了在2020年之前将特多建设成为一个发达国家的宏伟构想，为此，特多政府除大力发展经济以外，还制定了很多鼓励和吸引外国投资的政策。特多政府成立了旅游与工业发展公司（TIDCO），专事吸引和促进外国投资业务。大部分外资业务要通过它进行。

我国和特多之间的经贸关系发展顺利，总体形势较好。2011年9月，国家旅游局局长邵琪伟在特多首都西班牙港会见了特多旅游部长格里菲斯。格里菲斯部长认为，中加距离遥远，发展双边旅游交往首先要解决航空和航线问题，将积极推动加勒比国家与美国、加拿大等交通枢纽国家开展合作，开发适合中国公民的联程产品。特多旅游业在国民经济中占有重要地位，政府未来将采用多种措施扶植旅游业发展。

（二）该国旅游投资风险与问题

融资问题：特多资源丰富，石油、天然气等出口到美国及其他加勒比国家，但毕竟国土面积狭小，开采加工等能力有限，加上经济结构单一，人均GDP虽据世界前列，但绝对值却非常有限；人民虽然富有但国力不强，国家偿还能力有限，建设资金一直无法解决。

政党更替：由于特多为多党执政的资本主义民主国家，在野党或反对党一旦成为执政党，极大影响政策的连续性。而且原先建立的人脉关系将消失殆尽。同时他们往往会清算原执政党的旧账，并疏远原政府的合作商，对投标承揽、工程在建和滚动经营带来巨大伤害。

资源风险：由于劳动力、基础设施、矿产资源以、交通运输及工业尚不发达，本土劳动力资源、建筑材料、拟安装设备采购、施工机械设备采购与租赁、货物运输能力方面严重不足，造成对在建项目尤其是工期的严重制约。

第二十三章 多米尼克

一 国家概况

（一）自然环境

多米尼克（The Commonwealth of Dominica）位于东加勒比海小安的列斯群岛东北部，是一个国土面积仅有 751 平方公里的岛国。森林覆盖率 80%。多米尼克蕴藏大量氟石，地热和水力资源也较丰富。东临大西洋，西濒加勒比海，南与马提尼克岛隔马提尼克海峡、北同瓜德罗普隔多米尼克海峡相望。岛内多山，年平均气温 25—32°C，属热带海洋气候。[①]

表 23 - 1　　　　　　　　　自然资源分布及使用情况

自然资源	森林、水力发电、耕地
土地利用	耕地占 6.67%，永久作物占 21.33%，其他占 72%
可再生水资源	NA
淡水资源回收（家用/工业/农业）	0.02 立方公里/年
每人占用水	213 立方米/年
水资源管理	—

资料来源：美国中情局：《世界各国概况》，2010 年。

（二）社会经济概况

多米尼克人口约 7 万（2006 年）。主要为黑人和黑白混血种人。多数居民信奉天主教，少数信奉新教。英语为官方语言。

多米尼克属中低收入国家。近年来，政府努力推行农业多样化，积极

[①] http://baike.baidu.com/subview/22099/15157726.htm.

寻求外援、外资以发展当地企业，并采取措施拓展旅游业。工业基础薄弱，工业生产主要是小规模的、以农业为原料的行业。有小型水果加工、服装、卷烟、酿酒、肥皂、榨油等工厂。近年来，建筑业与制造业有所发展。主要农产品有香蕉、椰子、柑橘、可可等。20世纪90年代政府致力于农业生产的多样化，大力发展花卉业、水产养殖和蔬菜生产。

多米尼克主要经济来源为农业及观光业，全国有40%的人口从事农业，主要出口商品为烟草、香蕉、柑橘、蔬菜、椰子等。主要的工业为家具、鞋、肥皂等。主要的贸易伙伴为美国、中国、牙买加、韩国、特立尼达和多巴哥。2007年实际GDP 17322万美元，人均2439美元，增长率为1.8%。财政收入为1.09亿美元，比2006年的9493万美元增长14.9%。近两年，三大产业发展态势较好：一是建筑业，个人投资建筑上升较快；二是过夜游客不断增加；三是饮料和肥皂生产走出低谷。经济状况如表23-2所示。

表23-2   相关经济指数

指数类型	数值
GDP购买力	75800万美元
GDP购买力世界排位	207
GDP增长率	1%
GDP增长率世界排位	173
GDP百分比（农业）	20.7%
GDP百分比（工业）	23.2%
GDP百分比（服务业）	56.1%
劳动力	25000
劳动力世界排位	205
劳动力职业（农业）	40%
劳动力职业（工业）	32%
劳动力职业（服务业）	28%
失业率	23%
失业率世界排位	172
固定资产总投资	占GDP的24%
固定资产总投资世界排位	68

资料来源：美国中情局：《世界各国概况》，2010年。

二 国际关系分析

(一) 国家区位与地缘政治

强调发展与欧盟、美国、日本和加拿大等西方发达国家的关系，重视发展与古巴、委内瑞拉等国关系。支持并积极参与加勒比海地区一体化。目前，多已与 50 多个国家建立了外交关系。

1. 同美国的关系

"冷战"结束后，美降低对多经援和减免债务力度。2003 年，多在联大公开指责美国出兵伊拉克，两国关系跌入低谷。目前美主要通过世界银行和加勒比开发银行等国际和地区组织在教育、卫生等领域向多提供援助，多美关系逐步改善。多美签有《海事执法协定》、《司法协助条约》和《双边引渡条约》。2007 年 6 月，多总理斯凯里特出席在华盛顿举行的首届加勒比大会并参加了加共体首脑与布什举行的峰会。

2. 同欧盟的关系

多欧在"冷战"时代即为盟友，欧盟是多最大的援助方，帮助多修建了多项基础设施并提供了各类人力资源培训。2005 年 11 月，加共体国家政府首脑共同会见英国首相布莱尔，就欧盟香蕉和糖业改革政策等问题交换看法，多认为欧盟成员没有为加勒比小岛国发展承担应尽义务，对英国等欧盟国家抱怨增加。

3. 同加拿大的关系

加拿大是多主要援助国之一，多加关系良好稳定。加拿大与东加勒比国家签有贸易优惠协定，多米尼克等本地区国家出口加拿大的商品大部分享受免税待遇。

4. 同加勒比国家的关系

同本地区国家关系较密切。是东加勒比国家组织、加勒比共同体、加勒比国家联盟等组织成员。近年来，多在促进加共体和东加组织各国间政治团结、经济合作和推进地区一体化进程等方面发挥着积极作用。于 2006 年 6 月加入加共体单一市场。

5. 同古巴的关系

重视与古巴的关系，视古巴为"主要战略伙伴"。①

（二）与我国的关系

1. 政治关系

2004 年 3 月 23 日，中国和多米尼克建立外交关系。5 月，中国在多设使馆。2005 年 1 月，多在华设馆。建交后，中多高层交往不断增多，两国关系发展迅速，多总统利物浦、总理斯凯里特、议长奈茨及多名部长均曾访华。2006 年、2007 年，杨洁篪副外长和全国人大常委会副委员长顾秀莲分别访多。2008 年，利物浦总统和斯凯里特总理同时来京出席北京奥运会闭幕式。2009 年，中联部部长王家瑞访多。2010 年，利物浦总统来华出席上海世博会加共体日活动。

2. 经贸关系

建交以来，中多经济技术合作不断加强。2004 年 12 月，多米尼克承认中国完全市场经济地位。2005 年 9 月，中多签署关于中国公民旅游团队赴多旅游实施方案的谅解备忘录。2010 年，中多贸易总额为 4342.1 万美元，其中，中方出口 4089.2 万美元，进口 252.9 万美元，分别增长 84.9%、83.2%和 118%。中国出口的主要商品有：机电产品、纺织品、服装及鞋类；进口商品主要有：废铝、医疗仪器及器械等（转口贸易）。

3. 人文领域交流

两国在文化、教育、医疗、新闻、政党和青年等领域进行了良好的交流合作。中华全国青年联合会、中国人民对外友好协会、广东省友好代表团、广东省艺术团等曾访多；多新闻记者团、多青年代表团、工党干部考察团等曾访华。2010 年，多米尼克与加共体各成员国集体参展上海世博会。中国在多派有农业和医疗专家组。②

三 交通等基础设施发展水平分析

（一）航空交通设施发展情况及发展水平

共有机场 2 座，世界排名为第 199 位，均为简易机场，不具备夜航条

---

① http：//baike.baidu.com/subview/22099/15157726.htm.

② Ibid..

件，仅供小型飞机起降，主要为国内航班。

（二）陆上交通设施发展情况及发展水平

陆上交通以公路为主，截至 2001 年，共有公路 780 公里，其中约一半为铺面公路。其他社区公路有 200 公里。岛内大多为山路，坡陡、道窄、弯多、路况差、路标少，交通事故较多。目前暂无铁路建设。

（三）水运交通设施发展情况及发展水平

最大港口为罗索港，其次为朴茨茅斯港，两大港口年装卸总量约为 10 万吨，商船数为 40。

（四）其他基础设施发展情况与发展水平

在住宿方面，无星级宾馆，主要宾馆有 FORT YOUNG 宾馆（相当于三星级）、GARAWAY 宾馆（相当于二星级）及一些小客栈。全国旅馆约 1000 个床位，但达标的仅 300 个左右。通信设施和能源情况如表23－3和表 23－4 所示。

表 23－3　　　　　　　　　　通信设施情况

电话使用线路数	17500
电话使用线路数世界排位	197
移动电话数	106000
移动电话数世界排位	184
互联网主机	718
互联网主机世界排位	174
互联网用户	28000
互联网用户世界排位	182

资料来源：美国中情局：《世界各国概况》，2010 年。

表 23－4　　　　　　　　　　能源情况一览

电力发电量	8700 万千瓦时
电力发电量世界排位	197
电力用电量	8091 万千瓦时
电力用电量世界排位	197
电力出口	0
电力进口	0

续表

油气生产	0 桶/天
油气生产世界排位	167
油气消费	1000 桶/天
油气消费世界排位	199
油气出口	0 桶/天
油气出口世界排位	166
油气进口	859 桶/天
油气进口世界排位	195

资料来源：美国中情局：《世界各国概况》，2010 年。

四 旅游资源条件与旅游业发展情况

旅游业是多米尼克国的支柱产业，旅游收入超过国内生产总值的一半。旅游业与同期相比增长较快，过夜游客和乘豪华邮轮抵多游客均有增加，抵多游客人数达 36.85 万，增长 11.2%，其中，过夜游客 43751 人，增长 15.6%，乘邮轮抵多游客达 32.42 万，增长 10.6%。赴多游客基本来自加勒比、美国、加拿大和英国，分别增长 14.1%、17.5%、16.6% 和 16.2%。政府鼓励在该领域的投资，力争改善旅游环境，吸引更多的游客来访，以带动当地服务行业的发展，前景较为乐观。2011 年 8 月，多米尼克被著名旅游杂志 Matodor Network 评为世界最值得去的 25 个旅游目的地之一。[①]

（一）主要旅游资源与开发

旅游业近年来发展较快，旅游资源相对特殊，有热带雨林、温泉、冷泉、瀑布等景观，发展潜力较大，与周边国家旅游资源有所不同。近年来，多政府致力于吸引外资，利用雨林、火山等自然条件，大力发展生态旅游（见表 23 - 5）。

---

① http：//dm. mofcom. gov. cn/sys/print. shtml？/jmxw/201102/20110207405441.

表 23 – 5　　　　　　　　　　　　　　主要旅游景点一览

序号	景点名称	分布地点	资源类型	主要旅游活动
1	热带雨林	罗索	综合自然旅游地	观鸟等生态旅游活动
2	温泉	罗索	综合人文旅游地	休闲度假
3	冷泉	罗索	水域风光	休闲度假
4	瀑布	罗索	水域风光	自然观光

资料来源：规划组根据网络资料整理。

（二）旅游业发展现状

随着旅游基础设施的逐步改善，旅游业发展势头良好，到多旅游人数不断攀升。游客主要来自加勒比国家、美国、加拿大和欧洲。

2011 年，多米尼克旅游相关情况如表 23 – 6 和表 23 – 7 所示。

表 23 – 6　　　　　旅游业对经济及其他行业的贡献率与世界排名

	2011 年						2021 年		
	百万（CUP）	排名	比例（%）	排名	增长率（%）	排名	百万（CUP）	比例（%）	增长率（%）
旅游对 GDP 的直接贡献	82.70	176	7.5	29	2.5	169	102.80	7	2.2
旅游对 GDP 的总贡献	273.50	174	24.8	25	2.3	166	338.80	23.2	2.2
旅游对就业的直接贡献	3	175	6.9	35	0.4	162	3	6.7	0.1
旅游对就业的总贡献	9	172	22.9	28	0.1	162	9	21.8	0
国际游客境内旅游消费	197.40	163	45.3	22	2.9	162	248.00	34.9	2.3
国际过夜游客数量	88	—	—	—	—	125	—	—	—
旅游投资	42.1	169	12.7	30	1.3	162	50.7	11.9	1.9
国内游客旅游消费	6.2	—	0.6	—	-7.8	—	7.4	0.5	1.9
休闲旅游消费	192.2	—	17.4	—	2.9	—	240.80	16.5	2.3
商务旅游消费	12.8	—	1.2	—	-2.7	—	16.6	1.1	2.6

资料来源：世界旅游旅行理事会（WTTC），2011 年。

表23-7　　2005—2011年旅游业对经济及其他行业的贡献率与预测

单位：百万（CUP）、%、千人次

	国际游客境内旅游消费	国内游客旅游消费	境内旅游总消费	旅游对GDP的直接贡献	旅游投资	旅游对GDP的总贡献	旅游对就业的直接贡献	旅游对就业的总贡献	国内游客境外旅游消费	国际过夜游客数量
2005 年	155.00	5.5	161.80	65.70	16.1	200.80	2.7	8.4	52.8	79
增长率	-7.60	31.5	-6.5	-7.9	0.9	-6.6	-10.1	-8.9	11.6	-1.3
2006 年	194.50	4.7	200.50	83.30	17.1	250.90	3.3	10	51	84
增长率	24.6	-15.1	23	25.9	5.6	24.1	21.3	19.6	-3.9	6.3
2007 年	202.00	6.6	209.90	86.80	23.1	265.20	3.2	9.7	59	81
增长率	-2.4	30.6	-1.6	-2.1	27.1	-0.6	-3.8	-2.7	8.6	-3.6
2008 年	194.50	7.7	203.40	82.40	36.5	264.20	2.8	8.9	64.1	81
增长率	-8.6	10.6	-8	-9.9	49.7	-5.4	-12	-8.1	3.2	0
2009 年	184.50	7.2	193.00	77.20	41	255.50	2.6	8.7	56.9	81
增长率	-5.2	-6.3	-5.2	-6.4	12.5	-3.3	-5.4	-2.5	-11.3	-0.5
2010 年	188.00	6.6	196.00	79.10	40.8	262.00	2.6	8.7	63.7	86
增长率	-0.8	-11.2	-1.2	-0.3	-3.4	-0.2	-0.5	-0.5	8.9	6.2
2011 年	197.40	6.2	205.10	82.70	42.1	273.50	2.6	8.7	71.2	88
增长率	2.9	-7.8	2.6	2.5	1.3	2.3	0.4	0.1	9.7	3.3
2021 年	302.30	9.1	313.80	125.30	61.80	413.00	2.7	8.7	110.40	125
增长率	2.3	1.9	2.3	2.2	1.9	2.2	0.1	0	2.4	3.6

资料来源：世界旅游旅行理事会（WTTC），2011年。

五　旅游业投资方向

多米尼克旅游资源十分丰富，旅游业有一定的发展潜力。生态旅游正在逐渐成为创汇能力较强的项目。目前旅游业不如其他加勒比国家发达，其主要原因是没有大型国际机场，同时地面上覆盖着的黑色火山灰颇煞风景。岛内公共交通便捷，有全天候的公路1200公里，其他公路200公里。最大的水运港口是罗索，其次是朴茨茅斯。有2个国际机场，但只能起降小飞机。

多米尼克属中低收入国家。经济以农业为主。近年来，政府努力推行农业多样化，积极寻求外援、外资以发展当地企业，并采取措施拓展旅游业。总之，多米尼克经济比较薄弱且单一，外债高及失业率高，通货膨胀比较严重。

旅游业是多米尼克的支柱产业，由于人口少、旅游腹地小、经济体量小，今后旅游业发展规模有限，但有优质的旅游资源，建议主要投资方向为：机场的扩建与改造项目、公路改扩建工程、环岛高速公路与景观带建设、清洁能源建设，生态旅游景区规划与建设，农业生态园等建设项目。

六　旅游投资与发展应注意的问题：前景、效益与风险评估

（一）旅游投资环境

多米尼克政府鼓励新领域的投资和现存行业投资如下：

1. 优先考虑行业

（1）旅游业：宾馆、别墅、公寓、高尔夫球场、潜水、水上运动设施、餐馆、旅游景点设施的改善；会议中心及设施；保健旅游、老人中心、康复中心等。

（2）服务业：信息通信技术、金融服务、大学、电影及音像制品。

（3）制造业：服装、纺织、洗衣粉、牙膏、洗涤用品、手工艺品、皮革及塑料鞋类、塑料制品、蜡烛、太阳能热水器；含酒精及不含酒精的饮料、调味品、雪茄及香烟；高质量的木制家具、预制木结构房、出口导向的瓶装水及给水。

（4）农产品加工：香蕉、菠萝及其他水果加工；生产香精油、草药、香料、医疗产品；快餐食品、咖啡；有机农产品。

2. 投资优惠条例

旅游业投资优惠根据宾馆条例实施；服务业、农产品加工、信息通信技术根据财政激励和海关条例实施；根据相关增值税法，可向增值税管理局申请免缴增值税；根据所得税法，免缴利润税。经批准的宾馆开发项目

可享 20 年，度假村可享受 15 年以下的优惠政策：免征建筑材料、原材料、包装材料的进口税；免征设施、机器、家具及配件和运输工具的进口税；用于建宾馆、度假村的土地，可免除外国人土地拥有许可税；可免除红利税、利息税和其他相关的外国人赋税；所得利润可汇出。根据国际商务公司法注册的公司，自注册之日起可享受 20 年相关税费减免。

（二）旅游投资风险与问题

目前，英国是最大的投资者，垄断了公用事业（发电、电报、电话）以及水果加工、香蕉收购和出口等行业。美国、加拿大等国也有少量投资。全国金融业的 95% 属外资企业。旅游资源丰富，旅游业发展潜力大。生态旅游正在逐渐成为创汇能力较强的项目。目前，多米尼克的旅游业不如其他加勒比国家发达，其主要原因是没有大型国际机场，同时地面上覆盖着的黑色火山灰颇煞风景。岛内公共交通便捷，有全天候的公路 1200 公里，其他公路 200 公里。最大的水运港口是罗索，其次是朴茨茅斯。有 2 个国际机场，只能起降小飞机。多米尼克属中低收入国家。经济以农业为主。近年来政府努力推行农业多样化，积极寻求外援、外资以发展当地企业，并采取措施拓展旅游业。总之，多米尼克经济比较薄弱且单一，外债高及失业率高，通货膨胀比较严重。

另外，由于历史上多米尼克政府与中国合作意愿不强，与西方投资竞争会非常剧烈。

第二十四章　多米尼加

一　国家概况

(一) 自然环境

多米尼加 (The Dominican Republic) 西边和海地为邻，东边和波多黎各隔着梦那海峡，北边为大西洋，南边则是加勒比海，面积 48734 平方公里，大约为中国台湾岛的 1.33 倍，被称为 "新大陆最古老的都市"。多米尼加的面积和人口数在加勒比海国家之中仅次于古巴。国内有四大主要山脉，河域广布，有四大水系。年平均温度在 21℃（山区）到 25℃（海岸区）之间。国内基础设施不够完善，遇到飓风登陆或是大量雨水往往会在各地造成水灾和土石流。分为 31 个省份，另设国家特区为首都圣多明各所在地。每个省份下皆设有数个行政区，全国共有 124 个行政区，为实质行政单位。①

表 24 - 1　　　　　　　　自然资源分布及使用情况

自然资源	镍、铝土矿、金银
土地利用	耕地占 22.49%，永久作物占 10.26%，其他占 67.25%
可再生水资源	21 立方公里
淡水资源回收（家用/工业/农业）	3.39 立方公里/年
每人占用水	381 立方米/年
自然灾害	位于中飓风带，7—10 月有严重风暴周期性干旱
水资源管理	沙漠化，水土流失，珊瑚礁固体侵蚀

资料来源：美国中情局：《世界各国概况》，2010 年。

---

① http://baike.baidu.com/view/22088.htm.

（二）社会经济概况

多米尼加约有人口 1013.51 万（2011 年），世界排名第 85 位，城镇人口占 69%，为多人种混合，其中混血占 73%，白种人占 16%，黑人占 11%。官方语言为西班牙语。

多米尼加属中低收入国家。经济以旅游业和农业为主，盛产香蕉、椰子、柑橘等。其中，香蕉出口收入占国家外汇收入的 50%。多米尼加工业基础薄弱，仅有小型水果加工、服装、卷烟、酿酒等轻工业。近年来，多政府致力推进农业生产多样化，大力发展花卉业、水产养殖和蔬菜生产。目前，旅游业、出口加工业和侨汇构成多经济的三大支柱。2009 年，受全球金融危机和美国经济衰退影响，多经济增长仅为 3.5%。2010 年，多国内生产总值为 516.57 亿美元，增长 7.8%，人均 GDP 为 5231.6 美元。2011 年，多经济增长 4.5%。经济状况如表 24 - 2 和表 24 - 3 所示。

表 24 - 2 多米尼加社会经济指数

指数类型	数值
GDP 购买力	872.5 亿美元
GDP 购买力世界排位	75
GDP 增长率	7.8%
GDP 增长率世界排位	22
GDP 百分比（农业）	7.1%
GDP 百分比（工业）	28.3%
GDP 百分比（服务业）	64.6%
劳动力	46.3 亿美元
劳动力世界排位	79
劳动力职业（农业）	14.6%
劳动力职业（工业）	22.3%
劳动力职业（服务业）	63.1%
失业率	13.3%
失业率世界排位	140
固定资产总投资	占 GDP 的 16%
固定资产总投资世界排位	159

资料来源：美国中情局：《世界各国概况》，2010 年。

二 国际关系分析

(一) 国家区位与地缘政治分析

多米尼加位于加勒比海伊斯帕尼奥拉岛东部，西接海地，南临加勒比海，北濒大西洋。与美国的关系密切，经济上对美国的依赖较深，美国在多米尼加有雄厚的资本（多为酒店），且是多米尼加最大的援助国家之一。多米尼加政府积极参与美国倡导的"加勒比盆地复兴计划"。与拉美国家保持良好关系，支持拉丁美洲经济一体化进程。[①]

(二) 与我国的关系

1. 政治关系

中多无外交关系，该国承认中国台湾，并在台设有大使馆，台也在其国设使馆。中多互设贸易发展办事处。近年来，双方往来较少。中方访多主要有：中国侨联主席林兆枢（2007 年 5 月）、贸促会副会长董松根（2007 年 7 月）、致公党中央副主席李卓彬（2008 年 4 月）和贸促会副会长王锦珍（2009 年 11 月）。多方访华主要有：青年部部长克雷斯波（2007 年 7 月）、总检察长希门尼斯（2008 年 5 月）、众议长巴伦廷（2008 年 9 月）和多科学院院长莫雷诺（2010 年 6 月）、多旅游部长加西亚率团参加上海世博会多米尼加国家馆日活动（2010 年 10 月）。

2. 经贸关系

2011 年 1—11 月，中多贸易总额 11.42 亿美元，其中，中方出口8.79 亿美元，进口 2.63 亿美元，同比分别增长 20.6%、5.7% 和127.8%。中方主要出口合金材料、化工制品、摩托车零部件、通信设备和食品等，进口铜矿和医疗器材等。[②]

3. 人文领域交流

通过贸易发展办事处的推动，中国已经在加建设一座"中国城"，成立了文化中心，开办孔子学院和中医药服务机构。

---

① http://baike.baidu.com/view/22088.htm.

② http://www.fmprc.gov.cn/mfa_chn/gjhdq_603914/gj_603916/bmz_607664/1206_607890/sbgx_607894/.

三 交通等基础设施发展水平分析

（一）航空交通设施发展情况及发展水平

共有机场 35 个，铺有跑道的机场 19 个，其余为简易机场。主要国际机场有首都郊区的美洲国际机场（SDQ）、圣地亚哥郊区的 Cibao 国际机场（STI）、银港的 Gregorio Luperón 国际机场（POP）、东部观光胜地 Puta Cana 国际机场（PUJ）和东南部的罗马纳国际机场（LRM）。

（二）陆上交通设施发展情况及发展水平

陆上交通以公路为主，截至 2002 年，共有公路 19705 公里，世界排名 110 位，其中约一半为铺面公路。截至 2010 年，铁路总长 142 公里，主要运送甘蔗和粗糖。

（三）水运交通设施发展情况及发展水平

主要港口为 Puerto Haina、Puerto Plata、Santo Domingo。另有专门运送石油的 Andres LGN terminal（Boca Chica）和 Punta Nizao。

（四）其他基础设施发展情况与发展水平

住宿方面，每年 12 月至次年 4 月为观光旺季，旅馆价钱较平常贵50%，且房间容易客满，宜先预订。一流房间价格平常为 50—60 美元，次的为 30—40 美元。长期居住可选择附有厨房设备的公寓或饭店，月租约 350 美元。通信设施和能源情况如表 24 - 3 和表 24 - 4 所示。

表 24 - 3 通信设施情况

电话使用线路数	965400
电话使用线路数世界排位	81
移动电话数	86.3 亿
移动电话数世界排位	71
互联网主机	283298
互联网主机世界排位	60
互联网用户	270.1 万
互联网用户世界排位	68

资料来源：美国中情局：《世界各国概况》，2010 年。

表 24 - 4   能源情况一览

电力发电量	145.8 亿千瓦时
电力发电量世界排位	80
电力用电量	128.7 亿千瓦时
电力用电量世界排位	81
电力出口	0
电力进口	0
油气生产	392 桶/天
油气生产世界排位	112
油气消费	119000 桶/天
油气消费世界排位	72
油气出口	0 桶/天
油气出口世界排位	167
油气进口	107300 桶/天
油气进口世界排位	64
油气探明储量	0
油气探明储量世界排位	125
天然气产量	0
天然气产量世界排位	176
天然气消费量	56000 万立方米
天然气消费量世界排位	96
天然气出口量	0
天然气出口量世界排位	88
天然气进口量	56000 万立方米
天然气进口量世界排位	64
天然气探明储量	0
天然气探明储量世界排位	172

资料来源：美国中情局：《世界各国概况》，2010 年。

四 旅游资源条件与旅游业发展情况

多米尼加是加勒比海地区第二大岛，主要城市有首都圣多明各和北部城市圣地亚哥，其余都是小城市。由于很长时间为西班牙殖民地，至今保留大量西班牙风格建筑；以最棒的沙滩和最原始的生态闻名。多米尼加的主要旅游城市有圣多明各、普拉塔港；主要特色文化及旅游活动有梅伦格舞（Merengue）、舢板冲浪（wind surfing）、高尔夫、骑马、鲨鱼/海鸥/海豚/海豹嬉戏和珊瑚礁潜水（见表24 – 5）。

表24 – 5　　　　　　　　　主要旅游城市概况

城市	城市特色	酒店	餐厅	购物场所
圣多明各	加勒比海诸国中最古老、最大和最值得骄傲的城市，一边为殖民时代留下的旧街市，另一边为现代化的新街市，极富特色	圣多明各、哈拉瓜文艺复兴饭店＆赌场、圣多明各五百年纪念洲际饭店、圣多明各梅里亚饭店赌场、大使西方饭店、伊斯帕尼奥拉、德尔塔饭店、纳科饭店、尼古拉斯·德奥万多、弗朗西斯索菲特、欧罗巴、佩尔尼尔瓦伯爵、修道院旅馆、别墅度假村、海洋之家阳光景色、塔卡纳天堂、热带加勒比梅里亚	火腿博物馆、帕特帕洛、热带艾德里安、帕尔米托美食家、埃尔科努科、洞穴餐馆、佩佩罗尼、舍雷扎德、海神、侍	烟草专卖店、瑞士宝库、德米帕伊斯、哥伦布购物广场、费利佩、莫德罗市场
普拉塔港	拥有众多维多利亚风格的住宅，是可可、咖啡和砂糖的重要产出城市，同时旅游业十分发达，旅馆和旅行社众多	皮鸟饭店和度假村、阳光村海滩度假村、美妙生活庄园度假村、伊维罗斯塔饭店和度假村、殖民之家海滩和温泉、普拉塔港大弗拉门科西方饭店、加勒比俱乐部西方饭店、黄金别墅海滩度假村、索苏阿海湾饭店、贝莱罗海滩度假村、风帆冲浪度假村	帕利亚达牛排屋和酒吧、海滨拉蓬德罗萨、巴尔克斯、卢西亚餐厅	美妙礼品中心、琥珀博物馆、黄金海滩商场

资料来源：规划组根据网络资料整理。

（一）主要旅游资源与开发

多米尼加国土面积较大，旅游资源较为丰富，以哥伦布的相关纪念地、西班牙风格建筑和优美沙滩为主要类型，其中，首都圣多明各的殖民区被列为世界文化遗产，博卡奇卡沙滩曾是总统专用海滩（见表24 – 6）。

表 24 - 6   **主要旅游景点一览**

序号	景点名称	分布地点	资源类型	主要旅游活动
1	殖民区 (Colonial District)	圣多明各 (San Domingo)	综合人文旅游地	参观游览
2	新市区 (New Downtown)	圣多明各	综合人文旅游地	参观游览
3	博卡奇卡海滩 (Playa Boca Chica)	圣多明各	水域风光	日光浴、沙滩观光
4	瓜亚卡内斯海滩 (Guayacanes)	圣多明各	水域风光	日光浴、沙滩观光
5	胡安多利奥 (Juan Dolio)	圣多明各	水域风光	休闲度假
6	市中心 (Downtown)	普拉塔港 (Puerto Plata)	综合人文旅游地	参观游览
7	黄金海滩 (Playa Dorada)	普拉塔港	水域风光	日光浴、沙滩观光
8	索苏阿 (Sosua)	普拉塔港	水域风光	日光浴、沙滩观光
9	卡巴雷特 (Cabarete)	普拉塔港	水域风光	冲浪
10	伊莎贝尔山 (Monte Isabel de Torres)	普拉塔港	综合自然旅游地	自然观光
11	科夫雷西海滩 (Playa Cofresi)	普拉塔港	水域风光	日光浴、沙滩观光

资料来源：规划组根据网络资料整理。

（二）旅游业发展现状

多米尼加旅游业发展水平较高。根据 WTTC 相关统计和预测，2011年，多米尼加在 GDP 比例、提供就业岗位数量、旅游投资等方面远高于世界平均水平，并保持了较好的增长趋势，其旅游业相关情况可见表24 - 7 和表 24 - 8。

表 24 - 7   **旅游业对经济及其他行业的贡献率与世界排名**

	2011 年						2021 年		
	百万	排名	比例 (%)	排名	增长率 (%)	排名	百万	比例 (%)	增长率 (%)
旅游对 GDP 的直接贡献	114.20	63	5.5	48	6.3	134	163.30	5.3	3.6
旅游对 GDP 的总贡献	366.40	58	17.7	35	6.1	129	524.40	16.9	3.6
旅游对就业的直接贡献	210	52	5.1	47	4.4	60	280	5	2.9
旅游对就业的总贡献	679	44	16.3	39	4.1	59	897	15.9	2.8
国际游客境内旅游消费	207.70	47	44.2	20	6.7	137	291.70	34.1	3.5
国际过夜游客数量	4565	—	—	—	—	—	5954	—	—

续表

	2011 年						2021 年		
	百万	排名	比例（%）	排名	增长率（%）	排名	百万	比例（%）	增长率（%）
旅游投资	16.9	84	5.8	84	4.4	136	23.7	5.6	3.4
国内游客旅游消费	60.6	—	2.9	—	5	—	93.9	3	4.5
休闲旅游消费	257.7	—	12.4	—	6.4	—	369.10	11.9	3.7
商务旅游消费	14.9	—	0.7	—	4.4	—	23.2	0.7	4.5

资料来源：世界旅游旅行理事会（WTTC），2011 年。

表 24 - 8　2005—2011 年旅游业对经济及其他行业的贡献率与预测

单位：百万美元、%、千人次

	国际游客境内旅游消费	国内游客旅游消费	境内旅游总消费	旅游对GDP的直接贡献	旅游投资	旅游对GDP的总贡献	旅游对就业的直接贡献	旅游对就业的总贡献	国内游客境外旅游消费	国际过夜游客数量
2005 年	110.00	31.1	142.90	58.50	6.7	182.40	190.3	602.7	15.5	3691
增长率	-21.20	13.1	-15.3	-17.1	19.4	-13.3	-15.1	-11.4	-19.6	7
2006 年	138.30	37	177.50	73.20	9.3	224.60	212.7	660	16.5	3965
增长率	19.3	12.7	17.9	18.9	32.1	16.8	11.7	9.5	0.7	7.4
2007 年	144.10	42	188.90	79.30	12.2	247.90	193	609.6	17.7	3980
增长率	-1.4	7.6	0.7	2.4	24.5	4.4	-9.2	-7.6	1.3	0.4
2008 年	153.90	50	207.10	83.80	15.9	267.80	184.3	592.6	18.4	3980
增长率	-2.8	8.3	-0.1	-3.6	18.9	-1.6	-4.5	-2.8	-5	0
2009 年	158.10	50.2	211.80	88.60	13.6	286.50	187.2	610	18.5	3992
增长率	-0.2	-2.5	-0.6	2.6	-16.9	3.9	1.6	2.9	-2.4	0.3
2010 年	184.70	54.8	243.40	101.90	15.4	327.90	201.5	652.7	21.7	4149
增长率	10.1	2.9	8.3	8.4	6.4	7.8	7.6	7	10.4	3.9
2011 年	207.70	60.6	272.70	114.20	16.9	366.40	210.4	679.3	24.4	4565
增长率	6.7	5	6.3	6.3	4.4	6.1	4.4	4.1	6.9	10
2021 年	435.10	140.1	585.10	243.60	35.40	782.20	280.5	897	53.20	5954
增长率	3.5	4.5	3.7	3.6	3.4	3.6	2.9	2.8	3.9	2.7

资料来源：世界旅游旅行理事会（WTTC），2011 年。

五 旅游业投资方向

多米尼加旅游业发展水平和潜力都较高，但是，由于政治以及与美国的关系，属于较为敏感的区域。根据多米尼加的资源环境特征，重点考虑如下投资领域：

旅游铁路与公路改扩建：多米尼加地域相对辽阔，已有铁路主要为货运，可以投资铁路客运和提升公路等级等领域。

生态旅游：多米尼加生态资源丰富，开发程度相对较低，生态旅游时多米尼加旅游的突出优势和重点发展的方向。参与生态旅游区道路等基础设施建设潜在需求较大，可作为重点关注领域。

健康旅游：多米尼加发展健康旅游的条件较优，我国市场需求也十分巨大，可考虑将我国传统健康理念引入，打造健康主题旅游项目。

太阳能：充分利用多米尼加丰富的太阳能资源和我国太阳能生产技术和生产能力，发展太阳能等清洁能源。

目前，我国已有援建项目在多米尼加开展，中国银行和中国进出口银行将提供贷款，用于开发多米尼加东部度假胜地蓬卡纳（Punta Cana）的珍珠角（Punta Perla）观光区。

根据分析，多米尼加旅游基础设施投资项目建议有：铁路改扩建项目、公路改扩建项目、沿海高速公路、太阳能项目、旅游度假村、医疗旅游项目、生态旅游项目等。

六 旅游投资与发展应注意的问 题：前景、效益与风险评估

（一）旅游投资环境

多米尼加临近美国，且三面环海，海岸线长，有广大环礁内海且无污染，岛上风光明媚，全国有 25% 的国土为国家公园和生态保护区，加上全国上百个度假区，为欧美人士喜爱之加勒比海度假胜地，2010 年到多

米尼加的观光客达到 400 万人之多，每年带给多国 10 亿美元以上的外汇。此外，多米尼加文化遗产丰富，其文化糅合了欧洲、非洲与当地文化。多国是哥伦布 1492 年著名航海之旅的登陆地点，也是西班牙开启殖民史的首站，首都圣多明各城仍保留有许多百年建筑以及文物，人文的观光资源亦十分充沛。

观光业是近年来多米尼加主要经济发展的项目，目前估计 14.4% 的工作机会（55 万人）跟观光业有关，估计到 2018 年 14.1% 的工作机会（74.3 万人）将会是观光服务业。多米尼加政府目前正努力开发首都圣多明各（多京）古城旅游发展，东北部山美纳（Samana）半岛的国家公园和赏鲸休闲活动（每年 1—3 月），南边和东边海岸线度假观光，内地山谷区的农业还有西南边正待开发的野生旅游区。多国所产琥珀以及水淞石等宝石品质优良，在国际上享有名声，常是受观光客欢迎的购买物品。

国外人士只要能合法进入美国、加拿大及英国（如拥有美签证）之任何国家都可以入境多米尼加，不用签证。

（二）旅游投资可能风险与问题

由于中多尚未建交，而且多米尼加与美国及中国台湾地区关系密切，可进入性较差。

第二十五章　圣基茨和尼维斯

一　国家概况

（一）自然环境

圣基茨和尼维斯（The Federation of Saint Kitts and Nevis）位于东加勒比海背风群岛北部，由圣基茨、尼维斯及桑布雷罗等岛屿组成。国土面积 267 平方公里，其中，圣基茨岛 174 平方公里，尼维斯岛 93 平方公里。内部多山，属热带海洋性气候，受持续海风影响，气温呈季节性变化，雨季为 5—11 月，平均气温 26℃。年平均降雨量圣基茨 1400 毫米，尼维斯 1220 毫米。[①]

表 25 –1　　　　　　　　　自然资源分布及使用情况

自然资源	耕地
土地利用	耕地 19.44%；永久作物 2.78%；其他 77.78%
可再生水资源	0.02 立方公里
淡水资源回收（家用/工业/农业）	—
每人占用水	—
自然灾害	7—10 月多飓风
水资源管理	—

资料来源：美国中情局：《世界各国概况》，2010 年。

（二）社会经济概况

圣基茨和尼维斯共有人口 5 万多（2008 年），黑人占 94%，另有少

---

① http://baike.baidu.com/view/22080.htm.

量英国人、葡萄牙人和黎巴嫩人。英语为官方语言。居民多为英国圣公会教徒，也有新教徒和天主教徒。

圣基茨和尼维斯是一个人均收入中等偏上国家。旅游业是国民经济主要支柱产业、外汇收入的主要来源。近年来，圣政府为使经济多样化，重视发展轻工业和旅游业。目前，外债问题成为圣经济发展面临的最大困难。直到 20 世纪 70 年代，制糖业一直是圣经济的支柱，2005年政府放弃了制糖业。另有一些小型制造业，如农产品加工、轧棉、服装、电子元件、食品生产和酿酒等。近年来，建筑业和制造业兴旺。圣拥有东加勒比海地区最大的电子组装业。尼维斯正在发展小型的离岸金融业，目前约有 15000 家从事离岸金融业的国际公司，但尼岛与联邦政府对离岸金融业的控制权存在争议。在农业方面，以种植甘蔗和棉花为主。其他农产品有椰子、水果、香蕉等。从事农业人口占所有劳动力的13.4%。尼维斯岛的农业规模小，主要生产海岛棉、水果、蔬菜和牲畜，供自用。

对外贸易方面，主要出口机械、食品、电器、饮料、烟草；进口机械、工业品、食品、燃料。2006 年对主要出口目的地国的出口额占总出口额比重分别为美国（64.7%）、加拿大（9.8%）、荷兰（6.9%）；从主要进口国进口额占总进口额比重分别为美国（49.7%）、特立尼达和多巴哥（13.3%）、英国（4.5%）。相关经济指数如表 25 - 5 所示。①

表25　2　　　　　　　　圣基茨和尼维斯社会经济指数

指数类型	数值
GDP	MYM68400 万
GDP 世界排位	209
GDP 增长率	- 1.5%
GDP 增长率世界排位	204
GDP 百分比（农业）	2.6%
GDP 百分比（工业）	22.8%
GDP 百分比（服务业）	74.6%

① http：//baike. baidu. com/view/22080. htm.

指数类型	数值
劳动力	18170
劳动力世界排位	208
劳动力职业（农业）	—
劳动力职业（工业）	—
劳动力职业（服务业）	
失业率	4.5%
失业率世界排位	41
固定资产总投资	占 GDP 的 37%
固定资产总投资世界排位	11

资料来源：美国中情局：《世界各国概况》，2010 年。

二　国际关系分析

（一）国家区位与地缘政治分析

主张在互相尊重主权、基本权利和自由的基础上，扩大同世界各国的关系，抵制"任何大国对小国的操纵和胁迫"。是加勒比共同体、东加勒比国家组织、英联邦和联合国等组织的成员。重视加勒比海地区一体化，支持东加勒比海地区合作。同英国、美国、加拿大、委内瑞拉、哥伦比亚、特立尼达和多巴哥、安提瓜和巴布达、蒙特塞拉特的关系较为密切。

（二）与我国的关系

目前与我大陆无外交关系。2006 年中圣进出口贸易总额为 64 万美元，同比增长 9.3%，均为中方出口。2007 年 1—6 月，中圣进出口贸易额为 130 万美元，均为中方出口，同比增长 465.6%。2007 年中圣进出口贸易额为 259 万美元，其中，中方出口 258 万美元，进口 1 万美元。2013 年，中圣双边贸易总额为 1586.9 万美元，其中，中方出口 1559.2 万美元，进口 27.6 万美元，同比分别增长 458.9%、476.3% 和 106.5%。[①]

---

① http：//www.fmprc.gov.cn/mfa_ chn/gjhdq_ 603914/gj_ 603916/bmz_ 607664/1206_ 608413/sbgx_ 608417/.

三　交通等基础设施发展水平分析

圣基茨和尼维斯国土面积较小，但基础设施较为完善。

（一）道路交通基础设施

1. 航空交通设施发展情况及发展水平

共有 2 个机场，世界排名 205 位，均铺砌跑道。罗伯特·卢埃林·布雷德肖机场为圣基茨岛上的国际机场，尼维斯也有一个机场。每天同附近的安提瓜岛、圣马丁岛、维尔京群岛和波多黎各有航空联系，与美国纽约和英国伦敦有航班往来。从我国北京有飞往圣基茨和尼维斯的国际航班。圣基茨和尼维斯的国际机场的配套设施较为齐全，可以使用免费的无线网络。

2. 陆上交通设施发展情况及发展水平

陆上交通以公路为主，截至 2002 年，公路总长 383 公里，约 163 公里为柏油路面。

圣基茨和尼维斯拥有环岛铁路，这在加勒比海国家并不多见。铁路为窄轨，总长 58 公里，以运输甘蔗为主，甘蔗种植园与糖厂通过环岛窄轨铁路相连接。

3. 水运交通设施发展情况及发展水平

主要港口为巴斯特尔港，可停靠豪华邮轮并提供集装箱业务。有国营商业客轮进行各岛间客运。

（二）文化教育医疗设施

圣基茨和尼维斯全国有 30 所国立学校，8 所私立学校，5 所教会学校、1 所技术学校。对 5—17 岁学生实行 12 年义务教育。圣乔治英式教堂是一个巨大的广场教堂，是巴斯特尔的标志性建筑。主要大学有美洲医科大学，学生前两年在尼维斯进行基础教学，后两年在美国与爱尔兰医院临床实习。

Charles A. Halbert 图书馆坐落在巴斯特尔并在圣基茨有 4 个分馆，尼维斯拥有 Nevis Central Public Library、the St. George's Branch Library，以及 3 个校内图书馆。圣基茨和尼维斯均有流动图书馆。

（三）商业金融娱乐设施

圣基茨和尼维斯的购物中心、商场较多。所使用的货币为东加勒比元。圣基茨和尼维斯在 2000 年拥有 8 家银行，外国银行有 Barclays Bank、the Royal Bank of Canada 和 the Bank of Nova Scotia。圣基茨和尼维斯总共有 5 家保险公司。目前，有 15000 家从事离岸金融业的国际公司。巴斯特尔设有加勒比中央银行和地方银行，美国和加拿大的一些银行也在此设有分行。

圣基茨和尼维斯的娱乐活动主要包括划船、帆船、巡航、滑水、潜水、浮潜、深水捕鱼等。岛上有很多酒吧。

（四）其他基础设施发展情况与发展水平

表 25 - 3 通信设施情况

电话使用线路数	20500
电话使用线路数世界排位	194
移动电话数	83000
移动电话数世界排位	189
互联网主机	51
互联网主机世界排位	210
互联网用户	17000
互联网用户世界排位	195

资料来源：美国中情局：《世界各国概况》，2010 年。

表 25 - 4 能源情况一览

电力发电量	13000 万千瓦时
电力发电量世界排位	189
电力用电量	12090 万千瓦时
电力用电量世界排位	191
电力出口	0 千瓦时
电力进口	0 千瓦时
油气生产	0 桶/天
油气生产世界排位	160
油气消费	2000 桶/天

续表

油气消费世界排位	191
油气出口	0 桶/天
油气出口世界排位	206
油气进口	1699 桶/天
油气进口世界排位	184

资料来源：美国中情局：《世界各国概况》，2010 年。

四 旅游资源条件与旅游业发展情况

旅游业是圣经济发展最迅速的部门，每年以 18% 的速度增长，现已成为最具希望的发展领域，也是圣外汇收入的重要来源。2000 年，旅游收入为 5720 万美元，2001 年为 6120 万美元。2004 年，共接待游客 380200 人次，其中，过夜游客 120100 人次，邮船游客 260100 人次。2007 年共接待游客 380112 人次，其中，过夜游客 125026 人次，游船游客 255086 人次。2009 年，游客总数约 54.76 万人，旅游收入约 2.25 亿东加元。游客大都来自美国、欧洲和加拿大。[①]

（一）主要旅游资源

表 25 -5　　　　　　　　主要旅游资源一览

序号	景点名称	分布地点	资源类型	主要旅游活动
1	Clay Villa Plantation House & Gardens	圣基茨	综合自然旅游地	自然观光
2	冲浪营地	圣基茨和尼维斯	滨水旅游地	冲浪
3	Greg's Safaris	圣基茨	野生动物园	自然观光及体验
4	South Friars Beach	尼维斯	沙滩	休闲游憩
5	硫黄石山要塞国家公园	圣基茨	自然遗迹类公园	参观及自然观光
6	潜水营地	圣基茨和尼维斯	滨水旅游地	潜水
7	Botanical Gardens of Nevis	尼维斯	植物园	休闲游憩
8	Mount Liamuiga	尼维斯	火山	自然观光

资料来源：规划组根据网络资料整理。

---

① http://baike.baidu.com/view/22080.htm.

（二）旅游业发展现状

表 25 - 6　　　　　旅游业对经济及其他行业的贡献率与世界排名

	2011 年						2021 年		
	百万（CUP）	排名	比例（%）	排名	增长率（%）	排名	百万（CUP）	比例（%）	增长率（%）
旅游对 GDP 的直接贡献	114.20	173	7.8	27	5.3	72	186.90	9.4	5
旅游对 GDP 的总贡献	412.70	171	28.2	19	4.2	79	664.70	33.5	4.9
旅游对就业的直接贡献	2	178	7.7	26	4.7	82	2	9.5	2.6
旅游对就业的总贡献	6	177	26.7	20	3.7	85	8	32.3	2.3
国际游客境内旅游消费	252.80	155	44.3	16	6.1	80	417.00	44.5	5.1
国际过夜游客数量	116	—	—	—	—	—	163	—	—
旅游投资	91.3	159	17.1	—	1.3	107	138.4	20.8	4.3
国内游客旅游消费	27.6	—	1.9	—	-3.3	—	34	1.7	2.1
休闲旅游消费	260.3	—	17.8	—	5.7	—	425.80	21.4	5
商务旅游消费	24.8	—	1.7	—	-2.2	—	31.6	1.6	2.5

资料来源：世界旅游旅行理事会（WTTC），2011 年。

表 25 - 7　　2005—2011 年旅游业对经济及其他行业的贡献率与预测

单位：百万（CUP）、%、千人次

	国际游客境内旅游消费	国内游客旅游消费	境内旅游总消费	旅游对 GDP 的直接贡献	旅游投资	旅游对 GDP 的总贡献	旅游对就业的直接贡献	旅游对就业的总贡献	国内游客境外旅游消费	国际过夜游客数量
2005 年	327.10	24.3	355.50	145.90	73.7	498.20	2.6	8.7	89.1	141
增长率	13.10	15.7	13.2	16.1	54.8	20.5	13.2	16.9	12.5	19.5
2006 年	355.50	26.8	386.60	158.80	93.7	542.20	2.6	8.6	113	139
增长率	0.4	1.8	0.5	0.6	17.4	0.6	-0.9	-1.2	17.2	-1.4
2007 年	336.90	29.1	370.80	156.40	116.4	559.60	2.5	8.5	119.4	124
增长率	-6.3	7.6	-5.2	-2.6	22.8	2.1	-5.3	-1.5	4.5	-10.8
2008 年	297.20	31.7	333.50	134.10	124.5	504.90	1.9	6.9	118.9	121
增长率	-16.9	2.3	-15.3	-19.2	0.7	-15	-21.8	-18.3	-6.2	-2.4
2009 年	225.40	30.9	261.70	105.10	105.6	409.80	1.6	5.9	121.9	120
增长率	-24.6	-3	-22	-22	-15.6	-19.3	-18	-15.1	1.9	-1
2010 年	233.70	28	266.40	106.30	88.3	388.40	1.6	5.8	131.9	114
增长率	3.1	-9.8	1.3	0.6	-16.8	-5.7	3.8	-1.7	7.6	-4.4

续表

	国际游客境内旅游消费	国内游客旅游消费	境内旅游总消费	旅游对GDP的直接贡献	旅游投资	旅游对GDP的总贡献	旅游对就业的直接贡献	旅游对就业的总贡献	国内游客境外旅游消费	国际过夜游客数量
2011年	252.80	27.6	285.10	114.20	91.3	412.70	1.7	6	145.5	116
增长率	6.1	-3.3	4.9	5.3	1.3	4.2	4.7	3.7	8.2	1.2
2021年	528.60	43.1	579.80	236.90	175.50	842.60	2.2	7.6	286.00	163
增长率	5.1	2.1	4.8	5	4.3	4.9	2.6	2.3	4.5	3.5

资料来源：世界旅游旅行理事会（WTTC），2011年。

五　旅游业投资方向

（一）地域空间投资方向

从地理空间上看，圣基茨西北 Mt. Liamuiga 山脉是一个休眠火山，最高峰海拔 1156 米，该山峰的南部和西部是高度为 200 米左右的直立悬崖，悬崖的下面就是大海。圣基茨的南部分布着大面积的盐碱滩。尼维斯岛其实也是一个休眠火山，植被覆盖度很好，最高海拔 985 米。尼维斯岛的西北是一块黑沙海岸。圣基茨和尼维斯盛行东北季风。从地域空间及旅游业发展态势来看，海滨的土地价值较高，投资开发潜力较大。有开发投资潜力的区域主要分布在圣基茨岛的东海岸，以及尼维斯岛的环岛沿岸。

（二）产业投资方向

1. 休闲度假房地产业

圣基茨和尼维斯的海滨休闲度假对世界上许多游客都具有吸引力，随着发展中国家居民出游能力的增强，前往圣基茨和尼维斯休闲度假的游客量必然会出现大幅度增长，其休闲度假前景看好。与此相应，海滨旅游黄金区域的土地价值必然会提升，因此休闲度假房产必然会升值，在世界经济较为低谷，圣基茨和尼维斯的旅游业发展相对停滞的形势下，目前正是在该区域进行休闲度假房地产业投资的机遇期。同时该国出台的购买价值 70 美元海滨别墅即可拥有圣基茨和尼维斯国籍（到 110 个国家无须签证）的政策对许多发展中国家、欠发达国家的居民有较强的吸引力，该政策会刺激该国休闲度假地产业发展。可投资出售型、出租型、经营型等各种类型的休闲度假房地产业态。

2. 休闲旅游服务业

投资休闲娱乐项目：主要应瞄准规模较大、获利能力较强、市场发展前景较好的休闲娱乐项目，如豪华邮轮、海滨高尔夫球场、国际赛马场等。邮轮产业是圣基茨和尼维斯非常重要的休闲产业，该国每年有 40 万乘豪华邮轮到访的游客，占其游客接待总量的 40%。也可以考虑投资开发具有东方文化特色的主题公园，展示东方文化，并开展演艺、互动娱乐等休闲娱乐活动。可以充分发挥中国传统的理疗保健养生技艺，投资开发具有中国特色的理疗保健养生项目。

投资休闲娱乐项目配套服务：投资经营具有中国民族特色的大型、高档次的住宿、餐饮配套服务产业。迎合后工业化社会旅游食宿服务的要求，突出住宿、餐饮服务的体验性、文化性、娱乐性等。

3. 休闲农业

在圣基茨和尼维斯的山地毗邻区域或山地区域，可投资经营大型的休闲农庄，输出中国的山寨、山庄文化，与该国的城堡文化形成对应和互补。发展休闲农业可实现经营的多元化，既可获得甘蔗、棉花等农产品种植收入，又可获得游客休闲观光及度假接待收入。

4. 旅游航空运输

圣基茨和尼维斯目前到世界其他国家的航班比较少，其航空运输主要和美国、英国和加勒比海其他国家的联系比较密切，但世界上其他后发国家和地区前往圣基茨和尼维斯的游客将会增多，因而其旅游航空运输业还有较大的发展空间，我国可以在此方面进行相关投资。

5. 清洁能源

使用清洁能源符合世界旅游产业的发展趋势，随着旅游业及其他产业的发展，圣基茨和尼维斯对能源的需求也将会增强，可结合圣基茨和尼维斯的自然地理特征，投资发展生物能、太阳能、海洋风能、潮汐能、地热等清洁能源产业。

6. 旅游商品加工制造业

发挥我国在玩具、服饰、手工艺品、劳动密集型产品等工业产品的优势，在圣基茨和尼维斯投资建立旅游商品加工制造基地，同时配合开展旅游购物产业、旅游商品批发零售产业、参观体验工业旅游等。充分利用圣基茨和尼维斯的税收优惠政策，投资建设我国在加勒比海地区的旅游商品加工销售中心，同时，销售在我国国内生产的相关旅游商品，以带动国内出口。

六 旅游投资与发展应注意的问题：前景、效益与风险评估

（一）旅游投资环境

1. 度假型自然气候成就了较好的产业发展前景

圣基茨和尼维斯属于热带海洋气候，冷信风，全年气候环境舒适，平均气温在25—30℃，湿度特别适宜人类居住，岛上全年日照时间为平均每天12小时。植被覆盖度高，生态环境条件好，拥有优良的海滩。圣基茨和尼维斯的气候条件特别适合休闲度假，尤其对北半球居民有着较强的旅游吸引力。这也使圣基茨和尼维斯的休闲旅游产业拥有较好的发展前景，休闲旅游产业的投资经营前景较好。

2. 业态的相对单一成就了低竞争产业投资空间

圣基茨和尼维斯的休闲旅游产业业态比较单一，目前尚缺乏赛马、高端养生、高端户外运动、大型文化演艺、文化娱乐型主题公园、具有一定经营水平的休闲农庄，以及工业旅游等休闲旅游产业形态。这就使得我国在这些方面的投资面对较为宽松的竞争环境，能迅速占领市场，获得撇脂型休闲旅游产业经营回报。

3. 优惠的税收政策成就了较低的产业投资成本

圣基茨和尼维斯被一些人视为避税天堂，拥有许多税收方面的优惠政策，如海外交易的利润收入无须向圣基茨和尼维斯当局纳税，在当地的交易所获得的利润如需转往其他地方，则圣基茨和尼维斯当局将征收10%的税款。该国收税项目很少，没有所得税、资本增值税及遗产税等税项。这些税收方面的优惠政策降低了在该国所投资产业的运营成本。同时，像其他加勒比海地区其他国家一样，为了应对金融危机带来的萧条，圣基茨和尼维斯也采取了其他相关吸引投资的政策。

（二）旅游投资可能风险与问题

1. 与加勒比海地区其他国家产业竞争的风险

同加勒比海地区其他国家相比，圣基茨和尼维斯并不是大部分游客最

主要的旅游目的地，其他一些国家如巴哈马等，从旅游资源吸引力、旅游资源丰富程度、旅游产业规模、旅游产业发展程度等方面均优于圣基茨和尼维斯。圣基茨和尼维斯的游客主要来自其他国家和地区，在此大背景下，再加上旅游产品升级换代速度较快、休闲旅游市场兴趣点变化较快的特征，由于受自身规模体量及休闲旅游业态丰富程度的现实，圣基茨和尼维斯的休闲旅游产品很容易被淘汰出局，因而不得不进行休闲旅游产品的创新以及休闲旅游项目的重新投资建设。另外，加勒比海地区其他一些旅游业后发国家如苏里南、圭亚那等目前均十分重视休闲旅游产业的发展。这些情况的存在使圣基茨和尼维斯的休闲旅游业面临激烈的市场竞争，从而增加了投资经营的风险。

2. 自然因素的不确定性所带来的投资风险

圣基茨岛的一部分以及尼维斯岛的全部均处在休眠火山之上，存在地质及火山爆发的威胁。每年夏天至初秋，圣基茨和尼维斯面临飓风的威胁，飓风严重时会毁坏岛上的建筑。同时全球气候变暖及海平面上升，可能会使圣基茨和尼维斯的部分滨海区域被海水淹没，从而使部分休闲旅游设施无法经营。由于圣基茨和尼维斯岛自身面积很小，抵御自然灾害及从自然灾害中恢复的能力有限，其中，一些自然灾害如地震、火山爆发、海啸等可能会对圣基茨和尼维斯岛造成毁灭性破坏，使得在圣基茨和尼维斯的休闲旅游投资面临自然不确定性因素的威胁。

3. 其他风险

其他风险包括政治局势动荡的风险、世界金融危机的风险、突发恶性事件的风险等。圣基茨和尼维斯属英联邦成员国，至今我国未与其建交，除了其同美国的关系较密切外，还同中国台湾地区保持了一定的关系，因此该国同我国之间不能算作关系亲密和友好，可能直接威胁我国在该国的投资经营。另外，世界并未走出金融危机的影响，而且世界经济又潜藏或正在暴露出一些新的问题，如欧债危机等；美国经济在持续滑坡，国内居民出游能力在下降。圣基茨和尼维斯的游客主要来自欧美和加拿大等地，世界经济形势的恶化对该国的旅游业会产生十分不利的影响，而且这种影响的持久性和影响程度目前仍然无法准确预知，这也是我国在圣基茨和尼维斯的投资经营面临的不确定性风险。

第二十六章　圣卢西亚

一　国家概况

(一) 自然环境

圣卢西亚 (Saint Lucia) 国土面积616平方公里, 是东加勒比海邻近大西洋的岛国。它在圣文森特和格林纳丁斯之北和法属马丁尼克之南, 是小安的列斯群岛的一部分。位于东加勒比海向风群岛中部, 北邻马提尼克岛, 西南邻圣文森特岛, 是小安的列斯群岛的一部分。

圣卢西亚飓风天气多发, 且火山活动较为频繁。圣卢西亚是座火山岛, 为一个山地国家。境内山峦起伏, 景色优美, 有众多短小河流和肥沃的河谷。圣卢西亚的火山岛比许多其他的加勒比海的岛有更多山, 最高峰峻峭的山为基米峰 (Mount Gimie), 海拔959米。属热带气候。年平均气温26℃。热带气候, 受持续海风影响, 干燥季节1—4月, 雨季5—8月。无重要矿藏, 但有丰富的地热资源, 南部有硫黄矿。[①]

表 26-1　　　　　　　　　　自然资源分布及使用情况

自然资源	沙滩、矿物、矿泉、地热能
土地利用	耕地6.45%; 永久作物22.58%; 其他70.97%
可再生水资源	—
淡水资源回收 (家用/工业/农业)	0.01立方公里
每人占用水	81立方米/年
自然灾害	火山活动, 飓风
水资源管理	土壤侵蚀, 北部沙漠化

资料来源: 美国中情局:《世界各国概况》, 2010年。

---

① http://baike.baidu.com/view/17589.htm.

（二）社会经济概况

圣卢西亚的人种以黑人为主，占82.5%。此外，混血人种占11.9%，东印第安人占2.4%，其他或未知占3.1%。官方语言为英语，还有部分民众以法语作为方言。宗教以天主教为主导，占67.5%。此外，新教占18.2%，基督教5.1%，塔法里教2.1%，其他1.1%，未知1.5%，非教派4.5%。2011年该国总人口数为16.2万人，排世界第186位。2011年人口净增长率为0.389%。该国的人口迁出较多，2011年人口迁入率达到了 −3.73/‰。

2011年，GDP增长率为0.8%，全国失业情况严重，失业率很高达20%。2011年GDP为17.98亿美元，排世界第186位。服务业较为发达，为全国的支柱性产业。2011年，服务业的贡献占GDP的76.7%；2011年，总劳动人口为79700人，而服务业贡献了高达53.6%的就业岗位。

圣卢西亚农业以香蕉种植业为主，主要出口欧盟。粮食、食品和许多日用品不能自给，大多从美国进口农产品。2011年，农业总产值仅占GDP的4.9%，农业人口占了总人口的21.7%，可耕种面积仅占全国总面积的6.45%。工业总产值占GDP的18.3%，2011年工业劳动力占总劳动力的24.7%。主要生产出口型的轻工业产品，如肥皂、椰油、朗姆酒、饮料及电子装配、服装等。近年来，建筑业发展较快，2005年建筑业产值增长10.4%，政府对建筑业的支出为1.345亿东加元，比上年翻番。为促进工业发展，政府计划将南部的维约堡建成自由工业区。

此外，圣卢西亚拥有电话线路数41000，移动电话数176000。拥有网络主机106台，互联网用户142900人（见表26−2）。①

表26−2　　　　　　　　　　社会经济基本情况

种属	黑人82.5%，混血11.9%，东印第安人2.4%，其他或未知3.1%
语言	英语（官方语言），法语方言
宗教	天主教67.5%，新教18.2%，基督教5.1%，塔法里教2.1%，其他1.1%，未知1.5%，非教派4.5%

① http://baike.baidu.com/view/17589.htm.

续表

人口	161，557
人口世界排位	186
人口增长率	0.389%
净迁入率	-3.73/千人
净迁入率世界排位	185
城镇人口	28%
15—24 岁失业率	40.8%
15—24 岁失业率世界排位	8
GDP 购买力	17.98 亿美元
GDP 购买力世界排位	188
GDP 增长率	0.8%
GDP 增长率世界排位	175
GDP 百分比（农业）	4.9%
GDP 百分比（工业）	18.3%
GDP 百分比（服务业）	76.7%
劳动力	79700
劳动力世界排位	183
劳动力职业（农业）	21.7%
劳动力职业（工业）	24.7%
劳动力职业（服务业）	53.6%
失业率	20%
失业率世界排位	164
固定资产总投资	占 GDP 的 21.1%
固定资产总投资世界排位	100
电话使用线路数	41000
电话使用线路数世界排位	167
移动电话数	176000
移动电话数世界排位	173
互联网主机	106
互联网主机世界排位	201
互联网用户	142900
互联网用户世界排位	149

资料来源：美国中情局：《世界各国概况》，2010 年。

二 国际关系分析

（一）国家区位与地缘政治分析

位于东加勒比海向风群岛中部，北邻马提尼克岛，西南邻圣文森特岛，是小安的列斯群岛的一部分。圣卢西亚是座火山岛，境内山峦起伏，景色优美。最早居民为印第安人。1639 年英国人入侵该岛。1651 年法国人占领该岛。以后英、法长期在此争夺。1814 年根据《巴黎和约》正式将该岛划为英国殖民地。1967 年 3 月，圣卢西亚实行内部自治，成为英国联系邦。1979 年 2 月 22 日宣布独立，为英联邦成员国。[①]

该国主张同所有国家保持和谐关系。主张所有加勒比国家紧密团结，加强联合，超越语言、面积、贸易、政治传统、外交等方面差异，通过双边和多边协定深化地区和次地区一体化。支持联合国改革，主张将联合国的资源更多地用于发展中国家。认为全球化对发展中国家弊大于利。强调外交为经济服务，认为经济事务尤其是贸易对国际关系起主导作用，要求圣外交部所有驻外机构把为圣创造贸易和投资环境作为工作重点。强调维护国家主权和民族尊严。截至目前，圣同 76 个国家建立了外交关系，是东加勒比国家组织（OECS）和加共体（CARICOM）成员国。中国、法国、英国、古巴、委内瑞拉、墨西哥等国在圣设立了外交机构。

（二）与我国的关系

1997 年 9 月 1 日，中国常驻联合国代表秦华孙大使与圣外长奥德伦在圣签署了中圣建交联合公报。2004 年 9 月，圣总督皮尔莱特·路易茜对我国进行非正式访问。2005 年 6 月，圣参议长德特维尔、众议长阿莱茵率议会代表团访华。8 月，圣外长康普顿访华。12 月，中国建设部长汪光焘访圣。

建交后，中圣贸易平稳增长，但多为中国对圣出口，中国从圣进口量极少。据中国海关总署统计，2005 年中圣双边贸易额为 3554 万美元，其中中方出口 283 万美元，进口 3271 万美元。2006 年 1—6 月中圣双边贸易额为 132 万美元，均为中方出口。中国对圣出口的产品主要有纺织服装、

---

① http: //baike. baidu. com/view/17589. htm.

塑料制品等。

2007年5月5日中国驻圣卢西亚大使古华明就圣卢西亚同台湾恢复所谓"外交关系"向圣政府提出严正交涉和强烈抗议，并代表中国政府宣布自即日起中止同圣的外交关系，两国政府间的一切协议也随即停止执行。

三　交通等基础设施发展水平分析

(一) 航空交通设施发展情况及发展水平

圣卢西亚共有3个机场，有2个为已铺设跑道的机场，另1个为未铺设跑道的机场。圣卢西亚国际机场是圣卢西亚在加勒比海地区的机场，也是圣卢西亚的两大机场之一，靠近加勒比海地区圣卢西亚的约堡。有定期直飞北美、英国和法国的航班。机场原本是陆军机场，后来经过翻新成为商业机场。此外，北部的乔治·查尔斯机场，主要供地区间小型航班飞机起降。距离首都乔治敦约1英里，拥有一条跑道。

(二) 公路交通设施发展情况及发展水平

2011年，圣卢西亚共有公路1210公里，排名世界第180位。2005年，全国注册机动车共有44167辆。2005年，交通运输业占国内生产总值的10.9%。

(三) 水运交通设施发展情况及发展水平

圣卢西亚有两个设施齐全的多功能港口，即北部的卡斯特里港和南部工业区的维约堡港。卡斯特里港位于圣卢西亚西北沿海，地处向风群岛的中部，濒临加勒比海的东侧，圣卢西亚最大的港口。圣卢西亚早在1651年被法国占领，1814年根据《巴黎条约》正式将该岛划为英国殖民地。1979年2月宣布独立，为英联成员国。该港为圣卢西亚的首都，是全国进、出口货物的集散地。有丰富的地热资源。农业在国民经济中占主要地位，其次是制造业和旅游业。主要农产品为香蕉和椰子，还有可可、香料及其他水果等，港口距机场约2公里，有定期航班。该港属热带雨林气候，盛行西北风。5—10月为大风季节。年平均气温约27℃。全年平均降雨量约1300毫米，以6月雨量最多。平均潮高为0.4米，最大为0.6米。港区主要码头泊位有7个，岸线长1009米，最大水深为10米。装卸设备有可移式吊、拖船及滚装设施等，其中可移式吊最大起重能力达140吨，拖船的最大功率为1030千瓦。港区库面积为19.4万平方米。集装箱堆场可存放3500TEU。散杂货卸的平均效率每班每小时为15吨。出口货物以初级农产品为主，进口货物主要有粮食、石油、机械、食品及工业品等。主要贸易对象为美国、英国、加拿大及加勒比共同体成员国等。在节假日中圣诞节、耶稣受难日及劳动节不工作。维约堡港口水深优良，输出以香蕉为主（见表26-3）。

表26-3　　　　　　　　　交通情况

机场数	2
机场数世界排位	205
机场铺跑道	2
机场未铺砌的跑道	0
公路	1210公里
公路世界排位	180
已铺设公路	—
未铺设公路	—
商船数	—
商船数世界排位	—

资料来源：美国中情局：《世界各国概况》，2010年。

（四）其他基础设施发展情况与发展水平

圣卢西亚2011年发电总量34120万千瓦时，排名世界第164位；用电总量为30800万千瓦时，排名世界169位。该国电力生产全部自给自足，无电力出口与进口。此外，该国油气资源主要靠进口，平均每日进口2692桶，消费3000桶（见表26-4）。

表26-4　　　　　　　　　其他基础设施情况

电力发电量	34120万千瓦时
电力发电量世界排位	164
电力用电量	30800万千瓦时
电力用电量世界排位	169

续表

电力出口	0 千瓦时
电力进口	0 千瓦时
油气生产	0 桶/天
油气生产世界排位	132
油气消费	3000 桶/天
油气消费世界排位	178
油气出口	0 桶/天
油气出口世界排位	209
油气进口	2692 桶/天
油气进口世界排位	173
油气探明储量	0 桶
油气探明储量世界排位	192
天然气产量	0 立方米
天然气产量世界排位	126
天然气消费量	0 立方米
天然气消费量世界排位	128
天然气出口量	0
天然气出口量世界排位	180
天然气进口量	0
天然气进口量世界排位	185
天然气探明储量	0 立方米
天然气探明储量世界排位	120

资料来源：美国中情局：《世界各国概况》，2010 年。

四　旅游资源条件与旅游业发展情况

（一）主要旅游资源与开发

圣卢西亚的旅游资源主要以火山等自然景观为主。此外，还分布有少量的综合自然旅游地。著名的旅游景点如表 26 – 5 所示。

表 26 - 5　　　　　　　　　　　主要旅游景点一览

序号	景点名称	分布地点	景点类型
1	蒙塞特拉岛	蒙塞特拉岛南部	综合自然旅游地
2	苏弗里耶尔遗产地	小开曼岛	自然风光
3	巴伦瀑布	市区 40 公里的郊外	自然风光
4	苏弗里耶尔火山	蒙塞特拉岛南部	自然风光
5	索弗里亚活火山	—	自然风光

资料来源：规划组根据网络资料整理。

(二) 旅游业发展现状

圣卢西亚是一个火山岛，雨量充沛，岛内多山，森林茂密；居民大多居住在沿海和河谷地带。圣卢西亚现代旅游业始于 20 世纪 60 年代，随之而来是英国的大批旅游团队及一批大型酒店的建设。膳宿设施大部分（60% 以上）由大型全功能的酒店提供，余下的则是小型旅店。旅游设施集中在岛西北岸，濒临加勒比海；小部分位于苏弗雷。岛上有两个机场，位于北部卡斯特里的查理士机场起降加岛各国的航班，位于南部维尔堡国际机场起降欧美航班。近年来，由于圣政府对首都卡斯特里港口泊位进行了升级改造，现可停靠新型的大邮轮，邮轮到港数量增加。

旅游业一直是圣卢西亚国民经济的支柱产业，是国家外汇主要收入来源，也是推动其经济增长的发动机。近年来，圣卢西亚经济运行良好，一直呈增长趋势，主要得益于包括酒店餐饮在内的旅游业持续发展。

美国 "9·11" 事件后，圣旅游业触底反弹，由 2001 年的 -10% 增长到 2003 年的 15%，增幅高达 25%。2004—2005 年，由于国际油价居高不下及飓风频繁来袭，其增速减缓。2005 年，旅游业占圣实际 GDP 的 13.6%，达到 1.82 亿美元；旅馆餐饮业及相关行业增值收入增长率达 6.3%。

2005 年，来岛游客人数为 75 万人，比 2004 年减少 8.1%；而高附加值的过夜旅客和游艇收入分别增收 6.5% 和 21.9%。过夜游客的增加主要是来岛参加爵士音乐会、集体婚礼及度蜜月的新婚夫妇。另外，美国航班的增加和国际板球赛的举办以及圣旅游局的大力宣传也是过夜游客增加的原因。2005 年，上岛步行游人数比 2004 年减少 34.1%，仅为

7541 人次。2005 年，由于卡斯特里北码头实施维修工程，邮轮抵港数也比上年减少了 18%。尽管如此，2005 年游客的消费支出增加了9.3%，达到了 9.6 亿美元，增长主要源自高附加值行业。2005 年旅馆平均入住率增长 6.8%，这也印证了过夜游客的增加。2005 年整个加勒比旅游市场游客支出创历年新高，增幅达 30.2%，过夜游客达到 31 万人，多年来首次超过 30 万人。圣卢西亚四大客源地为美国、英国、加勒比海地区和加拿大。圣旅游局正不断努力开拓其他客源市场，圣已成为中国游客的目的地，但是，由于路途远，费用较高，航班要途经美国、英国、法国等国家，需要办理签证转机，所以，中国游客目前很少将圣卢西亚选为旅游目的地。

圣卢西亚是全国的重要经济来源。2011 年，旅游业直接对 GDP 贡献达到 15.40%，远远高于世界 2.9% 的平均水平。而旅游业也为当地提供了大量的就业机会，其为当地总共提供了 45.4% 的就业岗位。但是，由于受经济危机的影响，目其旅游业的发展速度较慢，2011 年，旅游业的GDP 增长 2.7%，增长速度低于世界 5.5% 的平均水平。但是，预计接下来的 10 年旅游业发展速度将会有所提高，到 2021 年会达到 5.1%，有关情况可参照见表 26 - 6 和表 26 - 7。

表 26 - 6　　　　旅游业对经济及其他行业的贡献率与世界排名

	2011 年						2021 年		
	百万（CUP）	排名	比例（%）	排名	增长率（%）	排名	百万（CUP）	比例（%）	增长率（%）
旅游对 GDP 的直接贡献	431.20	149	15.40	11.00	2.7	68.00	710.4	18.7	5.1
旅游对 GDP 的总贡献	1279.00	149	45.8	11	2.3	85	2037.7	53.8	4.8
旅游对就业的直接贡献	13.00	147	17.50	9.00	3.1	24.00	18	21.7	3.9
旅游对就业的总贡献	33	148	45.4	11	2.6	37	46	54.4	3.5
国际游客境内旅游消费	904.80	132	60.80	11.00	3.5	77.00	1499.2	61.4	5.2
国际过夜游客数量	321000	—	—	—	—	—	497000	—	—
旅游投资	188.70	148	27.40	9.00	3.6	138.00	261.1	29.7	3.3
国内游客旅游消费	103.8	—	3.7	—	4.6	—	151.5	4	3.9
休闲旅游消费	987.80	—	35.40	—	3.5	—	1609.3	42.5	5
商务旅游消费	45.9	—	1.6	—	6	—	74.8	2	5

资料来源：世界旅游旅行理事会（WTTC），2011 年。

表 26 - 7   2005—2011 年旅游业对经济及其他行业的贡献率与预测

单位：百万（CUP）、%、千人次

	国际游客境内旅游消费	国内游客旅游消费	境内旅游总消费	旅游对GDP的直接贡献	旅游投资	旅游对GDP的总贡献	旅游对就业的直接贡献	旅游对就业的总贡献	国内游客境外旅游消费	国际过夜游客数量
2005 年	1030.5	90.6	1138.4	538.4	172.8	1535.6	17.1	42.8	158.6	318
增长率	13.9	17.4	14	16.7	31.2	17.6	15.6	16.4	5.6	6.7
2006 年	793.7	97.6	907.7	416.4	241.9	1287.9	12.8	34.4	164.6	303
增长率	-25.6	4	-23	-25.3	35.2	-19	-25	-19.6	0.3	-4.7
2007 年	814.6	120.4	950.9	424.0	226.8	1292.4	12.8	34	173.3	287
增长率	1.2	21.7	3.3	0.4	-7.5	-1	-0.2	-1.3	3.8	-5.3
2008 年	839.7	130.9	991.0	431.3	200.1	1277.4	12.7	32.9	190.2	296
增长率	0.9	6.4	2	-0.5	-13.7	-3.3	-0.4	-3	7.4	3.1
2009 年	799.8	93.1	915.4	406.1	164.1	1200.3	12.4	32.3	166.8	278
增长率	-5.7	-29.6	-8.5	-6.7	-18.8	-6.9	-2.2	-2	-13.1	-5.9
2010 年	852.8	96.9	973.5	409.6	177.8	1220.5	12.2	31.9	166.1	309
增长率	3.4	0.9	3.2	-2.2	5.1	-1.4	-1.8	-1.1	-3.4	11
2011 年	904.8	103.8	1033.7	431.2	188.7	1279.0	12.6	32.8	167.3	321
增长率	3.5	4.6	3.6	2.7	3.6	2.3	3.1	2.6	-1.8	4
2021 年	1863.6	188.3	2093.5	883.1	324.6	2533.1	18.4	46.2	222.6	497
增长率	5.2	3.9	5	5.1	3.3	4.8	3.9	3.5	0.7	4.5

资料来源：世界旅游旅行理事会（WTTC），2011 年。

五　旅游业投资方向

圣卢西亚旅游资源十分丰富，旅游业发展潜力大。旅游业是其支柱产业，由于其人口密度大、游客有一定规模、旅游腹地小、经济体量小，旅游业今后发展的规模有限，但有优质的旅游资源和客源市场，建议主要投资方向为：机场的扩建与改造项目、公路改扩建工程、港口码头改扩建工程、清洁能源建设，生态旅游景区规划与建设，农业生态园、地热资源开发利用等建设项目。

公路的升级改造与环岛公路建设：环岛高速公路与支线公路建设，大约长度120公里，可以衔接旅游景点与核心城镇；清洁能源：风能、太阳能发电项目；立体景区建设：考虑圣卢西亚海岛旅游腹地较小，建议对景区进行立体规划与景区升级改造，打造格林纳达海岛国家的立体景区与旅游活动开发模式，如从濒海沙滩、海滩度假旅游、潜水到滨海平原的休闲与生态农业、文化、会议到海岛中央山地的热带雨林、生态旅游等，形成立体景区（Vertical Tourist Sites and Routine）与环岛景观带（Circle）相结合的 V—C 模式。

六 旅游投资与发展应注意的问题：前景、效益与风险评估

（一）旅游投资环境

圣卢西亚旅游业的问题：虽然旅游收入较高，但效益有限，问题是产业链不理想，最主要的是农产品。

高门槛是制约旅游业发展的另一个问题，酒店、旅游线路营运和航空公司之间的垂直联系或者说是一条龙服务，把一些欲从业者挡在门外。即使在业内经营旅游、餐饮和住宿的小型业主也没有多少发展空间，完全受制于行业的龙头老大。虽然圣采取旅游业本土化的政策，但是，面对外国投资，这些政策在实施过程中没有产生多大的效果。

此外，影响圣旅游业发展的还有社会治安、环境卫生、交通实施及服务质量等方面的因素。

（二）该国旅游投资可能风险与问题

政策的不稳定性、高失业率和飓风等。

第二十七章　伯利兹

一　国家概况

（一）自然环境

伯利兹（Belize）是中美洲国家，是中美洲唯一以英文为官方语言的国家。位于北纬 17°15′，西经 88°45′。北部与墨西哥接壤，西部和南部与危地马拉接壤。东邻洪都拉斯湾，与洪都拉斯共和国隔湾相望，两国最近距离只有 75 公里。

伯利兹面积 22966 平方公里，陆地边界为 516 公里，海岸线长 386 公里，水域面积为 160 平方公里。境内多山地、沼泽和热带丛林。地形大致可分为南、北两个部分：南半部地形以玛雅山脉为主体，山脉为西南—东北走向。其支脉科克斯科姆山的维多利亚峰海拔 1160 米，是全国最高峰。北半部为海拔不到 61 米的低地区，大部是沼泽；有伯利兹河、纽河和翁多河流经。属热带雨林气候。离岸外 24 公里的海面上有世界第二大堡礁与海岸平行。热带雨林气候，年平均气温 25—27℃，年降水量 2000 毫米以上。6—10 月常受飓风侵袭。森林面积占领土 90%，富产红木、苏木、染料木等珍贵林木。西北地区有石油矿藏。

伯利兹的首都为伯利兹市。该国分为伯利兹、卡约、科罗萨尔、科罗萨尔、斯坦港和托莱多 6 个区。①

（二）社会经济概况

伯利兹的人种分布复杂，其中混血占 48.7%，克利奥尔人占 24.9%，玛雅人占 10.6%，Garifuna 人占 6.1%，其他占 9.7%。官方语言也较为

---

① http：//baike. baidu. com/view/22081. htm.

表 27 – 1   自然资源使用及分布情况

自然资源	森林、耕地、牧渔业、水力发电
土地利用	耕地 3.05%；永久作物 1.39%；其他 95.56
可再生水资源	18.6 立方公里
淡水资源回收（家用/工业/农业）	0.15 立方公里/年
每人占用水	556 立方米/年
自然灾害	毁灭性飓风和洪水
水资源管理	沙漠化、水污染、水土流失、固体污物处理

资料来源：美国中情局：《世界各国概况》，2010 年。

多样：西班牙语 46%；克里奥尔语 32.9；玛雅方言 10.6%；英语（官方语言）3.9%；Garifuna 3.4%；德语 3.3%；其他 1.4%；未知 0.2%。宗教以天主教为主，占 49.6%。其他宗派包括：新教徒 25.5%，犹太教 1.5%，其他 14%，无教派 9.4%。2011 年，该国总人口数为 321115 人，排世界第 177 位，人口净增长率为 2.056%。

2011 年，伯利兹 GDP 增长率为 2%，失业率高达 13.1%。旅游业是其最重要的国家收入来源。2011 年 GDP 为 26.51 亿美元，排世界第 181 位，其中服务业的贡献占 58.2%；2011 年，总劳动人口为 120500 人，而服务业贡献了高达 71.7% 的就业岗位。

2011 年，农业总产值占总 GDP 的 21.6%，农业人口占 10.2%，其主要农产品有甘蔗、柑橘、香蕉、水稻、玉米、可可等。渔业是伯第三大创汇部门，盛产龙虾、旗鱼、海牛和珊瑚等。森林面积约 1.6 平方公里，覆盖率在 70% 左右。产红木、苏木、染料木等贵重木材，红木被称为国木，木材储量丰富，林业有一定发展。

2011 年，工业总产值占 GDP 的 20.2%，工业劳动力占总劳动力的 18.1%。主要以轻工业产品为主，如生产床上用品、手工艺品和电子器件等，用于出口。西北地区有石油、重晶石、锡石、黄金等矿藏。伯已证实的石油储量为 670 万桶，是加勒比海地区继特多之后第二个出口原油的国家。西北地区有石油、重晶石、锡石、黄金等矿藏。主要工业部门为制衣、制糖、柑橘加工、啤酒及饮料。

此外，伯利兹拥有电话线路数 31200，移动电话数 161800。拥有网络主机 2880 台，互联网用户达到了 36000 人。

表 27 - 2 社会经济基本情况

种属	混血 48.7%；克利奥尔人 24.9%；玛雅人 10.6%；Garifuna 6.1%；其他 9.7%
语言	西班牙语 46%；克里奥尔语 32.9；玛雅方言 10.6%；英语（官方语言）3.9%；Garifuna 3.4%；德语 3.3%；其他 1.4%；未知 0.2%
宗教	新教徒 25.5%；天主教 49.6%；犹太教 1.5%；其他 14%；无教派 9.4%
人口	321115
人口世界排位	177
人口增长率	2.056%
净迁入率	0/千人
净迁入率世界排位	75
城镇人口	52%
15—24 岁失业率	19.5%
15—24 岁失业率世界排位	60
GDP 购买力	MYM26.51 亿
GDP 购买力世界排位	181
GDP 增长率	2%
GDP 增长率世界排位	150
GDP 百分比（农业）	21.6%
GDP 百分比（工业）	20.2%
GDP 百分比（服务业）	58.2%
劳动力	120500
劳动力世界排位	178
劳动力职业（农业）	10.2%
劳动力职业（工业）	18.1%
劳动力职业（服务业）	71.7%
失业率	13.1%
失业率世界排位	138
固定资产总投资	占 GDP 的 24.3%
固定资产总投资世界排位	67
电话使用线路数	31200
电话使用线路数世界排位	179

续表

移动电话数	161800
移动电话数世界排位	175
互联网主机	2880
互联网主机世界排位	147
互联网用户	36000
互联网用户世界排位	178

资料来源：美国中情局：《世界各国概况》，2010年。

二　国际关系分析

（一）国家区位与地缘政治分析

伯利兹西北部与墨西哥接壤，西部和南部与危地马拉接壤，东邻洪都拉斯湾，与洪都拉斯共和国隔湾相望，两国最近距离只有75公里。伯利兹旧称英属洪都拉斯，1981年脱离英国独立。

伯里兹奉行不结盟对外政策。积极维护和发展与加勒比各国的关系，参与地区一体化进程，强调睦邻友好，努力促进中美洲的和平与稳定，注重发展同英国的传统关系和对美关系，积极维护和发展与加勒比各国的关系，强调睦邻友好，努力促进中美洲的和平与稳定。1974年5月加入加勒比共同体，1990年成为美洲国家组织成员国。

伯同美国关系密切。美是伯最大的贸易伙伴和援助国。伯同加勒比国家关系密切，是加勒比共同体成员。2006年1月伯加入加共体单一市场。

（二）与我国的关系

1987年2月6日中国与伯利兹建交。同年4月，伯利兹总理埃斯基韦尔访华。同年10月，外交部副部长朱启祯对伯利兹进行工作访问。1989年10月11日，伯利兹与中国台湾"建交"，23日，我终止与伯利兹外交关系。1997年6月，中伯签署了《中华人民共和国政府和伯利兹政府关于将伯利兹驻香港名誉领事馆改为"伯利兹贸易办事处"的协议》。1998年11月，中国贸促会副会长钟敏率中国企业家代表团访伯。2001年，中国驻牙买加大使郭崇立向伯红十字会转交中国红十字会捐赠的2万美元飓风赈灾款。

双边经贸关系和经济技术合作。截至 2007 年 6 月底，中国企业在伯利兹完成承包劳务合营业额 6145 万美元。伯利兹在华实际投资 14512 万美元。中国目前在伯利兹无投资。2006 年，中伯贸易额为 2878 万美元，其中，中方出口 2876 万美元，进口 2 万美元。2007 年，中伯贸易额为 2585 万美元，同比减少 10.2%，均为中方出口。①

三 交通等基础设施发展水平分析

（一）航空交通设施发展情况及发展水平

伯利兹共有 45 个机场，已铺设跑道的机场有 4 个，未铺设跑道的机场有 41 个。菲利普·戈德森国际机场有通往美国、中美洲邻国的航线。

（二）公路交通设施发展情况及发展水平

伯利兹共有公路 3007 公里，其中已铺设的为 575 公里，未铺设的为 2432 公里。

伯利兹城是全国的交通枢纽，有两条主要公路通向南北两端。北面是老北方公路，可以通往奥兰治沃克和库罗扎；另一条是西部公路，到达首都贝尔莫潘和凯右，从贝尔莫潘又有一条公路通往伯利兹最南端的潘塔高达。

（三）水运交通设施发展情况及发展水平

伯利兹总共有 7 个港口，分别为坦克瑞克港、斯塔恩港、彭达格尔达港、斯坦克里克港、科罗萨尔港、马瑙斯港和伯利兹港。共有商船 231 艘，世界排名 33 名。伯利兹城是伯利兹的主要港口，可停靠集装箱轮船。共有 9 条主要出入的航运线，伯利兹与牙买加有定期班轮。另外，伯利兹与美国、英国和欧洲大陆都有良好的海上运输线。在伯利兹城的码头上每天都有开往环岸珊瑚礁堡的游艇，半天时间可以欣赏到美丽的蓝洞和浅海的热带堡礁，还可以登上一座座"绿岛"探险（见表 27-3）。

（四）其他基础设施发展情况与发展水平

伯利兹 2011 年发电总量 21550 万千瓦时，排名世界 176 位；用电总量

---

① http://www.baike.com/wiki/伯利兹。

表 27 - 3　　　　　　　　　交通情况

机场数	45
机场数世界排位	96
机场铺跑道	4
机场未铺砌的跑道	41
公路	3007 公里
公路世界排位	166
已铺设公路	575 公里
未铺设公路	2432 公里
商船数	231
商船数世界排位	33

资料来源：美国中情局：《世界各国概况》，2010 年。

为 20040 万千瓦时，排名世界第 182 位。该国电力生产全部自给自足，无电力出口与进口。此外，该国油气资源丰富，油气探明储量 670 万桶，排名世界 93 位。2011 年，平均每天生产 4252 桶，出口 7326 桶。2011 年平均每日消费 7000 桶油气，排名世界第 162 位（见表 27 - 4）。

表 27 - 4　　　　　　　　　其他基础设施情况

电力发电量	21550 万千瓦时
电力发电量世界排位	176
电力用电量	20040 万千瓦时
电力用电量世界排位	182
电力出口	0
电力进口	0
油气生产	4252 桶/天
油气生产世界排位	96
油气消费	7000 桶/天
油气消费世界排位	161
油气出口	0 桶/天
油气出口世界排位	153
油气进口	7326 桶/天
油气进口世界排位	146
油气探明储量	670 万桶

续表

油气探明储量世界排位	93
天然气产量	0
天然气产量世界排位	156
天然气消费量	0
天然气消费量世界排位	153
天然气出口量	0
天然气出口量世界排位	61
天然气进口量	0
天然气进口量世界排位	88
天然气探明储量	0
天然气探明储量世界排位	152

资料来源：美国中情局：《世界各国概况》，2010 年。

四 旅游资源条件与旅游业发展情况

（一）主要旅游资源与开发

伯利兹旅游资源非常丰富，主要以历史遗迹、自然景观和休闲海滩等类型为主，其中，莫尔城堡更是被列为世界文化遗产。著名的旅游景点如表 27-5 所示。

表 27-5　　　　　　　　　主要旅游景点一览

序号	景点名称	分布地点	景点类型
1	文化之家（House of Culture）	伯利兹城	综合人文旅游地
2	伯利兹博物馆（Museum of Belize）	伯利兹城	综合人文旅游地
3	博里塔小岛（Bonita）	贝尔莫潘	自然风光
4	阿顿哈玛雅遗址（Altun Ha Mayan Site）	伯利兹城	遗迹与遗址
5	拉马奈遗址（Lamanai Site）	伯利兹城	遗迹与遗址
6	伯利兹生物礁（Belize Barrier Reef）	伯利兹城	自然风光
7	大蓝洞（Great Blue Hole）	伯利兹城	自然风光
8	莫尔城堡（Mir Castle）	伯利兹城	景观建筑与附属型建筑

资料来源：规划组根据网络资料整理。

（二）旅游业发展现状

伯利兹旅游业是其国家重要的经济产业支柱，2011 年，旅游业对 GDP 贡献为 12.2%，远远高于世界 2.9% 的平均水平。而旅游业也为当地提供了大量就业机会，为当地总共提供占 31% 的就业岗位。但是，其旅游业的发展速度不快，旅游业 GDP3.6% 的增长速度低于世界 5.5% 的平均水平。预计在接下来的 10 年内旅游业发展速度会有小幅提高，达到 4.4% 的年增长速度，相关情况参见表 27-6 和表 27-7。

表 27-6　　　　旅游业对经济及其他行业的贡献率与世界排名

	2011 年						2021 年		
	百万（CUP）	排名	比例（%）	排名	增长率（%）	排名	百万（CUP）	比例（%）	增长率（%）
旅游对 GDP 的直接贡献	364.80	146	12.2	17	3.6	104	563.00	14.1	4.4
旅游对 GDP 的总贡献	1020.40	145	34.2	13	3.5	103	1574.70	39.5	4.4
旅游对就业的直接贡献	14	144	11.1	20	5.2	11	22	12.9	4.7
旅游对就业的总贡献	39	143	31	17	5.1	12	61	36	4.7
国际游客境内旅游消费	565.30	140	35.1	29	4	98	886.30	40.8	4.6
国际过夜游客数量	249000	—	—	—	—	—	359000	—	—
旅游投资	181.6	138	23.3	14	3.6	95	283.3	27.1	4.5
国内游客旅游消费	97.8	—	3.3	—	1.6	—	133.3	3.3	3.1
休闲旅游消费	548.1	—	18.4	—	3.8	—	857.90	21.5	4.6
商务旅游消费	122.2	—	4.1	—	2.8	—	171.7	4.3	3.5

资料来源：世界旅游旅行理事会（WTTC），2011 年。

表 27-7　　2005—2011 年旅游业对经济及其他行业的贡献率与预测

单位：百万（CUP）、%、千人次

	国际游客境内旅游消费	国内游客旅游消费	境内旅游总消费	旅游对 GDP 的直接贡献	旅游投资	旅游对 GDP 的总贡献	旅游对就业的直接贡献	旅游对就业的总贡献	国内游客境外旅游消费	国际过夜游客数量
2005 年	444.6	67	516.6	277.5	67.8	693.7	11.5	28.8	89.4	237
增长率	23.2	14.6	21.8	26.3	11	22.5	29.6	25.8	-5.8	2.6

续表

	国际游客境内旅游消费	国内游客旅游消费	境内旅游总消费	旅游对GDP的直接贡献	旅游投资	旅游对GDP的总贡献	旅游对就业的直接贡献	旅游对就业的总贡献	国内游客境外旅游消费	国际过夜游客数量
2006 年	536.9	74.5	616.8	336.0	84	843.0	13.6	34.4	86.8	247
增长率	16.1	6.9	14.8	16.4	19.1	16.8	19	19.4	-6.6	4.2
2007 年	594.7	89.4	690.3	377.5	105.8	958.9	15.4	39.3	90.6	251
增长率	6.6	15.5	7.7	8.1	21.2	9.4	13	14.4	0.4	1.6
2008 年	571.7	90.2	668.5	363.5	159.4	975.3	14.7	39.4	88	245
增长率	-6.3	-1.7	-5.6	-6.2	46.9	-0.9	-4.7	0.1	-5.3	-2.4
2009 年	522.2	89.4	618.4	337.2	166.6	942.7	13.3	37.1	86	232
增长率	-8.3	-0.6	-7.2	-6.9	4.9	-3	-9.7	-5.9	-1.9	-5.2
2010 年	525.6	93	625.4	340.3	169.4	952.9	13.1	36.7	92.8	240
增长率	-2.3	1	-1.8	-2	-1.3	-1.9	-1.1	-0.9	4.7	3.3
2011 年	565.3	97.8	670.3	364.8	181.6	1020.4	13.8	38.6	104.8	249
增长率	4	1.6	3.6	3.6	3.6	3.5	5.2	5.1	9.2	3.7
2021 年	1138.7	171.3	1322.9	723.4	364.00	2023.3	21.8	60.9	172.9	359
增长率	4.6	3.1	4.4	4.4	4.5	4.4	4.7	4.7	2.5	3.7

资料来源：世界旅游旅行理事会（WTTC），2011 年。

五 旅游业投资方向

主要投资方向：公路的升级改造、港口的改扩建工程、机场的升级改造、生态文化旅游景区规划与建设、农业休闲与生态产业园区建设、风能利用、旅游自然灾害防治与预警、旅游网络营销、通信等。

投资途径：中国由在伯承包工程项目向旅游基础设施项目承包转移，以及向与伯旅游业相关的旅游先进技术、先进项目推介，示范区与示范项目建设。

六　旅游投资与发展应注意的问题：前景、效益与风险评估

（一）该国旅游投资环境

目前，在伯里兹没有投资，政策不太清晰。

（二）该国旅游投资可能风险与问题

目前，伯里兹与我国尚未建交。

第二十八章　圣文森特和格林纳丁斯

一　国家概况

(一) 自然环境

圣文森特和格林纳丁斯 (St. Vincent and the Grenadines) 位于东加勒比海向风群岛,在巴巴多斯以西约 160 公里处。由主岛圣文森特岛和格林纳丁斯岛等组成,为火山岛国。主岛长 29 公里,最宽处 18 公里,面积 345 平方公里。北距圣卢西亚岛 40 公里。山脉纵贯,多火山,最高峰苏弗里埃尔火山,海拔 1234 米,地震频繁。热带气候。年平均气温 23—31℃,年降水量 2500 毫米。北部多飓风。土壤肥沃,溪流遍布。森林占领土面积 1/2。富地热资源。首都为金斯敦,全国可分为沙洛、圣大卫等 6 个教区。①

表 28 - 1　　　　　　　　　自然资源使用及分布情况

自然资源	耕地,水力发电
土地利用	耕地 17.95%;永久作物 17.95%;其他 64.1%
可再生水资源	—
淡水资源回收 (家用/工业/农业)	0.01 立方公里
每人占用水	83 立方米/年
自然灾害	火山活动,飓风
环境问题	沿海水污染

资料来源:美国中情局:《世界各国概况》,2010 年。

----

① http://baike.baidu.com/view/21557.htm.

(二) 社会经济概况

圣有人口 11 万，其中黑人 66%，混血 19%，东印第安人 6%，加勒比人 2%，其他 3%。多数人信仰天主教，新教。官方语言为英语，方言有法语等。

圣属于中低收入国家。农业是经济基础，有少量农产品加工及小型制造业。离岸金融业和旅游业占有重要地位。2007 年国内生产总值为 5.59 亿美元。有少量农产品加工及服装、皮革、榨油和肥皂等小型工业。小型制造业发展缓慢，主要产品有水泥、面粉和家具等。

农业作为该国经济的主要支柱，约占国内生产总值的 10%。可耕地占土地总面积的 1/3 以上。主要种植香蕉、葛根、甘薯、甘蔗、椰子等。圣是世界上最大的葛粉生产国。香蕉为圣主要经济作物，2002 出口 1.03 万吨。圣文森特和格林纳丁斯是加勒比共同体成员国，成员国之间的进口贸易互免关税。圣文森特和格林纳丁斯的离岸业自 1990 年以来迅速发展，但 2001 年和 2002 年政府采取了增强监管的措施，导致一些金融机构的关闭。圣文森特和格林纳丁斯对轻工业、农产品加工业、信息产业、电影业、国际金融服务业、旅游业等提供一系列的投资优惠政策。包括免税期、返还利润、免税特许和免除消费税等。其中免税期在 10—15 年之间（圣文森特和格林纳丁斯的名义公司税率是 40%）。① 经济状况如表 28 - 2 所示。

表 28 - 2　　　　　　圣文森特和格林纳丁斯社会经济指数

指数类型	数值
GDP	MYM10.69 亿
GDP 世界排位	199
GDP 增长率	- 2.3%
GDP 增长率世界排位	208
GDP 百分比（农业）	7.9%
GDP 百分比（工业）	25.2%
GDP 百分比（服务业）	66.9%
劳动力	57520

①　http://baike.baidu.com/view/21557.htm#1_4.

续表

指数类型	数值
劳动力世界排位	186
劳动力职业（农业）	26%
劳动力职业（工业）	17%
劳动力职业（服务业）	57%
失业率	15%
失业率世界排位	149
固定资产总投资	占 GDP 的 30.1%
固定资产总投资世界排位	29

资料来源：美国中情局：《世界各国概况》，2010 年。

二 国际关系分析

（一）国家区位与地缘政治分析

位于加勒比海的小安的列斯群岛中的向风群岛南部，圣卢西亚及格林纳达之间。奉行维护民族尊严和地区团结的外交政策，既能提供援助，又具有民主传统的国家合作。同美国、英国、加拿大以及加勒比海地区国家关系密切。主张加勒比一体化，赞成向风群岛四国组成政治联盟。近年来，调整了对古巴政策，1992 年与古巴建交。

（二）与我国的关系

圣国与我国未建交。1981 年 8 月 15 日圣图同台湾当局建立了"外交关系"。圣文森特和格林纳丁斯建立了中文网站，成立了投资组织，在投资领域和优惠条件等方面进行了详细阐述，以吸引我国在圣的投资建设。

据中国海关部署统计，2013 年，中圣双边贸易额 2520.8 万美元，其中中方出口 2520.8 万美元，同比下降 13.3%。[1]

---

[1] http：//www. fmprc. gov. cn/mfa_ chn/gjhdq_ 603914/gj_ 603916/bmz_ 607664/1206_ 608487/sbgx_ 608491/.

三 交通等基础设施发展水平分析

圣国虽国土面积较小，但交通等基础设施较为完备。

（一）航空交通设施发展情况及发展水平

主要有一个国际机场，ETJOSHUA 机场，另有 5 个小型机场分布于其他岛屿上，如贝基亚岛和尤宁岛等。与巴巴多斯、波多黎各、格林纳达和圣卢西亚等国家和地区的飞行时间为半个小时到一个小时左右，区域内交通十分便利；另有定期飞往迈阿密等地的货机航班。

（二）陆上交通设施发展情况及发展水平

陆上交通以公路交通为主，全长约 829 公里，其中沥青路面 580 公里；未建有铁路。

（三）水运交通设施发展情况及发展水平

在金斯敦有一深水港，货运量为 2 万吨（1991 年），商船数为 444，排名世界前茅，位列 23 位。

（四）其他基础设施发展情况与发展水平

总体来说，圣的通信设施较为完备，具体如表 28－3 所示。

表 28－3　　　　　　　通信设施情况

电话使用线路数	23，000
电话使用线路数世界排位	188
移动电话数	121100
移动电话数世界排位	182
互联网主机	211
互联网主机世界排位	192
互联网用户	76000
互联网用户世界排位	168

资料来源：美国中情局：《世界各国概况》，2010 年。

表 28－4　　　　　　　能源情况一览

电力发电量	13200 万千瓦时
电力发电量世界排位	188
电力用电量	12270 万千瓦时

续表

电力用电量世界排位	190
电力出口	0 千瓦时
电力进口	0 千瓦时
油气生产	0 桶/天
油气生产世界排位	140
油气消费	2000 桶/天
油气消费世界排位	190
油气出口	0 桶/天
油气出口世界排位	139
油气进口	1252 桶/天

资料来源：美国中情局：《世界各国概况》，2010 年。

四　旅游资源条件与旅游业发展情况

旅游业是最大的经济支柱，旅游区主要集中在具有优质海滩的格林纳丁斯群岛，另有一些植物园分布在圣文森特岛。受国际金融危机影响，圣旅游业出现下滑。

（一）主要旅游资源与开发

表 28 - 5　　　　　　　　主要旅游景点一览

序号	景点名称	分布地点	资源类型	主要旅游活动
1	Mopion	圣文森特岛	水域风光	休闲度假
2	Montreal Gardens	圣文森特岛	综合自然旅游地	自然观光
3	Botanic Gardens 植物园	金斯顿	综合自然旅游地	参观游览

资料来源：规划组根据网络资料整理。

（二）旅游业发展现状

圣国旅游业较为发达，1992 年，在贝基亚岛和尤宁岛分别有两座机场投入使用，促进了旅游业发展。旅游业是最大的支柱产业，2005 年，旅游产业值占国内生产总值的 64.3%。旅游区主要集中在具有优质海滩的格林纳丁斯群岛。2007 年，游客达 32.66 万人次，同比增长 6.9%。其中，邮轮游客 14.55 万人次，同比增长 35.7%，但过夜游客、一日游游客和游艇游客分别下降了 8%、24.7% 和 7.4%。英国和加拿大游客分别增加了 12.8% 和 3.1%。根据 WTTC 统计，2011 年，其旅游 GDP 产值在 181 个国家与地区中的绝对数量排名 170 位，对国家经济的贡献率排 23 位。与旅游相关信息可参见表 28-6 和表 28-7。

表 28-6　　　　旅游业对经济及其他行业的贡献率与世界排名

	2011 年						2021 年		
	百万（CUP）	排名	比例（%）	排名	增长率(%)	排名	百万（CUP）	比例（%）	增长率(%)
旅游对 GDP 的直接贡献	119.60	172	7.3	31	2.3	160	156.40	7.1	2.7
旅游对 GDP 的总贡献	416.20	170	25.5	23	1.6	155	544.20	24.9	2.7
旅游对就业的直接贡献	3	173	6.7	40	0.9	165	3	6.7	0.1
旅游对就业的总贡献	10	168	23.3	27	0.2	161	10	23.1	0
国际游客境内旅游消费	281.10	153	49.2	13	3.3	150	370.80	44	2.8
国际过夜游客数量	78000	—	—	—	—	—	112	—	—
旅游投资	77	163	13.5	28	1.4	156	96.5	13.2	2.3
国内游客旅游消费	38.7	—	2.4	—	-0.6	—	44	2	1.3
休闲旅游消费	288.7	—	17.7	—	3.3	—	381.30	17.4	2.8
商务旅游消费	36	—	2.2	—	-0.7	—	39.9	1.8	1

资料来源：世界旅游旅行理事会（WTTC），2011 年。

表 28-7　　2005—2011 年旅游业对经济及其他行业的贡献率与预测

单位：百万（CUP）、%、万人次

	国际游客境内旅游消费	国内游客旅游消费	境内旅游总消费	旅游对 GDP 的直接贡献	旅游投资	旅游对 GDP 的总贡献	旅游对就业的直接贡献	旅游对就业的总贡献	国内游客境外旅游消费	国际过夜游客数量
2005 年	292.30	22.3	318.30	125.80	39.7	398.60	3.9	12.4	59.7	96
增长率	4.80	-0.5	4.4	7.6	15.7	8.8	6.2	7.3	1.7	10.3

	国际游客境内旅游消费	国内游客旅游消费	境内旅游总消费	旅游对GDP的直接贡献	旅游投资	旅游对GDP的总贡献	旅游对就业的直接贡献	旅游对就业的总贡献	国内游客境外旅游消费	国际过夜游客数量
2006 年	318.80	24.9	347.40	138.90	63.2	459.90	3.9	12.9	64.1	97
增长率	5	7.3	5.1	6.2	53.3	11.1	0.3	4.4	3.4	1
2007 年	310.20	31.2	345.30	134.90	82.6	464.40	3.5	11.8	80.2	90
增长率	−5.5	21.6	−3.5	−5.7	27	−1.9	−11.3	−8.4	21.5	−7.2
2008 年	271.20	37	312.80	118.00	89.4	423.50	2.9	10.3	75.8	84
增长率	−17.2	12.3	−14.2	−17.2	2.4	−13.6	−16	−12.7	−10.4	−6.7
2009 年	254.60	37.9	297.20	109.80	80.7	394.70	2.7	9.7	74.6	75
增长率	−5.8	2.7	−4.7	−6.6	−9.3	−6.5	−6.3	−6.1	−1.3	−10.7
2010 年	265.10	37.9	307.70	114.00	74	399.40	2.8	9.9	75	74
增长率	2.7	−1.3	2.1	2.4	−9.6	−0.2	4.2	1.8	−0.9	−1
2011 年	281.10	38.7	324.70	119.60	77	416.20	2.9	9.9	76.7	78
增长率	3.3	−0.6	2.8	2.3	1.4	1.6	0.9	0.2	−0.3	4.8
2021 年	488.80	58	555.20	206.10	127.20	717.20	2.9	9.9	126.20	112
增长率	2.8	1.3	2.6	2.7	2.3	2.7	0.1	0	2.2	3.7

资料来源：世界旅游旅行理事会（WTTC），2011 年。

五　旅游业投资方向

主要投资领域为：环岛旅游公路与旅游景观带建设、军舰岛海洋旅游开发项目、游船码头改扩建工程项目、休闲农业、旅游地产。

六　旅游投资与发展应注意的问题：前景、效益与风险评估

该国欲在金融、信息、旅游、特色农业等产业进行投资，其中酒店业

投资的激励政策：免所得税期从 10—15 年不等；建筑材料、酒店设施和
一些推广资料免除关税；免除资本增值税；对于拥有 100 间以上客房的旅
游胜地免除食物和饮料进口税。

表 28 – 8　　　　　　　　　　可能投资开放领域

圣文森特	
威恩山（Mount Wynna）/彼得后普（Peter's Hope）地产	岛屿背风面 400 多英亩的土地
橘子山（Orange Hill）地产	岛屿向风面 89 英亩的土地
钻石地产	岛屿向风面 21 英亩的土地
Ottlay Hall 地产	5 英亩，包括船坞和码头
小比亚霍特（Patit Byahaut）	岛屿背风面彭布罗克（Pambroka）和克莱尔宅（Clara Vallay）52 英亩的土地
植物园（Botanic Gardans）	西半球最古老的植物园
格林纳丁斯	
贝基亚的公园地产	600 多英亩
贝基亚的 St. Hilaira 地产	45 英亩
贝基亚的 Spring 地产	45 英亩
尤宁岛的查塔姆湾（Chatham Bay）	99 英亩白色沙滩
小马斯蒂克（Petit Mustique）	私人拥有的岛屿，位于著名的马斯蒂克南部
尤宁岛旁的弗雷格特岛（Frigate Island）	英亩海床，可用于码头的开发，与尤宁岛相邻

资料来源：中国投资指南网。

第二十九章　安提瓜与巴布达

一　国家概况

（一）自然环境

安提瓜和巴布达（Antigua and Barbuda）是中美洲的一个岛国，位于加勒比海小安的列斯群岛北部背风群岛中，西经61°39′—61°54′、北纬17°02′—17°40′，南同瓜德罗普岛相望，西南方向靠近英属蒙特塞拉特，西与圣基茨和尼维斯为邻。

安提瓜和巴布达由安提瓜、巴布达和雷东达三岛组成。安提瓜岛为三岛中面积最大的岛屿，为281平方公里。所有岛山与地属于温热的热带气候，年温差小。岛屿海拔一般相对较低。安提瓜是个石灰岩岛屿，面积280平方公里。岛的西南部为火山丘陵，平均海拔300米，作为全岛最高点的奥巴马山（2009年之前原名博吉峰）海拔只有405米；东北部是低矮的石灰岩丘陵，平均海拔100米；中部是狭长的淤积平原，海拔一般不超过15米。岛上河流罕见，林木稀少。海岸线曲折，多港湾和岬角。气候干燥，年平均降水量为1000毫米。年平均气温为27℃，5—10月是最热的季节，气温达到33℃。地处飓风带，常遭飓风袭击。

巴布达是位于安提瓜岛以北约40公里处的一个珊瑚岛，面积约为161万平方公里。境内地势平坦，林木茂密，野生动物繁多。属热带气候，年平均气温27℃。年均降水量约1020毫米。

雷东达是位于安提瓜岛西南约40公里处的一个无人荒礁，面积只有1.3平方公里。

安提瓜岛分为6个行政区，分别为圣乔治、圣保罗、圣约翰、圣彼得、圣玛丽和圣菲利普。巴布达岛和西部的雷东达岛为附属地。[①]

---

① http://baike.baidu.com/view/22067.htm.

表 29 - 1   自然资源及分布情况

自然资源	气候适宜旅游业
土地利用	耕地 18.18%；永久作物 4.55%；其他 77.27%；水田 1.3 平方公里
可再生水资源	0.1 立方公里
淡水资源回收 （家用/工业/农业）	0.005 立方公里/年
每人占用水	63 立方米/年
自然灾害	7—10 月多飓风和热带风暴；有季节性干旱
水资源管理	淡水资源是主要问题，水资源流失妨碍了农作物的生产

资料来源：美国中情局：《世界各国概况》，2010 年。

（二）社会经济概况

安提瓜和巴布达居民以黑人为主，所占比例达到 91%，白种人为 1.7%，混合为 4.4%，其他为 2.9%。官方语言为英语。宗教以新教徒为主导，占 76.4%；天主教为 10.4%，基督教为 5.4%，其他为 2%，未知为 5.8%。2011 年，该国总人口数为 87884 人，2011 年，人口净增长率为 1.289%。人口净迁入率为 2.32/千人。

该国最主要的经济来源是旅游业，2011 年的 GDP 的总产值为 14.25 亿美元，排世界 194 位，其中服务业的贡献占 62.9%；2011 年总劳动人口为 3 万人，服务业贡献了高达 82% 的就业机会。农业主要是自给，2011 年，农业总产值占总 GDP 的 3.9%，农业人口占 7%，其主要的农产品有棉花、水果、蔬菜、香蕉、椰子、芒果、甘蔗和牲畜。此外，还有少数工业，2011 年总产值占 GDP 的 33.2%，工业劳动力占了总劳动力的 11%。主要生产轻工业产品，如生产床上用品、手工艺品和电子器件等，用于出口。受金融危机的影响，安提瓜和巴布达在 2011 年的 GDP 出现了负增长，增长率为 -4.1%，失业率高达 11%（见表 29 - 2）。

表 29 - 2   社会经济基本情况

种属	黑人 91%；混合 4.4%；白种人 1.7%；其他 2.9%
语言	官方语言：英语；有当地方言
宗教	新教徒 76.4%；天主教 10.4%；基督教 5.4%； 其他 2%；未知 5.8%

续表

人口	87884
人口世界排位	197
人口增长率	1.289%
净迁入率	2.32/千人
净迁入率世界排位	37
城镇人口	30%
15—24岁失业率	19.9%
15—24岁失业率世界排位	59
GDP购买力	MYM14.25亿
GDP购买力世界排位	194
GDP增长率	-4.1%
GDP增长率世界排位	210
GDP百分比（农业）	3.9%
GDP百分比（工业）	33.2%
GDP百分比（服务业）	62.9%
劳动力	30000
劳动力世界排位	203
劳动力职业（农业）	7%
劳动力职业（工业）	11%
劳动力职业（服务业）	82%
失业率	11%
失业率世界排位	119
固定资产总投资	占GDP的79%
固定资产总投资世界排位	1

资料来源：美国中情局：《世界各国概况》，2010年。

二 国际关系分析

（一）国家区位与地缘政治分析

位于加勒比海小安的列斯群岛北部背风群岛，由安提瓜和巴布达两个岛屿组成。安提瓜岛建有深水港和机场。

同美国的关系：安巴在经济上对美国依赖较深，美国援助和游客是安巴外汇收入的重要来源。"9·11"恐怖袭击事件后与美保持一致，谴责恐怖活动，签署《拿骚反恐宣言》，并成为加勒比海地区第一个通过《反恐怖法》的国家。

同英国的关系：安巴是英联邦成员，在政治、司法及教育方面仍承袭英国体制。英每年向安巴提供相当数量的援助。

同邻国的关系：安巴重视同加勒比国家发展关系，积极主张实现加勒比共同体经济一体化和更广泛的地区性合作。1982 年 10 月，安巴同巴巴多斯、多米尼克国、圣文森特和格林纳丁斯等东加勒比国家签署了《地区安全体系备忘录》。

安提瓜和巴布达奉行独立自主的外交政策，重视发展同各国友好关系，不做超级大国的卫星国。强调加强同加勒比国家的团结与合作，积极推动地区一体化进程；要求建立新的国际经济秩序，反对任何国家干涉别国内政。1974 年 7 月加入加勒比共同体。1981 年 7 月加入东加勒比国家组织，11 月加入联合国，12 月加入美洲国家组织。为不结盟运动观察员。目前已同英联邦以外的 46 个国家建立了外交关系。①

（二）与我国的关系

1983 年 1 月 1 日，中国和安提瓜和巴布达正式建交。建交后，两国友好关系顺利发展，双边高层互访和各领域交流与合作不断加强，增进了两国间的了解和信任。2013 年 5 月，安巴总督莱克 - 塔克来华出席太湖文化论坛第二届年会。6 月，国家主席习近平在访问特立尼达和多巴哥期间同安巴总理斯潘塞举行双边会晤。

安巴承认我国完全市场经济地位。双边贸易以中方出口为主。据中国海关总署统计，2013 年，双边贸易额为 2.46 亿美元，其中，我出口 2.45 亿美元，进口 33.9 万美元，同比分别增长 - 67.1%、- 67.1% 和 374.6%。我主要出口船舶、纺织品、日用家电、塑料橡胶制品和矿物燃料等。②

---

① http：//baike. baidu. com/view/22067. htm.

② http：//www. fmprc. gov. cn/mfa_ chn/gjhdq_ 603914/gj_ 603916/bmz_ 607664/1206_ 607718/sbgx_ 607722/.

三　交通等基础设施发展水平分析

（一）航空交通设施发展情况及发展水平

安提瓜和巴布达主要有三个机场，已铺设跑道的机场2个，未铺设跑道的机场1个。维尔·伯德国际机场位于安提瓜岛东北角的圣约翰，是该国境内唯一的国际机场。该机场可起降大型喷气式客机，有通往美国、加拿大、英国和所有英联邦加勒比海地区国家的航线。

（二）公路交通设施发展情况及发展水平

安提瓜和巴布达共有公路1165公里，其中，已铺设的384公里，未铺设的781公里。

（三）水运交通设施发展情况及发展水平

安提瓜和巴布达总共有6个港口，分别为圣约翰港、帕勒姆港、法尔默斯港、英吉利港、科德林顿科港和德林顿港，有商船1219艘。

表29-3　　　　　　　　　　　　交通情况

机场数	3
机场数世界排位	191
机场铺设跑道	2
机场未铺砌的跑道	1
公路	1165公里
公路世界排位	181
已铺设公路	384公里
未铺设公路	781公里
商船数	1219
商船数世界排位	9

资料来源：美国中情局：《世界各国概况》，2010年。

（四）其他基础设施发展情况与发展水平

安提瓜和巴布达2011年发电总量11500万千瓦时，排名世界191位；用电总量为10700万千瓦时，排名世界192位。该国电力生产全部自给自足，无电力出口与进口。该国油气资源主要靠进口，平均每日进口 4548 桶，出口 240 桶。2011 年平均每日消费 5000 桶油气（见表 29-4）。

表 29-4 其他基础设施情况

电力发电量	11500 万千瓦时
电力发电量世界排位	191
电力用电量	10700 万千瓦时
电力用电量世界排位	192
电力出口	0
电力进口	0
油气生产	0
油气生产世界排位	148
油气消费	5000 桶/天
油气消费世界排位	168
油气出口	240 桶/天
油气出口世界排位	128
油气进口	4548 桶/天
油气进口世界排位	161
油气探明储量	0
油气探明储量世界排位	101
天然气产量	0
天然气产量世界排位	148
天然气消费量	0
天然气消费量世界排位	147
天然气出口量	0
天然气出口量世界排位	48
天然气进口量	0
天然气进口量世界排位	75
天然气探明储量	0
天然气探明储量世界排位	147

资料来源：美国中情局：《世界各国概况》，2010 年。

四　旅游资源条件与旅游业发展情况

（一）主要旅游资源与开发

安提瓜与巴布达的旅游资源非常丰富，主要以历史遗迹、休闲海滩等类型为主，其海岸带尤其以帆船等适合运动为著名。其主要旅游资源及其分布如表 29 - 5 所示。

表 29 - 5　　　　　　　　　　　主要旅游景点一览

序号	景点名称	分布地点	景点类型
1	雪莉高点（Shirley Heights）	岛南部	遗址遗迹
2	贝蒂的希望（Betty's Hope）	岛中部	遗址遗迹
3	摩根·刘易斯风车（Morgan Lewis Mill）	岛东北部	遗址遗迹
4	圣约翰英国国教会教堂（St. John's Anglican Cathedral）	圣约翰城	综合人文旅游地
5	圣约翰港（St. John's Harbour）	圣约翰城	景观建筑与附属型建筑
6	安提瓜和巴布达博物馆（Museum of Antigua and Barbuda）	圣约翰城	综合人文旅游地
7	纳尔逊造船厂（Nelson's Dockyard）	岛南部	景观建筑与附属型建筑
8	詹姆斯堡（Fort James）	圣约翰城	景观建筑与附属型建筑
9	英吉利海港（English Harbour）	岛南部	景观建筑与附属型建筑
10	太和殿艺术画廊（Harmony Hall Art Gallery）	布朗湾（Brown's Bay）	综合人文旅游地
11	西北海岸带（Northwest Coast）	岛西北	河口与海面
12	迪肯森湾（Dickenson Bay）	西北海岸	河口与海面
13	逍遥海湾（Runaway Bay）	西北海岸	河口与海面
14	南部及东南海岸带（Southwest and South Coast）	岛南部	河口与海面
15	弗里海湾（Fryes Bay）	南部海湾	河口与海面
16	达尔伍德海滩（Darkwood Beach）	南部海岸	河口与海面
17	南部海岸带（East Coast）	岛东部	河口与海面
18	半月湾（Half Moon Bay）	东南海岸	河口与海面

资料来源：规划组根据网络资料整理。

（二）旅游业发展现状

安提瓜与巴布达的旅游业是其国家的重要的经济产业支柱，2011 年旅游业直接对 GDP 贡献达到了 17.8%，远远高于世界 2.9% 的平均水平。而旅游业也为当地提供了大量的就业机会，其为当地总共提供了占总就业 69% 的就业岗位。但是，其旅游业的发展速度并不快，旅游业的 GDP 产值的 3.4% 的增长速度低于世界 5.5% 的平均水平。此外，在接下来的 10 年旅游业发展速度也不会有大幅度提高，相关情况可见以下诸表。

表 29-6　　　　　旅游业对经济及其他行业的贡献率与世界排名

	2011 年						2021 年		
	百万（CUP）	排名	比例（%）	排名	增长率（%）	排名	百万（CUP）	比例（%）	增长率（%）
旅游对 GDP 的直接贡献	549.30	144	17.8	9	3.4	143	770.90	17.9	3.4
旅游对 GDP 的总贡献	2294.50	132	74.2	2	3.2	122	3359.00	77.9	3.9
旅游对就业的直接贡献	5	164	18	8	1.5	133	6	18.8	1.5
旅游对就业的总贡献	19	159	69	3	0.6	147	21	67.5	0.9
国际游客境内旅游消费	1212.10	121	74.4	5	2.8	145	1671.50	66.9	3.3
国际过夜游客数量	251000	—					346000	—	
旅游投资	591.3	107	25.9	10	4.7	79	961.7	33.4	5
国内游客旅游消费	51.6	—	1.7		2.4		70.5	1.6	3.2
休闲旅游消费	1230	—	39.7		2.8		1697.80	39.4	3.3
商务旅游消费	53.6	—	1.7		2		72.6	1.7	3.1

资料来源：世界旅游旅行理事会（WTTC），2011 年。

表 29-7　　2005—2011 年旅游业对经济及其他行业的贡献率与预测

单位：百万（CUP）、%、千人次

	国际游客境内旅游消费	国内游客旅游消费	境内旅游总消费	旅游对 GDP 的直接贡献	旅游投资	旅游对 GDP 的总贡献	旅游对就业的直接贡献	旅游对就业的总贡献	国内游客境外旅游消费	国际过夜游客数量
2005 年	1024.8	49.8	1090.2	466.9	171.5	1543.0	5.5	17.6	163.4	245
增长率	-7.0	7.7	-6.4	-6.8	43.2	-2.3	-10.8	-7.3	8.6	-0.4

续表

	国际游客境内旅游消费	国内游客旅游消费	境内旅游总消费	旅游对GDP的直接贡献	旅游投资	旅游对GDP的总贡献	旅游对就业的直接贡献	旅游对就业的总贡献	国内游客境外旅游消费	国际过夜游客数量
2006 年	1061.5	53.5	1132.6	489.8	318.6	1781.8	5	17.4	184.7	254
增长率	0.3	3.9	0.6	1.5	79.9	11.8	-8.6	-1.1	9.4	3.7
2007 年	1126.9	70.8	1218.9	522.2	469.8	2059.4	4.7	17.5	212.2	262
增长率	-1.1	23.4	0.3	-0.7	37.4	7.7	-6	0.6	7.1	3.1
2008 年	1205.3	64.9	1291.9	558.5	629.1	2354.1	4.9	19.1	229	266
增长率	4.5	-10.4	3.6	4.5	30.8	11.7	2.8	9	5.4	1.5
2009 年	1112.1	53	1184.6	513.8	591.3	2179.2	4.9	19.3	212.4	234
增长率	-7.2	-17.9	-7.8	-7.5	-5.5	-6.9	-0.1	1.2	-6.7	-11.9
2010 年	1149.9	49.1	1218.1	518.0	550.8	2167.8	5	19.3	218.6	231
增长率	0	-10.4	-0.5	-2.5	-9.9	-3.8	2.4	-0.3	-0.5	-1.6
2011 年	1212.1	51.6	1283.6	549.3	591.3	2294.5	5	19.4	237.6	251
增长率	2.8	2.4	2.8	3.4	4.7	3.2	1.5	0.6	6	8.8
2021 年	2140.0	90.2	2266.6	987.0	1231.20	4300.3	5.9	21.1	511.0	346
增长率	3.3	3.2	3.3	3.4	5	3.9	1.5	0.9	5.3	3.3

资料来源：世界旅游旅行理事会（WTTC），2011年。

五　旅游业投资方向

安提瓜和巴布达的旅游业是其国家的支柱产业，由于其人口少、旅游腹地小、经济体量小，旅游业发展规模有限，但有优质的旅游资源，建议主要投资方向为：环岛旅游公路与旅游景观带建设、巴布达岛生态旅游景区规划与建设，旅游饭店与旅馆升级改造，港口的改扩建工程以及公路，农业生态园等建设项目，由于油气主要是进口，也可积极发展绿色能源，如风能、太阳能等。

六 旅游投资与发展应注意的问题：前景、效益与风险评估

（一）旅游投资环境

安提瓜和巴布达重视发展旅游业、加工业和农业，积极吸收外资，鼓励兴建公共设施和兴办合资企业。

农业包括家禽业、林业和渔业。有10%的劳动力从事农业劳动，粮食不能自给。近几年来，安提瓜和巴布达政府鼓励发展农业，减少对进口食品的依赖。主要农产品有海岛棉、玉米、蔬菜和水果等。其他的农业活动包括牧场养牛、猪、山羊和绵羊等，当年的飓风使农业产量锐减，当年农业产值占国内生产总值的3.5%。

（二）该国旅游投资可能风险与问题

主要体现在政策风险、可进入的许可以及合作意向等方面。

第三十章　开曼群岛

一　国家概况

（一）自然环境

开曼群岛（Cayman Islands）位于牙买加西北方 268 公里，迈阿密南方 640 公里的加勒比海中，由三个主要岛屿组成。大开曼岛面积最大，为 220 平方公里。另两个岛屿开曼布拉克和小开曼岛位于大开曼岛的东北约 145 公里处，面积分别为 23 平方公里和 16 平方公里。境内地势较低，平均海拔 200 米，主要是平原，周围有珊瑚礁。三岛之地质构造为石灰岩，地势低平，仅开曼布拉克中央有高崖（占面积 90%），海岸多暗礁和岩石。广阔而干净的沙滩上的白沙主要是由珊瑚形成的，即使在酷暑仍触感清凉。属热带气候，年平均气温 24—30℃，年降水量 1200 毫米。雨季自 5 月中旬至 10 月，其他月份则为干季。

大开曼岛约有 1/2 是沼泽地，但人口最稠密。其长约 35 公里，最宽处 13 公里。开曼布拉克位于大开曼东北约 143 公里处，约 19 公里长，平均宽约 1.6 公里，为各岛地势最高者，海拔高达 42 米。最小的小开曼位于开曼布拉克西方 8 公里处，长 16 公里，最宽处 3 公里。三岛均无河川。开曼群岛 7—11 月飓风天气多发，且较为严重。①

（二）社会经济概况

开曼群岛的人种分布较为复杂，其中混血人种最多，占 40%。此外，白人占 20%，黑人占 20%，其他占 20%。官方语言为英语，英语使用人数占 95%，还有少量的西班牙语（3.2%）和其他语言（1.8%）。宗教以

---

① http://baike.baidu.com/view/29653.htm.

表 30-1 自然资源分布及使用情况

自然资源	牧渔业，适宜旅游的气候和海滩
土地利用	耕地 3.85%；永久作物 0%；其他 96.15%
可再生水资源	—
淡水资源回收（家用/工业/农业）	—
每人占用水	—
自然灾害	7—11 月多飓风
水资源管理	无天然淡水资源

资料来源：美国中情局：《世界各国概况》，2010 年。

新教为主导，占 67.7%。此外，天主教占 12.6%，其他教派占 10.5%，非教派占 6.1%，未知占 3.2%。2011 年，该国总人口数为 5.1 万，排世界第 206 位。2011 年，人口净增长率为 2.287%。该国的人口迁入很多，人口迁入率达到了 15.72‰，排全世界第五位。

2011 年，GDP 增长率为 1.1%，失业率为 4%，GDP 总产值为 22.5 亿美元，排世界第 183 位。服务业较为发达，2011 年服务业的贡献占 GDP 的 48.8%；2011 年，总劳动人口为 39000 人，服务业贡献了 79% 的就业机会。

开曼群岛农业发展环境较差，可耕种面积仅占全国总面积的 3.85%。2011 年农业总产值仅占 GDP 的 0.5%，农业人口占总人口的 1.9%。其主要的农产品有蔬菜、水果和家禽。

开曼群岛的工业是全国的支柱性产业。2011 年，工业总产值占 GDP 的 50.7%。但是，这些工业大部分以集约型工业为主，需要的劳动力较少，2011 年工业劳动力占总劳动力的 19.1%。比较发达的行业有建筑业、建筑材料和家具生产。

开曼群岛拥有电话线路数 38000，移动电话数 33800。网络发达，拥有网络主机 21910 台，互联网用户 23000 人，具体情况见表 30-2。

表 30-2 社会经济基本情况

种属	混血 40%，白人 20%，黑人 20%，其他 20%
语言	英语 95%（官方语言），西班牙语 3.2%，其他 1.8%
宗教	新教 67.7%，天主教 12.6%，其他教派 10.5%，非教派 6.1%，未知 3.2%

续表

人口	51384
人口世界排位	206
人口增长率	2.287%
净迁入率	15.72/千人
净迁入率世界排位	5
城镇人口	100%
15—24 岁失业率	13.5%
15—24 岁失业率世界排位	85
GDP 购买力	MYM22.5 亿
GDP 购买力世界排位	183
GDP 增长率	1.1%
GDP 增长率世界排位	169
GDP 百分比（农业）	0.5%
GDP 百分比（工业）	50.7%
GDP 百分比（服务业）	48.8%
劳动力	39000
劳动力世界排位	196
劳动力职业（农业）	1.9%
劳动力职业（工业）	19.1%
劳动力职业（服务业）	79%
失业率	4%
失业率世界排位	36
固定资产总投资	占 GDP 的 25.6%
固定资产总投资世界排位	53
电话使用线路数	38000
电话使用线路数世界排位	171
移动电话数	33800
移动电话数世界排位	200
互联网主机	21910
互联网主机世界排位	1808
互联网用户	23000
互联网用户世界排位	189

资料来源：美国中情局：《世界各国概况》，2010 年。

二 国际关系分析

（一）国家区位与地缘政治分析

开曼群岛位于牙买加西北方268公里，迈阿密南方640公里的加勒比海中，由3个主要岛屿组成。开曼群岛是英国在西印度群岛的海外属地，目前，在世界上是仅次于纽约、伦敦、东京和香港的第五大金融中心，是著名的离岸金融中心和"避税天堂"，也是世界著名的潜水胜地。

（二）与我国的关系

开曼群岛是英国在西印度群岛的一块海外属地，不是独立的国家。开曼群岛施行低税政策，岛内税种只有进口税、印花税、工商登记税、旅游者税等几个简单的税种。几十年来，没有开征过个人所得税、公司所得税、资本利得税、不动产税、遗产税等直接税。这一政策吸引了大量的公司前来注册，我国著名的百度控股公司就是在此地注册。

三 交通等基础设施发展水平分析

（一）航空交通设施发展情况及发展水平

开曼群岛共有3个机场，有两个已铺设跑道的机场。另外，一个为未铺设跑道的机场。主要国际机场是位于大开曼的欧文·罗伯茨国际机场和位于开曼布拉克的吉拉德·史密斯机场。大开曼的欧文·罗伯茨国际机场位于开曼群岛中的大开曼岛上，距离首都乔治敦约1英里，拥有一条跑道。

（二）公路交通设施发展情况及发展水平

开曼群岛共有公路785公里，全部为铺设的公路。

（三）水运交通设施发展情况及发展水平

开曼群岛拥有商船113艘，排名世界第46位。首都乔治城是其最大的港口，港区主要码头泊位有2个，岸线长208米，最大水深7.7米。装卸设备有各种岸吊、叉车及滚装设施等，其中，岸吊最大起重能力达100

吨，还有直径为200毫米的输油管供装卸使用（见表30-3）。主要出口货物为海龟肉、皮革、贝壳及渔产品等，进口货物主要粮谷、纺织品、食品运输设备及建材等。主要贸易对象是美国，从美国进口的货物约占进口总额的75%，其他还有英国、加拿大及日本等国。

表30-3　　　　　　　　　交通情况

机场数	3
机场数世界排位	194
机场铺设跑道	2
机场未铺砌的跑道	1
公路	785公里
公路世界排位	186
已铺设公路	785公里
未铺设公路	0公里
商船数	113
商船数世界排位	46

　　资料来源：美国中情局：《世界各国概况》，2010年。

（四）其他基础设施发展情况与发展水平

2011年，开曼群岛发电总量59740万千瓦时，世界排名第156位；用电总量为53750万千瓦时，世界排名第163位。该国电力生产全部自给自足，无电力出口与进口。此外，该国油气资源主要靠进口，平均每日进口3700桶，消费3000桶（见表30-4）。

表30-4　　　　　　　　　其他基础设施情况

电力发电量	59740万千瓦时
电力发电量世界排位	156
电力用电量	53750万千瓦时
电力用电量世界排位	163
电力出口	0千瓦时
电力进口	0千瓦时
油气生产	0桶/天
油气生产世界排位	160
油气消费	3000桶/天

续表

油气消费世界排位	181
油气出口	0 桶/天
油气出口世界排位	160
油气进口	3700 桶/天
油气进口世界排位	169
油气探明储量	0 桶
油气探明储量世界排位	116
天然气产量	0 立方米
天然气产量世界排位	167
天然气消费量	0 立方米
天然气消费量世界排位	163
天然气出口量	0
天然气出口量世界排位	77
天然气进口量	0
天然气进口量世界排位	101
天然气探明储量	0 立方米
天然气探明储量世界排位	162

资料来源：美国中情局：《世界各国概况》，2010 年。

四 旅游资源条件与旅游业发展情况

（一）旅游资源与开发

开曼群岛的旅游资源非常丰富，主要以海滩、洞穴等自然风光、植物园等生物景观和博物馆等人文景观为主。著名旅游景点如表30-5所示。

表 30-5 　　　　　　　　　主要旅游景点一览

序号	景点名称	分布地点	景点类型
1	自然保护区（National Trust Reserve）	开曼布拉克岛	综合自然旅游地
2	自然保护区（National Trust Reserve）	小开曼岛	综合自然旅游地
3	地狱（Hell）	大开曼岛	自然风光

序号	景点名称	分布地点	景点类型
4	喷水洞（Blow Holes）	大开曼岛	自然风光
5	洞穴（Cave）	开曼布拉克岛	自然风光
6	朗姆角（Rum Point）	大开曼岛	自然风光
7	七英里海滩（Seven Mile Beach）	大开曼岛	自然风光
8	沙角（Points of Sands）	小开曼岛	自然风光
9	欧文岛（Owen Island）	小开曼岛	自然风光
10	伊丽莎白二世植物园（Queen Elizabeth II Botanical Park）	大开曼岛	生物景观
11	海龟养殖场（Turtle Farm）	大开曼岛	生物景观
12	开曼群岛国家博物馆（Cayman Islands National Museum）	大开曼岛	综合人文旅游地
13	刺魟酒厂（Stingray Brewery）	大开曼岛	综合人文旅游地
14	开曼布拉克博物馆（Cayman Brac Museum）	开曼布拉克岛	综合人文旅游地
15	小开曼博物馆（Little Cayman Museum）	小开曼岛	综合人文旅游地

资料来源：规划组根据网络资料整理。

（二）旅游业现状

开曼群岛的旅游业发展非常快，是全国的重要经济来源。2011 年，旅游业直接对 GDP 贡献达到 7%，远远高于世界 2.9% 的平均水平。而旅游业也为当地提供了大量的就业机会，其为当地共提供了总就业 25.7% 的就业岗位。2011 年，旅游业增长速度 7% 的，远高于世界 5.5% 的平均水平，排名世界 36 位。据预计，未来 10 年的旅游业发展速度将显著减慢。其旅游业相关情况见表 30 - 6 和表 30 - 7。

表 30 -6　　　　旅游业对经济及其他行业的贡献率与世界排名

	2011 年						2021 年		
	百万（CUP）	排名	比例（%）	排名	增长率（%）	排名	百万（CUP）	比例（%）	增长率（%）
旅游对 GDP 的直接贡献	159.20	145	7.00	36.00	3.80	159	208.30	7.1	2.7
旅游对 GDP 的总贡献	540.40	141	23.8	28	4	147	731.1	25.1	3.1
旅游对就业的直接贡献	3.00	174	8.50	23.00	3.40	152	3.00	8.6	0.8
旅游对就业的总贡献	8	174	25.7	23	3.6	137	9	26.9	1.2

续表

	2011 年						2021 年		
	百万 （CUP）	排名	比例 （%）	排名	增长率 （%）	排名	百万 （CUP）	比例 （%）	增长率 （%）
国际游客境内旅游消费	310.10	125	23.80	41.00	4.30	163	398.70	25.9	2.5
国际过夜游客数量	297000	—	—	—	—	—	363000	—	—
旅游投资	115.80	125	23.40	13.00	4.30	155	139.10	23.8	1.9
国内游客旅游消费	56.7	—	2.5	—	1.4	—	74.4	2.6	2.8
休闲旅游消费	349.10	—	15.40	—	3.90	—	448.40	15.4	2.5
商务旅游消费	29.3	—	1.3	—	1.4	—	38.8	1.3	2.8

资料来源：世界旅游旅行理事会（WTTC），2011 年。

表 30 - 7　2005—2011 年旅游业对经济及其他行业的贡献率与预测

单位：百万（CUP）、%、千人次

	国际游客境内旅游消费	国内游客旅游消费	境内旅游总消费	旅游对GDP的直接贡献	旅游投资	旅游对GDP的总贡献	旅游对就业的直接贡献	旅游对就业的总贡献	国内游客境外旅游消费	国际过夜游客数量
2005 年	294.20	47.1	351.20	132.10	53.4	421.20	2.1	6.1	76.2	168
增长率	-36.60	-11.3	-33.3	-37.8	-0.9	-36.5	-34.7	-34.6	19.6	-35.4
2006 年	326.10	56.8	393.50	157.50	82.5	490.50	2.9	8.2	92.7	267
增长率	10	19.5	11.2	18.3	53.2	15.5	37.3	33.1	20.7	58.9
2007 年	310.20	63.4	384.60	156.60	113.3	510.90	2.7	7.8	100.9	292
增长率	-7.7	8.4	-5.1	-3.5	33.4	1.1	-7.6	-4.4	5.6	9.4
2008 年	299.00	62.6	373.50	155.10	115	527.20	2.7	7.7	109.7	303
增长率	-7.4	-5.2	-6.7	-4.8	-2.5	-0.8	-4.8	-1.3	4.5	3.8
2009 年	274.20	54.9	340.10	142.80	103.3	484.30	2.5	7.6	110.7	272
增长率	-7.1	-11.1	-7.7	-6.7	-9	-6.9	-0.6	-0.9	2.2	-10.2
2010 年	290.10	54.5	355.70	149.50	108.3	506.80	2.6	7.8	109.8	287
增长率	3.8	-2.6	2.6	2.7	2.8	2.6	2.9	2.9	-2.7	5.6
2011 年	310.10	56.7	378.40	159.20	115.8	540.40	2.7	8.1	117.1	297
增长率	4.3	1.4	3.7	3.8	4.3	4	3.4	3.6	4.1	3.4

续表

	国际游客境内旅游消费	国内游客旅游消费	境内旅游总消费	旅游对GDP的直接贡献	旅游投资	旅游对GDP的总贡献	旅游对就业的直接贡献	旅游对就业的总贡献	国内游客境外旅游消费	国际过夜游客数量
2021年	520.40	97.1	635.90	271.90	181.60	954.30	2.9	9.2	296.90	363
增长率	2.5	2.8	2.6	2.7	1.9	3.1	0.8	1.2	6.9	2

资料来源：世界旅游旅行理事会（WTTC），2011年。

五 旅游业投资方向

根据开曼群岛的旅游业发展趋势，旅游资源特点和旅游基础设施现状，旅游业和旅游的投资领域主要集中在以下几个方面：

（1）大开曼岛由于人口密度高，游客数量大，无河川径流等，应优先考虑清洁能源，水资源利用等项目。

（2）另大开曼1/2是沼泽，可考虑沼泽地生态旅游保护区与公园，由于是离岸经济中心，应加强旅游服务设施建设等。

（3）小开曼岛可考虑作为特色旅游岛进行联合开发建设。

六 旅游投资与发展应注意的问题：前景、效益与风险评估

开曼群岛国之所以吸引人，原因主要是它的金融政策。岛内税种只有进口税、印花税、工商登记税、旅游者税等几个简单的税种。几十年来没有开征过个人所得税、公司所得税、资本利得税、不动产税、遗产税等直接税。所以，它也获得了"避税天堂"的美称。外汇在开曼进出自由，各部门对投资者的金融信息更是守口如瓶。全世界最大的25家银行几乎都在开曼设有子公司或分支机构。岛内的金融业、信托业总资产已超过2500亿美元，占欧洲美元交易总额的7%。每年平均约有4300家公司在

此注册成立。

在开曼首府乔治敦注册成立子公司的美国企业超过 150 家，其中包括可口可乐公司、英特尔公司、甲骨文公司、宝洁公司等。通常母公司会通过各种途径把盈利移往这些子公司，这样公司大部分收入就不必向美国税务局呈报，逃避了高达 35% 的美国公司所得税税率。位于开曼群岛南教堂街上的一幢 5 层办公大楼，却为 18857 家公司提供了办公地址。而这幢被称为阿格兰屋（Ugland House）的建筑，就是希捷在美国证监会文件中的总部所在。中国企业包括百度、希捷、汇源果汁、可口可乐、甲骨文、新浪、联通、联想等也在开曼注册。[①]

在该国旅游投资要注意飓风等灾害。

① http：//baike. baidu. com/view/29653. htm.

附　　录

2011 年不同地区旅游业贡献

国别	对 GDP 的直接贡献		对 GDP 的总贡献		对就业的直接贡献		对就业的总贡献		对资本投资的贡献		出境游客对出口的贡献	
	贡献百分比（%）	排名	贡献百分比（%）	排名	贡献百分比（%）	排名	贡献百分比（%）	排名	贡献百分比（%）	排名	贡献百分比（%）	排名
加勒比	4.61	2	14.17	1	4	5	12.6	3	11.56	1	16.69	1
北非	5.83	1	12.32	3	6	1	12.9	2	7.3	3	10.69	3
北美	2.72	9	8.69	6	4.6	3	11.1	4	5.08	8	7.39	4
大洋洲	3.54	4	13.59	2	5.9	2	17.2	1	5.62	7	13.87	2
东北亚	2.41	10	7.67	9	2.9	10	8.1	8	3.33	11	3.17	12
东南亚	4.22	3	10.86	4	3.1	8	9.1	5	8.24	2	5.58	9
拉丁美洲	3.32	6	9.03	5	3	9	8.1	7	6.05	5	4.91	10
南亚	2.09	12	4.83	12	4.3	4	6.9	10	4.58	9	3.97	11
欧盟	2.92	8	7.82	8	3.2	6	8.4	6	3.98	10	5.93	8
其他欧洲国家	2.22	11	7.17	11	1.8	12	6.5	11	3.16	12	6.24	6
撒哈拉以南非洲	3.12	7	7.33	10	2.3	11	5.6	12	5.83	6	6.79	5
中东	3.38	5	8.08	7	3.2	7	8	9	6.31	4	6.18	7

资料来源：世界旅游旅行理事会，2011 年。

2011—2021年不同地区旅游业增长预测

国别	对GDP的直接贡献		对GDP的总贡献		对就业的直接贡献		对就业的总贡献		资本投资		出境游客	
	增长率（%）	排名	增长率（%）	排名	增长率（%）	排名	增长率（%）	排名	增长率（%）	排名	增长率（%）	排名
加勒比	3.7	9	3.8	8	2.5	5	2.5	5	3.9	10	3.7	10
北非	5.4	4	5.4	4	2.9	2	2.9	1	5.9	5	5.7	4
北美	3.7	10	3.3	10	1.5	9	1.5	9	4.8	8	3.9	9
大洋洲	3.1	11	2.9	11	0.8	12	0.8	11	3.8	11	3.5	11
东北亚	5.9	3	5.9	3	1.4	10	2.4	7	6.4	3	5.4	6
东南亚	6.4	2	6.1	2	3.1	1	2.6	3	7.8	2	6.9	2
拉丁美洲	4.7	6	4.5	7	2.7	3	2.3	8	6	4	7.5	1
南亚	7.5	1	8.1	1	2.1	7	2.4	6	8.4	1	6.6	3
欧盟	2.9	12	2.4	12	1.5	8	0.9	10	3.6	12	3.3	12
其他欧洲国家	3.9	8	3.8	9	1	11	0.6	12	5.8	6	4	8
撒哈拉以南非洲	5.3	5	5.3	5	2.6	4	2.6	2	4.6	9	5.5	5
中东	4.6	7	4.6	6	2.4	6	2.5	4	5.4	7	4.6	7

注：其中"数量"的单位为：百万本国货币。

资料来源：世界旅游旅行理事会，2011年。

2011年过夜游客接待量和邮轮游客接待量统计

单位：人、%

目的地	游客接待量			邮轮游客接待量		
	期间	游客数量	2011年比2010年增减百分点	期间	邮轮游客	2011年比2010年增减百分点
安提瓜和巴布达	1—11月	217261	5.1	1—8月	399490	13.5
巴哈马	1—10月	1121789	-3.7	1—10月	3320720	7.5

续表

目的地	游客接待量			邮轮游客接待量		
	期间	游客数量	2011 年比 2010 年增 减百分点	期间	邮轮游客	2011 年比 2010 年增 减百分点
巴巴多斯	1—11 月	512783	7.0	1—11 月	535550	-1.1
伯利兹	1—11 月	223319	3.0	1—11 月	631177	-3.7
古巴	1—11 月	2440306	7.6	—	—	—
多米尼克	1—11 月	65976	-4.1	1—11 月	276112	-39.2
多米尼加共和国	1—11 月	3862045	4.0	1—9 月	234272	-2.2
格林纳达	1—10 月	94770	—	1—10 月	233921	7.2
牙买加	1—9 月	1501782	2.0	1—10 月	848237	16.9
圣卢西亚	1—8 月	212486	-6.2	1—8 月	414660	9.6
圣文森特和格林纳丁斯	1—11 月	64997	2.4	1—11 月	71029	-23.9
苏里南	1—9 月	158848	6.9	—	—	—

资料来源:加勒比海地区旅游组织,2011 年。

2007—2011 年加勒比海接待游客数量变化

单位:人、%

市场	2007 年	2008 年	2009 年	2010 年	2010 年相对 2009 年变化率
总接待量	22889.8	22941.7	22126.9	23067.1	4.2
美国	11790.9	11531.6	11088.9	11716.3	5.7
加拿大	2084.7	2398.5	2544.7	2617.7	4.0
欧洲	5549.5	5434.3	4988.8	4913.1	-1.5
其他	3464.7	3576.8	3540.5	3790.0	8.1
过夜开支	27.0	25.0	21.4	22.3	4.2
邮轮游客	19363.1	18881.1	19015.7	20156.6	6.0

资料来源:CTO 成员国和 CTO 的评估。

2011—2021 年旅游业分析及预测

单位：百万本国货币，%

	2011年加勒比海地区			2021年加勒比海地区			2011年拉丁美洲地区			2021年拉丁美洲地区			2011年全球			2021年全球		
	USD (bn)	百分比	增长率	USD (bn)	百分比	增长率	USD (bn)	百分比	增长率	USD (bn)	百分比	增长率	USD (bn)	百分比	增长率	USD (bn)	百分比	增长率
对国内生产总值的直接贡献	15.8	4.6	4.4	22.9	4.7	3.7	629.3	2.9	5.5	923.9	3.1	3.9	1850	2.8	4.5	2861	2.9	4.2
对国内生产总值的总贡献	48.6	14.2	4.2	70.7	14.6	3.8	1947.90	8.8	3.6	2762.40	9.2	3.5	5991.90	9.1	3.9	9226.90	9.6	4.2
对就业的直接贡献	687	4	3.1	876	4.3	2.5	15811	3.8	3.1	19239	4	2	99048	3.4	3	120427	3.6	2
对就业的总贡献	2167	12.6	2.9	2764	13.7	2.5	40738	9.8	2.8	49149	10.2	1.9	258592	8.8	3.2	323826	9.7	2.3
出境旅游消费	26.2	16.7	4.8	37.8	15.8	3.7	267.6	7.3	5.9	412.7	5.5	4.3	1163	5.8	5.5	1789	4.7	4.3
境内旅游消费	10	2.9	3.7	14.7	3.1	4	1027.20	4.7	4.6	1496.20	5	3.8	2637	4	3.8	4128	4.3	4.3
休闲旅游消费	33.8	9.9	4.7	49.2	10.2	3.8	1010.40	4.6	3.9	1499.50	5	4	2963	4.5	3.8	4604	4.7	4.3
商务旅游消费	3.1	0.9	2.4	4.5	1	3.7	306.9	1.4	7.8	440.4	1.5	3.6	899	1.4	6.1	1402	1.5	4.3
资本投资	5.7	11.6	5.7	8.4	12.5	3.9	207.7	5.4	3.1	340.2	5.9	5	651	4.5	4.6	1124	4.6	5.4

资料来源：世界旅游旅行理事会，2011年。

2011 年游客月接待量

2011 年 1—6 月加勒比海地区分国别游客数量变化

单位：人、%

目的地	1 月		2 月		3 月		4 月		5 月		6 月	
	游客	增减百分比	游客	增减百分比	游客	增减百分比	游客	增减百分比	游客	增减百分比	游客	增减百分比
安提瓜和巴布达	23813	7.1	23826	6.5	24734	-4.5	24760	19.7	17346	-2.1	17025	9.2
巴哈马	84003	-8.0	106221	1.2	152360	-3.5	138806	6.5	116919	-8.1	142053	-2.4
巴巴多斯	52194	8.0	51793	6.6	53257	3.3	51442	24.4	41699	-10.9	38490	9.4
伯利兹	23592	5.3	23854	0.4	28643	-3.6	23585	19.8	19289	-0.9	21755	2.0
古巴	296060	15.8	293047	13.8	315454	5.7	275410	13.4	183818	7.2	174076	6.1
开曼群岛	26445	5.8	29911	10.0	37466	5.1	30824	12.7	23440	7.4	26960	7.6
多米尼克	5951	-5.6	5124	-30.2	7478	24.5	6346	12.7	5135	-36.9	4794	26.5
多米尼加共和国	409539	1.3	407615	3.0	439613	4.2	378009	14.0	297788	0.3	346727	-0.5
格林纳达	11782	—	9375	—	10093	—	9526	—	7399	—	8054	—
圭亚那	9559	3.0	9365	-1.4	10087	-25.3	15516	7.1	10939	13.2	12525	7.5
牙买加	174144	8.1	175114	4.6	204046	1.3	179444	7.5	146583	-2.1	166545	1.4
圣卢西亚	27010	3.6	26221	-5.9	29421	-0.5	29198	12.4	24033	-20.4	21518	-6.4
圣文森特和格林纳丁斯	6200	4.5	6358	-0.5	6391	-16.2	7474	35.1	4985	5.3	6960	7.0
苏里南	1454	-1.5	14979	-8.2	18066	10.8	19344	18.7	14981	3.4	16403	30.3

2011 年 7—11 月加勒比海地区分国别游客数量变化

单位：人、%

目的地	7月 游客	7月 增减百分比	8月 游客	8月 增减百分比	9月 游客	9月 增减百分比	10月 游客	10月 增减百分比	11月 游客	11月 增减百分比
安提瓜和巴布达	23522	6.8	18079	6.2	10474	5.4	14974	2.0	18708	1.3
巴哈马	154865	-1.2	103389	-13.8	57797	0.9	65376	-11.9	—	—
巴巴多斯	58237	13.1	49961	19.3	29144	-3.1	39358	0.8	47208	5.3
伯利兹	24042	2.6	17735	-3.8	9823	6.2	12093	1.4	18908	8.3
开曼群岛	31407	7.5	20017	4.8	9977	4.3	14356	4.1	24935	7.7
古巴	209643	1.6	174359	0.9	142322	5.8	161514	-1.9	214603	7.1
多米尼克	9941	12.6	7314	1.5	3535	-6.7	7716P	-1.6	2642P	-32.8
多米尼加共和国	433016	3.7	328344	-1.4	239706	9.3	265840	7.5	315848	6.3
格林纳达	11553	—	13297	—	5446	—	8245	—	—	—
圭亚那	21908	3.3	16154	-3.9	9408	2.0	10852	8.2	—	—
牙买加	202493	-1.0	155133	-2.7	98280	1.3	—	—	—	—
圣卢西亚	29707	-13.1	25378	-14.2						
圣文森特和格林纳丁斯	7366	-6.7	6247	3488	-3.7	8.8	4416	11.2	5102P	-0.9
苏里南	23862	-0.4	21683	6.4	14976	10.6	17969	4.6	—	—

2011 年主要市场的游客接待量

单位：人、%

目的地	期间	美国		加拿大		欧洲		其他	
		游客	比例	游客	比例	游客	比例	游客	比例
安提瓜和巴布达	1—11 月	75741	2.3	20001	26.5	83047	4.9	38472	2.1
巴哈马	1—10 月	890227	−5.5	96713	3.1	64854	−0.9	69995	9.3
巴巴多斯	1—11 月	128622	6.1	63540	−1.1	203090	6.9	117531	13.4
伯利兹	1—11 月	139402	6.8	17154	9.8	27189	1.0	39574	−9.6
开曼群岛	1—11 月	218850	6.5	21248	32.1	18572	6.5	17068	−4.1
古巴	1—11 月	—	—	899608	6.6	740010	1.1	800688	15.6
多米尼克	1—11 月	16341	−7.1	2664	3.2	9820	1.4	37151	−4.6
多米尼加共和国	1—11 月	1173773	3.7	581982	0.9	1057605	−1.2	1048685	12.3
格林纳达	1—10 月	19119	—	5247	—	27640	—	42764	—
圭亚那	1—10 月	68240	−1.3	19311	−6.9	6854	−1.6	31908	11.9
牙买加	1—9 月	954483	−1.7	285934	20.6	190142	−6.7	71223	18.3
圣卢西亚	1—8 月	86848	−10.2	25511	4.2	60236	−1.4	39891	−10.1
圣文森特和格林纳丁斯	1—11 月	18313	−2.5	5717	−4.5	17986	16.5	22981	−1.1
苏里南	1—10 月	6365	24.2	1549	10.5	86196	−3.1	82707	17.6

资料来源：加勒比海地区旅游组织，2011 年。

2011 年加勒比海地区各国旅游业 GDP 产值

国家和地区名称	指标	数量（百万）	排名1	百分比（%）	排名2	增长率（%）	排名3
开曼群岛	直接产值	159.20	145	7	36	3.8	159
	全部产值	540.40	141	23.8	28	4	147
巴哈马	直接产值	1648.40	74	21.72	6	5.2	153
	全部产值	3598.10	83	47.4	9	4.9	151

续表

国家和地区名称	指标	数量（百万）	排名1	百分比（%）	排名2	增长率（%）	排名3
安提瓜与巴布达	直接产值	549.30	144	17.8	9	3.4	143
	全部产值	2294.50	132	74.2	2	3.2	122
巴巴多斯	直接产值	1155.80	113	14.2	13	3	146
	全部产值	3824.90	109	47	10	3.1	133
伯利兹	直接产值	364.80	146	12.2	17	3.6	104
	全部产值	1020.40	145	34.2	13	3.5	103
古巴	直接产值	2011.00	71	2.7	109	4.7	80
	全部产值	7858.50	64	10.6	75	4.3	62
多米尼克	直接产值	82.70	176	7.5	29	2.5	169
	全部产值	273.50	174	24.8	25	2.3	166
多米尼加	直接产值	114.20	63	5.5	48	6.3	134
	全部产值	366.40	58	17.7	35	6.1	129
格林纳达	直接产值	139.90	169	7.3	33	5.3	35
	全部产值	464.60	166	24.2	26	4.3	42
圭亚那	直接产值	13.90	165	4.8	57	4.3	179
	全部产值	35.10	167	12.2	63	4.3	171
海地	直接产值	5725.40	152	1.9	143	8.2	86
	全部产值	17774.60	151	6	134	9.3	63
牙买加	直接产值	98.50	89	7.5	30	-0.6	121
	全部产值	315.70	82	24	27	-0.5	124
圣基茨和尼维斯	直接产值	114.20	173	7.8	27	5.3	72
	全部产值	412.70	171	28.2	19	4.2	79
圣卢西亚	直接产值	431.20	149	15.4	11	2.7	68
	全部产值	1279.00	149	45.8	11	2.3	85
圣文森特和格林纳丁斯	直接产值	119.60	172	7.3	31	2.3	160
	全部产值	416.20	170	25.5	23	1.6	155
苏里南	直接产值	159.10	168	1.5	166	0.3	135
	全部产值	431.10	169	4.1	164	0.6	126
特立尼达与多巴哥	直接产值	6669.20	91	3.8	77	4.7	96
	全部产值	13084.40	102	7.4	109	6.5	72

注：其中"数量"的单位为：百万本国货币。

资料来源：世界旅游旅行理事会，2011年。

2011 年加勒比海地区各国旅游业对就业贡献

国家和地区名称	指标	数量（千）	排名1	百分比（％）	排名2	增长率（％）	排名3
开曼群岛	直接贡献	3	174	8.5	23	3.4	152
	全部贡献	8	174	25.7	23	3.6	137
巴哈马	直接贡献	48	106	29.4	2	4.6	100
	全部贡献	91	118	55.1	8	4.7	90
安提瓜与巴布达	直接贡献	5	164	18	8	1.5	133
	全部贡献	19	159	69	3	0.6	147
巴巴多斯	直接贡献	20	137	14.6	13	2.9	120
	全部贡献	65	133	46.6	10	2.9	113
伯利兹	直接贡献	14	144	11.1	20	5.2	11
	全部贡献	39	143	31	17	5.1	12
古巴	直接贡献	136	66	2.5	120	2.4	117
	全部贡献	526	52	9.8	78	1.8	99
多米尼克	直接贡献	3	175	6.9	35	0.4	162
	全部贡献	9	172	22.9	28	0.1	162
多米尼加	直接贡献	210	52	5.1	47	4.4	60
	全部贡献	679	44	16.3	39	4.1	59
格林纳达	直接贡献	3	170	6.8	39	3.3	87
	全部贡献	10	166	22.4	30	2.2	92
圭亚那	直接贡献	13	145	4.1	69	1.5	178
	全部贡献	33	147	10.6	70	1.5	178
海地	直接贡献	57	102	1.6	155	3.5	51
	全部贡献	182	94	5.2	146	4.5	30
牙买加	直接贡献	82	87	7.1	32	0.2	58
	全部贡献	262	78	22.6	29	0.3	57
圣基茨和尼维斯	直接贡献	2	178	7.7	26	4.7	82
	全部贡献	6	177	26.7	20	3.7	85
圣卢西亚	直接贡献	13	147	17.5	9	3.1	24
	全部贡献	33	148	45.4	11	2.6	37

国家和地区名称	指标	数量（千）	排名1	百分比（%）	排名2	增长率（%）	排名3
圣文森特和格林纳丁斯	直接贡献	3	173	6.7	40	0.9	165
	全部贡献	10	168	23.3	27	0.2	161
苏里南	直接贡献	2	176	1.4	163	-1.7	147
	全部贡献	7	176	3.7	166	-1.5	141
特立尼达与多巴哥	直接贡献	32	118	5.2	46	1.6	137
	全部贡献	60	135	9.7	79	2.2	104

资料来源：世界旅游旅行理事会，2011 年。

加勒比海地区部分风景资源统计

主类	亚类	国家和地区	单体名称	数量
A 地文景观	AA 综合自然旅游地	多米尼加，普拉塔港	伊莎贝尔山（Monte Isabel de Torres）	17
		开曼群岛，开曼布拉克岛	自然保护区（National Trust Reserve）	
		开曼群岛，小开曼岛	自然保护区（National Trust Reserve）	
		古巴，比那尔德里奥省	比尼亚雷斯谷（Valle de Vinares）	
		巴巴多斯，岛东北部	法利山国家公园（Farley Hill National Park）	
		巴哈马，大巴哈马岛	卢卡亚国家公园（Lucayan National Park）	
		苏里南，内陆地区	热带雨林（Iwokrama Forest）	
		圭亚那，内陆地区	国家野生动物园（Maipaima EcoLodge）	
		格林纳达	La Sagesse 自然中心	
		格林纳达	Levera 国家公园	
		海地，太子港	Bassin Bleu	
		海地，太子港	Petionville	
		多米尼克，罗索	热带雨林	
		圣基茨	Clay Villa Plantation House & Gardens	
		圣卢西亚，蒙塞特拉岛	蒙塞特拉岛	

续表

主类	亚类	国家和地区	单体名称	数量
		圣文森特和格林纳丁斯，圣文森特岛	Mopion	
		圣文森特和格林纳丁斯，圣文森特岛	Montreal Gardens	
	AB 沉积与构造	开曼群岛，大开曼岛	地狱（Hell）	2
		巴哈马，安德罗斯岛	摩根陡崖（Morgan's Bluff）	
	AC 地质地貌过程形迹	特立尼达和多巴哥，多巴哥岛	鲁滨逊洞穴（Robinson Crusoe's cave）	9
		开曼群岛，大开曼岛	喷水洞（Blow Holes）	
		开曼群岛，开曼布拉克岛	洞穴（Cave）	
		古巴，圣地亚哥省	大石（Grand Piedra）	
		牙买加，奥乔里奥斯市	绿之洞（Green Grotto）	
		巴巴多斯，岛中部	哈里森洞穴（Harrison's Cave）	
		尼维斯	MountLiamuiga	
		伯利兹，伯利兹城	大蓝洞（Great Blue Hole）	
		圣卢西亚，蒙塞特拉岛	苏弗里耶尔火山	
	AO 岛礁	巴哈马，安德罗斯岛	安德罗斯堡礁（Androsia Barrier Reef）	4
		巴哈马，特克斯和凯科斯群岛	特克斯和凯科斯群岛（Turks and Caicos Islands）	
		伯利兹，贝尔莫潘	博里塔小岛（Bonita）	
		伯利兹，伯利兹城	伯利兹生物礁（Belize Barrier Reef）	
	AE	特立尼达和多巴哥，西班牙港	旧市场（Old Market）	1
B 水域风光	BA 河段	牙买加，蒙特哥贝市	大河筏流（Great River Rafting）	5
		牙买加，蒙特哥贝市	马萨布雷河筏流（Rafting on The Martha Baea）	
		牙买加，蒙特哥贝市	黑河猎奇游（Black Rover Safari）	
		牙买加，奥乔里奥斯市	白河筏流（Rafting on The White River）	
		牙买加，安东尼奥港	格兰德河筏流（Rafting on The Grande）	
	BB 天然湖泊与池沼	牙买加，安东尼奥港	蓝泄湖（Blue Lagoon）	2
		格林纳达，岛中央	Etang 湖	
	BC 瀑布	牙买加，蒙特哥贝市	Y. S 瀑布（Y. S Falls）	7
		牙买加，奥乔里奥斯市	丹斯河瀑布（Dunn's River Falls）	

续表

主类	亚类	国家和地区	单体名称	数量
		圭亚那，内陆地区	凯尔图尔瀑布	
		格林纳达，格林维尔	山卡梅尔瀑布	
		格林纳达	七姐妹瀑布	
		多米尼克	瀑布	
		圣卢西亚，郊区	巴伦瀑布	
	BD 河口与海面	特立尼达和多巴哥，多巴哥岛	鸽子角（Pigeon Point）	26
		特立尼达和多巴哥，岛东侧	魔鬼桥（Devil's Bridge）	
		多米尼加，圣多明各	博卡奇卡海滩（Playa Boca Chica）	
		多米尼加，圣多明各	瓜亚卡内斯海滩（Guayacanes）	
		多米尼加，圣多明各	胡安多利奥（Juan Dolio）	
		多米尼加，普拉塔港	黄金海滩（Playa Dorada）	
		多米尼加，普拉塔港	索苏阿（Sosua）	
		多米尼加，普拉塔港	科夫雷西海滩（Playa Cofresi）	
		开曼群岛，大开曼岛	朗姆角（Rum Point）	
		开曼群岛，大开曼岛	七英里海滩（Seven Mile Beach）	
		开曼群岛，小开曼岛	沙角（Points of Sands）	
		开曼群岛，小开曼岛	欧文岛（Owen Island）	
		牙买加，蒙特哥贝市	博士洞穴海滩（Doctor's Cave Beach）	
		牙买加，蒙特哥贝市	阿奎索尔海滩（Aqua Sol Beach）	
		牙买加，奥乔里奥斯市	迪斯卡富尔贝和拉纳韦贝（Discovery Bay & Runaway Bay）	
		牙买加，内格里尔市	内格里尔海滩（Negril）	
		牙买加，安东尼奥港	内维岛（Navy Island）	
		牙买加，安东尼奥港	波士顿海滩（Boston Beach）	
		牙买加，金斯顿	莱姆岛（Lime Cay）	
		巴哈马，拿骚	天堂岛（Paradise Island）	
		巴哈马，拿骚	凯布尔沙滩（Cable Beach）	
		巴哈马，伊柳塞拉岛	哈伯岛（Harbour Island）	
		巴哈马，伊柳塞拉岛	加弗诺港（Governor's Harbour）	
		巴哈马，伊柳塞拉岛	罗克桑德（RockSound）	
		巴哈马，伊柳塞拉岛	温德米尔岛（Windermere island）	
		尼维斯	South Friars Beach	

续表

主类	亚类	国家和地区	单体名称	数量
C 生物景观	CA	特立尼达和多巴哥，西班牙港	植物园和帝谷动物园（Botanical Garden & Emperor Valley Zoo）	1
	CB 树木	牙买加，蒙特哥贝市	竹林大街（Bamboo Avenue）	1
	CC 花卉地	开曼群岛，大开曼岛	伊丽莎白二世植物园（Queen Elizabeth II Botanical Park）	11
		牙买加，奥乔里奥斯市	前程种植馆（Prospect Plantation）	
		牙买加，奥乔里奥斯市	凤尾草冲沟（Fern Gully）	
		牙买加，奥乔里奥斯市	太阳谷种植园（Sun Valley Plantation）	
		牙买加，金斯顿	霍普植物园（Hope Batanical）	
		牙买加，金斯顿	UCC 咖啡种植园（UCC Coffee Plantation）	
		巴巴多斯，岛中部	花卉林（Flower Forest）	
		巴哈马，拿骚	阿达斯特拉花园和动物园（Ardastra Garden & Zoo）	
		巴哈马，大巴哈马岛	兰德自然中心（Rand Nature Center）	
		尼维斯	Botanical Gardens of Nevis	
		圣文森特和格林纳丁斯，金斯顿	植物园	
	CD 野生动物栖息地	特立尼达和多巴哥，西班牙港	卡罗尼鸟类保护区（Caroni Bird Santuary）	6
		牙买加，奥乔里奥斯市	海豚湾（Dolphin Cove）	
		巴巴多斯，岛东北部	巴巴多斯野生动物保护区（Barbados Wildlife Reserve）	
		巴哈马，拿骚	阿达斯特拉花园和动物园（Ardastra Garden & Zoo）	
		圭亚那，乔治敦	圭亚那国家动物园（Guyana Zoological Park）	
		圣基茨	Greg's Safaris	
D 天象和气候	DA 光现象	牙买加，内格里尔市	内格里尔海滩（Negril）	1
E 遗址遗迹	EA 社会经济文化活动遗址遗迹	安提瓜和巴布达，岛南部	雪莉山顶（Shirley Heights）	8
		安提瓜和巴布达，岛中部	贝蒂的希望（Betty's Hope）	
		安提瓜和巴布达，岛东北部	摩根·刘易斯风车（Morgan Lewis Mill）	
		苏里南，帕拉马里博市	帕拉马里博古城	

续表

主类	亚类	国家和地区	单体名称	数量
		海地，太子港	Cap - Haitien	
		海地，太子港	国家历史公园	
		伯利兹，伯利兹城	阿顿哈玛雅遗址（Altun Ha Mayan Sit）	
		伯利兹，伯利兹城	拉马奈遗址（Lamanai Site）	
F 建筑与设施	FA 综合人文旅游地	特立尼达和多巴哥，西班牙港	萨王纳女王公园（Queen's Park Savanna）	38
		特立尼达和多巴哥，西班牙港	国家博物馆和艺术馆（National Museum & Art Gallery）	
		特立尼达和多巴哥，多巴哥岛	斯卡伯勒（Scarborough）	
		安提瓜和巴布达，圣约翰城	圣约翰英国国教教会教堂（St. John's Anglican Cathedral）	
		安提瓜和巴布达，圣约翰城	圣约翰港（St. John's Harbour）	
		安提瓜和巴布达，圣约翰城	安提瓜和巴布达博物馆（Museum of Antigua and Barbuda）	
		安提瓜和巴布达，岛南部	纳尔逊造船厂（Nelson's Dockyard）	
		多米尼加，圣多明各	殖民区（Colonial District）	
		多米尼加，圣多明各	新市区（New Downtown）	
		多米尼加，普拉塔港	市中心（Downtown）	
		多米尼加，普拉塔港	卡巴雷特（Cabarete）	
		开曼群岛，大开曼岛	海龟养殖场（Turtle Farm）	
		开曼群岛，大开曼岛	开曼群岛国家博物馆（Cayman Islands National Museum）	
		开曼群岛，大开曼岛	刺魟金玉其外酒厂（Stingray Brewery）	
		开曼群岛，开曼布拉克岛	开曼布拉克博物馆（Cayman Brac Museum）	
		开曼群岛，小开曼岛	小开曼博物馆（Little Cayman Museum）	
		古巴，圣地亚哥省	狂欢节博物馆（Museo el Ccarnaval）	
		古巴，圣地亚哥省	巴科瑙公园（Parque Baconao）	
		古巴，圣斯皮里图斯省	特立尼达圣体广场（Plaza Santisima Sra. de Trinidad）	
		古巴，圣斯皮里图斯省	雪茄烟厂（Fabrica de Tabacos）	
		牙买加，蒙特哥贝市	阿普尔顿庄园（Appleton Estate）	

续表

主类	亚类	国家和地区	单体名称	数量
		牙买加，奥乔里奥斯市	岛上购物村（Island Village）	
		牙买加，奥乔里奥斯市	甜心厅（Harmony Hall）	
		牙买加，奥乔里奥斯市	肖园花园（Shaw Park Gardens）	
		巴巴多斯，岛东北部	圣尼古拉斯修道院（St. Nicholas Abbey）	
		巴巴多斯，岛东部	圣约翰教堂（St. John's Church）	
		巴巴多斯，岛西部	圣詹姆斯教堂（St. James Church）	
		巴哈马，拿骚	罗森广场和议会广场（Rawson Squares & Parliament Squares）	
		巴哈马，大巴哈马岛	国际百货店（International Bazzar）	
		巴哈马，大巴哈马岛	香水工厂（The Perfume Factory）	
		巴哈马，大巴哈马岛	卢卡亚卡普里岛赌场（Isle of Capri Casino at Our Lucaya）	
		巴哈马，大巴哈马岛	卢卡亚港市场（Port Lucaya Marketplace）	
		巴哈马，安德罗斯岛	安德罗斯蜡染厂（Androsia Batik Works Factory）	
		格林纳达，圣乔治	圣乔治	
		海地，太子港	拉巴第	
		圣基茨和尼维斯	冲浪营地	
		圣基茨和尼维斯	潜水营地	
		伯利兹，伯利兹城	文化之家（House of Culture）	
	FB 单体活动场馆	古巴，圣斯皮里图斯省	各类博物馆（Museoes）	2
		伯利兹，伯利兹城	伯利兹博物馆（Museum of Belize）	
	FC 景观建筑与附属型建筑	特立尼达和多巴哥，西班牙港	气派华丽的七馆（The Magnificent Seven）	12
		特立尼达和多巴哥，西班牙港	伍德福德广场（Woodford Square）	
		安提瓜和巴布达，圣约翰城	詹姆斯堡（Fort James）	
		牙买加，蒙特哥贝市	玫瑰厅大宅（Rose Hall Great House）	
		牙买加，蒙特哥贝市	格林伍德大宅（Greenwood Great House）	
		牙买加，金斯顿	牙买加国家美术馆（National Gallery of Art）	
		牙买加，金斯顿	德文豪斯（Devon Housee）	
		牙买加，金斯顿	皇家港（Port Royal）	
		巴哈马，拿骚	夏洛特堡（Fort Charlotte）	

续表

主类	亚类	国家和地区	单体名称	数量
		圭亚那，乔治敦	St. George's Cathedral	
		圭亚那，乔治敦	Demerara Distillery	
		伯利兹，伯利兹城	莫尔城堡（Mir Castle）	
	FD 居住地与社区	古巴，哈瓦那市	海明威博物馆（Museo Ernest Hemingway）	21
		古巴，哈瓦那市	两世界旅馆（Hotel Ambos Mundos）	
		古巴，哈瓦那市	拉特拉萨（La Terraza）	
		古巴，哈瓦那市	科希马尔（Cojimar）	
		古巴，哈瓦那市	哈瓦那旧市区（La Habana Vieja）	
		古巴，哈瓦那市	革命广场（Plaza de la Revolucion）	
		古巴，哈瓦那市	何塞·马蒂纪念博物馆（Menorial Jose Marti）	
		古巴，哈瓦那市	拿破仑博物馆（Museo Napoleonico）	
		古巴，比那尔德里奥省	比那尔德里奥（Pinar del Rio）	
		古巴，圣地亚哥省	7 月 26 日蒙卡达兵营博物馆（Museo 26de Julio Cuartel Moncada）	
		古巴，圣地亚哥省	古巴环境历史博物馆（Museo de Ambiente Historico Cubano）	
		古巴，圣地亚哥省	巴卡迪博物馆（Museo Municipal Emilio Bacardi Moreau）	
		古巴，圣地亚哥省	莫洛城堡（Castillo del Morro）	
		古巴，圣地亚哥省	格兰希塔锡沃内（Granjita Siboney）	
		古巴，圣斯皮里图斯省	西恩富戈斯（La Canchanchara）	
		牙买加，蒙特哥贝市	蒙特哥贝市中心（Downtown）	
		牙买加，安东尼奥港	安东尼奥市中心（Downtown）	
		牙买加，金斯顿	西班牙镇（Spanish Town）	
		巴巴多斯，岛中心	布里奇敦（Bridgetown）	
		巴巴多斯，岛中心	巴巴多斯博物馆（Barbados Museum）	
		巴哈马，安德罗斯岛	尼克尔斯镇（Nicholl's town）	
	FE 归葬地	古巴，圣地亚哥省	圣伊菲赫尼亚墓地（Cementerio de Ssnta Ifigenia）	1
G 旅游商品	GA 地方旅游商品	各国美食	略	—

续表

主类	亚类	国家和地区	单体名称	数量
H 人文活动	HA 民间习俗	古巴，各大城市	狂欢节	—
数量统计				
主类：8　亚类：22				175

注：因资料有限，现仅对古巴、牙买加、巴巴多斯、巴哈马群岛、特立尼达和多巴哥、安提瓜和巴布达、多米尼加和开曼群岛等较成熟的旅游目的地国家进行资源分类。

加勒比海地区国际机场建设情况

国家名称	国际机场数	机场跑道	停机坪
古巴	9	全部已铺设	
牙买加	2	全部已铺设	
巴巴多斯	1	全部已铺设	
巴哈马	2	全部已铺设	
特立尼达和多巴哥	2	全部已铺设	
安提瓜和巴布达	1	全部已铺设	
多米尼加	5	全部已铺设	
开曼群岛	1	全部已铺设	
伯利兹	1	全部已铺设	
圣卢西亚	1	全部已铺设	
苏里南	1	全部已铺设	
圭亚那	1	全部已铺设	
格林纳达	1	全部已铺设	
海地	1	全部已铺设	
多米尼克	1	全部已铺设	
圣基茨和尼维斯	1	全部已铺设	
圣文森特和格林纳丁斯	2	全部已铺设	

资料来源：美国中情局。

加勒比海地区基础设施概况

名称	航空	铁路和公路（公里）	水路	通信设施	输油管（公里）
古巴	共: 136 (2010) with paved runways: 65	铁路: 8598 公路: 60858	航道: 240 公里 (2010) 主要港口: Antilla, Cienfuegos, Guantanamo, Havana, Matanzas, Mariel, NuevitasBay, Santiago de Cuba, Tanamo	主要电话线路: 1168; 通信设施基本充足	三然气: 41 石油: 230 (2010)
牙买加	共: 27 (2010) with paved runways: 12	公路: 22121	主要港口: Discovery Bay（Port Rhoades）, Kingston, Montego Bay, PortAntonio, Port Esquivel, Port Kaiser, Rocky Point	主要电话线路: 302300 (2009); 本地通信资源较充足	
巴巴多斯	共: 1 (2010) with paved runways: 1	公路: 1600 paved: 1600 (2004)	主要港口: Bridgetown	主要电话线路: 135700 (2009); 全岛覆盖通信网络	天然气: 33; 石油: 62
巴哈马	共: 62 (2010) with paved runways: 23	公路: 2717 paved: 1560 (2002)	主要港口: Freeport, Nassau, South Riding Point	主要电话线路: 129000 (2009); 设备较为现代化	

续表

名称	航空	铁路和公路（公里）	水路	通信设施	输油管（公里）
特立尼达和多巴哥	共：6 (2010) with paved runweys：3	公路：8320 paved：4252 (2001)	主要港口：Point Fortin，Point Lisas，Port of Spain，Scarborough；* oil terminals：Galeota Point terminal	主要电话线路：314800 (2009)； 国际和国内通信服务均极好	天然气：671 石油：334 (2010)
安提瓜和巴布达	共 3 (2010) with paved runweys：2	公路：1165 paved：384 (2002)	主要港口：Saint John's	主要电话线路：37400 (2009)； 通信设备较好	
多米尼加	共：35 (2010) with paved runweys：16	铁路：142 (2010) 公路：19705 paved：9872 (2002)	主要港口：Puerto Haina，Puerto Plata，Santo Domingo；* oil terminals：Andres LGN terminal（Boca Chica），Punta Nizao oil terminal	主要电话线路：965400 (2009)； 通信十分高效	石油：99
开曼群岛	共 3 (2010) with paved runweys：2	公路：785 paved：785 (2007)	主要港口：CaymanBrac，George Town	主要电话线路：38000 (2009)； 总体来说通信设施较好	
伯利兹	共：45 (2010) with paved runweys：4	公路：3007 paved：575 (2006)	航道：825km (2010) 主要港口：Belize City，Big Creek	主要电话线路：31200 (2009)； 总体来说高于世界平均水平	
圣卢西亚	共：2 (2010) with paved runweys：2	公路：1210 (2002)	主要港口：Castries，Cul – de – Sac，Vieux – Fort	主要电话线路：41000 (2009)； 通信设备充足	

续表

名称	航空	铁路和公路（公里）	水路	通信设施	输油管（公里）
苏里南	共：51（2010）with paved runways: 5 (2010)	公路：4304 paved：1130（2003）	航道：1200公里（2010）主要港口：Paramaribo, Wageningen	主要电话线路：83700（2009）；国际通信设备较好	石油：50（2010）
圭亚那	共：96（2010）with paved runways: 10	公路：7970 paved：590（2001）	航道：330公里 主要港口：Georgetown	主要电话线路：130000（2009）；长途电话服务较好，部分地区仍然没有固定电话	
格林纳达	共：3（2010）with paved runways: 3	公路：1127 paved：687（2001）	主要港口：Saint George's	主要电话线路：28600（2009）；岛内通信设备完善	
海地	共：14（2010）with paved runways: 4 (2010)	公路：4160 paved：1011（2001）	主要港口：Cap – Haitien, Gonaives, Jacmel, Port – au – Prince	主要电话线路：108300（2009）；通信设备贫乏国家，相关设备设施相当不完备	
多米尼克	共：2（2010）with paved runways: 2	公路：780 paved：393（2001）	主要港口：Portsmouth, Roseau	主要电话线路：17500（2009）；充足的通信设施	
圣基茨和尼维斯	共：2（2010）with paved runways: 2	铁路：50（2008）公路：383 paved：163（2002）	主要港口：Basseterre, Charlestown	主要电话线路：20500（2009）；岛内和国家通信均较好	
圣文森特和格林纳丁斯	共：6（2010）with paved runways: 5	铁路：无 公路：829 paved：580（2003）	主要港口：Kingstown	主要电话线路：23000（2009）；较为充足的岛内通信设备	

资料来源：美国中情局。

加勒比海地区国内机场建设情况

国家名称	国内机场数	机场跑道	支线数
古巴	127	已铺设 56 未铺设 71	
牙买加	25	已铺设 10 未铺设 15	
巴巴多斯	0	已铺设 0 未铺设 0	
巴哈马	60	已铺设 21 未铺设 39	
特立尼达和多巴哥	4	已铺设 1 未铺设 3	
安提瓜和巴布达	2	已铺设 1 未铺设 1	
多米尼加	30	已铺设 11 未铺设 19	
开曼群岛	2	已铺设 1 未铺设 1	
伯利兹	44	已铺设 3 未铺设 41	
圣卢西亚	1	已铺设 1 未铺设 0	
苏里南	50	已铺设 4 未铺设 46	
圭亚那	95	已铺设 9 未铺设 86	
格林纳达	2	已铺设 1 未铺设 1	

续表

国家名称	国内机场数	机场跑道	支线数
海地	13	已铺设 3 未铺设 10	
多米尼克	1	已铺设 1 未铺设 0	
圣基茨和尼维斯	1	已铺设 1 未铺设 0	
圣文森特和格林纳丁斯	4	已铺设 3 未铺设 1	

资料来源：美国中情局。

加勒比海地区公路建设情况

国家名称	公路里程 （公里）	已铺设 （公里）	未铺设 （公里）	海岸线长度 （公里）	地质条件
古巴	60858	29820	31038	3735	—
牙买加	22121 （含44公里 高速）	未知	未知	1022	石灰岩
巴巴多斯	1600	1600	0	97	石灰岩
巴哈马	2717	1560	1157	3542	石灰岩
特立尼达和多巴哥	8320	4252	4068	362	—
安提瓜和巴布达	1165	384	781	153	石灰岩（安提瓜岛） 和珊瑚礁（巴布达岛）
多米尼加	19705	9872	9833	160	
开曼群岛	785	785	0	1288	石灰岩
伯利兹	3007	575	2432	386	—

续表

国家名称	公路里程（公里）	已铺设（公里）	未铺设（公里）	海岸线长度（公里）	地质条件
圣卢西亚	1210	未知	未知	158	玄武岩
苏里南	4304	1130	3174	386	—
圭亚那	7970	590	7380	459	—
格林纳达	1127	687	440	121	—
海地	4160	1011	3149	1771	—
多米尼克	780	393	387	148	—
圣基茨和尼维斯	383	163	220	135	—
圣文森特和格林纳丁斯	829	580	249	84	玄武岩

资料来源：美国中情局。

加勒比海地区铁路建设情况

国家名称	铁路里程（公里）	面积（平方公里）
古巴	8598	110860
牙买加	0	10991
巴巴多斯	0	431
巴哈马	0	13880
特立尼达和多巴哥	0	5128
安提瓜和巴布达	0	442.6
多米尼加	142	48670
开曼群岛	0	264
伯利兹	0	22966
圣卢西亚	0	616
苏里南	0	163820
圭亚那	0	214969
格林纳达	0	344

续表

国家名称	铁路里程（公里）	面积（平方公里）
海地	0	27750
多米尼克	0	751
圣基茨和尼维斯	0	261
圣文森特和格林纳丁斯	0	389

资料来源：美国中情局。

加勒比海地区港口建设情况

国家名称	港口数	邮轮数	泊位数	航道长度（公里）
古巴	76	5		240
牙买加	15	19		
巴巴多斯	3	95		
巴哈马	39	1170		
特立尼达和多巴哥	11	6		
安提瓜和巴布达	6	1219		
多米尼加	15	1		
开曼群岛	2	113		
伯利兹	7	231		825
圣卢西亚	4	0		
苏里南	7	1		1200
圭亚那	2	8		330
格林纳达	2	0		
海地	4	0		
多米尼克	2	40		
圣基茨和尼维斯	3	160		
圣文森特和格林纳丁斯	1	444		

资料来源：美国中情局。

加勒比海地区设施建设情况

国家名称	固定电话（部）	手机（部）	网络主机（台）	网络用户（人）
古巴	1168000	443000	3025	1606000
牙买加	302300	2971000	3099	1581000
巴巴多斯	135700	337100	1508	188000
巴哈马	129000	358800	21939	115800
特立尼达和多巴哥	314800	1970000	168876	593000
安提瓜和巴布达	37400	134900	9795	65000
多米尼加	965400	8630000	283298	2701000
开曼群岛	38000	33800	21910	23000
伯利兹	31200	161800	2880	36000
圣卢西亚	41000	176000	106	142900
苏里南	83700	763900	171	163000
圭亚那	130000	281400	8840	189600
格林纳达	28600	64000	52	25000
海地	108300	3648000	273	1000000
多米尼克	17500	106000	718	28000
圣基茨和尼维斯	20500	83000	51	17000
圣文森特和格林纳丁斯	23000	121100	211	76000

资料来源：美国中情局。

加勒比海地区能源分布情况

国家名称	石油产量（bbl/day）	石油消费（bbl/day）	天然气产量（cum）	天然气消费（cum）	电力产量（KWh）	电力消费（KWh）
古巴	53690	176000	1160000000	1160000000	169900000000	142000000000
牙买加	506	63000	0	0	7323000000	6400000000

续表

国家名称	石油产量 （bbl/day）	石油消费 （bbl/day）	天然气产量 （cum）	天然气消费 （cum）	电力产量 （KWh）	电力消费 （KWh）
巴巴多斯	739	9000	0	0	1011000000	945000000
巴哈马	0	35000	0	0	1945000000	1907000000
特立尼达和多巴哥	144900	41000	42380000000	21970000000	7419000000	7246000000
安提瓜和巴布达	0	5000	0	0	115000000	107000000
多米尼加	392	119000	0	560	14580000000	12870000000
开曼群岛	0	3000	0	0	597400000	537500.000
伯利兹	4252	7000	0	0	215500000	200400000
圣卢西亚	0	3000	0	0	341200000	308000000
苏里南	0	14460	0	0	1580000000	1440000000
圭亚那	0	10000	0	0	820000000	688000000
格林纳达	0	3000	0	0	195400000	177400000
海地	0	12000	0	0	650000000	309000000
多米尼克	0	1000	0	0	87000000	80910000
圣基茨和尼维斯	0	2000	0	0	130000000	120900000
圣文森特和格林纳丁斯	0	2000	0	0	132000000	122700000

资料来源：美国中情局。

规划编制组加勒比海四国考察报告（1）

2012 年 6 月 6—20 日，《加勒比海地区旅游基础设施发展规划》项目组赴位于加勒比海地区的墨西哥、牙买加、巴哈马和特立尼达与多巴哥进行现场调研工作。调研组由国家开发银行研究院、评审一局、天津分行、甘肃分行、中国科学院地理科学与资源研究所和中国社会科学院欧洲研究所等单位的 12 位领导与专家组成。

本次调研通过现场考察、座谈交流、资料收集等形式，重点了解酒店、度假村、港湾、国际机场、公路、铁路等旅游服务基础设施和所在国的自然地理特征与文化背景，旨在形成国家开发银行及中资企业在该地区开展业务的意见建议，力争通过出访，建立双边合作机制和形成可入库的项目储备。

一　调研概述

调研组实地考察了墨西哥首都墨西哥城的墨西哥第一任印第安裔总统纪念园、墨西哥国家艺术宫、大主教堂、宪法广场、阿兹特克帝国遗址、墨西哥天使铜像、索玛雅博物馆等代表性旅游资源点，著名海滨旅游度假地坎昆市的旅游度假设施与玛雅文化遗址 Chichen Nitza 金字塔；牙买加首都金斯顿机场与港口设施、新兴旅游目的地八条河的度假酒店、Dun's River 瀑布与旅游购物设施等；巴哈马的哈勃岛粉色沙滩、首都拿骚海盗博物馆等旅游资源点以及亚特兰蒂斯度假村、邮轮码头等基础设施；特立尼达与多巴哥的机场、城市建设、代表性海湾（见表1）。对这4个国家的旅游业发展现状有了一定认知。

调研期间，分别与墨西哥联邦旅游局（Mexico Tourism Board）执行局长 Eligio Serna Najera 先生、墨西哥旅游发展信托基金（FONATUR）销售部 Monica Miranda 女士、墨西哥坎昆市所在的金塔纳罗奥州旅游局负责人，牙买加交通与工程部（Ministry of Transport Works and Housing）部长 Hon. Omar Davies 博士、牙买加旅游局（Jamaica Tourist Board）主席 Dennis Morrison 先生，特立尼达与多巴哥内政部进行了会谈。并与中国驻巴哈马墨西哥与巴哈马大使馆官员，坎昆市中国龙城项目、中国港湾工程有限责任公司牙买加区域管理中心、中建美国有限公司、中国铁建（加勒比）有限公司等中资机构有关负责人进行了交流与座谈。对中国承建的牙买加南北高速公路、巴哈马大型度假村、斯卡伯罗总医院等项目进行实地考察与现场交流。

表1　　　　　主要调研区旅游资源点与旅游开发现状

国家	调研对象	主要特点
墨西哥	墨西哥第一任印第安裔总统纪念园、国家艺术宫、宪法广场、天使铜像、索玛雅博物馆	人文类旅游资源点，建筑工艺精湛，文化内涵丰厚

续表

国家	调研对象	主要特点
	玛雅文化遗址狄奥蒂华坎太阳、月亮金字塔以及 Chichen Nitza 金字塔	文化遗址类旅游资源点，是世界文化遗产地，在文化旅游开发方面特色鲜明
	坎昆海滨度假设施	功能区划明确，度假酒店风格各异，国际化程度高
牙买加	Dun's River Fall	牙买加最著名的旅游景点之一，河水从上游顺着岩石冲刷下来，汇入大海。众多欧美游客在这里顺着岩石向上攀爬瀑布
	八条河（Ochi Rios）旅游度假设施	八条河是牙买加著名的旅游城市，位于牙买加岛北海岸，有众多的星级酒店和购物设施
	金斯敦到八条河交通状况	穿行中部热带雨林，路面较窄
	金斯敦基础设施建设	金斯敦市港口兴建了现代化的集装箱码头，是世界第七大深水良港。金斯顿的国际机场能起降大型喷气式客机。金斯敦有一条铁路通往西北部蒙特哥湾，全长 328 公里
巴哈马	拿骚城市基础设施建设	国际海港，可停泊远洋海轮和邮轮，有国际机场和免税购物街
	哈勃岛屿基础设施及粉色沙滩	粉红海滩长约 3 英里，水清沙幼。真正的粉色沙砾是其最大特点。海滩沿岸还有由 25 座色彩斑斓的小别墅组成的豪华度假地
	亚特兰蒂斯度假村	著名度假休闲地，有 6 座不同风格独立管理的酒店建筑群，加上众多休闲娱乐设施，为不同游客提供全天候休闲服务
特立尼达与多巴哥	西班牙港	特立尼达与多巴哥首都，西印度群岛海空交通要站，国内公路、铁路的起点
	多巴哥岛	面积约 300 平方公里，东北部峰峦起伏，西南部地势平坦，是特立尼达与多巴哥第二大岛，拥有众多的海湾

表2　　　　　　　　　　　主要考察路线与考察内容

地点	主要活动	考察内容	体会
墨西哥城考察	1. 城市主要旅游景区及基础设施建设状况 2. 与墨西哥旅游组织座谈 3. 郊外玛雅文化遗址公园考察与沿线基础设施	墨西哥主要旅游基础设施建设现状、开发现状、主要旅游景点景区开发与管理现状，旅游景点、景区组合、旅游业合作意向与政策，中国游客情况等	中国目前到墨游客3万左右，包括香港等地。墨目前有很强的意愿与中国就旅游开发进行合作，预计今后游客达15万人次/年。墨基础设施尚好，城市道路质量尚待提高，堵车严重
墨西哥坎昆考察	1. 与坎昆旅游局座谈 2. 与中国龙城建设项目座谈 3. 玛雅文化遗址与坎昆旅游基础设施考察	滨海旅游度假开发及其与周边景区景点的耦合关系、对周边的影响、开发模式评估等	当地政府对旅游投资依然有旺盛需求，中国龙城正在投资滨海度假，规模大，开发相对完善，但由于受金融危机和考察期间淡季影响，游客不如预期。今后有可能打造成为区域旅游物流中心，旅游地产有很大的空间
牙买加北部沿海海滨考察	1. 牙买加北部沿海主要旅游度假村考察 2. 主要海湾海滨旅游资源与基础设施考察 3. 8条河到蒙贝沿线旅游基础设施考察 4. 主要景点景区体验 5. 码头、港口	主要考察滨海旅游基础设施、服务设施等，以及旅游资源与景区开发现状及特点等	北部沿海是牙买加旅游海滨休闲度假区，拥有众多优良海湾。目前开发仅限于东北部和蒙贝一带，尚有许多待开发区域。沿海公路质量较好，基本可以满足需要，但连接南北海岸的路质较差，环岛公路虽然成形，但质量不一，尚待完善，沿海带旅游资源的深度与组合开发尚需加强
牙买加金斯敦到玛丽海岸—南北交通动脉考察	1. 从南海岸—北海岸交通沿线坐车考察 2. 沿线旅游资源与基础设施考察 3. 生态、文化旅游考察	主要考察道路设施、生态、文化旅游、沿线旅游景观等	由中国港湾竞标成功的南北高速待建，沿线旅游景观丰富，生态、文化旅游资源厚重，加上南北两头的海滨旅游度假区开发，可望形成优质带状旅游区。另外，牙买加中央山脉海拔高，有望形成梯状开发体系，增加旅游厚度

续表

地点	主要活动	考察内容	体会
金斯敦市区考察	1. 金斯敦市容及基础设施考察 2. 机场 3. 中国承包的沿海工程 4. 与中国港湾公司座谈 5. 访问牙买加交通部并座谈 6. 访问牙买加旅游部并座谈	城市旅游基础设施、相关旅游项目、旅游投资领域、政策等调研	牙买加政府非常欢迎旅游投资和项目开发，已制订了若干计划和规划，政策相对开放，中国企业已经有所作为并有很好的策划、计划与实践，有在建工程和定标项目等。金斯顿城市旅游基础设施相对较差、不够完善，如没有较好的夜晚照明等，有较大的发展空间
巴哈马拿骚岛旅游考察	1. 拿骚岛旅游基础设施考察 2. 主要旅游度假村与旅游饭店设施考察 3. 旅游产品与旅游商品考察 4. 滨海休闲旅游考察 5. 天堂旅游岛和亚特兰提斯旅游饭店考察 6. 机场、码头 7. 与中国大使馆官员座谈 8. 与中建公司项目管理人员座谈	旅游基础设施、旅游服务设施、旅游市场、主要旅游场所等考察	拿骚岛旅游基础设施与服务设施开发程度深，发展良好，但机场等还有一定的空间。中国企业已经介入旅游开发与经营。但在配套的滨海游如何开发组合的休闲旅游景区以及绿色能源建设方面尚有空间
巴哈马港口岛考察	1. 粉红沙滩、海岸带 2. 码头、港口 3. 岛上旅游设施 4. 旅游资源	独立岛的开发等	巴哈马潜在的旅游开发主要集中在提升旅游业的厚度和深度以及组合旅游资源的开发上，目前尚有许多待开发的海岛，可以考虑独立岛与旅游地产的联合开发模式和领域
特多特立尼达岛考察	1. 特立尼达岛西海岸带 2. 沥青湖 3. 海岸带与出海口沼泽地、湿地、红树林与海鸟栖息地 4. 沿岸基础设施	特立尼达岛的旅游基础设施、旅游资源、旅游景观开发现状等	特多的旅游基础设施相对较好，公路质量等级不错。资源虽然有特质、组合好但规模不够，尚有较大的开发空间。本国拥用石油等能源，资金链较好，适当考虑联合投资开发等

续表

地点	主要活动	考察内容	体会
特多首都西班牙港考察	1. 中心绿地广场 2. 市中心建筑与主要设施 3. 城市中心沿海岸设施 4. 主要交通 5. 城市近郊沿大西洋海岸带考察 6. 机场	城市建设、基础设施状况、旅游设施与服务设施等	相对较好，但海岸带开发不够
特多多巴哥岛考察	1. 沿加勒比海海岸带考察 2. 沿大西洋海岸带考察 3. 主要旅游景点、景区、港湾考察 4. 主要旅游度假村与饭店考察 5. 中铁建承包设施建设工程参观、座谈 6. 岛上其他旅游设施考察	滨海旅游基础设施与服务设施、旅游景点、景区、旅游资源与旅游环境考察	主要景点集中在北部加勒比海沿岸，主要由石质海岸和中间砂质港湾组成，具有较好的度假和生态旅游环境，但开发不够，可考虑大型旅游度假村、环岛旅游公路建设等项目
主要旅游交通考察	1. 支线飞机 2. 邮轮 3. 渡轮 4. 港口、码头	岛屿之间旅游交通设施	
主要旅游环境与政策考察	1. 墨西哥旅游部、坎昆旅游局 2. 牙买加交通部、旅游部 3. 特多内务部、商业银行等	旅游政策环境	
主要投资环境与项目考察	1. 墨西哥大使馆 2. 巴哈马大使馆 3. 中国龙城 4. 中国港湾 5. 中国建设 6. 中国铁建	主要投资领域与重点项目	

二　主要认知

(一) 旅游业是支柱产业之一

作为全球十二大旅游目的地之一，加勒比海地区的旅游发展规模非常之大，而且随着旅游业产业的日益成熟，产业链的日益扩大，旅游业对其他产业的带动作用持续增强。近十年来，加勒比海地区的旅游业基本保持增长趋势，但因受 2008 年金融危机影响，近年来增幅趋缓。2011年，加勒比海地区的入境旅游人次达 2092 万元，入境旅游收入 262 亿美元；旅游业的直接 GDP 产值达到 158 亿美元（占 GDP 的 4.6%），综合产值达 486 亿美元（占 GDP 的 14.2%），增长率分别达到 3.8% 和 3.7%，并直接提供就业岗位 687000 个（占 4.0%），吸收投资 57 亿美元。调研的加勒比海地区的 3 个国家，旅游业都占有一定的比重，如巴哈马 2011年接待了游客 558.6 万人次，旅游年收入就达 20 多亿美元，约占 GDP 的 40% 和外汇收入的 60% 以上，为巴提供了约 50% 的就业机会。巴哈马接待的外国游客主要来自美国，占 85%，加拿大占 5%，欧洲地区国家占 7%，以上国家和地区的游客占客源总数 97%。全国共有旅店客房约 1.5万间。

(二) 旅游产品呈现以休闲度假为主体的多元化特征

丰富的海滨旅游资源、宜人的海洋气候使加勒比海地区成为休闲度假胜地。其中，地区邮轮旅游也取得了很好的发展，成为世界首选的邮轮旅游目的地，是全球六大主要邮轮航线之一。调研的巴哈马、牙买加都拥有航道。但是，由于旅游资源的同质化现象，邮轮旅游的发展较不平衡，目前路线主要分为东加勒比海航线、西加勒比海航线和南加勒比海航线，一条路线往往只能涵盖少数几个该地区的旅游目的地。另外，高尔夫旅游、潜水旅游、观鸟旅游、徒步旅游等特殊兴趣旅游也是该地区的重要旅游产品之一，成为其特色所在。

(三) 各国对外来投资有较强烈的市场需求

各国都制定了优惠的投资政策、筛选了合适的项目、建立了良好的社会环境和财税体制吸引外来资本投资。如牙买加旅游局制定了旅游项目投资指南，介绍了一批有投资价值的旅游项目，供外来投资者选择。

巴哈马政府以法律形式确定了一批外资可以进入的产业领域，如旅游业、餐饮业、海运业、加工工业、养殖业、银行和保险业等 16 个重点领域。为鼓励外资进入，巴哈马制定的《酒店鼓励法案》规定：新建酒店和旅游游览区，免除建设所需材料和设备进口税；免除配套临时建材厂建设所需设备和材料的关税（新建酒店规模和房间数量有具体要求）；已有酒店改造和重新装修，所需进口材料设备和家具等，减征10%关税；新酒店和旅游游览区，自使用之日起，前10年免不动产税，后10年减不动产税，酒店按每年每床征收20美元不动产税。

（四）旅游基础设施尚有提升空间

调研的加勒比海地区牙买加、巴哈马和特立尼达与多巴哥都为岛国，航空和水路运输起步较早，发展较快，目前已经较为完备。但陆路交通尚待完善。仅牙买加拥有货运铁路，没有用于客运。公路里程基本能满足需求，路况有待提升。在城市公共交通（公交车、地铁和的士等）方面，亦不充足，不能很好地满足游客需求。同时，这些国家的主要电话线路、上网主机通信设施不是很充足，而且收费较高。

（五）旅游资源开发仍有巨大潜力

巴哈马、墨西哥坎昆、牙买加等国家和地区滨海旅游资源开发存在巨大的开发空间，大面积的优质沙滩资源、岛屿资源、景观资源仍处于未开发状态。但是，由于严格的生态环境保护要求，旅游资源开发受到严格限制。介入加勒比海地区旅游资源开发必须建立在严格的生态环境保护基础上。

（六）国家、地区之间旅游合作和投资机会存在较大差异

巴哈马对旅游业存在很强的依赖性，但是，旅游业发展相对成熟，中建参股并承建的大型度假村项目建成后，巴哈马住宿接待能力和档次将又上一个台阶，但是市场竞争加剧，短期内住宿业发展的空间基本饱和。但是巴哈马拥有大量岛屿资源，具有进行岛屿开发的潜在机会。牙买加自然景观多样，旅游资源丰富，旅游业发展成熟度相对较低，旅游基础设施条件建设空间较大，发展欲望强烈，旅游基础设施、旅游产品建设的合作和投资空间较大。特立尼达和多巴哥由于石油资源丰富，旅游业在经济中的比重较低，加之滨海旅游资源品质低于巴哈马和牙买加，旅游合作和投资机会相对较低。

（七）以清洁能源为主的绿色能源开发合作发展潜力巨大

牙买加、巴哈马等国家能源匮乏，电力短缺，价格高企，而这两个国家太阳能资源十分丰富，可考虑充分利用我国较为成熟的太阳能技术和产品，与加勒比国家在绿色能源开发方面进行合作。

（八）交通距离和文化差异是制约我国游客进入加勒比海地区的主要"瓶颈"

虽然我国出境旅游市场增长迅速，总量巨大，但是目前到加勒比海地区旅游的中国游客十分稀少，少量游客也主要是公务为主，主要原因包括旅行时间长，缺乏直航航班，加勒比国家对我国公民签证的手续烦琐，费用昂贵。通过外交途径，简化我国公民赴加勒比的签证程序，研究开通直航包机应是近期重点解决的问题。

三 若干建议

（一）有针对性地投资开发旅游业

加勒比海地区各国自然条件不同，旅游业发展水平不一，建议针对各国情况签订相关协议，建立合作机制，整合各类资源，考虑个性化游客的需求，尽可能走差异化路线，找准各自的旅游开发模式，实现特色开发，筛选优势投资领域与项目。

（二）注意承担社会责任

在加勒比海地区开展投资合作，不仅要努力发展业务，还要承担必要的社会责任。要关注业务发展带来的资源、环境、劳工、安全以及治理等问题，以免引起当地居民的反感和抵制。其中，劳工问题不仅涉及工薪待遇问题，还包括工作环境、加班时限等。环境问题包括工业生产造成的环境问题，也包括开发资源引起的生态问题。

（三）实现中国与加勒比海地区直航

中国前往加勒比海地区需要通过欧洲或日本转机，上海虽有直达墨西哥的航线，但是，因为签证和再次转机等原因并不方便。可以把牙买加作为我国通往加勒比海地区各国的入口，借此打造我国与该地区更广泛的交通、旅游和经贸合作平台。

联合考察队加勒比海四国考察报告（2）

2012年6月6—18日，按照"加勒比海地区旅游基础设施发展规划"项目组的安排，由研究院邹立行副院长带队，加勒比旅游基础设施调研团赴墨西哥、牙买加、巴哈马和特多四国进行了为期两周的考察，12名调研人员分别来自开发行国家开发银行研究院、评一局、天津分行、甘肃分行、中国科学院、中国社会科学院等部门。

调研团与所在国政府部门及"走出去"企业进行了广泛接触和深入交流，通过实地考察、现场走访、座谈交流、资料收集等形式，考察了加勒比相关国家的国际机场、公路、铁路港口、酒店、度假村等旅游基础设施，熟悉了其自然地理特征和文化背景，了解了"走出去"中资企业的项目投资情况及其融资需求，为开发行后续跨国规划工作开展和项目落地打下了坚实基础。现将四国主要调研情况汇报如下：

一　加勒比四国调研主要情况

（一）墨西哥：有待开发的旅游资源大国

6月6—9日，调研团在墨西哥进行调研。在墨期间，调研团先后拜见了中国驻墨西哥大使馆曾钢大使、墨西哥联邦旅游局执行局长 Eligio Serna Najera 先生、坎昆市所在地金塔纳罗州的州长代议长等相关部门及机构的官方人员，并与坎昆中国"龙城"项目总裁吴垠女士进行了座谈。

随着近年来前往墨西哥旅游的中国游客数量不断增加，墨西哥政府充分认识到中国游客对于墨西哥旅游业长远发展的重要意义，目前每年赴墨西哥旅游的中国游客近4万人，墨西哥政府希望2018年中国游客数量能够突破15万人，为了达到这一目标，墨西哥联邦旅游局已规划出六大重点旅游开发区域，希望中国能参与这些区域的开发，并表示将在签证服务、旅游设施开发等方面发挥更为积极的作用。

墨西哥坎昆市旅游业非常发达。在仅25公里长的海岸线上，建有近百家国际知名酒店，提供超过2.8万间客房，而全市能够提供8万间客房，将来这一数字还将增加到25万间。尽管如此，坎昆拥有着500多公里长的海岸线，目前只开发了180公里，还存在很大的发展空间。金塔纳罗州政府在介绍旅游设施发展情况时，详细推介了坎昆的多个重点合作开发项目，包括计划在摩雷洛斯港修建世界上最大的邮轮码头项目和港口物流项目，而"玛雅文化"将是该州旅游开发的另外一个重点。调研团在坎昆走访了中国企业与墨西哥投资方合资入股兴建的坎昆"龙城"项目，该项目整体规划占地5.6平方公里，建成后将具备三大功能：中国墨西哥商品批发中心、中国企业（墨西哥）加工园区、中国文化园区。首期项目"坎昆中国商品长年展"将于2013年春节后开展，该项目有望建成墨西哥及拉美地区最规范且最大规模的中国商品集散中心。

表1 墨西哥主要考察路线与考察内容

地点	主要活动	考察内容	体会
墨西哥城考察	1. 城市主要旅游景区及基础设施建设状况 2. 与墨西哥联邦旅游局座谈 3. 郊外阿兹特克文化遗址公园考察与沿线基础设施	墨西哥主要旅游基础设施建设现状、开发现状、主要旅游景点景区开发与管理现状，旅游景点、景区组合、旅游业合作意向与政策，中国游客情况等	1. 中国目前到墨游客4万左右，包括香港等地 2. 墨目前有很强意愿与中国就旅游开发进行合作，预计今后游客达15万人次/年 3. 墨基础设施尚好，城市道路质量尚待提高，堵车严重。首都安保严格，国家整体治安状况欠佳
墨西哥坎昆考察	1. 与坎昆旅游局及州政府座谈 2. 与中国龙城建设项目座谈 3. 玛雅文化遗址与坎昆旅游基础设施考察	滨海旅游度假开发及其与周边景区景点的耦合关系、对周边的影响、开发模式评估等	1. 当地政府对旅游投资依然有旺盛需求，中国"龙城"项目正在投资 2. 滨海度假规模大，开发相对完善，但由于受金融危机和考察期间淡季影响，游客不如预期多。今后有可能打造成为区域旅游物流中心 3. 旅游地产开发有很大的空间

（二）牙买加：理想的加勒比海地区旅游集散中心

6月9—12日，调研团在牙买加考察。牙买加位于加勒比海的中心，东边是海地和多米尼加，北面140公里处为古巴，是加勒比海地区的第三大岛，区位条件非常优越。调研团在该国先后拜访了该国的交通和工程部部长 Hon. Omar Davies 先生、旅游局主席 Dennis Morrison 先生，并与牙买加有关旅游机构进行了交流，调研团在牙期间还拜访了中国港湾牙买加区域管理中心与总经理唐中东等高管人员，详细了解了该公司在加勒比海地区的业务发展情况。

目前，每年赴牙旅游的游客约有300万人，70%来自美国，中国游客很少，主要原因在于现阶段尚未实现中国与加勒比海地区的直航，旅游交通成本过高。牙买加整个交通设施建设比较滞后，牙政府非常希望该国较为单一的滨海景点旅游能够发展成为更具综合性的景区线路旅游，并对中国投资旅游基础设施以及中国游客观光抱有很高期待。

牙买加非常重视与我方的会谈，在座谈会上，除了全面介绍该国的旅游基础设施情况之外，还详细推介了该国的 Caymanas 经济自贸区项目、Naggo Head 高新技术园区项目、Tison Pen 物流中心项目以及海岛开发、水电建设、海湾整治等诸多项目，他们非常希望中国方面能在具体项目领域开展合作。中国港湾公司当前正在承建该国的一个跨海大桥施工项目，并刚刚承接了牙买加政府力推的一个贯通该岛南北的高速公路项目，这一公路项目已得到我行贷款承诺。由于非常看好牙买加的旅游业前景，中国港湾借助承揽高速路项目的优势，通过牙买加政府获得了沿线一些特别景区的开发权，他们计划分别兴建面向欧美游客和中国游客的度假酒店和主题景区公园，前期相关市场开发工作正在进行。此外，中国港湾在加勒比海地区多个国家均有项目开展，在开曼群岛已经成功地承接了当地一个邮轮码头工程。

表2　　　　　　　　　　牙买加主要考察路线与考察内容

地点	主要活动	考察内容	体会
牙买加北部沿海海滨考察	1. 牙买加北部沿海主要旅游度假村考察 2. 主要海湾海滨旅游资源与基础设施考察 3. 八条河到蒙贝沿线旅游基础设施考察 4. 主要景点景区体验 5. 邮轮码头、港口、机场考察	主要考察滨海旅游基础设施、服务设施等，以及旅游资源与景区开发现状及特点等	1. 北部沿海是牙买加旅游海滨休闲度假区，拥有众多的优良海湾。目前开发仅限于东北部和蒙贝一带，尚有许多待开发区域 2. 沿海公路质量较好，基本可以满足需要，但连接南北海岸的路质较差，环岛公路虽然成形，但质量不一，尚待完善，沿海带旅游资源的深度与组合开发尚需加强
牙买加金斯敦到玛丽海岸—南北交通动脉考察	1. 从南海岸—北海岸交通沿线坐车考察 2. 沿线旅游资源与基础设施考察 3. 生态、文化旅游考察	主要考察道路设施、生态、文化旅游、沿线旅游景观等	1. 由中国港湾竞标成功的南北高速待建，沿线旅游景观丰富，生态、文化旅游资源厚重，加上南北两头的海滨旅游度假区开发，可望形成优质带状旅游区 2. 牙买加中央山脉海拔高，有望形成梯状开发体系，增加旅游复合度
金斯敦市区考察	1. 金斯敦市容及基础设施考察 2. 机场 3. 中国承包的沿海工程 4. 与中国港湾公司座谈 5. 访问牙买加交通和工程部并座谈 6. 访问牙买加旅游部并座谈	城市旅游基础设施、相关旅游项目、旅游投资领域、政策等调研	1. 牙买加政府非常欢迎旅游投资和项目开发，已制订了若干计划和规划，政策相对开放，中国企业已经有所作为并有很好的策划、计划与实践，有在建工程和定标项目等 2. 首府金斯敦城市旅游基础设施较差，在家庭太阳能、光伏发电等基础设施领域有很大开发空间

（三）巴哈马：拥有高端旅游服务设施和岛屿开发潜力

6月12—16日，调研团在巴哈马开展调研工作，该国位于大西洋西岸，美国佛罗里达州以东，古巴和加勒比海以北，由700多个岛屿和2000多个珊瑚礁组成。其中只有20余个岛屿有人居住。2011年，赴巴旅游的总人数达到了558万人次，其中，中国游客大约3000人次，巴哈马旅游业的GDP总量达到35.14亿美元，对GDP整体贡献率达到46.2%，直接和间接提供就业岗位9万个，因此旅游业是巴哈马最为重要的经济支柱。

在巴期间，调研团先后拜访了中国驻巴哈马大使馆翟兴付（参赞，因大使休假代理大使事务）及大使馆工作人员，和中国建筑巴哈马公司吴太仲副总裁、中国港湾巴哈马项目经理喻庆等中资企业公司人员进行了交流，并对天堂岛、哈勃岛等岛屿的旅游状况和基础设施情况进行了实地勘察。综合来看，巴哈马旅游业发展情况较为成熟，拿骚所在的新普罗维登斯岛的酒店、道路、码头等旅游基础设施也比较完善。其旅游开发潜力主要集中在提升旅游业的厚度和深度以及组合旅游资源开发上，目前尚有许多待开发的海岛，可以考虑独立岛屿与旅游地产的联合开发模式。其中一些较大岛屿具备发展生态旅游的潜力。

调研团观摩了位于拿骚市区的中建公司项目现场，该公司已经承建并入股投资的"BAHA MAR"工程是目前加勒比海地区最大的旅游基础设施项目。该项目位于新普罗维登斯岛西北，占地1120英亩，建成后将集国际品牌酒店、会议中心、高尔夫球场、购物中心和水上生态公园等休闲、娱乐、体育设施为一体，成为加勒比海地区最大、最豪华的大型综合旅游度假村。项目总投资高达35亿美元，建设期44个月，预计在2014年12月底完工，目前已完成了土地平整，已开工建设第一幢酒店。

（四）特立尼达和多巴哥：具有良好旅游开发基础和丰富旅游资源的岛国

6月16—18日，调研团考察了本次调研的最后一个国家特立尼达和多巴哥，它是一个位于加勒比海南部，与委内瑞拉隔海相望的岛国，主要由特立尼达岛和多巴哥岛两个大岛组成，全国的大部分人口都集中在特立尼达岛上，其首都西班牙港也位于该岛。特多政府的财政收入主要依靠石油出口和石化产业，近年来为改变依赖石油的现状，特多政府开始大力发展旅游业。主要的旅游地包括沥青湖、红树林、阿萨赖特自然中心、古炮台等。

表3 巴哈马主要考察路线与考察内容

地点	主要活动	考察内容	体会
巴哈马拿骚岛旅游考察	1. 拿骚旅游基础设施考察 2. 主要旅游度假村与旅游饭店设施考察 3. 旅游产品与旅游商品考察 4. 滨海休闲旅游考察 5. 天堂旅游岛和亚特兰提斯旅游饭店考察 6. 机场、码头 7. 与驻巴大使馆官员座谈 8. 与中建公司项目管理人员座谈	旅游基础设施、旅游服务设施、旅游市场、主要旅游场所等	1. 拿骚旅游基础设施与服务设施开发程度深,发展良好,机场等还有一定的空间 2. 中国企业已经介入旅游开发与经营。配套的滨海游中开发组合的休闲旅游景区以及绿色能源建设方面尚有空间
哈勃岛考察	1. 粉红沙滩、海岸带 2. 码头、港口 3. 岛上旅游设施 4. 旅游资源	独立岛屿开发等	巴哈马潜在的旅游开发主要集中在提升旅游业厚度和深度以及组合旅游资源的开发上,目前有许多待开发的海岛,可以考虑独立岛屿与旅游地产的联合开发模式

　　调研组先后与特多的地方内务部部长 Chandresh Sharma 先生、特多机场管理局副局长 Kurt Ajodha 先生及加拿大丰业银行(Scotiabank)特多分行总经理 Pazos Phillips 女士等各界人士进行了交流,就该国的旅游业发展状况及中特金融和经贸合作思路交换了意见。丰业银行是加勒比海地区最大的银行,我方提出的合作建议是:先由开行贷款给丰业银行,再由丰业银行进行转贷,丰业银行总经理表示认同,并希望与我行开展更深入交流。特多政府非常重视中国市场,与中方开展全面合作的愿望迫切。特多的自然地理环境与巴哈马、牙买加有着明显不同,主要以山地为主,以石质海滩居多,目前的旅游开发程度还相当低。在进行特多旅游基础设施规划时,可以重点考虑突出特多热带雨林的特点,开发出独具特色的旅游线路。

　　目前,特多的中资企业主要有中铁建、上海建工、北京六建、华为等公司。调研组具体考察了中铁建公司在多巴哥岛上的斯卡伯罗医院项目。中铁建在多巴哥承建的斯卡伯罗医院已高水准完工并投入使用,并正在积极投标特立尼达岛的一个医院项目,总投资额约13亿特元。此外,中铁建也努力在多个领域开拓业务，当前，已经成功拿到了特立尼达岛沥青湖的中国市场独家代理权。

表4　　　　　　　　　特多主要考察路线与考察内容

地点	主要活动	考察内容	体会
特多的特立尼达岛考察	1. 特立尼达岛西海岸带 2. 沥青湖 3. 海岸带与出海口沼泽地、湿地、红树林与海鸟栖息地 4. 沿岸基础设施	特立尼达岛的旅游基础设施、旅游资源、旅游景观开发现状等	1. 特多的旅游基础设施较好，公路质量等级不错。资源有特质、组合好但规模不够，有较大的开发空间 2. 本国拥有石油等能源，资金链较好，适当考虑联合投资开发等
特多首都西班牙港考察	1. 中心绿地广场 2. 市中心建筑与主要设施 3. 城市中心沿海岸设施 4. 主要交通 5. 城市近郊沿大西洋海岸带考察 6. 机场	城市建设、基础设施状况、旅游设施与服务设施等	相对较好，但海岸带开发不够
特多的多巴哥岛考察	1. 沿加勒比海海岸带考察 2. 沿大西洋海岸带考察 3. 主要旅游景点、景区、港湾考察 4. 主要旅游度假村与饭店考察 5. 中铁建承包设施建设工程参观、座谈 6. 岛上其他旅游设施考察	滨海旅游基础设施与服务设施、旅游景点、景区、旅游资源与旅游环境考察	主要景点集中在北部的加勒比海沿岸，主要由石质海岸和中间砂质港湾组成，具有较好的度假和生态旅游环境，但开发不够，可考虑大型旅游度假村、环岛旅游公路建设等项目

二　考察体会和思考

（一）加勒比海地区旅游资源丰富，是一个潜力巨大的中国游客出境旅游市场

本次调研印证了课题组先前形成的一些重要判断和观点，其中的一个主要观点是：加勒比海地区是一个潜力巨大的中国游客境外旅游市场。一方面，加勒比国家有着世界上独一无二的沙滩、海水和阳光资源，岛国风光独特，旅游条件得天独厚，与中国内地的旅游品种形成了很强的互补

性，并在国内拥有极佳的知名度和品牌效应，将会吸引越来越多的中国游客。另一方面，中国经济总量的持续增加，使得中国的出境游客数量和境外投资总量持续增加，加勒比海地区有望成为下一个中国游客的重要承载地。

（二）加勒比国家对中国的商业投资和观光旅游有着热切期待

当前加勒比海地区的旅游业因世界经济形势不佳而处于历史低位，这些以旅游产业为主要支柱的岛国经济发展也被波及。为了减少对近邻美国游客的过度依赖，这些国家对中国的商业投资和观光旅游有着强烈的合作意愿。一是中国在基础设施建设领域无论是施工成本还是技术能力都具有很强的竞争力。二是中国可以为这些国家提供大量新客源，将有力支持这些国家的旅游产业。

（三）中国在加勒比海地区能够处理好"美国因素"

在本次调研中，我们曾多方了解加勒比国家政府官员对中国与加勒比国家关系中的"美国因素"的看法。加勒比海是美国的"后湖"，美国的经济存在及政治影响无处不在，这是我国进入该地区的一个很大顾虑。然而，"美国因素"的影响是有限度的，正如牙买加交通和工程部部长、该国资深政治家 Omar Davies 所说："牙买加拥有自己的主权，外交政策享有高度的独立性，不会因邻近美国而拒绝与中国发展双边关系。"事实上，中国企业在加勒比海地区的活动，从资本运营到原材料采购到人力资源供给等，均能够给美国带来正面受益。因此，在中国走向加勒比海地区过程中，"美国因素"并不是一个不可逾越的障碍。

（四）加勒比海地区各国旅游综合开发程度不足，有可能产生大量基础设施工程需求和项目机会

通过加勒比四国的调研发现，受财政供给能力、传统旅游消费习惯、旅游经济水平等条件所限，这些国家的旅游业发展不均衡，旅游服务的基础设施比较集中和单一，突出体现为交通条件差、旅游配套设施匮乏、旅游路线单一等，其旅游产业的潜力尚未完全释放。未来，这些国家面临着主要来自东方的新的旅游客户群和旅游需求，需要对现有旅游格局进行相应改变和提升。应充分发挥岛国旅游资源优势，形成一个从海滨到内陆、从沙滩到山林、从静态酒店定点休闲到动态景区线路旅游的立体旅游发展战略。应运而生的是这些国家在机场、港口、高速路、公共基础设施、度假村、景区、新能源、人文及自然景观等方面新增的大量工程项目，这些

新项目将为中资企业提供大量合作机会。开展旅游基础设施建设合作，是中国走向加勒比海地区的一个主要突破口。

（五）以牙买加为枢纽，开辟服务于中国游客为主的多条旅游线路

通过对加勒比各个国家的旅游条件进行综合分析，我们认为牙买加拥有良好的国际关系环境、较大的国土面积、丰富多样的旅游资源、便利的交通中心区位、较低的国内旅游消费成本、官方语言为英语的优势，这些因素使得该国可以作为加勒比海地区的首要旅游目标国和集散中心。在具体合作路径上，可以由研究院牵头与对方签署"旅游驱动国合作开发规划"协议，规划多条能够满足中国游客需求的牙买加旅游线路和加勒比海地区国际旅游线路，将其打造成为东方尤其是中国游客通往加勒比海地区各国的旅游集散地。该国的国际机场扩建可以作为首批项目合作选择。

（六）以简化签证流程、开通直航飞机为突破口，开拓加勒比旅游市场

虽然我国出境旅游市场增长迅速，总量巨大，但是，目前到加勒比海地区旅游的中国游客十分稀少，少量游客也主要是以公务为主，主要原因是缺乏直航航班，旅行周转时间长，旅游交通成本昂贵，加之加勒比国家对我国公民签证的手续烦琐，限制了中国游客数量的增长。下一步，为了配合我国"走出去"战略，可以通过专项研究报告上报国家有关部门，以班机直航和签证简化为目标，通过市场推动和外交手段的双重运用，促进更多中国企业和中国游客走向加勒比海地区，推动中国在该地区的旅游、经贸、航空、人员交往等领域开展更广泛的合作。

参考文献

1. UNWTO Annual Report A year of recovery 2010.

2. UNWTO projects in Latin America and their contribution to the MDGs.

3. Business Travel：A Catalyst for Economic Performance.

4. WTTC Economic Impacts Research 2011.

5. Itb World Travel Trends Report 2009/2010.

6. The Travel & Tourism Competitiveness Report 2009.

7. Climate Change and Tourism Responding to Global Challenges.

8. 百度百科（http：//baike. baidu. com/）。

9. 维基百科（http：//www. wikipedia. org/）。

10. 世界旅游组织（UNWTO）（http：//www2. unwto. org/）。

11. 世界旅游及旅行理事会（http：//www. wttc. org/）。

12. 加勒比海地区旅游组织（http：//www. onecaribbean. org/）。

13. 中国投资指南网（http：//www. fdi. gov. cn/pub/FDI/default. htm）。

14. 牛津经济研究院（http：//www. oef. com/）。

15. 到到网（http：//www. daodao. com/）。

16. 途牛网（www. tuniu. com）。

17. 外交部官网（http：//www. fmprc. gov. cn/chn/gxh/tyb/）。

18. 中央情报局：《世界各国概况》（The World Factbook）。

19. 走遍全球系列之《加勒比海》，中国旅游出版社2006年版。

20. 规划区各驻华使馆官网。

21. 规划区各国旅游官网。

后 记

2011年10月，国家开发银行研究院启动了"加勒比海地区旅游基础设施发展规划"项目（以下简称"规划"），由中国科学院地理科学与资源研究所、北京大学拉丁美洲研究中心与国家开发银行研究院联合组成课题组。课题组通过对加勒比海地区各国政治经济、资源环境、产业投资和外交状况进行系统分析和研究，着眼于助力地区发展、推动整体合作、加强中加关系、实现互利双赢的目标，以旅游基础设施为切入点，探索我国与加勒比海地区合作新模式，为国开行和中国企业进入加勒比海地区旅游业提供科学依据，推动我国与加勒比地区国际合作业务大发展。

国家开发银行甘肃分行对口负责开行加勒比地区业务，甘肃分行时任行长杨文清同志最先提出将旅游基础设施作为中国进入加勒比地区突破口的思路，并在课题组成立后担任组长。研究院姜洪和郭濂两任常务副院长先后到地理资源研究所进行考察交流，对课题研究进行了具体指导。邹力行副院长带领课题组亲赴加勒比海进行实地调研，并对课题报告进行了认真审阅和修改。中国科学院地理资源研究所非常重视该项目，由成升魁副所长担任组长，组织了以旅游研究与规划设计中心副主任王英杰研究员、牛亚菲研究员、钟林生总规划师为主的研究团队。北京大学拉丁美洲研究中心董经胜教授和中国社会科学院欧洲研究所江时学研究员负责项目宏观部分研究，付出了很多辛苦劳动。吴志峰处长和王英杰研究员作为项目具体负责人和总协调人，多次组织课题组成员进行研讨，并对初稿、二稿、三稿、四稿存在的问题、结构、观点等提出了详尽的修改意见，国家开发银行研究院的田志、安冰玉在项目开展过程中承担了大量的日常工作。课题研究报告写作过程中，国开行研究院与课题组曾组织多次课题研讨会，广泛征求了行内外领导、相关厅局及分行代表、加勒比海地区中资企业、国内资深专家意见，组织考察组赴加勒比海地区进行实地调研，并与加勒比相关国家政府部门、中资企业进行了深入座谈，获得了大量有价值的信息。

　　2011 年 12 月，课题组初步建立了加勒比海地区综合数据库，其内容涉及不同尺度、不同来源的基础地理信息、经济社会、旅游环境、设施、资源与旅游业发展等信息，完成了"加勒比海地区旅游基础设施发展规划研究"初步框架，并参加了国家开发行在海南三亚召开的加勒比地区旅游基础设施规划研讨会，会上汇报了规划的总体思路、技术路线、研究框架以及资料与数据准备情况，听取了与会中资企业、国开行等相关研究与管理部门的有关报告，并进行了实地考察，充分了解了海南国际旅游岛开发的经验，得到了很多启迪。2012 年 2 月，课题组完成"规划"报告第一稿。2012 年 4 月，课题组充分吸取专家意见，完成了"规划"报告第二稿。2012 年 5 月，在国开行研究院主持修改后，形成了"规划"第三稿，并通过了"加勒比海地区旅游基础设施发展规划研究"中期评审，8 位国内知名专家组成的评委会对中期报告给予了充分肯定，并提出了进一步修改意见。在此期间，课题组先后召开了十余次集体研讨会，并与拉美区域研究专家进行多次座谈与讨论，进一步厘清了"规划"的思路。

　　2012 年 6 月 6—20 日，课题组考察团赴位于加勒比海地区的墨西哥、牙买加、巴哈马和特立尼达与多巴哥进行实地调研。考察组由国家开发银行研究院、评审一局、天津分行、甘肃分行，中国科学院地理科学与资源研究所和北京大学拉美研究中心等单位的 12 位领导与专家组成。考察团通过现场考察、座谈交流、资料收集等形式，了解重点国别的旅游业发展现状，重点考察了酒店、度假村、港口码头、机场、公路、铁路等旅游服务基础设施和重点国的自然地理特征、文化背景与旅游资源开发状况，获得了大量一手信息，为"规划"编制的科学性、针对性与可操作性提供了保证。

　　实地调研后，课题组根据考察获得的资料与信息，对"加勒比海地区旅游基础设施发展规划研究"中期报告进行了进一步补充、修改与完善，优化了研究成果的结构与框架，完成了"规划"的纲要成果，编制了"规划"第四稿，并再次向行内外专家征求意见，完成了"规划"最终稿。

　　本规划共编制完成了《加勒比海地区旅游基础设施发展规划纲要》、《加勒比海地区旅游基础设施发展规划研究报告》及包括《宏观分析报告》和《各国别研究报告》在内的 19 份专项研究报告。其中《宏观分析报告》由北京大学拉丁美洲研究中心完成，一并加入本报告（考虑宏观分析报告太长，本报告仅选摘了其中的部分章节）。

　　研究期间，我们得到了许多领导、专家学者、有关企业单位的大力帮助，为"规划"提供了许多有价值的意见与建议，我们在此一并表示衷心感谢！同时感谢国开行国金局及甘肃分行的大力支持配合。本项跨国规划工作是一项全新的工作，课题组深知，由于水平有限及受资料收集等各种主客观原因限制，本项研究定有遗漏和不当之处，敬请各位同行和专家继续给予批评指正。

国家开发银行研究院

2015 年 5 月